U0567668

当代中国农业转型的理论与实践

The Theory and Practice of Agricultural Transformation in Contemporary China

罗浩轩 著

国家社科基金后期资助项目
出版说明

后期资助项目是国家社科基金设立的一类重要项目，旨在鼓励广大社科研究者潜心治学，支持基础研究多出优秀成果。它是经过严格评审，从接近完成的科研成果中遴选立项的。为扩大后期资助项目的影响，更好地推动学术发展，促进成果转化，全国哲学社会科学工作办公室按照“统一设计、统一标识、统一版式、形成系列”的总体要求，组织出版国家社科基金后期资助项目成果。

全国哲学社会科学工作办公室

序

新中国成立以来特别是改革开放四十多年来，中国农业发展取得了举世瞩目的成就。在这一时期，粮食和主要农产品生产能力稳步提升，农业经济效益和竞争力显著增强，农民收入水平大幅提高，农业可持续发展能力持续加强。可以说，中国正在加快从农业大国向农业强国迈进。

总体上看，中国农业现代化符合世界农业现代化的一般规律。无论是第一产业增加值比重和就业比重的持续下降，还是农业劳动生产率、土地产出率的提升，都与世界许多先期工业化国家农业现代化的经验事实相一致。从发展阶段来看，目前中国已经迈入农业现代化进程中期阶段，具备了加快建设农业强国的基础条件。

从农业大国迈向农业强国是一项长期的艰巨任务，在这种转型发展过程中，需要将农业现代化一般规律与中国农业改革发展的经验有机结合起来，我们不仅要对“大国小农”国情下的“中国式”农业现代化道路的经验进行总结提炼，讲好中国故事、传播好中国声音，还要面向世界、面向现代化、面向科技前沿，借鉴先行国家的有益经验和做法，积极探索中国农业转型发展的理论和模式。

最近，成都理工大学罗浩轩撰写了《当代中国农业转型的理论与实践》一书。罗浩轩在中国社会科学院农村发展研究所访学期间，多次向我咨询农业大国向农业强国转变的学术问题，也就阶段性成果与我进行讨论，并热情邀请我为本书作序。

本书从经济转型视角对中国农业现代化进程进行了系统性的研究，既有对当代中国农业转型方向和特征的把握，又结合农业现代化一般规律提炼了农业工业化发展阶段模型；既观察了中国农业劳动力、土地、资本和全要素生产率的转型特征，又借鉴了东亚主要经济体的农业现代化经验；最后还探讨了中国农业现代化的趋势和乡村振兴前景，以及面临的深层次外部约束。本书主要有三个特点。

一是本书基本涵盖了当前中国农业转型的重要领域，理论视域比较宽。近年来，农业转型问题日益成为学界研究的热点。本书的特点是，将农业转型置于经济转型的宏大视域下，结合波兰尼和布洛维关于“大转型”的思想，从多个维度探讨了中国农业转型问题，其研究基本涵盖了当前农业转型研究所涉及的重要领域，如农业工业化转型、农业经营制度转型、农业产业转型升级等。此外，本书还分析了外部约束对中国农业转型的影响，总体来说理论视域比较宽。

二是本书在综合多学科相关理论的基础上，提出了研究当代中国农业转型的分析框架。农业转型问题涉及的领域较广，需要借鉴和综合多学科的相关理论。本书的特点在于，以马克思主义为指导，综合新结构经济学、产权经济学、发展经济学和国际经济学等学科分析范式对当代中国农业转型进行了深入的研究，进而提出了分析框架：就生产力维度而言，农业转型是农业工业化的过程；就生产关系而言，农业转型是农业要素市场化过程；二者统一于当代中国农业转型过程之中，并在转型中面临较强的外部约束。

三是本书对当代中国农业转型进程进行了全面总结和展望。本书采用国内公开的系统数据，运用面板数据回归模型、面板随机前沿模型等计量方法对当代中国农业转型进程进行了描述。为了增强分析客观性，还从WDI、USDA、FAO、OECD等数据库搜集了大量数据，以美国和东亚主要经济体的农业转型为参照进行比较研究，为相关研究提供了有益的研究思路和资料。同时，本书还对当代中国农业转型趋势进行了展望，并尝试描绘乡村振兴的未来图景，值得相关研究参考。

正如本书所说的那样，“农业转型不是学者们的纸上谈兵，而是正在进行中的、轰轰烈烈的伟大实践”。当前，世界正处于百年未有之大变局中，中国也正在从农业大国向农业强国转变。青年学者作为国家科学研究栋梁，理应“把论文写在祖国的大地上”。作为“三农”研究的重要课题，农业转型研究应立足国家重大战略和改革发展需要，回应时代呼唤，让研究成果更接地气。期待更多的青年学者在这一领域笔耕不辍，取得更丰硕的成果！

中国社会科学院农村发展研究所所长、研究员

魏后凯

2021 年 11 月 28 日

目　　录

导　论

第一节　研究缘起

经济转型是一个国家向现代化迈进过程中必然发生的客观事实，它是由生产力变革引起的生产关系、资源配置方式和经济结构等方面的重大变革。自18世纪英国以工业革命为标志的经济转型开始后，越来越多的国家卷入了经济转型过程之中。这一轮的社会经济制度变迁被称为“第一次大转变”。它是人类社会从农业社会向工业社会转变的过程，是以手工工具为标志的生产力向以机器为标志的生产力转变的过程，是以自给自足的自然经济向商品经济普遍化的资源配置方式转变的过程，同时还是“炸毁”封建制度、建立资本主义制度的过程。

“第一次大转变”的经济转型，与现代化有着密切的联系，布洛维针对原社会主义阵营的各个国家在20世纪80年代发生的市场经济转型，在社会学意义上提出了“第二次大转变”的论断：“如果说马克思、涂尔干和韦伯的古典社会学致力于解释朝向市场经济的第一次‘大转变’的话，那么我们应当如何使社会学再次投入，以把握第二次‘大转变’的挑战呢?”① 当代西方转型经济学，也主要是从这个含义上理解的。②

正如厉以宁所说，改革开放以来，中国经济在进行着“双重转型”：一是中国作为一个发展中国家，现代化尚未完成，整个经济结构依然处在

① Burawoy, M., “A Sociology for the Second Great Transformation”, *Annual Review of Sociology*, 2000, 26: 693-695.

② 〔比〕热若尔·罗兰：《转型与经济学》，张帆等译，北京大学出版社，2002。

从农业社会向工业社会转型的“第一次大转变”进程中；二是中国作为一个曾经建立了社会主义计划经济体制的国家，改革开放以来开启的社会主义市场经济体制转型仍在“进行时”。[①] 作为国民经济的基础部门，中国农业部门不可避免地被裹挟进了这两次大转型的滚滚洪流：一是农业生产力现代化的转型，二是农业经济关系市场化的转型。

伴随着工业化、城镇化和农业现代化进程，改革开放后中国农业转型特征十分明显：农业部门在国民经济中所占份额大幅下降；农业生产要素投入结构和农业发展方式已经发生了巨大的变化；农业经营制度和相关制度安排也发生急速变化。尽管当代中国农业转型被学者以不同方式所表述，但总体说来，学者们基本不会否认中国农业正在从延续千年的、通过反复投入劳动力以提高土地生产率的传统生产模式向通过增加资本投入以提高劳动生产率的现代生产模式转型。对中国农业转型更为理论化的表述是，非农部门通过与农业部门竞争劳动力，向农业生产提供机械、化学品等“新型”生产要素，以及后期反哺式地提供低廉的资本要素，改变了农业部门要素相对价格，并引致了农业生产经营中的要素结构变化及制度演化，诱发了当代中国农业在生产方式、土地经营规模、产权制度等方面的全方位转型。

面对波澜壮阔的农业转型，本书尝试回答当代中国农业转型的基本方向是什么、当代中国农业转型的理论逻辑是什么、当代中国农业转型呈现哪些基本特征、未来中国农业转型的前景如何、当代中国农业转型面临怎样的外部条件等关于中国农业转型的重大理论问题。

第二节 基本概念

一 经济转型

“经济转型”一词最早是由苏联政治家和理论家布哈林提出的。在“新经济政策”时期，作为最高国民经济委员会委员，哈布林在研究市

① 厉以宁：《中国经济双重转型之路》，中国人民大学出版社，2013。

场经济向计划经济转变过程中使用了该词。① 有学者认为，兰格在20世纪20~30年代推出的兰格模式及其试错法实际上“绽现了转型经济学的萌芽”②。经济转型真正作为有特定含义的经济学术语，始于1989年前后的东欧剧变，它伴随转型经济学、过渡经济学应运而生并被广泛使用。

这里有必要说明关于“转型”和“转轨”两个词的译法。关于这两个词究竟翻译为“transformation”还是“transition”，学界有不同的观点。根据剑桥词典的定义，“transformation”是指某物或某人在表面上和特征上的完全变化，特别是进步意义上的；而“transition”是指从一种模式向另一种模式的变化，它主要强调发生的过程。社会学研究者往往将“transformation”译为转型，而经济学研究者在使用这两个词时往往不加区分。颜鹏飞将转型翻译为“transformation”③，葛传红则翻译为“transition”④。景维民、孙景宇等所编著的《转型经济学》也被译为“Transition Economics”。⑤ 国外学者也是如此，热若尔·罗兰的著作“Transition and Economics”就被翻译为《转型与经济学》，他在书中将“transition”理解为转型和转轨，将“transformation”理解为改革，并对“转型”、“转轨”和“改革”都不加以区分。⑥ 斯蒂格利茨所使用的“transition”也被翻译为转型。⑦ 一些机构也是如此。如世界银行的一份杂志就以“Transition”命名，有人将其译为《转轨》，其所刊登文章的内容也是以经济体制转变为主。中国（海南）改革发展研究院与世界银行合办了一份《转轨通讯》，是“Transition”的中文版。联合国教科文组织

---

① 吴光炳主编《转型经济学》，北京大学出版社，2008。

② 颜鹏飞：《中国社会经济形态大变革：基于马克思和恩格斯的新发展观》，经济科学出版社，2009，第268页。

③ 颜鹏飞：《中国社会经济形态大变革：基于马克思和恩格斯的新发展观》，经济科学出版社，2009。

④ 葛传红：《经济转型中的国家行为研究——巴西、俄罗斯、印度与中国之比较》，博士学位论文，复旦大学，2010。

⑤ 景维民、孙景宇等编著《转型经济学》，经济管理出版社，2008。

⑥ 〔比〕热若尔·罗兰：《转型与经济学》，张帆等译，北京大学出版社，2002。

⑦ 〔美〕约瑟夫·E. 斯蒂格利茨：《社会主义向何处去——经济体制转型的理论与证据》，译序，吉林人民出版社，1998。

成立了“社会转型管理”（MOST）规划联络委员会，并出版了业务通讯。MOST 全称即 Management of Social Transformation。①

就经济转型的含义而言，西方主流学者都将其定义为计划经济体制向市场经济体制的转变。有学者考证，“转型”一词是 1992 年以后才在中国流行的。它最早的含义仍是经济体制转型，即从计划经济体制向市场经济体制的转变。这也与罗兰、斯蒂格利茨等西方主流学者的理解相一致。因此，国内许多学者在使用此词时都抱有同样的理解。如葛传红在比较金砖四国的经济转型时指出：“本文所定义的经济转型主要指的是从一种中央控制经济体制向自由市场经济体制转变的历程，它含有变异与进化的双重含义。”② 景维民等也认为“经济转型的本质是一场体制转变”，他严格区分了改革和转型两个概念，前者是指计划经济体制内的量变过程，而后者则是从计划经济体制向市场经济体制的质变过程。③ 王振中在《转型经济理论研究》一书中，也是以“中央计划经济体制向现代市场经济体制的转型”为研究对象的。④ 一些学者对经济转型概念的界定更加宽泛。张宇将改革开放以来的中国经济总结为中国模式，他认为，中国模式的主体和本质是转型，其中包括市场化转型（从计划经济体制转向市场经济体制）、工业化转型（从传统的农业社会转向现代工业社会）、全球化转型（从封闭半封闭转向全面开放和融入全球化）和社会主义制度的自我完善和发展（社会主义制度的自我完善、改革和科学发展）。⑤ 颜鹏飞在此基础上将转型分为狭义和广义的转型（转轨），狭义的转型是经济方面的转型，广义的转型是张宇所说的四大转型。⑥ 本书所说的“农业转型”属于广义上的经济转型，是指一个国家或地区的农业产业和制度在一定时期内发生的一个由量变到质变的过程。这一转型不仅包括农业生产力现代

① 宋林飞：《中国社会转型的趋势、代价及其度量》，《江苏社会科学》2002 年第 6 期。

② 葛传红：《经济转型中的国家行为研究——巴西、俄罗斯、印度与中国之比较》，博士学位论文，复旦大学，2010。

③ 景维民、孙景宇等编著《转型经济学》，经济管理出版社，2008。

④ 王振中主编《转型经济理论研究》，中国市场出版社，2006。

⑤ 张宇主编《中国模式：改革开放 30 年以来的中国经济》，中国经济出版社，2008。

⑥ 颜鹏飞：《中国社会经济形态大变革：基于马克思和恩格斯的新发展观》，经济科学出版社，2009。

化转型，还包括农业经济关系从计划经济向市场经济转型。因此，本书将农业转型翻译为“transformation of agriculture”。

二 农业转型

农业转型是全球经济转型在农业部门的体现，是一个国家或地区在现代化进程中必然经历的过程，是以人力、畜力生产为标志的传统农业向以复杂化、精密化机器生产为标志的现代农业转变的过程，同时也是自给自足的生计农业向商品经济普遍化的商品型现代农业转变的过程。简而言之，农业转型主要包含农业工业化转型和农业市场化转型两个维度。

1. 农业工业化转型

农业工业化转型是农业转型最直接的体现，具体表征为：农业生产动力由人力、畜力向蒸汽、电力转变；农业生产工具由犁耙等铁制农具向耕耘机、播种机等机械农具转变；化肥、农药、农膜、良种的广泛使用，极大地提高了农业产出率。农业工业化不是农业部门内生，而是外部工业部门发展所引致的。这一过程不仅包括机械制造业、化工业、生物技术产业等工业部门的发展，还包括工业部门对农业部门劳动力的吸纳、资金的投入和农产品的需求增长。

农业工业化转型客观上会改变现有的农业要素禀赋结构。机械对人的替代提高了农业劳动生产率，在有限的土地上解放了更多的劳动力。机械、化肥、农药、农膜、良种等现代生产资料的广泛使用，提高了农业部门的有形资本存量。这一趋势使得农业要素禀赋结构发生变化，资本要素和土地要素相对劳动要素逐渐变得丰裕。与此同时，农业要素禀赋结构变化又意味着处于效率前沿（efficiency frontier）的农业生产要素组合变化，反过来成为农业工业化进一步转型的基础。

如果既有制度制约了农业要素禀赋结构变化，那么农业工业化转型的效果也将大打折扣。例如，对农业劳动力流动的管制会使可以投入农田的机械无用武之地，进而阻碍农业劳动生产率进一步提升；对农地流转的管制则会限制生产单位作业规模，使得部分机械无法满负荷工作。在这样的情况下，人们为了提高产量不得不投入过量化学品，结果是资本投入效率大幅下降，农业生态环境遭到破坏。因此，农业工业化转型也不能只是单纯的生产力转型，它必然要以农业制度变迁为导向，这就不得不涉及农业转型的第二个维度——农业市场化转型。

2. 农业市场化转型

要让农业要素禀赋结构及时变化，首先，要有一套及时反映各类生产要素稀缺性的信号机制，以驱使生产要素所有者为追求更高的回报迅速做出投入和退出决策；其次，要让投入和退出决策顺利实施，即生产要素能够自由进出农业部门，这就需要一套保障生产要素自由交换的机制。能符合上述两个条件的机制，只能是市场机制。市场机制最重要的功能，就是使各类生产要素拥有者根据自由竞争形成的价格信号做出自由交换的决策，进而实现资源的有效配置。从历史来看，市场机制可能是人类社会自发演化产生的、能够实现资源有效配置的最好机制。因此，农业转型必然要包括农业市场化转型。

需要指出的是，之所以存在农业市场化转型这一维度，是因为对于大多数发展中国家或地区而言，由于历史惯性、知识局限等原因，市场机制往往不够完善。一些国家或地区为了实现现代化，通常赋予其农业部门特殊的使命，例如需要价格更低廉的农产品供给非农部门以加速实现工业化、需要数量更多的农产品出口创汇等，这就不得不针对农业部门出台很多非市场化的限制政策。不过，当经济发展到一定阶段，农业部门的特殊使命已经完成，实现农业市场化转型就成为这些国家或地区进一步推进经济转型的必要举措。

从内容来看，农业市场化转型除了包括农产品市场化外，更为关键的是包括劳动、土地、资本等生产要素的市场化。就农业劳动力而言，经济转型初期，随着城乡二元结构的打破，大量务农劳动力向城市和非农部门转移。在市场机制下，农业劳动要素价格开始显性化。对大多数发展中国家或地区而言，整个社会的劳动供需关系将经过两个“刘易斯拐点”。在这一过程中，农业劳动要素价格将由维持生计的隐形价格转为市场化的显性价格（刘易斯第一拐点），这一显性价格在发展中又将进一步体现为与非农部门互动的竞争价格（刘易斯第二拐点）。就农业土地而言，大多数发展中国家在经济转型初期农业劳均土地面积都比较小，但随着务农劳动力向城市和非农部门转移，这一指标将不断提升。在市场机制下，已经转移的自耕农可以流转土地获取在城市立足的资本，离开农业部门进入城市非农部门就业的佃农和雇农则会倒逼地主用价格相对下降的资本要素替代劳动要素。上述情况将推动农地经营规模扩大，进而提高农业土地配置效率。就农业资本而言，在城乡二元结构被打破后经济开始起飞，工农劳动效率的差距会逐渐拉大。在这一过程中，农业常常因处于弱势地位而“失血”，而非农部门则会逐渐积累起更多的资本，为日后投资农业做准备。在市场机制下，随着食品消费结构升级、现代化农业生产技术日益成熟等利好农业的因素增多，农业投资回报率将显著提升，大量工商业资本开始下乡谋求超额利润。资本下乡趋势的不可避免，为农业工业化转型提供了物质条件。

三 当代中国农业转型

早在新中国成立前夕，毛泽东在党的七届二中全会上就提出：“使中国稳步地由农业国转变为工业国，把中国建设成一个伟大的社会主义国家。”① 这种“转变”在农业部门即体现为包含农业工业化维度的农业转型。毋庸讳言，在社会主义革命和建设时期，尽管中国农业工业化转型有一定成就，但总体而言是迟缓的，而农业市场化转型则是在改革开放之后的事情了。因此，本书所说的“当代中国农业转型”，主要是指改革开放至今的中国农业转型，并着重考察21世纪以来的中国农业转型。

当代中国农业转型有四个方面的特征：一是农业工业化转型，即从过去劳动密集型的内卷化生产经营方式，向土地密集型、资本密集型再向技术密集型生产方式转型；二是农业要素市场化转型，即从过去对劳动、土地、资本等生产要素的计划约束到市场化解放的转型；三是当代中国农业转型始终是在社会主义制度框架下进行的，是社会主义制度的自我完善和发展，要坚持农村土地集体所有并完善基本经营制度；四是当代中国农业转型是国际化的转型，即由封闭半封闭的发展环境向面向全球的开放环境转型。

基于上述维度，本书首先对学界从不同视角论述当代中国农业转型的

① 《建党以来重要文献选编（1921~1949）》（第25册），中央文献出版社，2011，第169页。

文献进行梳理，使目前不同流派的观点分歧清晰化，在一定程度上引起更为广泛的关于当代中国农业转型方向的讨论。其次，综合多学科视角构建农业工业化发展阶段模型，为考察当代中国农业转型乃至现代化进程中其他国家农业转型给出一般性分析框架。再次，通过对中国农业劳动力、农业土地制度、农业资本和农业全要素生产率变化的观察，阐明当代中国农业转型的基本特征，并以成都市 X 县为例从中观层面观察当代中国农业转型的县域实践，从实证角度论证当代中国农业转型方向并给出政策经验。复次，基于党的十九大提出的新“两步走”战略安排对未来中国农业转型趋势进行预测，并对其前景加以展望，以便为当代中国农业转型的相关研讨提供实证基础和政策参考。最后，对当代中国农业转型的国际化挑战进行分析，探讨经济全球化给农业转型带来的影响，针对中国农业产业面临的困境提出可供参考的破局方略，以此扩大当代中国农业转型的问题视域。

第三节　主要内容

本书除导论和总结与评述外，一共分为十章。第一、第二章是理论分析部分，第三到第七章是实证分析部分，第八章是经验借鉴部分，第九章是前景展望部分，第十章是外部约束部分。当代中国农业转型的研究路线如图 0-1 所示。

理论分析部分主要对当代中国农业转型的研究观点和理论逻辑进行了梳理和论述。当前学者们对当代中国农业转型有着不同的叙事视角，并进行了广泛的争论。这些具有代表性的争论主要从农业规模经营、农业资本深化、农业技术选择和农地制度变迁四个层面展开。要澄清这些争论，必须探讨转型背后显现出的农业发展一般规律。当代中国农业转型的复杂性客观上要求综合多学科视角才能完成。因此，理论分析部分在评述学者们关于当代中国农业转型“四大争论”的基础上，提出了规模化、资本化、机械化和市场化“四化”转型方向；综合了新结构经济学、产权经济学以及发展经济学等学科，以农业要素禀赋结构变迁和农业制度演进为线索，提出农业工业化发展阶段模型，探讨了当代中国农业转型的理论逻辑。

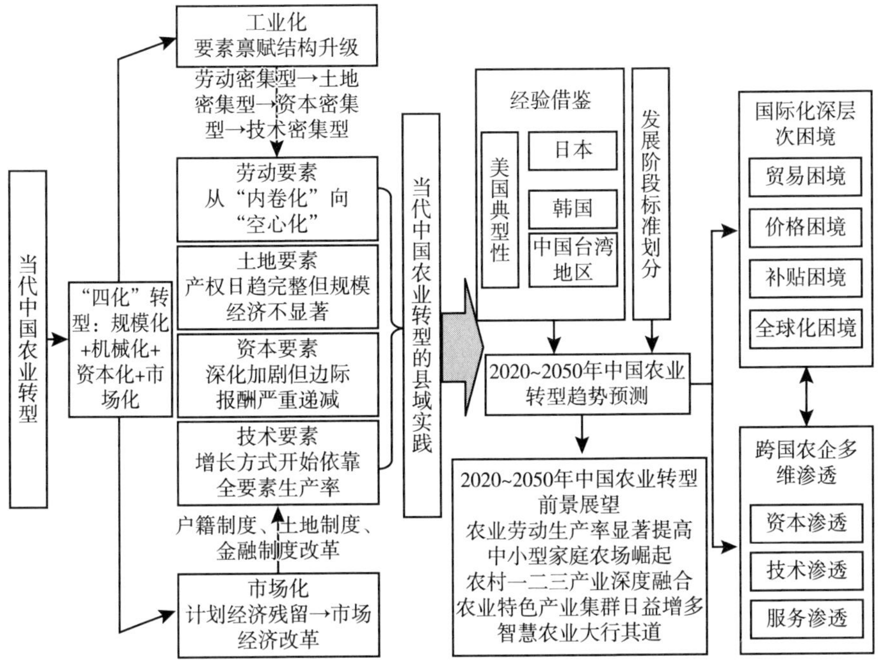

图 0-1 当代中国农业转型的研究路线

实证分析部分分别从劳动、土地、资本和技术等生产要素变化维度对当代中国农业转型特征进行阐释，并通过县域案例分析加以证实。这一部分以理论分析部分的结论为工具，将中国分为东、中、西和东北四大区域，综合运用面板随机前沿模型等计量模型观察当代中国农业转型的基本特征，最后以成都市 X 县为例考察了当代中国农业转型县域实践情况。当代中国农业转型是以要素禀赋结构变迁为牵引的。伴随着工业化、城镇化进程，中国农业要素禀赋结构发生深刻变化，改变了农业生产的“基要函数”，并形塑了当代中国农业转型：一是农业劳动力从“内卷化”向“空心化”转换，这客观上要求农业经营规模化、资本对农业劳动力的替代以及农业劳动力素质的提升；二是农业土地规模化趋势比较明显，这得益于农业土地制度从“产权残缺”向“权利束”完整变迁，不过农业土地规模报酬递增趋势还没有显现；三是农业资本深化速度加快，但目前资本回报率边际递减，并对农户投资产生了挤出效应，说明靠投资拉动农业发展已经不可持续；四是农业经济增长类型发生了转变，从依靠投资的

"马克思增长类型"向依靠全要素增长率的"库兹涅茨增长类型"转变。成都市 X 县曾经有着当代中国农业转型的普遍问题，要成功向更高阶段转型也受到乡村规划、农户意愿、农村产权制度等诸多因素的制约，但其把握住了省级项目建设机遇，成功促进了本地农业转型，为其他地区提供了重要的政策启示。

经验借鉴部分主要论述与中国农业要素禀赋相近的东亚三个经济体的农业转型经验。发达国家和地区特别是东亚国家和地区的现代化进程，为分析未来中国经济结构变化提供了大量可资借鉴的经验事实和实证数据。这一部分首先以相对美国人均收入的比重为标准划分了经济体的发展阶段，其次以美国农业转型为典型代表，历史地考察了日本、韩国和中国台湾地区不同经济发展阶段的农业基本特征，总结了这些经济体在现代化进程中农业转型面临的问题和积累的经验，为未来中国大陆农业转型提供经验借鉴。

前景展望部分主要是对 2020~2050 年中国农业转型的面貌进行预测。这一部分以党的十九大提出的新"两步走"战略和乡村振兴战略为背景，立足目前中国经济发展阶段和农业农村发展状况，结合东亚三个经济体农业产业结构演变的典型事实以及其他文献对未来中国人口、城镇化率、耕地保有量等的数据估计，综合分析 2020~2050 年中国农业转型趋势并对其前景进行展望。

外部约束部分主要是分析当代中国农业转型的国际化挑战并提出破局的思路。中美贸易摩擦在一定程度上暴露了中国农业产业安全在农产品进口、农产品价格、农业补贴和国际市场开放等方面的结构化困境：在宏观层面总结起来主要是"贸易困境"、"价格困境"、"补贴困境"以及"全球化困境"，在微观层面则体现为跨国农业企业对中国农业产业在资本、技术、服务等方面的多维渗透。未来要在经济全球化趋势下实现中国农业的成功转型，仅从中国农业自身的生产能力出发是不够的，必须突破以往思维的局限，从经济全球化的高度进行战略布局。

第四节　主要观点

本书提出了以下 10 个可供商榷和进一步研究的观点。

第一，关于当代中国农业转型主要有“四大争论”，这些具有代表性的争论主要是农业规模经营之争、农业资本深化之争、农业技术选择之争和农地制度变迁之争。

第二，农业适度规模经营是在既有的要素禀赋结构下实现土地、劳动和资本等要素的合理配置，并随着要素禀赋结构的升级而变迁。

第三，农业要素禀赋结构升级和农业制度安排演化构成了农业工业化进程的两个维度，二者统一于农业工业化进程中。

第四，农业劳动力“空心化”现象的发生是由于技术条件、组织水平等因素的限制，以及诸如农业劳动力结构失衡等原因导致的农业劳动对农业生产的投入不足。它是一种企图在农业内部应对农业劳动投入不足的“自我战胜”方法，这种“自我战胜”方法往往会导致粗放型的农业经营方式。

第五，改革开放以来中国农业土地制度转型是朝着使土地产权“权利束”完整的方向发展的，但目前农业土地规模报酬递增趋势还没有显现。

第六，大规模农业资本投入使资本回报率严重下降，并对农户投资产生了挤出效应。

第七，中国农业增长类型没有陷入马克思增长类型陷阱，且大部分区域基本已经开始从马克思增长类型向库兹涅茨增长类型转变了。

第八，中国农业转型小部门化趋势明显，产值比重和就业比重会在经济现代化进程中双双下降，2020 年、2035 年、2050 年将分别下降至 6.95%和 15.34%、3.01%和 8.67%、0.68%和 4.70%。

第九，中美贸易摩擦暴露了中国农业产业安全的深层次困境，即“贸易困境”、“价格困境”、“补贴困境”以及“全球化困境”。

第十，中国农业的成功转型离不开更深度地参与农业资源全球配置，基于此本书提出了“口粮自给，休养生息，因粮于敌，大权在握”十六字破局方针。

第五节 研究方法

文献研究法。一是搜集关涉农业转型的文献，包括农业现代化理论、有关现代化进程中各国农业发展趋势和特征的文献、对当代中国农业转型的不同视角和观点，以及对当代中国农业转型特征进行实证分析的文献。二是对这些文献进行系统的学术史梳理，从农业现代化理论及有关各国农业发展趋势和特征的文献中整理出农业工业化的理论逻辑，从对当代中国农业转型的不同视角和观点中梳理出“四大争论”，从对当代中国农业转型特征的各类实证分析中总结出事实特征。

定量分析法。搜集当代中国农业发展的各项数据，并对这些数据的变动进行经验描述和可视化处理；运用 Stata 等分析软件，通过面板数据回归模型、面板随机前沿模型等计量方法，对当代中国农业转型的基本特征进行实证分析；结合 WDI、USDA、FAO、OECD 等数据库关于发达国家的相关数据对未来中国农业农村发展前景进行预测。

田野调查法。以四川省为重点调研省份，选取其在农业转型方面有典型性的地区，通过实地走访的方式向农户发放调查问卷获得一手数据，对需要深入了解的方面邀请农户进行深度访谈。调研内容围绕农业劳动力转移状况、农业现代化发展特点、农业资本化情况等主题展开。

比较分析法。转型作为一种历时性话语，本身带有对比特征。本书广泛使用比较分析法：一是对不同时段的当代中国农业发展状况进行比较，以观察农业发展的趋势和特征；二是对不同区域的农业转型特征进行比较，以探究地域分宜规律支配下农业转型的适应性；三是对不同层面的当代中国农业转型进行了比较，既有国家宏观层面的分析，也有县域中观层面的研究；四是对不同经济体的农业现代化发展趋势进行比较，以便定位中国农业转型的阶段，并对未来中国农业转型趋势进行合理预测。

第六节　可能的学术创新

一是提出了中国农业规模化、资本化、机械化和市场化的“四化”转型方向。已有的文献对农业规模经营、农业资本深化、农业技术选择和农地制度变迁等关涉农业转型的重大问题进行过广泛而深入的探讨，但将这些探讨加以系统梳理，在厘清它们之间内在逻辑的基础上，将其归结到“中国农业转型”这一总体性研究对象上的研究不多见。本书一方面通过对既有文献进行系统梳理，力图廓清当代中国农业转型在农业规模经营、农业资本深化、农业技术选择和农地制度变迁上的争论，从理论角度提出了当代中国农业转型方向；另一方面通过对农业劳动力、农业土地制度、农业资本和农业全要素生产率变化的观察，阐明了当代中国农业转型的基本特征，从实证角度论证了当代中国农业转型方向。在实证分析过程中，首次将发展经济学关于“马克思增长类型陷阱”的概念运用于中国农业转型分析。

二是从理论逻辑推导出农业工业化发展阶段模型。学术界对农业工业化的探讨由来已久，但多是从农业经济学、产业经济学等视角出发对农业工业化概念进行厘定，对农业工业化发展阶段进行动态考察的研究并不多见，结合农业要素禀赋结构变迁和农业制度演进做系统性、综合性探讨的文献更是少见。本书综合新结构经济学、产权经济学以及发展经济学等学科视角，以农业要素禀赋结构变迁和农业制度演进为线索，对当代中国农业转型的理论逻辑进行推导，提出农业工业化发展阶段模型，为当代中国农业转型提供了一般性分析框架。在模型推导过程中得出了一些具有启发性的原创论断：一是农业要素禀赋结构将从劳动要素丰裕向资本要素丰裕、最终向技术要素丰裕升级；二是在农业工业化进程中，政府也可能会不顾当前农业要素禀赋结构，实施超越农业工业化发展阶段的“农业赶超战略”。

三是对未来 30 年中国农业转型趋势进行了展望。本书参照美国农业转型和与中国具有发展相似性的东亚三个经济体农业转型的典型事实，结合其他文献对未来中国人口、城镇化率、耕地保有量等的数据预测，综合展望 2020~2050 年中国农业转型趋势以及前景。通过预测，本书得出了“2025 年中国将达到初等发达国家水平，2032 年迈入中等发达国家行列，2049 年有望成为发达国家”，“到 2035 年基本实现社会主义现代化时，农业增加值比重和就业比重将分别为 3.01%和 8.67%，与日本 1985 年、韩国 2004 年和中国台湾地区 1996 年的水平相当”，“当前有‘自生能力’的小农户将在未来 20 年左右逐步成长为与现代农业发展有机衔接的中小型家庭农场”等结论。

第一章

当代中国农业转型的研究评述

改革开放四十多年以来，伴随着工业化、城镇化进程，中国农业转型的特征十分明显：农业在国民经济中所占份额大幅下降；农业投入结构和发展方式已经发生了巨大的变化；农业的经营制度和相关制度安排也发生急速变化。[①] 这一结构化的系统性转变，引起了国内外学者对当代中国农业转型的发展阶段、基本动力和发展路径等的探讨。不过，关于农业转型本身的观点分歧也不可避免地引发了关于中国农业转型的争论。目前，关于当代中国农业转型主要有“四大争论”，这些具有代表性的争论主要是农业规模经营之争、农业资本深化之争、农业技术选择之争和农地制度变迁之争。“四大争论”事关中国农业农村发展全局，对于党的二十大提出的“全面推进乡村振兴”有着重要意义。明确中国农业转型的方向，能够合理回答怎样建设农业强国，进而回答通过何种路径推动乡村发展，实现产业、人才、文化、生态和组织振兴的问题。为此，本书将致力于梳理这“四大争论”的主要观点并加以分析，从而探究中国农业转型方向。

第一节　农业规模经营之争

农业规模经营之争由来已久，其争论观点最早可以追溯至经济学之父亚当·斯密。许多关于农业转型的讨论，都是从这一问题开始的。因此，

① 刘守英：《中国的农业转型与政策选择》，《行政管理改革》2013 年第 12 期。

该问题被普遍认为是农业转型这一“经典的学术命题”的“开篇”。

亚当·斯密在《国富论》中曾经简单论及，如果资本进入农业，将会导致更多的劳动力被雇佣。从《国富论》所构建的体系来看，其言下之意是，在市场这只“无形的手”的作用下，资本进入农业以后，会使农业经营业主雇佣更多的劳动力进行类似工厂式生产。这一观点直接影响到了以英国古典政治经济学为理论来源的马克思主义政治经济学。马克思主义经典作家认为，私有制的小农既排斥生产资料积聚，也排斥协作和分工，是落后的生产方式，以雇佣劳动为基础的资本主义制度，将“在农业中……占统治地位”①。列宁在十月革命以后也是逐步实践这一思路的，即逐步用共耕制的大农场来替代小农生产的家庭经营。

与雇佣劳动力进行大农业生产的观点相对应的，则是以恰亚诺夫、舒尔茨为代表的家庭农业生产倡导者。著名农业经济学家恰亚诺夫认为，包括畜牧业在内的许多农业部门只有在小农经济的范围才能展示出效率，他断言，小农家庭农场具有“强大抵抗力”和“历史稳定性”。② 而作为新古典经济学家的舒尔茨则提出，传统农业中仍然存在着“小农理性”，可以在保留家庭农业形式的基础上为其提供现代生产要素，从而改造传统农业。③

从农业转型命题“开篇”的历史背景来看，这一争论无疑夹杂着较浓厚的意识形态色彩，因而在一定程度上将农业生产经营方式与农业生产经营规模两个不同的问题混淆起来。④ 就农业生产经营方式而言，其实质问题是，农业生产经营的最佳方式究竟是以雇佣劳动制为基础的农业工厂式，还是家庭经营式；就农业生产经营规模而言，其实质问题则是应该采取大规模的作业生产还是小规模的作业生产。随着实践的发展和理论探讨的深化，对第一个问题已基本达成共识，即由于农业生产存在漫长的自然周期，不像工业生产容易计量劳动投入，因而劳动监督费用很高，只有内

① 《马克思恩格斯文集》（第 3 卷），人民出版社，2009，第 335 页。
② 〔苏〕恰亚诺夫：《农民经济组织》，萧正洪译，中央编译出版社，1996。
③ 〔美〕舒尔茨：《改造传统农业》，梁小民译，商务印书馆，2010。
④ 李秉龙、薛兴利主编《农业经济学》（第 2 版），中国农业大学出版社，2009。

化这一成本的家庭经营是最佳选择。[①] 第二个问题则与各国具体的农业要素禀赋密切关系，不能一概而论。当代中国关于农业规模经营之争，实质上是从第二个问题展开的。

关于中国农业要素禀赋是否适合农业规模化经营，大致可分为两类观点。第一类观点认为，小农经济在中国的存在具有历史和现实双重合理性，中国应支持小规模农业生产而非推动农业规模化生产。黄宗智指出，中国农业的未来不在于大规模机械化的农场，而是在于资本、劳动双密集化的小规模家庭农场。[②] 温铁军梳理了世界上的三类农业经营，即"前殖民地国家的大农场农业"、"前殖民主义宗主国的中小农场模式"和"未被彻底殖民化的原住民为主的小农经济"，并认为中国农业应当实行"东亚模式"，如果不这样，"在农业政策领域以及企业战略上就会犯根本性错误"。[③] 贺雪峰、印子将主张消灭传统农业和构成传统农业基础的"小农经济"的观点称为农业现代化激进主义，并坚信，"中国的农业现代化道路必然是小农经济的现代化之路"。[④]

第二类观点认为，小农经营具有局限性，与现代农业要求背道而驰，中国目前具有发展规模农业的条件。韩昭华系统梳理了国内外学界关于家庭农场的讨论，认为现代家庭农场在耕种面积和产量规模上已经超出了传统小农，固守传统小农将阻碍农民脱贫和整体经济发展。[⑤] 张红宇等认为，小规模经营对家庭的经济贡献弱化、制约了农业劳动生产率的提高、在价值链中被边缘化。[⑥] 因此，要在普通农户分化基础上壮大家庭农场，并提出借鉴美国家庭农场是中国农业发展的未来方向。[⑦] 杜志雄、金书秦

---

① 林毅夫、蔡昉、李周：《中国的奇迹：发展战略与经济改革》（增订版），格致出版社、上海三联书店、上海人民出版社，2014。

② 黄宗智：《中国的新时代小农场及其纵向一体化：龙头企业还是合作组织》，《中国乡村研究》2010 年第 2 期。

③ 温铁军：《中国农业如何从困境中突围》，《中国经济时报》，2016 年 2 月 19 日，第 9 版。

④ 贺雪峰、印子：《"小农经济"与农业现代化的路径选择——兼评农业现代化激进主义》，《政治经济学评论》2015 年第 2 期。

⑤ 韩昭华：《个体农户和农业规模化经营：家庭农场理论评述》，《经济研究》2017 年第 7 期。

⑥ 张红宇、李伟毅：《新型农业经营主体：现状与发展》，《中国农民合作社》2014 年第 10 期。

⑦ 张红宇、寇广增、李琳、李巧巧：《我国普通农户的未来方向——美国家庭农场考察情况与启示》，《农村经济管理杂志》2017 年第 9 期。

指出，目前家庭农场发展迅速，2014 年 11 月底全国已有平均种植规模 200 亩的家庭农场 87.7 万家，“中国未来的农业生产主体应该是坚持家庭经营的家庭农场或者专业大户”。[①] 郭熙保认为，“我国农业的经营规模太小，致使每个农业生产者获得的收入远不能达到从事非农生产活动所获得的收入”，并提出农业规模化经营是实现工业化、信息化、城镇化和农业现代化“四化”同步的根本出路。[②] 还有学者从农业资本深化趋势和小农经济不足以维持不断提高的劳动力报酬的现实出发，提出当今中国小农经济已经失去存在的基础。[③]

尽管两类观点都有相应的立论基础，其旷日持久的交锋难解难分，但从目前高层的决策来看，其政策思路在一定程度上支持了发展以家庭农场为核心的规模化经营观点。例如，2013 年中央一号文件中提到“努力提高农户集约经营水平”时，专门强调要“按照规模化、专业化、标准化发展要求，引导农户采用先进适用技术和现代生产要素，加快转变农业生产经营方式”。[④] 十八届三中全会的报告中也明确指出，“鼓励承包经营权在公开市场上向专业大户、家庭农场、农民合作社、农业企业流转，发展多种形式规模经营”。[⑤] 这些政策在事实上指明了农业规模经营的方向，在承认中国工业化、城镇化进程中普通农户分化不可避免的事实基础上，暗示要充分利用这一事实，推进规模化经营。

第二节　农业资本深化之争

无论学者们是否认同农业规模化，基本都不会否认农业资本化在农业发展中的重要作用。正如仝志辉、温铁军所指出的那样，“资本的作

---

① 杜志雄、金书秦：《中国农业政策新目标的实现路径》，《中国经济时报》，2016 年 5 月 13 日，第 A10 版。

② 郭熙保：《农业规模化经营：实现“四化”同步的根本出路》，《光明日报》，2013 年 2 月 8 日，第 11 版。

③ 罗浩轩：《中国农业资本深化对农业经济影响的实证研究》，《农业经济问题》2013 年第 9 期。

④《十八大以来重要文献选编》（上），中央文献出版社，2014，第 99 页。

⑤《十八大以来重要文献选编》（上），中央文献出版社，2014，第 523 页。

用是内含在农村商业化和产业化过程中的，没有资本也就没有今日的农业市场化”。① 黄宗智在论证中国农业未来小规模家庭农场发展模式时，突出强调了资本的作用。② 罗浩轩论证，中国农业存在资本深化现象，并提出资本深化是现代农业发展的特点。③ 因此，农业资本深化之争不在于农业是否需要资本深化，而在于进入农业的资本“从哪里来”。从来源来分，农业资本大致可以分为三种类型：第一类是农户通过积累或借贷的自有资本，即“农户资本”；第二类是农户以外的非政府部门主体所拥有的资本，我们可称之为“工商资本”；第三类是政府部门所拥有的资本，即“部门资本”。综观前人的研究，学者们对农户资本投入农业的合理性并无太大分歧，争论的焦点主要集中在工商资本和部门资本等非农资本进入农业是否合理的问题，从广义上而言，就是所谓的“资本下乡”问题。

反对资本下乡的论者，主要从三个方面强调资本下乡可能会对农业农村造成负面效应。一是从粮食安全角度出发，认为资本下乡会造成“非粮化”和“非农化”问题。关于这一方面的研究较多，具有代表性的有：郑风田在考察农村土地流转现状后认为，目前资本下乡导致的农业“非粮化”“非农化”问题突出，如果听之任之，“就会影响我国农村土地的有序流转和适度规模经营的健康发展”。④ 贺雪峰、印子从粮食成本、收益入手分析，认为“农业资本在粮食种植环节无利可图，这由市场规律和农业的产业结构所决定”，并进一步推论，“资本下乡实际上无法推动农业的规模化和现代化”。⑤ 郭晓鸣提出，目前工商业资本在农村大规模集聚土地，已经导致了严重的“非粮化”“非农化”现象。⑥

二是认为资本下乡可能使农村稳定的社会结构遭到破坏。这类观点主

① 仝志辉、温铁军：《资本和部门下乡与小农经济的组织化道路——兼对专业合作社道路提出质疑》，《开放时代》2009 年第 4 期。

② 黄宗智：《中国的新时代小农场及其纵向一体化：龙头企业还是合作组织》，《中国乡村研究》2010 年第 2 期。

③ 罗浩轩：《中国农业资本深化对农业经济影响的实证研究》，《农业经济问题》2013 年第 9 期。

④ 郑风田：《农村土地流转的三条红线》，《中国畜牧业》2014 年第 24 期。

⑤ 贺雪峰、印子：《“小农经济”与农业现代化的路径选择——兼评农业现代化激进主义》，《政治经济学评论》2015 年第 2 期。

⑥ 郭晓鸣：《要培育为市场而生产的新型职业农民》，《社会科学报》，2015 年 3 月 19 日，第 1 版。

要从社会学角度出发。孙新华认为，外来规模经营主体进入农业，损害了“中坚农民”的切身利益，压缩了他们的生存空间，他们不得不外出务工，“从而使农村社区的社会结构更加脆弱，村庄社会秩序堪忧”。① 贺雪峰持有同样的观点，他在实地调研的基础上得出结论：农民人数仍然极其庞大，必须依靠农业获得生存保障，如果外来资本大规模进入，将会迫使青壮年农民外出务工，农村老人“老无所养”，传统农村熟人社会的稳定预期将遭到破坏。② 这就是说，农民权益、农村稳定和农业安全是经济的稳定器，如果挤出农民则会破坏这一结构，未来的危机恐怕难以化解。

三是从新政治经济学角度论述，在资本下乡过程中，农民总是处于弱势地位，强势资本会形成利益勾结。如仝志辉、温铁军明确指出，在部门资本下乡过程中，“官僚资本”甚至私人化的“官僚资本”形成，“使得很多应用于公益性服务的财政投入化为小集团资本或者是私人资本”，“大农和资本或部门的勾结，也是资本和部门顺利下乡的一个重要机制”。仝志辉、温铁军描述了一个“大农、资本、部门各自利用自身优势资源进行联合”的场景，并推论，联合后要获得收益只能“盘剥小农的利益”。③ 党国英认为，资本大佬转战农业是在打套取国家农业补贴的主意。④ 陈晓华等对此也持保留态度，他们提出工商业资本长时间租赁大面积农地，占用了农民自身发展空间，还容易造成“规模不经济”。⑤

持支持论者并非对资本下乡的消极影响视而不见，而是强调资本下乡的合理性和趋势性。涂圣伟认为，工商业资本大量下乡是中国农业向现代化转型的必然结果，“是一个长期趋势而非短期热潮”。他分析了工商业资本下乡带来的“规模经济效应”、“知识溢出效应”和“社会组织效应”三大正面效应。⑥ 周飞舟、王绍琛通过对成都市“统筹城乡”模式

---

① 孙新华：《农业规模经营的去社区化及其动力——以皖南河镇为例》，《农业经济问题》2016 年第 9 期。

② 贺雪峰：《当下中国亟待培育新中农》，《人民论坛》2012 年第 13 期。

③ 仝志辉、温铁军：《资本和部门下乡与小农经济的组织化道路——兼对专业合作社道路提出质疑》，《开放时代》2009 年第 4 期。

④ 党国英：《农村土地流转是大势所趋》，《国土资源》2014 年第 8 期。

⑤ 陈晓华、高才云、冯华：《限制长时间大面积租赁农地》，《人民日报》，2015 年 4 月 26 日，第 2 版。

⑥ 涂圣伟：《工商资本下乡的适宜领域及其困境摆脱》，《改革》2014 年第 9 期。

的经验总结，从政府角度出发，提出“资本下乡”一方面有力地推动了“社会资金”参与城乡一体化进程，另一方面也解决了农业经营由传统的家庭经营向规模经营转型的问题。① 厉以宁从城乡一体化进程视角出发，提出城乡差距在很大程度上是包括物质资本、人力资本和社会资本在内的资本效率差距。他以资本下乡为基点，提出一套让“城乡一体化显露生机”的组合拳：一是发挥农村能人的作用，他们可以外迁，也可以返乡就业；二是使弱者通过土地流转获得收益，同时依靠社会救济得到妥善安置；三是农业通过资本驱动，实现技术升级。② 周其仁虽然未曾直接参与资本下乡的讨论，但他的理论在很大程度上可以使厉以宁的观点更加学术化，他强调要构建一个以产权为核心的市场机制，一方面还给农民完整产权，赋予农民市场交易的权能，另一方面完善市场价格体系，让机制更好地反映资源稀缺性，最终这一机制将促进市场交易，实现帕累托改进。③ 至于农民是选择自己经营还是接受外来资本，应该是市场自发的结果。

从 2013 年中央一号文件鼓励“资本下乡”，到十八届三中全会提出“使市场在资源配置中起决定性作用”，再到《“十三五”规划纲要》中强调“鼓励和支持工商资本投资现代农业”，基本上体现了构建市场机制、支持“资本下乡”的思路。事实上，从 1999 年到 2016 年，农户农林牧渔业固定资产投资比重呈现先上升后不断下降的趋势，这一数据在 2003 年曾达到 66.81%的高位，然后不断下降，并于 2014 年跌到 10%以下。④ 这一状况也说明，农户并没有对农业投资的积极性，当前投资农业的主力仍然是工商资本、部门资本等非农部门资本。换而言之，资本下乡是农业资本深化的主力军。就实践而言，“资本下乡”的消极作用，几乎都可以通过相应的措施加以化解，因而不能“因噎废食”。对于“非粮

① 周飞舟、王绍琛：《农民上楼与资本下乡：城镇化的社会学研究》，《中国社会科学》2015 年第 1 期。

② 厉以宁：《双向城乡一体化显露生机》，《决策探索》2012 年第 11 期。

③ 周其仁：《产权与制度变迁：中国改革的经验研究》（增订本），北京大学出版社，2004。

④ 国家统计局农村社会经济调查司：《中国农村统计年鉴（2017）》，中国统计出版社，2017。

化”“非农化”的倾向，国家可以通过各种方式对外来资本加以规制；利益勾结现象在很大程度上是因为市场结构不够完善，以至于出现了“寻租”“设租”的空间，对此可以完善市场结构；解决农民缺乏保障问题，则有赖于外部社会保障体系的建立。

第三节 农业技术选择之争

在土地供给刚性和劳动力供给过剩的约束下，农业技术变迁往往是农业经济增长的主要动力。关于农业技术的选择模型，国内影响最大的当属林毅夫等提出的诱致性变迁理论，该理论的基本观点是，生产要素的相对价格变化所带来的非均衡性，将会诱致农业经营者选择更多利用丰裕要素的技术，从而促使农业技术变迁。该理论把农业技术分为土地替代型技术和劳动替代型技术。土地替代型技术的内容主要是生物化学技术（BC 技术），而劳动替代技术的内容主要是机械技术（M 技术），介于二者之间的又被称为中性技术。[①] 后来，林毅夫还将这一理论加以拓展，创立了“新结构经济学”的一般性分析框架。[②]

国内许多学者以诱致性变迁理论为基础，对中国农业技术选择路径进行了深入研究。有学者在进行文献综述后认为，目前中国尚不具备大规模采用劳动节约型技术或机械技术的条件，农业技术进步的主要方向应是土地节约型技术或生物化学技术。[③] 然而，许多关于农业技术选择的研究，主要是基于中国要素禀赋的判断，并辅之以一个时间段内的农业技术变迁的实证分析结果，其结论只是对农业技术选择路径的“适应性预期”而非“理性预期”。

事实上，诱致性变迁理论只是从要素禀赋层面简单勾勒了农业技术选择的“历时态”，难以刻画其变迁过程中内在矛盾的复杂性。当前农业技

① 林毅夫、沈高明：《我国农业技术变迁的一般经验和政策含义》，《经济社会体制比较》1990 年第 5 期。

② 林毅夫：《新结构经济学：反思经济发展与政策的理论框架》（增订版），苏剑译，北京大学出版社，2014。

③ 魏金义、祁春节：《中国农业要素禀赋结构的时空异质性分析》，《中国人口·资源与环境》2015 年第 7 期。

术选择之争复杂激烈，这些争论囊括了机械技术、化学技术和生物技术三个农业技术的主要类型。

焦点一：未来农业技术的选择方向一定是土地节约型吗？诚然，目前许多研究的结论是，中国农业技术进步的主要方向是土地节约型技术①②③。但正如前面所述，这些研究多是“适应性预期”而非“理性预期”。其实，Yamada 和 Ruttan 曾提出，土地要素稀缺的亚洲型增长路径（Asian Path）可能呈现三个阶段的“S 型增长路径”。④ 全炯振经过测算发现，中国农业技术选择具有“S 型增长路径”特征，并认为中国目前处于第二和第三阶段。⑤ 至于第三阶段以后的增长，“S 型增长路径”给出了一个开放的、不确定的答案。这一模型说明，未来农业技术选择方向并不一定是土地节约型。国内对农业技术进步主要方向的判断，其实已经暗含在了对农业规模化的判断中，这一问题实际上可以说是农业规模化之争的延续。认为中国将通过小农经济实现现代化的学者，无疑会认为土地节约型技术是中国农业的必然选择；而认为农业必然向规模化发展的学者，则会得出劳动节约型技术才是中国农业技术选择归宿的结论。

焦点二：使用土地节约型技术是否要摒弃农业化学化？以土地节约型技术为主要内容的农业技术转型，意味着农业将更多地依赖生物化学技术来确保土地生产率的提高。生物化学技术可以分为生物技术和化学技术，而化学技术主要是指化肥、农药、农膜等现代农业生产要素的应用。新中国成立以来几十年的农业化学化进程在很大程度上提高了农业土地产出率，促进了粮食产量的增长，粮食供求由长期短缺变为相对过剩。⑥ 国家

---

① 胡瑞法、黄季焜：《农业生产投入要素结构变化与农业技术发展方向》，《中国农村观察》2001 年第 11 期。

② 高峰、王学真：《诱发性创新理论与中国农业现代化的技术选择》，《农业经济问题》2003 年第 12 期。

③ 全炯振：《中国农业的增长路径：1952～2008 年》，《农业经济问题》2010 年第 9 期。

④ “S 型增长路径”三个阶段：第一阶段，由于现代化进程开启，农村劳动力向城市转移，可能出现采取劳动节约型的倾向；第二阶段，由于人口高速增长和非农部门对农业劳动力的吸纳能力减弱，地劳比率恶化，但此时生物化学技术大规模采用提高了土地产出率，使增长出现一个逆向的弯曲；第三阶段，城市化发展，农业劳动力进一步转移，又出现采取劳动节约型技术的倾向。

⑤ 全炯振：《中国农业的增长路径：1952～2008 年》，《农业经济问题》2010 年第 9 期。

⑥ 胡元坤：《论农业发展新阶段的粮食安全问题》，《中国农村经济》2001 年第 3 期。

统计局数据显示，2011 年中国化肥施用量占世界化肥总施用量的 31.9%。同时，2012 年中国稻谷、小麦每公顷产量分别为 6776.9 千克和 4986.9 千克，分别高于同期世界平均水平 53.7% 和 60.2%。[①] 然而，中国以高强度的化学品投入换来的高产量，其代价是巨大的——化肥不合理施用造成水体、土壤和大气污染，农药超量施用使生态紊乱和人们健康受到威胁，农膜过量使用和残留对耕地质量造成了破坏。[②]

那么，我们在确保粮食安全、促进农业增产和农民增收的刚性目标约束下，是否还应该继续坚持农业化学化？支持者认为，“化学技术对农业增产具有明显的推进作用”，中国在化肥等化学品使用上主要是结构不合理、方法不科学，应积极研制和推广高效、低毒、低残留的农业和优质农用塑料制品，“进一步提高化学化水平”。[③] 贺雪峰认为，“自耕农的单位产量远高于经营农”，一个重要的论据即“经营农打农药不及时”，而自耕农会及时打农药、施肥。[④] 反对者则认为，中国农业应该更多地采取“休养生息”的政策，“对地力不断下降的耕地实行轮作和休耕”，“对生态遭到破坏和污染的耕地实行修复和保护”[⑤]，至于休耕后如何确保粮食安全，则强调要更多地依靠海外市场[⑥]。

焦点三：未来农业是否应该选择生物转基因技术？与机械技术和化学技术的应用相比，农业是否使用生物转基因技术引起的争议更为广泛。在这场论战中，除了专业的农业科技专家，还有“三农”问题学者及政府官员。从中国的情况来看，近几年转基因作物种植面积持续下降，从

① 国家统计局农村社会经济调查司：《中国农村统计年鉴（2014）》，中国统计出版社，2014。

② 余志刚、樊志方：《粮食生产、生态保护与宏观调控政策》，《中国农业资源区划》2017 年第 5 期。

③ 李秉龙、薛兴利主编《农业经济学》（第 2 版），中国农业大学出版社，2009。

④ 贺雪峰：《论农地经营的规模——以安徽繁昌调研为基础的讨论》，《南京农业大学学报》（社会科学版）2011 年第 2 期。

⑤ 罗浩轩：《新常态下中国农业经济增长的三重冲击及其治理路径——基于 1981~2013 年中国农业全要素生产率的测算》，《上海经济研究》2017 年第 2 期。

⑥ 程国强：《全球农业战略：基于全球视野的中国粮食安全框架》，中国发展出版社，2013。

2013年的全球第六位①下降到2017年的全球第八位②。但中国是世界上首个批准主粮可以进行转基因种植的国家，且转基因农产品进口量巨大。以大豆为例，目前转基因大豆油占据了市场上90%以上的份额。

叶敬忠、李华对转基因的争论进行了综述，认为这一争论大致围绕转基因的安全性、转基因的食品商标化和标识管理三个方面展开。③ 综观这些争论，归根到底是在两个基本问题上的看法不同。第一，全球现有的水土等农业资源能否满足中长期以粮食为主的农产品需求问题。这一问题的实质，是转基因技术是否必要的问题。第二，转基因技术是否会对农业生产、人类健康以及生态环境造成危害。这一问题是转基因技术是否合理的问题。就第一个问题而言，持肯定看法的学者认为，“全球范围的水和土地资源仍能满足中长期粮食需求的增加”④，“人类生产的粮食已经足够人类食用”⑤；持否定看法的学者则认为，“作物产量潜力已经出现了瓶颈”，“应大力发展转基因技术”⑥，“只有转基因技术才能解决中国的粮食问题”⑦。就第二个问题而言，持转基因技术否定论的人认为，转基因技术还有很大的不确定性，它究竟在遗传背景中会产生什么样的作用，不能完全预测⑧；转基因是否对人体有长期和潜在的作用也难以确定⑨；即使是杂交水稻之父袁隆平也表示，“转基因食品对人体是否有伤害，需要非常长的时间来考察，至少需要两代人才能得出结论”⑩。而持转基因技术肯定论的人则提出，时至今日，转基因食品尚未出现过安全事件⑪，

---

① 沈静文：《2013年中国转基因作物种植面积位居世界第六》，中国广播网，http：//www.chinanews.com.cn/gn/2014/02-13/5835489.shtml。

② 郭洋：《综述：全球转基因作物种植面积创新高》，https：//baijiahao.baidu.com/s？id=1605695234510643431&wfr=spider&for=pc。

③ 叶敬忠、李华：《基于转基因技术的综述与思考》，《农业技术经济》2014年第1期。

④ 陈建鹏：《转基因作物商业化的现状、对粮食安全的影响及启示》，《农业经济问题》2010年第2期。

⑤ 杨通进：《转基因技术的伦理争论：困境与出路》，《中国人民大学学报》2006年第5期。

⑥ 张启发：《大力发展转基因作物》，《华中农业大学学报》（社会科学版）2010年第1期。

⑦ 黄大昉、嘉星一族：《转基因解决粮食问题》，《北京科技报》，2009年8月3日，第8版。

⑧ 罗云波：《关于转基因食品安全性》，《食品工业科技》2000年第5期。

⑨ 黄卫平、王洪斌：《转基因食品的不确定思考》，《经济界》2010年第1期。

⑩ 《言论》，《家庭医学》2010年第6期。

⑪ 张启发：《大力发展转基因作物》，《华中农业大学学报》（社会科学版）2010年第1期。

"转基因走向大众需要一个过程，这个过程对科学家和媒体都是一个考量"①。

从目前政策的指向来看，中国农业技术选择呈现三个趋势：第一，政府一方面鼓励农地向专业大户、家庭农场、农民合作社和农业企业集中，发展规模经营，另一方面则完善相配套的土地流转制度，暗示了未来中国农业技术采用劳动节约型技术的倾向；第二，农业化学化不可持续，农业生态化发展的理念逐渐深入人心，保护和增强农业可持续发展已经被作为中国农业政策的新目标，"十三五"规划建议稿也首次提出探索实行耕地轮作休耕制度试点，这从侧面否定了依赖高强度投入的土地节约型技术的"小农经济的现代化"路径；第三，近几年在舆论的强大压力下，中国转基因作物播种面积持续下降，未来转基因技术应用可能会遭遇曲折，而"海水稻""巨人稻"等杂交水稻试验成功，使中国农业在生物技术方面将更加依赖作物杂交技术。

第四节　农地制度变迁之争

舒尔茨曾指出："在改造传统农业中至关重要的投资类型并不取决于大农场的建立……关键问题不是规模问题，而是要素的均衡问题。"② 如果说前述农业规模经营之争、农业资本深化之争和农业技术选择之争都能在要素禀赋结构变迁的均衡模型中找到合理解释③，那么农地制度则是实现这一"均衡"的重要前提——它关乎农业生产经营的信息交换、激励结构和交易效率。

改革开放以来，中国实行了以家庭承包经营制为基础的"统分结合"的双层经营体制。这一制度保留了自农业合作化改造以来的土地集体所有制，同时将农地分包到户，解决了过去农业生产监督成本过高、农民缺乏

---

① 陈章良：《转基因走向大众　考量科学家和媒体》，《中国食品报》，2015 年 4 月 16 日，第 A4 版。

② Schultz, T. W., *Transforming Traditional Agriculture*. Yale University Press, 1964.

③ 罗浩轩：《要素禀赋结构变迁中的农业适度规模经营研究》，《西部论坛》2016 年第 5 期。

积极性和涉农交易的“剪刀差”问题。然而，伴随着农业转型，这一制度本身却引出了制度变迁的“林中路”，即农地制度该如何演进——是“统”还是“分”。

现实问题不可避免地引起了理论争鸣，学术界对“统”“分”问题的探讨自1982年以来就没有断过。早期争论的观点比较鲜明，主要有主张土地私有化[①][②]、主张土地国有化[③][④]以及保持现有制度[⑤][⑥][⑦]三类观点。经过多年的观点交锋，最后学者们几乎都认可了在不触动“统分结合的双层经营体制”基础上进行改革的观点，争论的焦点逐步转到是“统”多一点还是“分”多一点的问题上来了。关于这个问题的争论，最具代表性的当属周其仁与贺雪峰之间的争论。周其仁与贺雪峰分别围绕土地增值收益归属、农村土地是否入市、农民是否应该享有更多土地权利以及国外、国内的土地成本对比等问题开展了全方位的理论较量。

周其仁主要是以产权经济学为分析框架对中国农村土地制度进行评价的。产权经济学认为，产权是包含资源的排他性使用权、资源的收益权和资源的转让权等权利在内的权利束，并论证了有效率的市场经济是建立在完整的产权基础上的，经济发展总是伴随着大规模资源转移，产权将通过市场交易向利用资源最有效率的市场主体集中，从而实现资源的有效配置。[⑧] 基于上述逻辑，周其仁认为，对农民应该“还权赋能”，即将土地产权完整地赋予农民，从而让农民有进行交易的能力。[⑨] 这样的制度设计，除了提高资源的配置效率外，还能够扼制“恶”的土地财政，

① 张振斌：《产权制度改革的理论分析》，《学习与探索》1989年第Z1期。

② 李永民、李世灵：《农村改革的深层障碍与土地产权构建——兼述我们同流行的理论观点的分歧》，《中国农村经济》1989年第6期。

③ 魏正果：《我国农业土地国管私用论》，《中国农村经济》1989年第5期。

④ 孙自铎：《城市化的误区分析与实践思考》，《中国农村经济》1996年第9期。

⑤ 郑风田：《我国现行土地制度的产权残缺与新型农地制度构想》，《管理世界》1995年第7期。

⑥ 贾生华：《论我国农村集体土地产权制度的整体配套改革》，《经济研究》1996年第12期。

⑦ 王小映：《土地制度变迁与土地承包权物权化》，《中国农村经济》2000年第1期。

⑧ 周其仁：《产权与制度变迁：中国改革的经验研究》（增订本），北京大学出版社，2004。

⑨ 北京大学国家发展研究院综合课题组：《还权赋能：奠定长期发展的可靠基础（成都市统筹城乡综合改革实践的调查研究）》，北京大学出版社，2010。

阻止地方政府继续剥夺农民利益，同时又能通过激活土地的资产功能，缩小城乡差距，解决城乡二元对立的问题。

而贺雪峰则主要从社会学角度出发，以经验事实为依据对现行的农村土地制度进行评价。贺雪峰的理论，主要由以下几个部分内容组成。第一，他认为土地财政不仅不是“恶”，甚至是“善”。因为从历史上来看，农村土地属集体所有，土地涨价本来应该归公。中国的土地制度使得土地增值收益以土地财政的形式被地方政府用于基础设施建设，驱动了城市化，因此“应该大唱赞歌”。① 第二，他认为，如果土地确权，农村会陷入“集体行动的逻辑”，城市发展缺少资金，将难以推动城镇化和农业现代化，应当对土地确权采取警惕的态度。② 第三，他从现实状况出发，对市场机制本身持保留态度，主要表现在：一是认为如果“还权赋能”，真正受益的只能是少数城郊农民；二是认为中国农村土地本身具有保障功能，确权后土地交易会导致农民失去“保障”；三是确权将促发“资本下乡”，这将带来诸如农民地位被边缘化等许多问题。

周贺二人关于农村土地制度的争论，实际上是从“城乡发展一体化”的大局着眼的。两人的观点分歧，在某种程度上是经济学与社会学的视域差异造成的。尽管二人的观点针锋相对，但从实际操作层面而言，又互为补充。从决策层的施政方向来看，目前主要采纳了以周其仁为代表的“产权经济学派”的思路。从 2013 年中央一号文件明确提出“全面开展农村土地确权登记颁证工作”，到十八届三中全会提出建立城乡统一的建设用地市场，允许农村集体建设用地入市，再到 2017 年中央一号文件提出“落实”农村土地集体所有权、农户承包权、土地经营权“三权分置”，都体现了这一点。但是，在一些改革措施的落地上，无疑又审慎地吸纳了以贺雪峰为代表的“社会学派”的观点。例如，一些地方推出了“农村土地换社保政策”，明确提出农村集体建设用地入市必须“在符合规划、用途管制和依法取得的前提下”进行，对“资本下乡”的“非粮化”“非农化”倾向保持警惕。

---

① 贺雪峰、印子：《“小农经济”与农业现代化的路径选择——兼评农业现代化激进主义》，《政治经济学评论》2015 年第 2 期。

② 贺雪峰：《地权的逻辑：中国农村土地制度向何处去》，中国政法大学出版社，2010。

第五节　在争论中的农业转型方向

由于参与争论的学者有着各自不同的学术背景，因而“四大争论”很难在理论上统一。不过，农业转型不是学者们的纸上谈兵，而是正在进行中的、轰轰烈烈的伟大实践。研究表明，政府部门在中国经济发展中发挥着主导作用。[①] 从目前政策来看，政府对农业转型方向的意图比较明确，主要是朝着以家庭农场为核心的农业规模化经营、以“资本下乡”为主力的农业资本深化、以劳动节约型技术和作物杂交技术应用为内容的农业技术选择，以及以“还权赋能”为基础的农地市场化改革方向前进。总结起来，中国农业转型是规模化、资本化、机械化和市场化的“四化”转型。

从目前实践结果来看，中国农业的“四化”转型初见成效。一是在培育新型农业经营主体的政策出台后，土地流转速度加快，家庭农场数量激增。从流转的速度来看，2005 年中国家庭承包经营耕地流转面积仅有 5467.38 万亩，到 2018 年，中国家庭承包经营耕地流转面积已经达到 5.39 亿亩了。[②] 从家庭农场数量来看，2015 年，中国家庭农场的数量为 34.3 万个，县级以上示范家庭农场数量为 3.9 万个，而截至 2019 年底，中国家庭农场的数量达到 85.3 万个，县级以上示范家庭农场数量达到 11.7 万个。[③] 二是农业资本深化的程度不断加深，而且资本主要来自工商资本和部门资本。1999 年中国农业资本-劳动比率仅为 0.15 万元/人，到 2016 年已经达到 2.64 万元/人。[④] 从资本的来源来看，农户投资农业的意愿显著下降，农业占农林牧渔业固定资产投资额的比重从 2002 年的 59.22%下降到 2016 年的 8.37%。[⑤] 三是农业劳动力持续转移，农村“空

① 聂辉华：《政企合谋与经济增长：反思“中国模式”》，中国人民大学出版社，2013。

② 农业部农村经济体制与经营管理司：《中国农村经营管理统计年报（2015 年）》，中国农业出版社，2016。

③ 农业农村部发展规划司：《农业现代化辉煌五年系列宣传之二十：家庭农场加快培育》，http：//www.jhs.moa.gov.cn/ghgl/202106/t20210615_ 6369594.htm。

④ 详见第五章的数据来源及测算。

⑤ 详见第二章的数据来源及测算。

心化”问题十分严重，劳动节约型技术需求增加。2018 年，中国农民工群体已经扩大到 28836 万人，比 2008 年增加 6294 万人。抽样调查显示，广义“空心村”占抽样总数的 79.01%，体现了中国农村“空心化”的普遍状况。[①] 四是多元化的市场主体不断成长，土地产权市场、农资市场、农产品市场日益完善。孙新华在长期的田野调查中，也不得不承认农业转型的这一趋势，即土地流转形成一种“气壮山河的热闹局面”，农业经营主体由小农向大户转换；大户崛起后以更多的资本投入，最大限度地推进农业机械化；农村土地产权市场的改革促进了土地流转，每位大户的经营面积远超“中坚农民”的经营面积。[②] 从对政策指向到实践结果的观察，可以认为“四化”转型为“四大争论”给出了结论，当代中国农业转型方向基本确定。[③]

为了更深入地认识当代中国农业转型，本书将在对当代中国农业转型方向做出基本判断的基础上，综合新结构经济学、产权经济学以及发展经济学等学科视角，在第二章对当代中国农业转型的理论逻辑进行分析，由此提出带有一般性的农业转型分析框架。第三、第四、第五、第六章将分别对农业劳动力、农业土地制度、农业资本和农业全要素生产率的变化进行实证分析，为第一章当代中国农业“四化”转型判断提供实证基础。第七章以成都市 X 县为例，对当代中国农业转型的县域实践进行考察。第九章则是根据对当代中国农业转型方向的基本判断，对中国农业转型的基本特征进行实证分析，再对中国农业转型趋势进行预测，展望未来 30 年中国农业转型前景。

---

① 详见第三章的数据来源及测算。

② 孙新华：《再造农业：皖南河镇的政府干预与农业转型（2007~2014）》，社会科学文献出版社，2017。

③ 当前的理论研究也已经开始深入到对“四化”转型的各个方面进行实证分析，例如农地规模化后的绩效、农业资本深化后的配置效率、农业机械化的跨区作业效应以及农业补贴、保险等政策供给对农业转型的冲击等（参见罗明忠、万俊毅：《中国农业转型发展：经验、启示与展望——首届农业经济理论前沿论坛综述》，《经济研究》2017 年第 6 期）。

第二章

当代中国农业转型的理论逻辑

当代中国农业转型被学者以不同方式表述着，但总体说来，学者们基本不会否认农业正在从延续千年的通过反复投入劳动力以提高土地生产率的传统生产模式向增加资本投入以提高劳动生产率的现代生产模式转型这一“特征事实”。① 结合诺斯等人的逻辑，改革开放以来这一“特征事实”可以更一般地表述为：非农部门通过与农业部门竞争劳动力，向农业生产提供机械、化学品等“新型”生产要素，以及后期反哺式地提供廉价的资本，改变了农业要素的相对价格，并引致了农业生产经营中的要素结构变化及制度演化，诱发了当代中国农业在生产方式、土地经营规模、产权制度等方面全方位的转型。

第一节　当代中国农业转型的理论分析工具

诺斯和托马斯曾指出，制度变迁是响应由市场规模、技术进步和人口变动等引起的产品和要素相对价格变化的产物。② 其含义是，市场规模等外部冲击引致要素价格变化，从而改变了微观主体生产经营的要素结构；遵循最优化决策原理的个人、企业家为了获利，试图通过改变契约以响应这一要素结构；而契约变化将改变正式和非正式制度安排，最终推动制度

① 刘守英、王一鸽：《从乡土中国到城乡中国——中国转型的乡村变迁视角》，《管理世界》2018 年第 10 期。

② North, D. C., Thomas, R. P., “An Economic Theory of the Growth of the Western World”, *Economic History Review*, 1970, 23 (1): 1-17.

演化。

近百年来，特别是改革开放40多年来，中国由传统农业社会向工业化国家急遽转型。国家通过各项制度逐步实现了农业农村对国家工业化的“依附”，并引致了农业自身的转型。① 新中国成立初期艰难的工业化肇始于国家建立的统购统销、户籍和人民公社“三项制度”，它促使农产品实现货币化，进而为国家提取农业剩余进行工业化资本原始积累奠定了基础。改革开放后，国家又通过不完全的户籍制度改革和土地制度改革，渐次实现了农业劳动要素市场化、土地要素资本化，使数以亿计的农民工周期性在城乡间、东西部间迁徙，大量农村土地被低价转为城镇建设用地，并形成了延续至今的地方土地财政收入。进入21世纪，在“工业反哺农业，城市支持农村”的统筹城乡协调发展思路指导下，国家实施取消农业税等“四免四补”政策及土地改革，推动工商资本和部门资本下乡。②尽管中国的农业农村“依附”国家工业化的进程广受学者批评，但从更宏观的角度来说，又是后发国家想要实现快速工业化不得已的做法。③

马克思曾说：“理论只要说服人，就能掌握群众，而理论只要彻底，就能说服人。”④ 面对波澜壮阔的当代中国农业转型，值得进一步做的工作是探讨转型背后显现出的农业发展一般规律。显然，从要素结构变化到制度安排的演化，最后到经济发展绩效的影响评价，无疑要综合多学科视角才能完成。从现有的可资借鉴的理论研究来看，新结构经济学、产权经济学以及发展经济学是学者们最常用的分析视角：在要素结构方面，著名学者林毅夫运用缘起于希克斯、经过速水佑次郎和拉坦发扬光大的诱致性技术变迁理论，分析了1949年以来中国农业要素禀赋结构变迁，并为后来其开创的新结构经济学的发展做了理论铺垫，也为后来研究农业要素禀赋结构提供了框架；在制度演化方面，周其仁等运用产权经济学理论，分析了农业农村土地制度转变及市场化改革，得出了许多振聋发聩的观点，

① 温铁军：《八次危机：中国的真实经验1949~2009》，东方出版社，2012。

② 焦长权、周飞舟：《被资本裹挟的“新村再造”》，《中国老区建设》2016年第9期。

③ 胡鞍钢：《中国特色农业现代化道路》，载胡鞍钢主编《国情报告》（第十六卷·2013年），党建读物出版社，2015。

④ 《马克思恩格斯文集》（第1卷），人民出版社，2009，第11页。

为分析农业制度安排提供了启示；而速水佑次郎等对后发国家工业化和农业现代化的经典分析实际上为认识今天中国语境下的农业转型一般规律提供了理论支持和经验证据。

第二节 诱致性技术变迁理论：从农业经营规模问题说起

正如第一章所述，大量理论评述指出中国农业正朝着规模化、资本化、机械化和市场化转型，而进一步的实证研究也确证了这一转型趋势。[①] 然而，近两年有不少学者对这一趋势提出不同的主张，其焦点主要在中国农业是否应当推行规模经营问题上。特别是乡村振兴战略明确提出“实现小农户和现代农业发展有机衔接”的指导意见后，论证农业经营规模化不符合中国特色的研究声势浩大，这些研究的思路主要有：一是将农业经营规模问题置于资源禀赋的经典视角中，强调中国农村人口数量庞大、土地细碎化严重、大型农业机械无法发挥有效作用，因此不具备农业大规模经营的条件[②]；二是从农业土地规模与农业生产率出发，通过实证分析认为农业不具备规模效率，大规模农业雇工导致监督成本显著上升，而一定面积内的土地产出率反而下降，因而不主张农业规模经营[③]；三是意识到尽管未来农业产业结构会小部门化，但这仍然是一个长达数十年的漫长过程，当前应该扶持小农户经营[④]；四是从小农户生产特性出发，强调小农户的价值，提出以小农户为主体的现代农业发展路径[⑤]。除此以外，还有一些学者强调应拓展农业规模经营的内涵，提出农业服务规模化

---

① Liu, S., Wang, R. and Shi, G., “Historical Transformation of China's Agriculture: Productivity Changes and Other Key Features”, *China & World Economy*, 2018, 26 (1): 42-65.

② 黄宗智：《中国新时代小农经济的实际与理论》，《开放时代》2018年第3期。

③ 刘守英、王瑞民：《农业工业化与服务规模化：理论与经验》，《国际经济评论》2019年第6期。

④ 陈锡文：《实现小农户和现代农业发展有机衔接》，《中国农村科技》2018年第2期。

⑤ 叶敬忠、张明皓：《小农户为主体的现代农业发展：理论转向、实践探索与路径构建》，《农业经济问题》2020年第1期。

是中国农村改革的方向①，是实现中国小农户与现代农业发展有机衔接的关键②。

事实上，农业经营规模本身是一个动态概念，其实质是土地、资本、劳动和技术等诸多要素在现有要素禀赋结构下的均衡。正如前文所述，舒尔茨曾指出："在改造传统农业中至关重要的投资类型并不取决于大农场的建立……关键问题不是规模问题，而是要素的均衡问题。"速水佑次郎和拉坦基本认可舒尔茨的观点，但认为该理论没有充分体现新的生产要素供给和生产部门资源分配问题。③ 速水佑次郎和拉坦基于希克斯关于生产要素相对价格变化引起发明的"诱致性创新"理论，通过肯尼迪关于创新可能性边界的增长理论模型④、萨缪尔森关于要素禀赋的相对价格变化及技术进步引起的要素份额变化模型⑤、Ahmad 建立的诱致性创新理论分析框架⑥以及 Binswanger 等对这一框架的微观经济学解释⑦⑧，提出了一个四要素的诱致性农业技术创新模型，并将该模型用于分析 1880～1980 年美国和日本的农业发展。研究认为，无论是劳动密集型的日本还是土地密集型的美国，经营主体的农业技术选择都是由于这一时期国内要素价格变化引起的，而要素价格变化则与要素禀赋相关。速水佑次郎和拉坦的模型在发展中国家的农业研究中得到了广泛应用。例如，菊池和速水佑次郎对日本、中国台湾、韩国和菲律宾进行了比较研究，提出在人口扩张压力

① 张红宇：《中国农村改革的未来方向》，《农业经济问题》2020 年第 2 期。

② 罗必良：《小农经营、功能转换与策略选择——兼论小农户与现代农业融合发展的"第三条道路"》，《农业经济问题》2020 年第 1 期。

③ Hayami, Y., Ruttan, V. W., *Agricultural Development: An International Perspective* (2nd Edition). Johns Hopkins University Press, 1985.

④ Kennedy, C., "Induced Bias in Innovation and the Theory of Distribution", *Economic Journal*, 1964, 74 (295): 541-547.

⑤ Samuelson, P. A. A. "Theory of Induced Innovation Along Kennedy-Weizsäcker Lines", *Review of Economics and Statistics*, 1965, 47 (4): 343-356.

⑥ Ahmad, S. "On the Theory of Induced Invention", *The Economic Journal*, 1966, 76 (302): 304-357.

⑦ Binswanger, H. P., "The Measurement of Technical Change Biases with Many Factors of Production", *American Economic Review*, 1974, 64: 964-976.

⑧ Binswanger, H. P., Ruttan, V. W. (eds.), *Induced Innovation: Technology, Institutions, and Development*. Johns Hopkins University Press, 1978.

下土地节约型技术会产生。① 林毅夫最早将诱致性技术变迁理论运用于中国农业技术选择研究，并逐渐发展出了新结构经济学的基本框架。②③ 虽然他本人及其团队后来转向了更为宏阔的国家战略研究，但许多关注农业问题的学者依旧沿着他的思路对中国农业发展路径进行探索，并展示了诱致性技术变迁理论的解释力。

诱致性技术变迁理论在农业部门的运用可表述为：农业经营主体对土地、资本、劳动和技术等要素的配比，取决于由要素禀赋结构决定的要素相对价格和可供选择的技术；当要素价格变动时，农业经营主体会选择更为廉价的要素以及适应新要素配比的技术进行生产经营。就使用土地要素的规模而言，其大小取决于由要素禀赋结构决定的土地要素相对价格——当土地要素相对劳动要素价格更高时，农业经营主体会选择节约土地要素的土地节约型技术，反之，则选择劳动节约型技术。而政府在选择合理的农业发展政策时，应以要素禀赋结构为前提，既不应强行推动经营规模化，也需要在条件具备时完善相应制度以促进经营规模化。简而言之，维持小农户经营的实证基础，是由“人多地少”的要素禀赋结构决定的要素相对价格——土地价格高昂、劳动用工成本低廉，主要采取土地节约型技术。因此，要回答今天中国农业经营是否应该规模化，不能单纯从国家政策指导上去认定事实，也不能做简单的逻辑推理，需要拿出实证依据论证中国是否存在小农户经营的要素禀赋结构。

第三节　农业要素禀赋结构升级的理论模型

纵观人类农业发展的历史，就是一个伴随着要素禀赋结构的变化而不断演进的过程。人类从狩猎-采集经济到农业（畜牧）经济的转型，实质

① Hayami, Y., Kikuchi, M., “New Rice Technology, Intra-rural Migration, and Institutional Innovation in the Philippines”, *Population and Development Review*, 1983, 9 (2): 247-257.

② Lin, Justin Yifu, “The Household Responsibility System Reform and the Adoption of Hybrid Rice in China”, *Journal of Development Economics*, 1991, 36 (2): 353-372.

③ Lin, Justin Yifu: “Public Research Resource Allocation in Chinese Agriculture: A Test of Induced Technological Innovation Hypothesis”, *Economic Development and Cultural Change*, 1991, 40 (1): 55-71.

上是为了避免人口不断增长导致资源耗尽的生存危机而进行的必然选择。一些学者沿着希克斯的理论假设，提出了“诱致性技术创新模型”，速水佑次郎等比较好地将其运用于解释狩猎-采集经济到农业经济的转变过程。该模型的一个含义是，随着人口的不断增长，可利用的土地资源逐渐变得稀缺，劳动力价格相对提高，诱致出了使用更多资本和劳动力且节约土地的农业生产技术。①

不过，前工业化时期与工业化时期农业发展的特点并不相同。在前工业化时期，特别是在人口稠密的社会，封闭的自然经济占主导地位，城镇无法吸纳多余的劳动力，农业生产是以反复将劳动力投入有限的土地资源中的方式维系的。这一时期是劳动力价格不断下降、土地资源日益稀缺、投入农业资本的总量不断扩大的过程。同时，通过强化利用土地这样的措施进行劳动对土地的替代，资本-劳动比率也呈现指数式增长。这一时期的农业适度规模经营就是以劳动密集投入为特征的农业生产经营，“内卷化”的生产方式尽管可能陷入“人口增长—贫困—人口增长”的恶性循环，但也是既定要素禀赋结构下的无奈选择。如果此时强行推动土地规模化，并采用节约劳动力的生产技术，则会造成大量农民流离失所。历史上，豪强不断兼并土地而导致农民起义甚至王朝更迭的例子屡见不鲜。

进入工业化时期以后，根据刘易斯模型，在不存在制度约束的前提下，农业剩余劳动力将源源不断地向工业部门和城镇转移。随着传统人口再生产向现代人口再生产的转变②，农业中的土地-劳动比率发生逆转。同时，由于农业资本的不断深化是现代农业发展的重要特点，资本-劳动比率将继续提高。这一时期的要素禀赋结构是劳动力价格不断上升，农业土地资源日益丰裕，农村土地产权市场开始活跃，人们倾向于使用更节省劳动力的生产技术。此时农业适度规模经营的特征是，随着农业资本深化和农业劳动力对新技术的学习使用，人均农用地面积不断扩大。因此，我们可以对速水佑次郎的模型进行修改，从而解释这一变化。

---

① 〔日〕速水佑次郎、神门善久：《发展经济学——从贫困到富裕》，李周译，社会科学文献出版社，2009。

② 指传统人口再生产类型（即高出生率、高死亡率和低自然增长率）向现代人口再生产类型（即低出生率、低死亡率和低自然增长率）的过渡。

图 2-1 描述的是工业化时期由劳动力、资本和代表自然资源的土地组成的要素禀赋结构的变迁对一个劳动力满负荷的农业生产单位要素配备的影响。① 该图表示的劳动力（L）、资本（K）和土地（T）要素，都是指一个劳动力满负荷的农业生产单位所必须投入的要素。一个国家或地区的农业生产，就是由千千万万这样的农业生产单位组成的，它们是农业生产的微观主体。这些农业生产单位对劳动力、资本和土地的投入选择，在某种程度上反映了所处地域的要素禀赋结构。

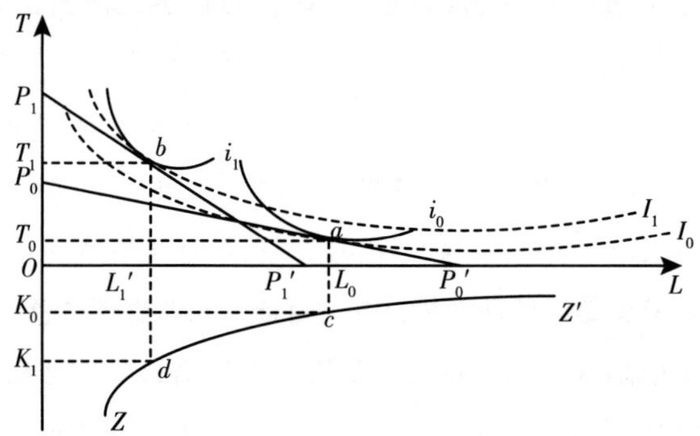

图 2-1　工业化时期要素禀赋结构变迁对农业适度规模经营的影响

这里假设要素禀赋结构变迁是在开放、自由和竞争的市场环境下进行的，即各种要素可以没有阻碍地在不同的区域和细分市场上流动；资本（K）是农业生产单位以往劳动的积累结果；0 时期代表的工业化程度低于 1 时期代表的工业化程度。图 2-1 的上部 $T-L$ 象限表示生产单位产品的土地和劳动力之间的替代关系；下部 $L-K$ 象限表示在使用土地代替劳动力的情况下，农业资本深化的状况。

在 $T-L$ 象限中，$P_0P_0{}'$曲线、$P_1P_1{}'$曲线分别是 0 时期和 1 时期土地-劳动力的等成本曲线，其负斜率是劳动力与土地的价格比率，该价格比率反映了不同时期劳动力和土地这些要素的相对稀缺性。$T-L$ 象限中的 I 曲线是一个时期内可利用的知识和人的能力开发出来的所有技术相对应的单位等产量曲线的包络线，而 i 则是生产者在追求成本最小化过程

① "现实的农业土地经营规模，就表现为一个作业班子需要配备的达到劳动力满负荷的土地经营规模。"（参见毕宝德《土地经济学》，中国人民大学出版社，2011，第 101 页）

中选择的一组技术。等产量曲线与等成本曲线的切点，即这一时期农业经营最适度的规模。在 $L-K$ 象限中，ZZ'曲线反映了农业生产单位随着经营规模的变化而需要的资本量。该曲线是一个凸函数，这意味着当用资本替代劳动力时，资本-劳动比率将会急剧增长。例如，在农民仅有一亩三分地时，他们利用锄头、犁、耙、镰刀等简单的生产工具就足以耕作，但当土地规模扩大而劳动力数量不变时，如果要保持单产至少不下降，就必须使用更为先进的拖拉机、播种机和耕耘机等生产工具进行耕作，即土地装备率上升，同时，化肥、农药、除草剂、地膜等生产资料投入也将随之增加。

下面我们来考察从 0 时期的要素禀赋结构向 1 时期的要素禀赋结构变迁的过程中，农业适度规模变化的情况。在 0 时期，土地要素稀缺而劳动力要素丰富，这一时期与等成本线相切的是等产量曲线 I_0，生产者选择了过 a 点的技术 i_0。此时，农业生产单位最为适度的经营规模组合是劳动力为 L_0，土地为 T_0，而资本为 K_0。随着工业化、城镇化进程的推进，当时期从 0 进入到 1 时，土地要素价格相对于劳动力要素价格出现下降，P_0P_0'曲线的斜率变得陡峭，转换为 P_1P_1'曲线。此时农业生产单位最为适度的经营规模组合是劳动力为 L_1，土地为 T_1，而资本为 K_1。I_1曲线高于 I_0曲线意味着农业产量和质量的提升，符合当前农业发展的特点。过 ZZ'曲线 c 点的切线斜率无疑小于过 d 点的斜率，这说明随着耕作土地面积的扩大，单位农业劳动力所需要的资本量是上升的，同时也说明，尽管资本要素投入的总量在不断上升，但单位资本相对于劳动力的价格却是下降的。

第四节 农业制度安排演进方向与政府干预的影响

林毅夫及其团队坚持不懈地从资源禀赋、比较优势和企业自生能力（viability）视角进行研究，逐步形成了新结构经济学的 ECVSE 分析框架。这一框架的基本逻辑是：一个经济体在某一时刻的要素禀赋决定了比较优势，只有遵循比较优势的产业才最富有竞争力，经济剩余也最大，而且要素禀赋结构升级速度也最快。这一切顺利实现的关键在于经济体要有良好的市场运行机制，要素相对价格能够通过竞争充分显现，企业从而可以根据市场价格信号对产业进行理性选择。显然，这一理论背后有着浓重的诱致性技术变迁理论痕迹。林毅夫在很大程度上是将诱致性技术变迁理论从农业部门拓展到了一般性的产业部门，并在企业微观层面和国家发展战略层面进行了补充和论证。在微观层面，他提出企业自生能力的概念，即在自由、开放和竞争的市场环境中，正常企业在没有政府扶持和其他外力保护下能获得社会正常利润；在宏观层面，他强调政府应当根据此时的要素禀赋结构，适时推出符合比较优势的产业政策，因势利导推进国家发展。

一 农业制度安排朝农业要素市场机制完善方向演进

根据上述新结构经济学的逻辑，健全的农业要素市场机制对农业发展有着至关重要的作用。速水佑次郎和拉坦在对舒尔茨的理论进行评价时就曾论及，农业部门的新型投入要素“谁来供给”、“谁来分配”和“谁来传递供需信息”是能否实现农业技术变革和生产率增长的重要问题。① 而林毅夫在早期运用诱致性技术变迁理论对中国农业现实进行分析时，也指出由于土地和劳动力市场不存在或人为受到限制，价格变化不能反映要素的稀缺性，因而资源配置没有“合理的参照系”，“技术变迁可能会偏离由资源结构决定的最佳方向”。② 按照新结构经济学的逻辑，农业要素市场机制不健全将扭曲要素价格体系，影响农业经营主体选择符合当前农业要素禀赋结构的生产方式，从而降低农业生产效率，并无法最大化农业剩余积累，进一步拉大工农业劳动生产率差距。

市场机制不健全将导致农业经营主体无法有效积累农业剩余，其“自身能力”被削弱，又会反过来阻碍农业要素禀赋结构升级。土地是农业最核心且最有特点的生产要素，土地要素市场机制的健全对农业

① Hayami, Y., Ruttan, V. W., *Agricultural Development: An International Perspective* (2nd Edition). Johns Hopkins University Press, 1985.

② Lin, Justin Yifu: “Public Research Resource Allocation in Chinese Agriculture: A Test of Induced Technological Innovation Hypothesis”, *Economic Development and Cultural Change*, 1991, 40 (1): 55-71.

要素禀赋结构升级至关重要。产权经济学认为，经济发展往往伴随着大规模产权转移，有效的市场机制能使产权从低效利用的人手中转移到高效利用的人手中。土地产权向部分农业经营主体集中，对于提升农业经营主体的专业化水平和抗风险能力都有很大作用，有利于农业经济发展。周其仁分析了包产到户后的农户行为，他认为，由于土地产权仍不完整，中国农户经营规模小，承受风险能力小，绝大多数农户的兼业化倾向严重，他们“不能够对价格信号做出调整自身生产和消费的灵敏反应”；除了少数专业性较强的农户外，“赚得起、赔不起”让农户没有动力去从事商业化和专业化生产。① 时至今日，尽管经历了土地确权、“三权分置”等改革，但就外来经营者而言，土地产权权利束中的支配权、流转权仍不完整，突出表现为土地难以抵押、租地成本过高、经营风险高企，这无疑在很大程度上影响了农业发展。②

二 政府过度干预要素市场对农业适度规模经营的影响

我们注意到，对上述模型的讨论建立在开放、自由和竞争的市场环境下。那么，如果市场在某种程度上受到了限制，会出现什么情况呢？主要可以分以下三种情况讨论。

1. 政府对农用地市场的干预

（1）政府强行推动土地流转，盲目规模化。政府强制推动土地流转，其含义是政府作为土地流转的第三方，在要素禀赋结构不变的情况下，利用自身的权威，运用法律、行政等手段强行将土地要素向大户集中。

图 2-2 是以图 2-1 为基础的，它描述了政府强制推动土地流转对农

① 周其仁：《产权与制度变迁：中国改革的经验研究》（增订本），北京大学出版社，2004。

② 根据笔者收集的资料，目前我国农地租金水平居高不下，50%以上的土地流转租金大于 600 元/亩·年（参见全世文、胡历芳、曾寅初、朱勇《论中国农村土地的过度资本化》，《中国农村经济》2018 年第 7 期），这一水平远高于美国中部（折 240～428 元/亩·年）、加拿大温尼伯（折 60 元/亩·年）、德国 Marold 农场（折 182 元/亩·年）、法国贝克顿家庭奶业牧场（折 88 元/亩·年）。高昂的地租极大地提高了我国本就不强大的农业企业的生产运营成本。在调研中也发现，有些地区的生产性农业企业有一半以上的支出用于土地租赁。

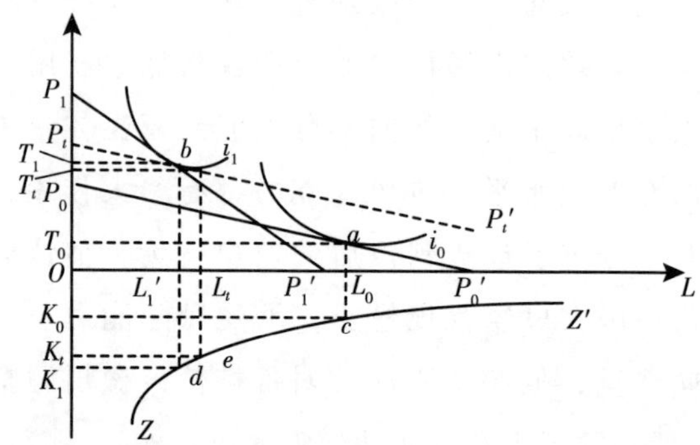

图 2-2 政府强制推动土地流转对农业适度规模经营的影响

业适度规模经营的影响。P_tP_t'曲线是政府在 0 时期采取强制措施后的土地-劳动力的等成本曲线，其负斜率反映了劳动力与土地的价格比率。从图 2-2 中我们可以看到，政府在该价格比率没有发生变化的情况下（P_tP_t'与 P_0P_0'的斜率是相同的），将土地要素人为集中至可以采用规模化生产技术 i_1的水平。此时，农业生产单位的土地经营规模达到了 T_t的水平，而劳动力数量下降到了 L_t。从表象上来看，政府似乎政绩卓著，通过行政手段达到了规模经营的目的，但实际上却因为采取了偏离要素禀赋结构的强制措施而隐含着严重的问题。

首先，强制推动土地流转、盲目规模化的一个直接后果是，出现大量失地、少地的农民。农民在失地、少地之后将面临严峻的生计问题。在 0 时期，劳动要素相对于土地要素而言仍然丰裕，这实质上反映了工业部门和城镇并没有吸纳更多劳动力的能力和需求。其次，农业规模经营的主体也将面对巨大的经营风险。事实上，在速水佑次郎的模型中，农业生产技术从应用 i_0到 i_1的转变（即从 a 点到 b 点）是一个不断试错的过程，同时还需要“有组织地进行科学研究和开发”，这本身就是一个充满风险和挑战的过程。与此同时，在现实中，ZZ'曲线并不是一条平滑曲线，它本质上应该是一个在试错过程中描绘出的诸多散点回归后的结果。如果人为减少必要而烦琐的投资试错，很可能造成农业经营主体资金链断裂、土地撂荒、农业生产下滑等现象。近年来，在推行农业规模化的实践中这一状况尤为突出，被许多学者诟病。

（2）政府禁止或限制农用地流转。[①] 政府禁止或限制农用地流转，是指政府在要素禀赋结构发生变化的情况下，利用自身的权威，通过各种手段禁止或限制农用地向农业生产大户集中。政府禁止或限制农用地流转也是政府过度干预农用地市场常见的行为之一，该行为与政府强行推动土地规模化相反，它往往是为了保护土地改革成果，防止农村出现阶级分化。[②] 但是，随着经济社会的发展，这样的举措将逐渐成为阻碍土地产权转移和经济结构升级的绊脚石。

图 2-3 描述了政府禁止或限制农用地流转对农业适度规模经营的影响。P_tP_t'曲线是政府在 1 时期禁止或限制农用地流转的土地-劳动力等成本曲线，其负斜率反映了 1 时期劳动力与土地的价格比率。图 2-3 的含义是，随着经济社会的发展，农业生产单位所处地域的要素禀赋结构已经发生了变化，但政府禁止或限制农用地流转，这使得农业生产单位在面对依旧细碎化的土地时不得不采取原有的 i_0技术。这一做法的结果有两个。其一，大量农业劳动力仍然被“锁定”（locked）在土地上，难以完全抽身向工业部门和城镇转移。这在许多国家的农业现代化实践中表现为大量农业劳动力的兼业化、副业化。从模型中我们看到，尽管农业劳动力数量还是出现了一定程度的下降（从 OL_0下降到 OL_t），但与事实上应该达到的 OL_1'还有很大差距，有 $L_1'L_t$的劳动供给被锁定了，这反映了农用地流转市场的扭曲造成的劳动力市场的扭曲。其二，农业生产率无法得到有效提升，阻碍了农业现代化进程。由于土地经营规模小，许多新技术无法利用，土地装备率依旧很低，难以企及更高位置的等产量曲线，这也意味着农民务农收入的低下。从这个模型我们还能发现，由于土地无法规模化，农业资本积累缓慢，农业生产单位所使用的资本量仅仅在 e 点。

① 这里的流转，是指通过转包、转让、入股、合作、租赁、互换等方式出让农用地经营权，鼓励农民将承包地向专业大户、合作社等流转，发展农业规模经营，并不包括农用地的转用。

② 根据速水佑次郎的描述，二战以后，日本进行了农地改革，将大量农地分售给了佃农和自耕农，这一改革对日本的社会和政治安定有很大贡献，但是产生了一股“稳健的保守势力”，至今仍然阻碍日本农地规模化。无独有偶，韩国于 1949 年出台《土地改革法》，在法律上禁止土地流转，也是为了保住土地改革成果，防止农村再次出现阶级分化。

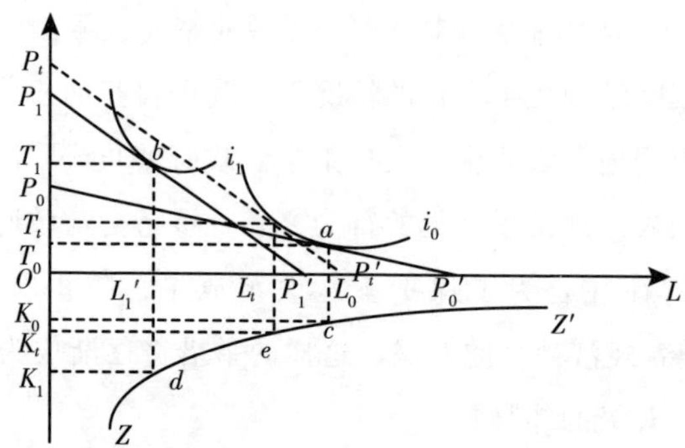

图 2-3 政府禁止或限制农用地流转对农业适度规模经营的影响

2. 政府对农业劳动力转移的约束

当今世界，仍然对农业劳动力转移进行约束的政府屈指可数。不过，在历史上，许多采取计划经济的国家都实施过限制劳动力自由流动的城乡二元分割政策。在一国还未完成人口转变的前提下，除非出现大规模的人道主义危机，否则农村人口会持续增长。此时，由于土地供给呈刚性，对农业劳动力转移的束缚将会不断降低劳动力要素相对于土地要素的价格，从而出现由 1 时期向 0 时期转变的逆过程。

对农业劳动力转移采取约束政策的国家，往往是为了实现经济赶超战略而不断从农业汲取剩余。由于 K 表示的是过去的资本积累，从 d 点向 c 点转变的逆过程，表现了工业对农业剩余的剥夺。这种政策，只能使农业生产单位的效率下滑（跌落至更低的等产量曲线），使农村更加落后和贫困，甚至在农村地区出现饥荒。由于学者们对此已有大量的研究，此处不再赘述。

3. 政府对农村金融的抑制

金融抑制是由美国经济学家麦金农等针对发展中国家的实际提出的。① 它解释了发展中国家金融业因被抑制而不能有效促进经济增长的现象。② 由于农业具有弱质性特征，金融抑制现象在农村地区表现得更为明显。

① Mckinnon, R. I., *Money and Capital in Economic Development*. Brookings Institution, 1973.

② 所谓金融抑制，是指政府通过对金融活动和金融体系的过多干预抑制金融的发展，而金融的发展滞后又阻碍了经济的发展，从而造成了金融抑制和经济落后的恶性循环。这些手段包括政府所采取的使金融价格发生扭曲的利率政策、汇率政策等。

政府对农村金融的抑制，将使 ZZ' 曲线变得更加平缓，难以诱致出代表更高产量和质量的 i_1 技术，其结果与政府禁止或限制农地流转类似。

图 2-4 描述了政府抑制农村金融对农业适度规模经营的影响。Z_tZ_t' 曲线是政府采取抑制农村金融措施后的资本供给曲线，我们这里假设它是线性的。当工业化进程从 0 时期进入 1 时期后，农业生产单位所处的要素禀赋结构不可避免地发生变化，P_0P_0' 曲线变为 P_1P_1' 曲线。但是，由于金融抑制的存在，P_1P_1' 曲线很难获得采取 i_1 技术的足量资本 K_1，仅仅只能获得 K_t 单位的资本。因此，该农业生产单位不得不在 1 时期的要素禀赋结构下采取能充分利用 K_t 单位资本的相应技术。为了简化模型便于讨论，我们假设该技术就是 0 时期的技术，K_t 等于图 2-3 中的 K_t，这时农业生产单位能够作业的土地规模 T_t 小于最优的土地规模 T_1，而 L_t 却大于 L_1。具体而言，抑制农村金融意味着农业生产单位缺乏足够的扩大土地经营面积、进行土地整理和对土壤进行改良的资本，而由于务农回报低，大量农户将仍以兼业化、副业化的方式向土地投入劳动。资本量 K_1 与 K_t 的差额则被覆盖至农村的金融体系从农村转移到其他产业部门。

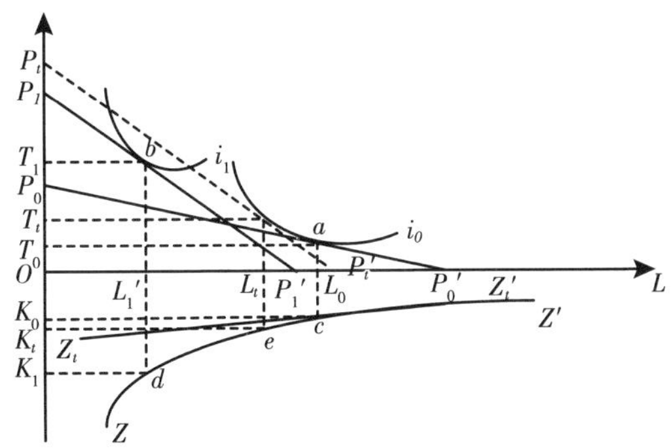

图 2-4　政府抑制农村金融对农业适度规模经营的影响

第五节　农业要素禀赋结构升级和农业制度演进统一于农业工业化进程

从前一部分的理论分析看到，农业适度规模经营是土地、资本、劳动和技术等诸多要素在现有要素禀赋结构下的均衡，而政府对要素市场过度干预不利于农业适度规模经营发展。那么，在社会迈入工业化时期后，农业适度规模经营应该怎么发展呢？这一切要从农业工业化谈起。

一 农业工业化以农业要素禀赋结构升级为基础

经典的工业化理论认为，工业化主要表现为人均收入的持续增长和从农业占主要比重的经济结构向以工业占主导地位的经济结构转变的过程。这一过程并非单纯以工业发展为特征，它还表现为三次产业结构梯次演进，即产业结构高度化，这本质上是一个经济体的经济发展和现代化进程。但是，随着制造业服务化、服务业制造化的融合发展模式日益明显，三次产业结构演化趋势弱化了。①

其实，早在20世纪40年代，张培刚在其博士论文《农业与工业化》中就指出，工业化实质上是生产要素组合方式连续发生由低级到高级的突破性变化，而且不仅包括工业部门的发展，也包括“工业化了的农业”的发展。这一论述有着深刻的洞察力，后来舒尔茨提出了改造传统农业应向农民供给更多“新型”生产要素的见解，20多年来，人们逐渐突破了过去将工业化等同于制造业工业化、将三次产业占比变化简单等同于工业化水平提升的看法，而这些都能在张培刚的论述中找到源头。根据张培刚的论述，可以认为，农业工业化的过程也是农业“基要函数连续发生变化的过程”，即生产要素组合方式从低级到高级的突破性变化过程。那么，问题在于如何改变农业基要函数，或者如何转变生产要素组合方式。

速水佑次郎和神门善久在考察了不同收入的国家1960~1980年农业生产率的变化后指出，在包括人口密集的日本在内的人口增长率较低的高收入国家，非农部门吸纳劳动力的能力较强，首先诱致出的是劳动替代技术，即土地装备率快速上升；其次，要提高土地装备率则必须增加

① 黄群慧、黄阳华、贺俊、江飞涛：《面向中上等收入阶段的中国工业化战略研究》，《中国社会科学》2017年第12期。

资本，农业劳动机械装备率、农地肥料集约程度也在快速提升；最终，土地装备率、农业劳动机械装备率以及农地肥料集约程度的提升拉动了土地生产率。① 这一描述为我们勾勒了高收入国家的农业工业化进程，即由劳动密集型向土地密集型、再向资本密集型生产方式转变。根据速水佑次郎、神门善久的分析，中低收入国家之所以无法转变，主要有人口增长过快和落后的非农部门吸纳劳动力的能力较弱两个原因。他们还进一步指出："即便是那些土地资源较为丰富的新大陆发展中国家，为了提高农业劳动生产率，也越来越有必要走提升土地生产率的途径。"时至今日，像美国这样土地资源相当丰富的国家，其家庭农场规模依然在分化。②

作为举世公认的农业最强大的国家，美国拥有强大的农业生产力和成熟的农业产业链，其农业工业化进程相较于日本而言更为彻底，也更具有典型性。美国农业工业化大致经历了三个阶段：一是规模化带来的农业产业化阶段，大量土地向少数家庭农场集中，可以称之为土地密集型阶段；二是装备农业普及应用阶段，机械替代劳动力的技术日益成熟，劳动力得到解放，农业劳动生产率得到显著提升，可以称之为资本密集型阶段；三是在工业化后期，现代科技及智能技术向农业渗透，价值链得到拓展，即技术密集型阶段。③

借鉴日本、美国等国家农业发展的典型事实，综合经典的罗斯托五阶段增长模型、刘易斯二元经济结构论、拉尼斯-费景汉模型以及速水佑次郎-拉坦的诱致性创新理论，我们大致可将农业工业化进程分为劳动密集型、土地密集型、资本密集型和技术密集型四个阶段（见表2-1）。

① 〔日〕速水佑次郎、神门善久：《农业经济论》，沈金虎等译，中国农业出版社，2003。

② 根据 USDA 的数据（https：//www. ers. usda. gov），2001 年美国超过 2000 英亩的农场占所有农场总数的 1.7%，其耕地规模占总耕地数量的 24.1%，到 2011 年，这两个指标分别达到了 2.2%和 34.3%。

③ 陈彤：《美国农业工业化发展与生态化转型研究》，《亚太经济》2018 年第 5 期。

表 2-1 农业工业化进程的阶段划分

<table>
<tr><th>工业化阶段</th><th>刘易斯拐点</th><th>农业工业化进程</th><th>农业发展阶段问题</th></tr>
<tr><td>工业化初始阶段</td><td>劳动力无限供给</td><td>劳动密集型</td><td>粮食问题</td></tr>
<tr><td>工业化起飞阶段</td><td>农业劳动生产率提升</td><td>土地密集型</td><td rowspan="2">农业贫困问题</td></tr>
<tr><td>工业化成熟阶段</td><td rowspan="2">劳动力短缺</td><td>资本密集型</td></tr>
<tr><td>后工业化阶段</td><td>技术密集型</td><td>农业结构调整问题</td></tr>
</table>

注：表中第一列工业化阶段的划分来源于罗斯托模型。罗斯托在《政治和成长阶段》一书中将之前在《经济成长的阶段》中对国家经济发展过程的五阶段划分调整为六阶段划分。本章主要考察工业化以后的发展阶段，因此去掉了“传统社会阶段”，将“准备起飞阶段”作为工业化初始阶段，并将“大众消费阶段”和“超越大众消费阶段”统一为后工业化阶段。第二列基于刘易斯二元经济结构论和拉尼斯-费景汉模型，从劳动力无限供给向农业劳动生产率提升过渡的点是“刘易斯第一拐点”，从农业劳动生产率提升向劳动力短缺过渡的点为“刘易斯第二拐点”。第三列为综合各类资料提出的农业工业化进程。第四列为速水佑次郎等在《农业经济论》中总结的农业发展阶段问题。

第一阶段发生在工业化初始阶段，农业具有劳动密集型特征。对于人口密集的欧亚大陆来说，由于前工业化时期农村大量劳动力积压在农业部门，农业不得不以“内卷化”的方式进行生产。大量劳动力被反复地投入有限的土地中，在一些人口密集的亚洲地区，农业边际劳动生产率甚至为零。由于人口的暴涨和土地的稀缺，社会深陷“马尔萨斯陷阱”。在这一时期，农业发展的目的主要是解决温饱问题。

第二阶段发生在工业化起飞阶段，农业开始呈现土地密集型特征。随着国民经济中生产性投资的增加，出现了具有很高成长率的工业化部门，大量劳动力从农村向城市转移，城乡二元结构逐渐被打破。由于过了“刘易斯第一拐点”，土地出现集聚趋势，农业劳动生产率开始提升，农业剩余不断增加，为第三阶段做好了准备。从农业发展阶段来看，由于工农业劳动生产率差距持续拉大，农业逐渐陷入贫困问题中。

第三阶段发生在工业化成熟阶段，农业资本密集型生产方式凸显。从第二阶段开始，伴随着农业剩余的增加，农户逐渐开始有了投资农业的储蓄。到了“刘易斯第二拐点”，非农部门与农业部门出现争抢劳动力的现象，农业诱致出了以机械技术替代劳动力的资本密集型特征。同时，伴随着工业化的发展，提高土地产出率的生物和化学技术得到广泛应用。由于农业的小部门化，农业人口急剧下降，政府往往通过价格支持和补贴政策缩小城乡差距和工农差距，农业贫困问题逐渐得到解决，但农业生产过剩、乡村环境污染问题越来越严重。

第四阶段发生在后工业化时期，随着经济部门由制造业转向服务业，农业社会化服务体系逐渐完善。大众对农业需求日益多样化，除了粮食安全和基本的经济需求外，文化需求、社会需求和生态需求增加，创业农业、观光农业、都市农业、生态农业、碳汇农业等新兴业态纷纷出现。在经济发展过程中技术和人力资本逐步积累，信息技术、人工智能等各种各样的现代技术都在向农业产业链各个环节渗透。此时政府和社会都致力于推动农业结构调整，解决前一阶段形成的农产品过剩、乡村环境污染等问题。

总体来说，农业工业化进程的四个阶段是以农业要素禀赋结构升级为基础的。除新大陆国家外，绝大多数国家或地区在进入工业化初始阶段时都有人口密集、土地资源稀缺等特点，因此这一时期的劳动要素最为丰裕，农业生产方式主要是劳动密集型；过了“刘易斯第一拐点”后，城乡二元结构逐渐被打破，大量劳动力开始从农村向城市转移，土地出现集聚趋势，农业剩余开始增加，土地、资本要素逐渐变得丰裕，农业生产方式主要转变为土地密集型；工业化成熟以后，经过“刘易斯第二拐点”，劳动力稀缺，非农部门与农业部门出现争抢劳动力的现象，工商资本开始下乡，农业资本要素更为丰裕，这一时期农业生产方式又转变为资本密集型；最后，粮食问题、农业贫困问题都逐一得到解决后，消费者需求发生变化，农业技术要素供给增加，农业功能日趋多样化，农业社会化服务体系日臻成熟，农业生产方式最终向技术密集型转变。

二　农业工业化以农业制度安排演化为导向

不过，正如速水佑次郎提出的农业部门的新型投入要素“谁来供给”、“谁来分配”和“谁来传递供需信息”命题所表达的那样，伴随着工业化进程的推进，上述四个阶段农业“基要函数连续发生变化的过程”并不必然发生。这是因为，隐含在快速农业工业化进程背后的，是一系列农业制度安排的演化。

诺斯指出：“制度是一个社会的博弈规则，或者更规范地说，它们是一些人为设计的、形塑人们互动关系的约束。”① 当有了相应的技术条件和农业要素禀赋结构的基础时，要顺利实现农业工业化还需要政府部门通过合理的农业制度设计或改革来加以引导。梳理和总结高收入国家的农业工业化进程可发现，不同时期农业制度安排的重点将从破除城乡二元身份制度，向利于农业规模经营的土地产权制度、引导资本下乡的农业反哺制度以及满足农业多样化需求的多功能农业制度依次演化。

第一，部门间劳动报酬率的巨大差异推动破除城乡二元身份制度。在工业化初始阶段，经济快速发展对劳动力的渴求引致了非农部门工资率的上升，与之相对应的是大量农业劳动力以“内卷化”方式进行低效率生产。部门间劳动报酬率的巨大差异使农业劳动力有前往非农部门就业的强烈冲动。在这一时期，破除城乡二元身份制度成为农业制度安排的主要内容，一是要解除农业劳动力的束缚，二是要建立相应的城市用工制度以有序吸纳转移的农业劳动力。

第二，农业土地要素价格相对下降诱致有利于农业规模经营的土地产权制度改革。在工业化起飞阶段，大规模的农业劳动力转移使农业劳动要素稀缺，农业土地要素变得相对丰裕，农业土地要素价格下降，一些地方出现了土地撂荒、抛荒等现象。与此同时，工业部门的发展诱致出了以机械替代劳动的农业生产技术，为农业土地规模经营做了技术准备。为了推动土地集约节约利用、提高农业劳动生产率，不失时机地进行土地产权制度改革、建立有利于土地要素流动的交易机制、鼓励农业规模经营成为这一时期农业制度安排的主要内容。

第三，非农资本品价格下降为资本下乡的农业反哺制度的建立提供条件。在工业化成熟阶段，非农部门的传统产能开始过剩，整个社会的资本要素日渐丰裕，主要表现为资本边际报酬严重递减，资本品价格大幅下降。然而，此时的城乡发展矛盾日益突出，农村基础设施亟须改善、农业生产资料需要更新换代、城乡收入差距问题亟待解决。如何建立引导过剩的部门资本和工商资本下乡的农业反哺制度，在改善农业生产条件的同时

① North, D. C., *Institutions*, *Institutional Change*, *and Economic Performance*. Cambridge University Press, 1990.

缩小城乡差距、促进社会公平成为这一时期农业制度安排的主要内容。

第四，技术要素和人力资本的日渐充裕为多功能农业制度的建立奠定基础。在后工业化时期，粮食安全和城乡差距等问题在一定程度上得到解决，大众对农业的需求日益多样化。这一时期社会整体受教育水平提升，科技研发实力增强，技术要素和人力资本日渐充裕。此时应着力培育农业新兴产业，运用信息技术、人工智能等各类现代技术发展农业，同时完善农业社会化服务体系，发展高效农业、绿色农业、质量农业。

日本在20世纪60年代曾设想农业在脱离政府支持的情况下自立经营，因此在制定农业政策时就考虑了如何从劳动密集型向土地密集型和资本密集型过渡的配套制度。尽管政策未完全达到预期目的，但确实促使土地向上层农户集中，并创造了通过机械化带来规模经济效应的条件，出人意料地在农户兼业过程中实现了收入均衡目标。① 反观改革开放前的中国，统购统销制度、户籍制度和人民公社制度使中国农业工业化进程一直停留在劳动密集型阶段，暴涨的人口加剧了农业生产的“内卷化”，更没有足够的农业剩余进行投资。吴敬琏曾描述到，合作化和公社化使农民失去了对农业经济的控制权和对自己劳动剩余的收益权，政社合一的制度确立又限制了农民的身份自由，他们的人力资本无法发挥作用。从1957年到1978年，农民人均纯收入仅增长60.2元，全国有2.5亿名农民得不到温饱。② 但是，即便未能开启制度改革，农户仍有推动农业工业化进程的需求和冲动。林毅夫在研究改革开放前中国农民技术选择时也曾指出，尽管土地或劳动力市场不存在，但农民依旧会去寻找那些能够替代相对稀缺的、边际生产率较高的要素的技术，不过长期看来，制度约束必然会对技术变迁产生影响。③ 这就是说，即使没有与农业工业化四阶段相配套的制度安排，农业生产要素组合仍然有向高级跃升的“冲动”，但进程会受到严重阻碍。

---

① 〔日〕速水佑次郎、神门善久：《农业经济论》，沈金虎等译，中国农业出版社，2003。

② 吴敬琏：《中国经济改革进程》，中国大百科全书出版社，2018。

③ Lin, Justin Yifu, “Public Research Resource Allocation in Chinese Agriculture: A Test of Induced Technological Innovation Hypothesis”, *Economic Development and Cultural Change*, 1991, 40 (1): 55-71.

值得注意的是，上述农业制度安排演化基本上是围绕如何构建和完善农业要素市场机制这一主线进行的。罗伯特·贝茨在分析肯尼亚农业治理时指出，经济制度的起源是为了让市场更好地交易。① 从新结构经济学视角来看，政府在农业要素禀赋结构升级过程中应围绕如何构建自由、开放和竞争的农业要素市场机制这一主题来不断供给农业制度。从产权经济学角度来看，清晰界定农业要素产权并建立产权交易体系，可以降低农业要素的交易费用，提高要素市场的配置效率，而这也是政府作为唯一合法使用暴力的组织应尽的职责。从发展经济学的经典案例来看，日本的农业自立政策，就是为了尽可能地使农业经营脱离政府干预，让市场充分发挥作用；而改革开放以后中国较为成功的农业制度安排演化，在很大程度上也是健全市场机制的过程，从家庭承包经营权的创设，到户籍制度的改革，到农资经营体制、农产品购销体制改革，再到农业社会化服务体系的建立健全，都是以要素市场化配置为导向的。

三　农业要素禀赋结构升级和农业制度安排演化统一于农业工业化进程

如图 2-5 所示，农业要素禀赋结构升级和农业制度安排演化构成了农业工业化进程的两个维度，二者统一于农业工业化进程。一方面，农业要素禀赋结构从劳动要素丰裕逐渐向资本要素丰裕，并最终向技术要素丰裕升级；另一方面，农业制度安排的重点从破除城乡二元身份制度，向有利于农业规模经营的土地产权制度、引导资本下乡的农业反哺制度以及满足农业多样化需求的多功能农业制度演化。二者共同撑起了农业工业化进程，使之呈现劳动密集型、土地密集型、资本密集型和技术密集型四个依次递进的阶段特征。

那么，农业要素禀赋结构升级和农业制度安排演化是如何统一于农业工业化进程的呢？对农业部门而言，一个经济体在工业化进程中将阶段性地改变其发展的外部条件（如非农部门在工业化初始阶段工资率上升、在工业化起飞阶段和成熟阶段资本要素逐渐丰裕、在后工业化阶段技术要

① 〔美〕罗伯特·贝茨：《超越市场奇迹》，刘骥、高飞译，吉林出版集团，2009。

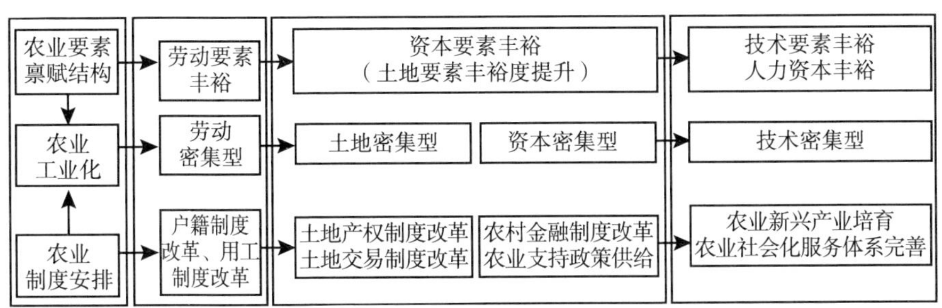

图 2-5　农业要素禀赋结构升级和农业制度安排演化统一于农业工业化进程

素和人力资本日渐充裕等），进而影响农业要素禀赋结构。而农业要素禀赋结构变动又意味着农业部门等成本曲线和等产量曲线的移动，二者变化的相切点将对应于不同的最有效率的农业技术结构。然而，这一技术结构能否实现有赖于农业制度安排是否符合当时农业要素禀赋结构升级的客观需求。如图 2-5 所示：当农业劳动要素丰裕时，需要通过户籍制度改革、用工制度改革以释放“内卷化”的农业劳动力；当大量劳动力已经离开农村时，需要通过土地产权制度改革和土地交易制度改革优化土地要素配置；当土地要素丰裕时，需要通过强有力的农村金融制度改革和农业支持政策供给促进农业资本深化，以解决农业劳动力短缺、工农收入差距过大等问题；当农业人力资本普遍提高时，又应当通过农业新兴产业培育、农业社会化服务体系完善等政策来满足社会对农业多样化的需求。各国农业发展的经验事实表明，农业制度安排演化符合农业要素禀赋结构升级的步伐意义重大，它能够有效提高农业生产率，最大限度地实现农业剩余积累，并为经济发展带来张培刚所说的要素、产品、市场和外汇四大方面的贡献。不过，接下来的问题是，如果政府的农业制度安排不符合当前的农业要素禀赋结构呢？

第六节　“农业赶超战略”：中国彻底的农业要素市场改革还要等多久

新结构经济学认为，不顾现有要素禀赋推行的超越发展阶段的战略可被称为“赶超战略”，之所以称其为“赶超”是因为这种战略所确定的产业目标与要素禀赋所要求的产业结构存在巨大的差异。一个经典的分析是，改革开放前在资本要素稀缺的要素禀赋结构下，中国政府采取的“重工业优先发展战略”，极大地降低了资源利用效率和经济发展速度，并造成了严重的城乡二元结构。[①] 在农业工业化进程中，政府也可能会不顾当前农业要素禀赋结构，实施超越农业工业化发展阶段的“农业赶超战略”。根据现有的经验事实，一般存在以下三种“农业赶超战略”。

一 三种类型的“农业赶超战略”

情况一：在农业劳动要素仍很丰裕的前提下土地要素向少数群体集中。农业从劳动密集型向土地密集型转变主要发生在工业化起飞阶段，但要实现这一转变有一个先决条件，即非农部门能够持续稳定地吸纳离开农业部门的劳动力。如果不具备这个条件而推行土地要素集中政策，则属于“农业赶超战略”，将导致大量农业劳动力要么流离失所，成为城市边缘的贫民窟中的失业人员，要么沦为廉价的佃农和雇农，为资本或权力从事边际产出极低的农业生产活动。前者的典型案例是发生于16世纪的英国“羊吃人”运动，大量公有土地转变为贵族牧场，地主则将土地租给农业资本家，农民丧失了赖以养家糊口的土地，扶老携幼，前往陌生的城市流浪。后者的典型案例是菲律宾，该国多次土地改革不彻底，成效也不显著，土地过分集中于大地主、大家族和大资本家。工业化程度低，无法吸纳劳动力，佃农和小农忍受着地租、债务和商业利润的盘剥[②][③]。

情况二：超越土地密集型阶段，向资本密集型阶段转型。农业从土地

① Fegan, B., “The Philippines: Agrarian Stagnation under Decaying Regime”, in G. Hart, A. Turton and B. White (eds.), *Agrarian Transformations: Local Processes and the State in Southeast Asia*. University of California Press, 1989.

② Fegan, B., “The Philippines: Agrarian Stagnation under Decaying Regime”, in G. Hart, A. Turton and B. White (eds.), *Agrarian Transformations: Local Processes and the State in Southeast Asia*. University of California Press, 1989.

③ 毛铖：《菲律宾土地私有制与农业规模化变迁启示》，《亚太经济》2015年第5期。

密集型向资本密集型转变主要发生在工业化成熟阶段。在工业化起飞阶段，非农部门吸纳了大量劳动力，为土地规模化开辟了道路。但在现实中往往因为诸多制度约束，工业化起飞阶段的土地规模化难以成功。当工业化走向成熟后，工业部门和城市部门又有了廉价的资本，于是出现超越阶段反哺农业部门的现象，农业发展越过土地要素集中环节直接向资本密集型转变。以日本为例，20 世纪 60 年代日本设定的农户自立经营目标中有一个农户必须满足的最低标准经营规模，这一标准随着日本经济的高速增长从 60 年代的 34.5 亩，上升到 90 年代的 129 亩。不过，由于二战后日本农地改革有强烈的均田倾向，加上强势的日本农协（JA）支持小农户，农地规模迟迟难以扩大。实际上，日本早在 20 世纪 70 年代前后就已经具备了农业机械化条件，很多地区广泛应用了劳动节约型技术。最终结果是，日本农业经营的兼业化、老龄化现象十分突出，农产品缺乏竞争力。中国近 20 年来的农业工业化状况与之相似，由于土地所有权具有公有性质和承包经营权不完整，每年都有数以亿计的农业劳动力如候鸟般在城乡之间迁徙，兼业化程度很高，农村空心化、农业劳动力老龄化问题十分突出。2002 年实施统筹城乡发展战略以后，政府开始加大对农业农村的投入力度，大量工商资本下乡，实质上产生了对农户自有投资的挤出效应，并抬高了农村地租，使农业投资回报率急剧下降。

情况三：超越土地密集型阶段，直接向技术密集型阶段转型。这一阶段通常发生在“情况二”之后的后工业化时期，这一情况有三个特点：一是大量劳动力已经向非农部门转移；二是由于经济体已经逐渐迈入高收入阶段，部门资本和工商资本下乡加速了农业资本深化，且投资边际递减效应明显，农业部门投资过剩现象加剧；三是前期各种约束土地要素流转的制度仍然存在，大量土地因为无法有效流转而闲置。此时，许多国家都希望通过采取先进科技和生产组织方式，如推进产品标准化、特色化、生态化、品牌化来延长农业价值链，实现农业向技术密集型转变。这种农业赶超战略往往面临着小农户与现代农业衔接的巨大矛盾。以中国为例，虽然近 10 年来政府通过各种方式推广新技术，或者出现了各类农业社会化服务组织以满足业已兼业化、老龄化的小农户的需求，但由于农地规模过小、农业比较收益低等，土地撂荒、抛荒现象时有发生，更难说农户有动力去实现更为精细化的管理和技术改进。① 同时，技术创新与应用的风险和成本都比较高，产权不完整和过小的土地规模使小农户难以获得足够数量的贷款去面对风险和改进技术，而农业资产的专用性与地域性又往往使下乡的部门资本和工商资本无法应用更为精准的技术。

二 中国彻底的农业要素市场改革还要等多久？

党的十八届三中全会明确提出，要使市场在资源配置中起决定性作用和更好地发挥政府作用。就农业要素市场而言，就是要使市场在农业要素配置中起决定性作用，即建立彻底的农业要素市场；而政府的作用则应突出体现在不断供给符合当前农业要素禀赋结构对要素的市场化需求的农业制度安排上。改革开放以来，中国通过实施家庭承包经营制改革、城市化改革、统筹城乡发展战略在一定程度上完善了农户土地产权，赋予了农民一定的迁徙权利，推动部门资本和工商资本下乡。近年来乡村振兴战略实施，致力于城乡融合，促进小农户与现代农业衔接，推动农业向技术密集型转变。尽管上述制度安排基本符合中国农业要素禀赋结构变迁的要素市场化需求，促进了农业农村发展，但具有不完整性和不彻底性的制度安排演化只是部分地推进了农业劳动、资本和土地要素市场化，并在很大程度上导致了当今政策供给带有“农业赶超战略”倾向。从农业工业化的逻辑来看，无论是统筹城乡发展战略对资本下乡的鼓励，还是乡村振兴战略提出的“实现小农户和现代农业发展有机衔接”的政策指导，实质上都是在现有的制度刚性约束下对无法实现土地密集型生产方式的一种策略性赶超。事实上，数量已经高达 2.9 亿的农民工群体以及严重老龄化的农村，不仅早已为农业提供了土地规模化经营的契机，也具备了让大批专业化的农业经营主体不必背负高昂规模经营成本的条件。当我们在热烈探讨乡村振兴战略“实现小农户和现代农业发展有机衔接”这一“策略性赶超”政策的合理性时，不能忘却许多学者这么多年以来大声疾呼的户籍

① 笔者对历年《中国农村统计年鉴》相关数据进行整理后发现，1999~2016 年按可比价格计算的农户农林牧渔业固定资产投资额变化幅度很小，一度还处于停滞状态，这使其占全社会农林牧渔业固定资产投资的比重呈快速下降趋势，这一比重在 2002 年曾经达到 59.22%的高位，但 2016 年仅有 8.37%，反映出了农户投资农业意愿严重下降的特征。

制度、土地制度等农业要素市场化的关键制度的改革一个都没有完成的事实。[①②③]

自十八届三中全会做出“加快户籍制度改革”的部署后，公安部早在2013年就提出2020年将实现农业人口市民化，稳步提高户籍人口城镇化水平。[④] 然而，到2019年仍然有近3亿名农民工周期性迁徙，常住人口与户籍人口的城镇化率差距还在16%左右的高位徘徊。2013年后中央推出了一系列户籍制度改革，包括2019年末提出全面取消城区常住人口300万以下城市的落户限制，全面放宽城区常住人口300万~500万大城市的落户条件，完善城区常住人口500万以上超大特大城市的积分落户政策。近3年以来很多中小城市的户籍制度已放开，但空间经济集聚这一不可逆转的趋势使农民工集聚的“主战场”恰恰在长三角、珠三角、京津冀这些一线城市群，以及各区域的中心城市或省会城市[⑤]，但这些地区的落户门槛仍相对较高。事实上，户籍人口城镇化的根本问题在于：谁来为“农转非”后附着在户籍上的城市福利买单？户籍制度改革进展缓慢，更加凸显了农村土地的社会保障功能，进而产生了租金过高、流转交易费用过大、外来业主农业投资风险大等阻碍农业生产向土地密集型转型的诸多问题。

如果说户籍制度改革是城市对农民工市民化的拉力，那么土地制度改革则可以说是乡村内生的对农民工市民化的推动力。目前中国已经完成了农村承包地确权颁证，确权面积近15亿亩。同时，“三权分置”改革方兴未艾，其思路是在有效保障农村集体经济组织和承包农户合法权益的基础上，放活经营权，为农业生产向土地密集型转变提供一定的制度基础。然而，在调研中我们发现，当前的改革反而使许多已经在外务工且具备城镇化条件的农民即使抛荒、撂荒，也不愿意放弃农村土地和户籍；而外来业主对经营权流转抱有戒心，要么对土地进行“竭泽而渔”式的掠夺，

① 周飞舟、王绍琛：《农民上楼与资本下乡：城镇化的社会学研究》，《中国社会科学》2015年第1期。

② 周其仁：《土地确权需要一场奠基性的战役》，《中国房地产业》2015年第3期。

③ 周天勇：《迁移受阻对国民经济影响的定量分析》，《中国人口科学》2018年第1期。

④ 公安部：《到2020年形成新型户籍制度》，《吉林农业》2014年第9期。

⑤ 陆铭：《大国大城——当代中国的统一、发展与平衡》，上海人民出版社，2016。

要么在经营过程中因抵押难、租金高等问题而中辍。更难的改革在于农村土地征收制度改革、集体经营性建设用地入市制度改革、宅基地管理制度改革即“三块地”改革，这一改革从提出至今已经推行了很多年，但除个别地区外整体进展非常缓慢。激活农户土地的资产性功能是在现有的制度框架下缩小城乡差距、为多数农民提供城市化资金支持以及提高包括农业土地装备率在内的农村土地节约集约利用程度的重要抓手。可以说，没有农村土地要素市场化，农业工业化进程中最关键的环节就难以打通，诸如农民工市民化、城乡差距缩小等问题也难以得到根本性的解决，进而不得不实施强调小农户与现代农业发展相衔接、大力发展农业服务化的“农业赶超战略”。

第七节　结论与讨论

只有综合多学科视角，才能深刻剖析农业转型的理论逻辑，进而解答中国农业转型背后的一般规律。本章以林毅夫开创的新结构经济学为分析范式，结合发展经济学和产权经济学的相关理论，阐释了农业要素禀赋结构升级和农业制度安排演化统一于农业工业化的理论逻辑，得出以下结论。

第一，农业要素禀赋结构基本因循从劳动要素丰裕逐渐向资本要素丰裕、最终向技术要素丰裕升级的过程。与这一升级过程相伴而生的，是旨在解决新型投入要素“谁来供给”、“谁来分配”和“谁来传递供需信息”等问题的农业制度安排演化。

第二，基于张培刚关于工业化的论述，农业工业化可以被认为是农业“基要函数连续发生变化的过程”，综合经典的发展经济学和农业经济学理论，参照各国农业发展的典型事实，大致可将农业工业化进程分为劳动密集型、土地密集型、资本密集型和技术密集型四个阶段。

第三，农业要素禀赋结构升级与农业制度安排演化统一于农业工业化进程。在四个阶段依次递进的过程中，一方面，农业要素禀赋结构从劳动要素丰裕向资本要素丰裕、最终向技术要素丰裕升级；另一方面，农业制度安排从打破城乡二元身份制度，向有利于农业规模经营的土地产权制度、引导资本下乡的农业反哺制度以及满足农业多样化需求的多功能农业制度演进。

第四，在农业工业化进程中，政府可能实施超越当前农业要素禀赋结构的“农业赶超战略”。一般会存在三种“农业赶超战略”：一是在农业劳动要素仍很丰裕的前提下土地要素向少数群体集中；二是超越土地密集型阶段，向资本密集型阶段转型；三是超越土地密集型阶段，直接向技术密集型阶段转型。

第五，改革开放以来中国的农业制度安排基本符合农业要素禀赋结构升级的需求，但制度安排演化具有不完整性和不彻底性，并在很大程度上导致了当今农业发展绕过土地密集型阶段直接向技术密集型阶段转型的“农业赶超战略”。现阶段加速推动户籍制度改革、土地制度改革等农业要素市场化的关键制度改革已是刻不容缓。

本书所说的当代中国农业转型主要是从经济视角出发的。需要指出的是，根据经济基础与上层建筑相互作用的原理，农业转型必然会引致政治、文化、社会和生态等其他领域的变化。当代中国农业转型恰逢“百年未有之大变局”，还面临除经济领域外其他领域的压力，值得我们在今后的研究中进一步探讨。

在政治层面，近年来动荡的国际政治形势直接影响了粮油等大宗农产品市场。粮食等重要农产品价格剧烈波动，一些传统的粮食出口国开始采用各种措施限制或禁止出口。而一些在国际上具有农业科技优势和粮食定价权的大国，也以贸易争端为由通过各种手段对中国进行制裁，迫使中国为确保粮食安全恢复缺乏比较优势的部分农产品生产，这无疑给中国农业转型带来了挑战。

在文化层面，农业转型在转变农业生产方式的同时也带来了农村人口结构的变化，进而在客观上对植根于转型后农业生产方式的农村文化提出了新的要求。未来农村要真正面对新的生产方式并发展与之匹配的价值观和伦理观，这是农业转型绕不开的文化议题。今天，由土地流转、农地整理、合村并居和“平坟迁坟”所引发的一系列事件，也都在一定程度上与这一议题相关。此外，中华文化植根于农耕文明，乡村则是中华文化的基本载体，农业转型的文化议题还关系到中华文化的赓续，乃至“人类文明新形态”的构建。

在社会层面，农业转型进程中传统的农业社会趋向解体，外来资本、人口和组织的异质难合与传统农业社会的非理性解构，使传统农业社会面临价值观多元化、权利义务的法律网络与伦理道德的人情关系网络抵触、代际文化断层等多重冲击。传统的以人情关系为纽带的农业社会结构在农业转型的滚滚洪流中不得不向非人格化的以市场关系为纽带的新的农业社会结构转变。那么问题是，未来我们如何重构这样的农业社会结构？

在生态层面，发展生态农业是农业转型一个非常重要的方向。这不仅源于居民饮食结构转型引致的对生态农产品的需求，还在于生态农业本身是实现社会生态可持续发展的方式之一。例如，在实现“双碳”目标过程中，农业应发挥重要的固碳减排作用。当前生态农业有一定市场，但却显得“小众”。生态农产品往往存在产量低、成本高、识别难、无法满足居民多样化需求等问题。因此，如何走一条既能实现农业增产、农民增收目标，又能实现绿色农业发展的道路，是农业转型需要解决的问题。

第三章
农业劳动力从“内卷化”向“空心化”转换

在中国传统农业社会中，人口是非常重要的因素。人丁兴旺对家族而言，是权力扩张的表征；对政权而言，则意味着有更多的农夫、士兵和徭役。不过，当大一统王朝建立后，不断增长的人口却又会带来许多现实问题：由于土地这个农业社会最主要的生产要素供给呈刚性，当人口暴涨而可耕地无法进一步扩大时，就会出现将新增劳动力反复投入有限土地的状况，此时农业劳动生产率将迅速下降甚至趋近于零，这就是本章所要论述的农业劳动力“内卷化”。

第一节　农业劳动力“内卷化”内涵

“内卷化”的概念源于康德、戈登威泽（Alexander Goldenweiser），格尔茨首先将“内卷化”概念用于农业和农村问题①，黄宗智对其进行了进一步论证，提出了不同的看法②。郭继强则将工资制度引入“农业内卷化”中，在综合格尔茨、黄宗智二人观点的基础上，对“内卷化”提出了新的理解。郭继强认为，“内卷化”是对经济主体特别是家庭农场（农户）“自我战胜”和“自我锁定”机理的一种概括。“自我战胜”强调战胜了增长的人口对维持生计所带来的压力；“自我锁定”则强调家庭农场

① Geertz, C., *Agricultural Involution: The Process of Ecological Change in Indonesia*. University of California Press, 1963.

② 黄宗智：《华北的小农经济与社会变迁》，中华书局，2000。

对劳动力投入的决策锁定在边际产品价值和平均产品价值等于生存工资的最小值中。[①] “农业内卷化”实质上是农业劳动力“内卷化”，它与农业劳动力剩余概念不同，是在农业劳动生产率边际递减状态下，人们在农业内部寻找保持或提高农业劳动力边际生产效率的一种努力。这种努力一般是在有限的土地上继续投入农业劳动力，通过精耕细作方式来进行的。[②] 根据第二章的理论分析，农业劳动力“内卷化”实质上是，伴随着人口增长，一个经济体中的土地要素逐渐成为稀缺资源，由此带来农业劳动要素相对价格下降并诱致出节约土地的劳动密集型生产方式的过程。在历史上大多数时候，由于农业生产技术发展缓慢，新生的劳动力没有其他去处，只能反复地投入有限的土地以促进土地产出率的增长。尽管这样的生产方式对土地产出率有所贡献，但往往十分微小，即农业劳动生产率边际递减甚至为零。

历史也证明，试图通过农业劳动力“内卷化”的方式来促进农业增产是不可持续的。新中国成立后，即使大规模使用机械、化肥等农业技术和资料，农业劳动力“内卷化”还是使中国农业发展在改革开放前陷入了“困境”。这一时期由于政局稳定、生活和医疗卫生条件改善、计划生育国策尚未实施，人口出现快速增长，除了三年困难时期，60 年代的人口自然增长率均超过 25‰。[③] 与此同时，受到统购统销制度、户籍制度、人民公社运动的限制，不断增长的农业劳动力被桎梏在有限的土地上。这一状况又一次迫使人们通过农业劳动力“内卷化”方式来解决人地矛盾。结果显而易见，改革开放前徘徊不前的农业生产不仅难以持续支撑工业等其他产业的发展，甚至连人民的温饱问题也未能彻底解决。

---

① 郭继强：《“内卷化”概念新理解》，《社会学研究》2007 年第 3 期。

② 关于农业劳动力剩余的概念，学界尽管有不同的看法，但普遍理解是指从事农业的劳动力数量多于现有的农业生产技术、耕作方法下农业对劳动力的需求。与此不同的是，农村劳动力剩余是指在现有的生产力水平下，农村劳动力的数量多于农村各产业对劳动力的需求。农村中除了从事农业劳动的劳动者以外，还有大量劳动力从事二、三产业。农业劳动力是一个产业概念，农村劳动力是一个地域概念，然而许多人往往将二者混淆使用。

③ 国家统计局国民经济综合统计司：《新中国六十年统计资料汇编》，中国统计出版社，2010。

第二节　农业劳动力“内卷化”问题的解决

一　不同历史时段视域下对解决农业劳动力“内卷化”问题的理解

农业劳动力“内卷化”问题，不能在农业内部寻求解决之道，只能从农业外部去寻找。年鉴学派史学家布罗代尔曾经提出看待历史的三个时段，即长时段、中时段和短时段。① 对于如何解决农业劳动力“内卷化”问题的历史路径探索，也可以从三个时段来看。

就长时段而言，速水佑次郎总结过农业发展经历的三个阶段：第一阶段是以增加生产和市场粮食供给为特征的发展阶段，提高农产品产量的政策在该阶段居于主要地位；第二阶段是以着重解决农村贫困问题为特征的发展阶段，通过农产品价格支持政策提高农民的收入水平是该阶段的主要目标；第三阶段是以调整和优化农业结构为特征的发展阶段，农业结构调整是该阶段的主要目标。② 显然，农业劳动力“内卷化”困境发端于第一阶段，并在粮食安全等问题解决后的第二阶段凸显出来，真正彻底解决则要到第三阶段。

就中时段而言，农业劳动力“内卷化”问题逐渐得到解决主要表现为两个特征。一是国家产业结构高度化，即无论是从产值结构的角度还是从就业结构的角度而言，农业部门在国民经济中所占比例都将大大降低。产值结构高度化意味着非农部门的迅速扩张，这为剩余的农业劳动力转移提供了条件，而就业结构高度化则表明剩余的农业劳动力实际上发生了转移。二是农业劳动生产率提升。农业劳动生产率提升是农业技术发展和农业经营规模扩大的结果，也是一个国家农业综合生产能力的最终表现，西方发达国家无一例外都拥有较高的农业劳动生产率。当这两个特征逐渐具备，则可以充分表明农业劳动力“内卷化”问题得到解决。

就短时段而言，经历过农业劳动力“内卷化”的发达国家在解决该

① 〔法〕布罗代尔：《资本主义论丛》，顾良、张慧君译，中央编译出版社，1997。

② 〔日〕速水佑次郎、神门久善：《农业经济论》，沈金虎等译，中国农业出版社，2003。

问题的时候主要使用三种手段：第一种是通过工业和城市部门带动农业劳动力转移，使农业劳动力“内卷化”现象不会发生，并以此提高农业生产经营规模化水平，从而达到提升农业劳动生产率的目标；第二种是通过农业技术进步，促进农业生产的机械化、生物化和化学化以提高农业土地产出率；第三种是政府对农业进行补贴，通过收入再分配的方式直接提高农民的收入。从农业工业化进程的阶段划分来看（见表2-1），一个国家在不同阶段往往会采取不同的手段解决农业劳动力“内卷化”问题：在工业化初始和起飞阶段，主要采取促进农业劳动力向工业和城市部门转移的手段；在工业化起飞阶段，农业资本深化使新的农业技术得到广泛应用；在工业化成熟阶段和后工业化阶段，国家逐渐具备了反哺农业的物质条件，政府开始对农业进行大规模补贴。

综合上述三个时段的分析，解决农业劳动力“内卷化”问题的方法就比较清晰了：首先是农产品短缺问题得到解决，为解决农业劳动力“内卷化”问题提供条件；其次是促进农业劳动力向工业等其他产业部门转移，因此必须解除限制劳动力转移的各种束缚；最后是在农业劳动力转移程度加深、工业化发展到一定程度的情况下，需要加大政府对农业的反哺力度来提高农民收入。在多种手段“多管齐下”的情况下，农业劳动力“内卷化”问题将伴随着工业化的发展逐渐得到解决，农民也将从贫困的境地中突围出来。

二 中国农业劳动力“内卷化”问题的解决之路

1978年后，随着家庭承包经营制度的改革，束缚农业劳动力流动的政策相继松动，农业劳动力已经开始转移。但直至1984年，中国才真正具备解决农业劳动力“内卷化”问题的条件。这一年中国粮食总产量达到40731万吨①，比1978年的粮食产量增加了10254万吨，增幅为33.64%。此时，中国基本解决了粮食短缺问题，开始进入农业发展的第二阶段。

1. 中国农业劳动力转移的历史进程

中国农业劳动力转移主要可以分为四个时期，每一个时期又可以划分

① 农业软科学委员会办公室编著《农村劳动力转移与农民收入》，中国财政经济出版社，2010，第19页。

为不同的阶段。

第一个时期是1978~1991年，主要特点是依靠乡镇企业的异军突起，农业劳动力实现就地转移。这一时期可划分为1978~1983年、1984~1988年以及1989~1991年三个阶段，这三个阶段经历了一个农业劳动力本地转移，乡镇企业超速发展而吸收大批农业劳动力，大批乡镇企业停业停产、大量劳动力回流农业的过程。

第二个时期是1992~2002年，主要特点是异地转移代替就地转移。这一时期可以划分为1992~1997年、1998~2002年两个阶段。第一个阶段以邓小平的南方谈话和十四大的召开为标志，东部沿海地区成为农业劳动力转移的主要目的地，大量劳动力从中、西部地区流向东部地区，“民工潮”不断涌现。第二个阶段是亚洲金融危机之后，国家在1998~2000年三年间增发了3000多亿元国债，在刺激经济的同时也扭转了乡镇企业后劲不足所导致的农业劳动力转移放缓的趋势。到2002年，农村转移劳动力占农村劳动力总数的26.3%，数量达到13740万人。

第三个时期是2003~2008年，主要特点是返乡创业和本地务工趋势显现。随着党的十六大提出统筹城乡发展战略，以及中央连续出台有关“三农”问题的一号文件，中央“支农惠农”的力度不断加大。2003年以后出现了农民工返乡创业、中西部地区农民工务工本地化、东部沿海对农民工的质量要求日益提高的趋势。在劳动力转移继续扩大的前提下，东部地区“民工荒”现象频繁发生。2008年受国际金融危机冲击，农民工出现大规模“返乡潮”。

第四个时期是2009年至今，主要特点是劳动力转移数量和方向趋于稳定。随着土地制度、户籍制度、用工制度的改革，以及工业化、城镇化、农业现代化进程的不断推进，农业劳动力进一步释放，农民工规模不断扩大。但总体而言，扩大速度逐渐放缓，农民工数量基本稳定。同时，外出务工地点主要集中在长三角、珠三角等发达城市圈以及本省中心城市。如图3-1所示，2009~2018年10年时间里，农民工总量从22542万人增加到28836万人，其中外出农民工和本地农民工均增加了3000万人左右。外出农民工和本地农民工占农民工总量的比例基本保持在60%和40%的水平。

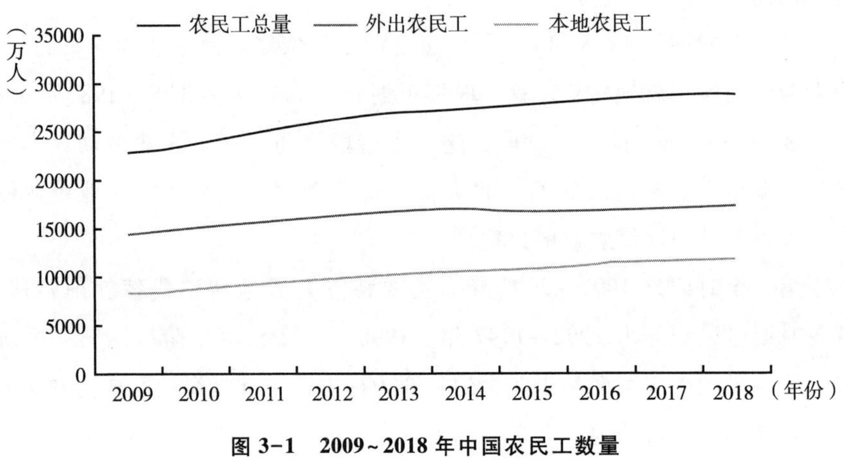

图 3-1　2009~2018 年中国农民工数量

2. 中国农业劳动力“内卷化”问题解决的特征观察

改革开放以后，伴随着大规模的农业劳动力转移、农业技术进步以及农业农村反哺政策的实施，农业劳动生产率得到提升，产业结构得到优化。简而言之，中国农业以自身力量应对日益增长的人口压力的时代已经过去，千百年以来农业劳动力“内卷化”的问题得到解决。从前述所说的“中时段”来看，主要体现在中国产业结构高度化和农业劳动生产率不断提升两个特征上，本章以 1999~2016 年为“中时段”来对这两个特征进行观察。

首先，如图 3-2 和图 3-3 所示，1999 年以来中国的产业结构高度化逐渐实现。1999~2016 年，农业产值比重从 16.1%下降到 8.6%，而非农产值比重从 83.9%上升到 91.4%，其中第三产业比重整体呈上升趋势，为农业劳动力转移提供了广阔的空间。产值结构高度化只是为农业劳动力转移提供了必要条件，只有就业结构高度化才是农业劳动力“内卷化”问题得到解决的直接证据。1999 年农业部门就业人数比重仍然高达 50%，并在 2002 年前一直保持在这一水平。2002 年统筹城乡战略提出后，农业劳动力转移速率加快，其比重一路下跌到 2016 年的 27.7%，这无疑得益于快速的工业化、城镇化和农业现代化发展。中国产业结构高度化的特征事实表明，中国农业不再通过投入大量劳动力在土地上精耕细作来减缓农业边际劳动生产率的下降。

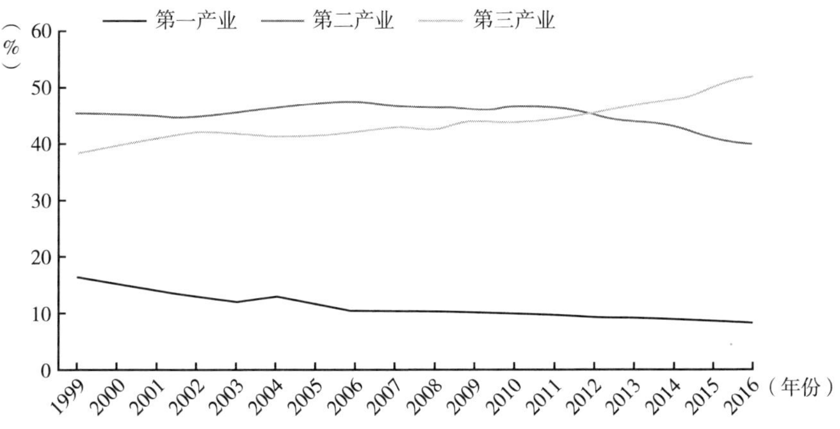

图 3-2　1999~2016 年中国产值结构变化

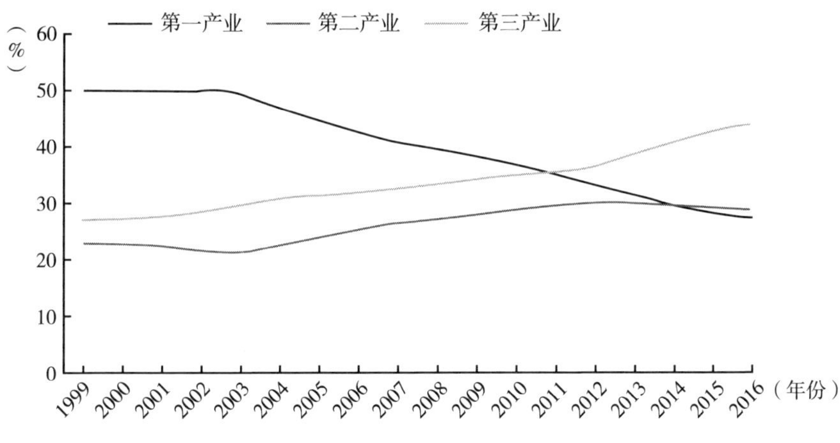

图 3-3　1999~2016 年中国就业结构变化

其次，中国农业劳动生产率也持续上升。农业劳动生产率的计算公式为：

$$C_{r_{it}} = Y_{r_{it}} / L_{r_{it}} \tag{1}$$

其中，$Y_{r_{it}}$为 i 区域 t 年的农业增加值，$L_{r_{it}}$为 i 区域 t 年的农业劳动力数量，$C_{r_{it}}$为 i 区域 t 年的农业劳动生产率。为了更好地观察农业劳动力“内卷化”问题得到解决的目标特征，我们沿用四大经济区划分标准把中国大陆 31 省分别归到东部、中部、西部和东北四个区域进行统计分析，后面章节涉及中国经济区划分时也沿用这种标准。① 各区域的农业增加值、地区生产总值、农业劳动力数量以及劳动力总量数据来自 1998~2016 年 31 省统计年鉴，其中农业增加值、地区生产总值以 1998 年为基期对指标进行了平减。

如图 3-4（a）所示，全国农业劳动生产率呈显著上升趋势，从 1999 年的 0.45 万元/人，到 2013 年突破每人万元大关，再持续增长到 2016 年的 1.19 万元/人，观察期内年均增幅为 5.89%。② 从四大区域来看［见图 3-4（b）］，1999 年东部、中部、西部和东北四大区域农业劳动生产率分别为 0.58 万元/人、0.41 万元/人、0.32 万元/人和 0.71 万元/人，此后呈上升趋势。东北、东部和中部地区的农业劳动生产率分别于 2006 年、2008 年和 2015 年突破每人万元大关。到 2016 年，东部、中部、西部和东北四大区域农业劳动生产率已经达到 1.63 万元/人、1.07 万元/人、0.87 万元/人和 1.70 万元/人的水平。

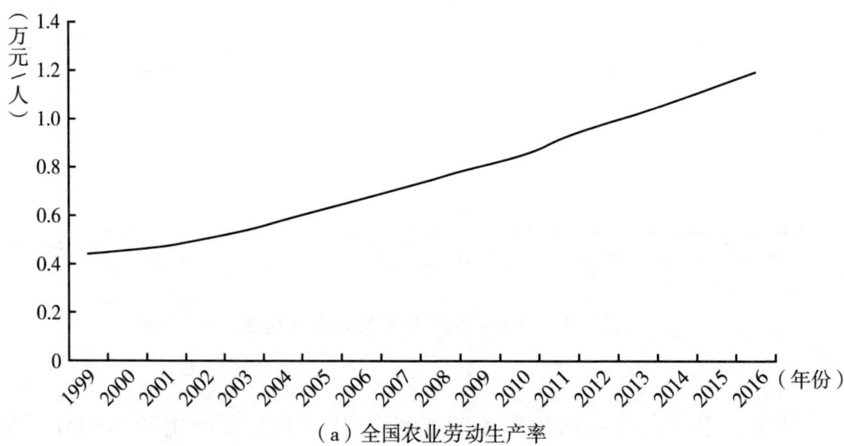

（a）全国农业劳动生产率

① 本书中“省份”“省”涵盖中国大陆 31 个省、自治区和直辖市。东部地区包括北京、天津、河北、上海、江苏、浙江、福建、山东、广东和海南 10 省；中部地区包括山西、内蒙古、安徽、江西、河南、湖北、湖南 7 省；西部地区包括广西、重庆、四川、贵州、云南、西藏、陕西、甘肃、青海、宁夏、新疆 11 省；东北地区则包括辽宁、吉林和黑龙江 3 省。

② 除特别说明外，本书所涉及的一定时期内的年均增长率均为几何增长率。

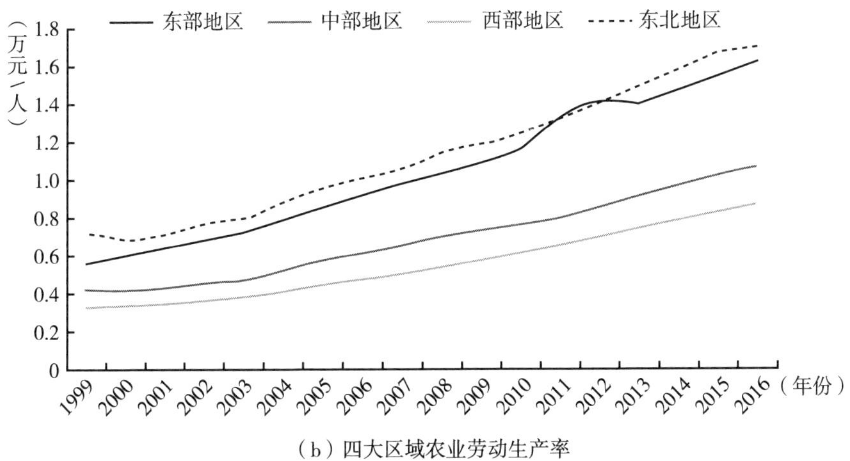

（b）四大区域农业劳动生产率

图 3-4 1999~2016 年中国农业劳动生产率变化

农业劳动生产率在一定程度上标志着区域农业现代化水平。在四大区域中，东北地区农业现代化水平最高。东部地区紧随其后，其农业劳动生产率在 2011 年曾短暂超过东北地区。西部地区农业现代化水平最低，到 2016 年农业劳动生产率都未能超过 1 万元/人。不过，四大区域农业劳动生产率在观察期内的增幅都比较一致，最快的东部地区年均增幅为 6.32%，中部和西部地区均为 5.71%左右，而东北地区则为 5.22%。农业劳动生产率变化的因素很多，既有劳动装备率提高的因素，也离不开土地装备率上升的因素。但总体而言，结合全国就业结构的变化，说明农业劳动生产率提升不再依赖于农业“内卷化”的方式，延续数千年的中国农业劳动力“内卷化”问题得到彻底解决。

第三节 矫枉过正：中国农业劳动力“空心化”问题的提出

一 农业劳动力“空心化”

关于“空心化”的概念，许多学者是从经济地理学意义上去解释其含义。例如，周祝平认为，农村人口的“空心化”是指“农村青壮年劳动力大量流入城市，导致农村人口下降和农村青壮年人口比例下降，农村剩下的人口大多数是老人、妇女和儿童"①。刘彦随、刘玉认为，农村空心化"本质上是城乡转型发展进程中乡村地域系统演化的一种不良过程，是复杂的社会经济过程在村庄物质形态中的表现"②。何芳、周璐认为，"村庄空心化，就是农村人口、资源从农村内部区位资源禀赋不足地区向外围条件优越地区和城镇转移，造成村庄聚落人口流失、房屋闲置的结果"③。

本章所指的"空心化"是从劳动经济学意义上来阐释的，是与格尔茨、黄宗智和郭继强等人提出的农业"内卷化"相对应的概念。它不是农村"空心化"所强调的"结果"，而是与"内卷化"概念相对应的"方法"或"努力"。农业劳动力"空心化"的发生机制与农业劳动力"内卷化"相反，它的发生前提是技术条件、组织水平等因素的限制，以及诸如农业劳动力结构失衡等所导致的农业劳动对农业生产的投入不足。它是一种在农业内部应对农业劳动投入不足的努力，是农业在面对不同于劳动力过剩情况时的又一种"自我战胜"方法。由于缺乏青壮年劳动力或高素质劳动力，投入农业生产的只能是老年人、妇女，甚至是儿童，其劳动能力弱、文化素质低，这种"自我战胜"的结果往往会导致粗放型的农业经营方式（见表 3-1）。

表 3-1 农业劳动力"内卷化"和"空心化"的异同

状态	触发条件	主要目标	解决手段	经营方式变化
农业劳动力"内卷化"	农业劳动力投入过剩	解决农业边际劳动生产率下降	将剩余劳动力反复投入农业生产活动	精耕细作
农业劳动力"空心化"	农业劳动力投入不足	解决农业边际劳动生产率下降	将老年人、妇女甚至儿童投入农业生产活动	粗放型经营

由于统计难度较大，目前缺少关于农业劳动力不足程度的宏观数据，关于农业劳动力"空心化"达到何种程度的研究也不多见。不过，由于

① 周祝平：《中国农村人口空心化及其挑战》，《人口研究》2008 年第 2 期。

② 刘彦随、刘玉：《中国农村空心化问题研究的进展与展望》，《地理研究》2010 年第 1 期。

③ 何芳、周璐：《基于推拉模型的村庄空心化形成机理》，《经济论坛》2010 年第 8 期。

农业劳动力“空心化”与农村“空心化”基本上是一个现象的两个侧面——农村大量流出的青壮年劳动力如果留在农村也是务农的主要力量，因此，我们可以通过对农村“空心化”现象的分析去窥见农业劳动力“空心化”。

二　各区域农村“空心化”现象的程度及对农业的影响

李玉红、王皓采用2016年第三次全国农业行政村普查抽样数据对中国农村“空心化”状况进行了考察和分析。该研究从全国行政村中抽取68906个样本，占总数的12.3%，具有较高的代表性。① 这一研究划分了广义的空心村和狭义的空心村。所谓广义的空心村，是指行政村常住人口小于户籍人口的村落；而狭义的空心村则沿用陈有川等的定义，即行政村常住人口小于等于户籍人口5%的村落（空心化率不低于5%）。② 根据李玉红、王皓提供的数据，在2016年抽样的行政村中，村庄人口净流出1268.18万人，整体空心化率为11.02%。广义空心村占抽样总数的79.01%，体现了中国农村空心化的普遍状况。如果去除人口净流入的“实心村”，广义空心村的空心化率达到18.16%，进一步细分后，空心化率超过5%的中度、深度空心村占整个抽样行政村的57.50%。

从图3-5全国空心村分布情况来看，各区域都存在空心化现象，但不同区域空心化差异明显。东部地区空心村数量低于全国平均水平，广义空心村和狭义空心村占抽样行政村比例分别为72.65%和49.80%；而东北地区空心村数量最高，广义空心村和狭义空心村占抽样行政村比例分别为86.80%和68.48%。相关研究也表明，中国农业要素禀赋结构变迁整体上是有利于东部地区的，并形成了以东部地区为核心的核心-边缘结构。③ 因此，东部地区空心村相对较少，且还有大量人口净流入的“实心村”（浙江、广东和江苏实心村合计占全国的45.57%）；而中部地区紧邻

① 李玉红、王皓：《中国人口空心村与实心村空间分布——来自第三次农业普查行政村抽样的证据》，《中国农村经济》2020年第4期。

② 陈有川、李鹏、马璇、杨婉婷：《基于乡镇地域单元的村庄人口空心化研究——以山东省六个乡镇为例》，《现代城市研究》2018年第3期。

③ 罗浩轩：《中国区域农业要素禀赋结构变迁的逻辑和趋势分析》，《中国农村经济》2017年第3期。

东部地区，受到核心地区的直接影响，人口转移比较频繁，广义空心村和狭义空心村占比分别为83.31%和62.04%；西部地区尽管与东部地区在收入上存在极大的“势差”，但如云南、西藏、甘肃、青海和新疆等省份因地处边陲，可能受浓厚的宗教氛围或鲜明的少数民族文化影响，加上国家的大量财政补贴，其空心村比例低于中部地区和东北地区。

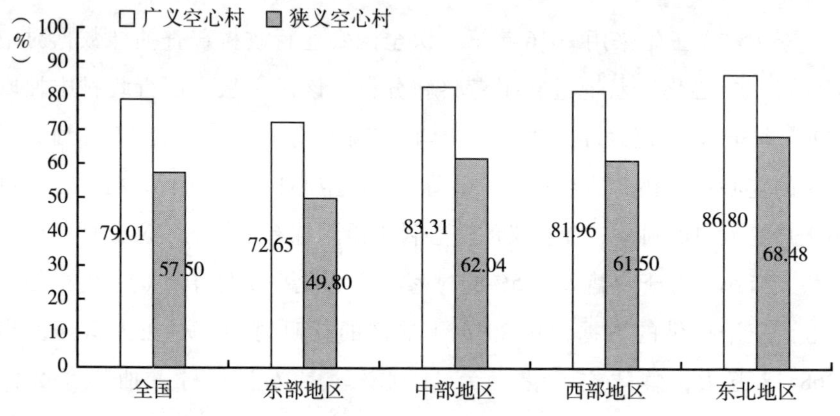

图3-5　2016年各区域广义空心村和狭义空心村比例

资料来源：第三次全国农业行政村普查抽样数据。

李玉红、王皓在研究中发现，农村空心化率受当地经济发展水平、经济中心吸引力、地形地貌以及交通、灌溉等基础设施的影响较大。笔者及团队曾于2011年8月在四川、重庆、湖北和山东选取了6个典型村落进行抽样调查，包括四川省X村、重庆市K村和C村、湖北省Z村及山东省J村和S庄。① 微观调查结果与李玉红、王皓的研究结论相一致。

一是农业劳动力数量大量减少，中部地区的调研村落务农人数最少。地处西部地区的四川省X村及重庆市K村和C村在家务农的人数占全村总人数的比重分别为26.01%、33.10%、30.03%，地处中部地区的湖北省Z村为19.1%，为6个村落最低，山东省J村和S庄分别为39.7%、55.8%。这一状况也从侧面印证了中部地区更受全国经济核心吸引的

① 除非有重大的外部冲击，在农业转型过程中，农村劳动力转移往往是一个不可逆的过程，过去的观察结果仍有助于我们对观点的理解。

观点。

二是农业劳动力的务农意愿普遍降低，但东部地区调研村落的务农意愿相对较高。在调研的6个村落中，农业劳动力务农意愿均低于50%，但山东省J村和S庄的务农意愿是抽样村落中最高的，分别为40.1%、43.6%。根据李玉红、王皓的研究，地形地貌、公共交通和灌溉水源等条件对人口空心村有显著影响。山东省的两个村落均为平原地区，机械化程度相对较高，基础设施完善，这可能是农业劳动力务农意愿高的原因。

三是农业生产条件对农业劳动力是否务农的影响不大。李玉红、王皓在研究中发现，特色种植面积、养殖面积、测土配方等对空心化的影响虽然显著，但系数非常小。笔者在调研中也发现，除四川省X村以林业为主外，重庆市K村和C村、湖北省Z村、山东省J村和S庄的劳均耕地面积分别为3.26亩、4.00亩、8.38亩、3.77亩、2.27亩。其中，湖北省Z村的劳均耕地面积最高，但务农意愿却仅为7.4%。

第四节　农业劳动力由“内卷化”向“空心化”转换的原因分析：以四川省为例

四川省地理特征十分丰富，不仅包括平原、丘陵、山地，还包括高原，这为农业经济发展研究提供了良好的素材。我们按照地域分异规律，将四川省按地形划分为成都平原地区、川中丘陵地区、川东平行岭谷地区和川西高原山地地区四大区域。2016~2017年，笔者及团队耗时1年对四川省内四大区域进行了密集调研。调研形式包括深入典型村落走访、发放调研问卷、与走访村民进行座谈，以及笔者赴川西高原山地H县挂职等形式。[①]课题组在调研过程中获得了大量的经验材料，并在研究中对这些材料加以提炼，深化了对农业劳动力“内卷化”向“空心化”转换问题的理性认识。

① 课题组在调研过程中一共发放问卷约2400份，最终获得的有效问卷为2016份。其中，成都平原地区768份、川中丘陵地区528份、川西高原山地地区486份、川东平行岭谷地区234份。调研问卷主要分为五个部分，一共30道题，重点对农户的家庭收入来源、外出务工成本、规模经营意愿等情况进行了考察。

一　农业比较利益低下导致农业劳动力过度转移

如前所述，农业劳动力“空心化”是应对劳动力投入不足所造成的农业边际劳动生产率下降趋势的一种方式。因此，“空心化”现象产生的直接原因是从事农业生产的高素质、年轻力壮的劳动力不足。而导致从事农业的劳动力不足的原因又在于农业比较利益低下，无法吸引高素质、年轻力壮的劳动力投身农业。所谓“农业比较利益”是指在可比条件下，相同资源投入农业生产与投入非农业生产所能实现的利益间的一种相对差异状况。[①] 农业比较利益形成了对农业劳动力供给的“拉力”和“推力”：一方面，高速的城市化对农业劳动力形成了“拉力”，大量的农业劳动力放弃农业生产进城务工；另一方面，发展滞后的农村对农业劳动力产生了巨大“推力”，使年富力强的农村劳动力过度转移至城市。最终，造成了农业劳动力供给的失衡。

川中丘陵地区是四川省重要的粮食产区，但该地区水土流失严重、干旱频繁、地形沟壑嶙峋，农业生产条件并不算好。调研显示，尽管该地区农村户均承包地规模相对较高——有50%调查农户的承包地规模为4.5~10亩，但约有53%的农户承包地在5块以上，“插花地”比较常见，农业生产成本高、比较收益低。与此同时，该地区夹在成渝两大经济区中间，交通便利，城乡基础设施相对完善，在农业生产条件不佳的背景下，农户离开农业农村的意愿比较强烈。该地区不愿意承包更多土地的农户高达75%，许多农户都有将自己承包的农用地非法改变用途的倾向。

川东平行岭谷地区的耕地多分布在向斜谷地河流冲积形成的平坝，然而这些平坝数量有限、大小不一，且农业生产条件较好的平坝不在四川省境内。调研显示，这一地区农业仍然以小规模生产经营为主：农户承包地面积在4.5亩以下的占抽样农户的50%，4.5~10亩的占37%。农业生产条件不佳在一定程度上弱化了当地农民推动农业规模化的意愿。该地区不愿意承包更多土地的农户占比高达54%。由于这一地区工业化、城镇化

---

① 刘建平：《农业比较利益》，华中科技大学出版社，2001。

发展水平和交通通达性都处在省内中上游水平，农户“离农”倾向比较突出。

总的来说，尽管农业比较利益低下是世界各国农业发展到一定阶段的普遍性特征，农业劳动力大规模向城市流动也是发展中的一般规律，但是，中国因为户籍制度、土地制度等诸多原因形成的农业比较利益低下问题导致了农业劳动力过度转移。

二　高成本城镇化战略导致农村对劳动力只“吐”不“纳”

改革开放以来，高成本的城镇化战略使得不同区域之间的城市化发展极不平衡。中、西部地区的农民必须远赴他乡务工，这不仅使特大城市和大城市公共产品和公共服务的供给边际成本进一步提高，还造成了中国农村劳动力“候鸟式”迁移或迁而不移的现象。其重要表现是，中国的人口城镇化率与户籍城镇化率存在较大的差距，而且近年来这一差距不仅未能缩小，反而不断扩大。2008 年，前者比后者高出 12 个百分点，而到 2018 年，则高出了 15 个百分点。同时，由于农民自身利益无法得到保障，农民土地的收入功能、社会保障功能、资产升值功能凸显，农民因此不肯放弃手中的“一亩三分地”，农业生产无法形成规模效应，降低了农业比较利益。由于城镇化的重心在特大城市和大城市，远离城镇和农村，各类生产要素向农业回流的成本很高，特别是劳动要素。改革开放 40 多年来，农村对劳动力只“吐”不“纳”是造成农业劳动力“空心化”的重要原因。

成都平原地势平坦、土地规整、土壤肥沃，农业规模经营条件最好，但由于城镇化推进速度快、农户兼业情况普遍，当地农户对未来土地溢价有较高的预期。在调研中发现，成都平原地区农村户均承包地的细碎化程度为四大区域最低，但户均规模都比较小：在 4.5 亩以下的农户占该地区的 69%，而规模在 10 亩以上的仅占 7%。调研显示这一地区农户承包更多土地的意愿最为强烈，但许多农户都不愿意放弃承包经营权。此外，成都市经济总量占全省的 37%，发达的经济吸引着本地区农业劳动力进城务工，更加凸显了农业比较利益低下问题，农业兼业化、副业化情况比较普遍。在我们走访的村落里，工作日基本上很难看到年轻人。

三 农村土地制度不完善导致农民不愿投入更多资源经营农业

虽然中国已经实行了家庭承包经营制，但是现有农村土地承包制度固化了“集体所有、农户承包经营”农地制度存在的内在矛盾，并带来了以下问题。一是农村土地承包期限设置问题。土地承包期限意味着土地调整，而土地频繁调整对农业生产的消极结果显而易见，它必然降低农民对土地长期投资的需求，从而影响农业比较利益。二是农用地转为非农建设用地时，农民利益常常受到侵害的问题。农民虽然拥有土地经营权，但由于土地产权内化了国家力量，农民往往处于弱势地位。经营权必须让位于所有权，农民的承包权极易在城市化进程中被利益集团强势“攫取”。在这样的情况下，如何让农民安心投入更多资源经营土地呢？农地抛荒及粮食生产口粮化、粗放化便可以理解。三是农村土地流转在具体操作过程中不规范的问题。由于土地流转交易费用高，农民宁愿采取私下交易的方式进行。与此同时，有的耕地被私自转为非农用途，同时有极少量的非法流转行为存在。

川中丘陵地区是四川省重要的粮食产区，产量约占四川省的40%。但在调研时发现，该地区土地细碎化程度也十分严重，直接导致农户不愿承包更多土地。而解决细碎化问题的产权制度改革、农村土地整理受政策和资金等多方面限制迟迟未能展开。在调研走访中发现，许多农户都有将自己承包的农用地非法改变用途的强烈愿望。一些农村旅游业有起色之后，本地村民不惜花重金在自己的承包地上进行观光设施建设以招徕游客；还有一些村民与外来资本合谋，在自己的承包地上开辟驾校训练场地等。抽样调查数据显示，如果条件允许，不愿意承包更多土地的农户高达75%！这些都反映了农户在制度约束下不愿投入更多资源经营农业的倾向。

四 农业补贴力度过小，对农业劳动力缺乏吸引力

统购统销政策取消以后，中国农业逐渐走向市场化，政府在条件成熟后也开始实施农业补贴政策。可以说，农业补贴是提高农业比较利益最直接的办法，但是中国农业补贴力度小，农业补贴配套不完善，未能发挥真

正提高农业比较利益的功能。根据 OECD 提供的数据，2000～2016 年，OECD 经济体的生产者补贴等值（PSE）有所下降，但平均仍高达 23.43%，其中日本平均为 52.22%，韩国平均为 54.10%，而尽管近年来中国生产者补贴等值水平有所上升，但仍在 14%左右徘徊。

川西高原山地人口密度较小，户均承包地规模比较大，承包地为 4.5～10 亩的农户比例比成都平原地区高出 8 个百分点。同时，该区承包地细碎化程度在四个地区中也是最低的。笔者在川西高原山地 H 县挂职时观察到，尽管这一地区土地十分贫瘠，地质灾害不断，但愿意承包更多土地的农户比例在四大地区中仅次于成都平原地区。可能的原因是，农业仍然是当地居民的主要谋生手段，居民安土重迁的传统观点仍然根深蒂固。不过，现有的农业补贴力度过小，对当地优秀农业劳动生产力起到的激励效果十分有限。例如，2022 年阿坝州马尔康市对实际种粮农民一次性补贴的面积共 13758.62 亩，补贴标准为 31.97 元/亩，补贴资金仅有 44 万元。

综上所述，中国农业劳动力“空心化”是由具有中国特点的农业比较利益低下造成的，但深层次的原因仍离不开城乡二元管理体制改革滞后、家庭承包经营制不完善和农业补贴力度小等。

第五节　解决农业劳动力“空心化”难题的建议

要解决农业劳动力“空心化”难题，必须从两个方面入手：一是打破生产要素流动的壁垒，建立城乡统一的市场机制；二是将农业劳动力“空心化”问题同县域经济发展结合起来，通过县域经济的繁荣促进农村城镇化、农业产业化和农业劳动力就业本地化。

一　打破生产要素流动壁垒，建立城乡统一的市场机制以促进资源合理配置

改革开放以来，中国实行的是以工业为重点的非均衡发展战略，该战略使农业部门的劳动力、土地和资本等生产要素不断向工业部门流入。农业劳动力“空心化”现象实质上是农业部门的劳动要素过度流出的表现，

其根源在于人为的城乡二元管理体制。对此，笔者提出以下建议。

第一，建立城乡统一的户籍制度，实现统一户籍背景下享有平等的基本公共服务和社会福利。可以借鉴成都市的户籍改革经验，通过建立户口登记地与实际居住地统一的户籍管理制度、城乡统一的就业失业登记管理制度和就业援助扶持制度、并轨城乡社会保险制度以及区域统一的城乡住房保障体系来打破劳动力流动的“壁垒”。

第二，建立城乡统一的建设用地市场，推动农村集体建设用地市场化。长期以来，农村集体建设用地的使用权市场体系未能建立，无法像城市建设用地那样拥有抵押和融资等资产功能，这导致了城乡之间“同地不同价”的现象。建议建立农村土地交易所，规范土地交易流程，允许本集体经济组织以外的法人和自然人参与农村土地使用权的流转。

第三，对于城镇化进程中因“公共利益”而对农民进行的征地，要建构合理的征地补偿和利益分享机制。可以根据城市发展总体规划，按地段、地类等将城市土地划分成若干个区片，每一区片确定一个相对合理的基准地价，实行统一的补偿标准；其数额应在充分考虑农村经济发展和农民收入增长的基础上，以农民征地补偿费全部进入社保测算后能领到城区最低生活保障金作为参照系，将现行补偿标准提高；建构失地农民社会保障体系。

第四，对村级公共服务和社会管理工作进行财政专项补贴。由于村级自治组织不属于行政机关，长期以来，村级公共服务和社会管理所需要的资金只能来自村级集体经济，但自实行家庭承包经营制以来，村级集体经济十分薄弱，导致村（涉农社区）基础设施发展滞后。建议市、县两级政府设立村级公共服务专项财政支出，加大对所辖村的财政投入，缩小城乡公共服务供给的差距。

第五，加大农业直接补贴。对农业进行直接补贴是发达国家农业发展的普遍经验，属于 WTO 的绿箱政策。同时，鉴于长期以来工农业“剪刀差”对农业的剥夺，实行农业直接补贴是大势所趋。建议中央政府提高粮食风险基金中用于直接补贴的比例，各地区因地制宜设置农业补贴的额度和方式，建立粮食主产区、主销区的区域利益补偿机制。

二　发展县域经济，鼓励农民“兼业化”，实现农民就地就近就业

以县域经济为工业化、城镇化和农业现代化同步推进的突破口，带动农业产业化和农村工业的发展。现阶段高成本的城镇化战略已经不可持续，走多元化的城镇化道路已经是学界的共识，但是对于如何推动实现多元化的城镇化仍有争议。笔者认为，多元化城镇化道路的突破口在于县域经济。县域经济是城市经济的基础，县域经济的繁荣可以通过承接发达地区转移的产业来实现。更为关键的是，县域经济与农村经济有着紧密联系，对解决农业劳动力“空心化”问题有重要作用。因此，笔者提出以下建议。

第一，优化区域之间的产业布局，促进成熟的产业向中西部地区转移。沿海发达地区有雄厚的经济技术基础，以新型工业和高端服务业为主。有关部门应该打破产业的“区域黏性”，引导该地区的成熟产业向中西部转移。

第二，对中西部地区小城镇的规模、功能做好科学规划和定位，重点抓好发展潜力大的中心镇，使之尽快完善功能、聚集人口，发挥农村地域性经济、文化中心的作用。同时，努力改善小城镇的基础设施条件，做好承接产业区域转移的准备。

第三，农业劳动力剩余并不意味着农村劳动力剩余，发展农业产业化、建立农业社会化服务体系可以吸纳大量的人力资源。建议根据本地实际，依托特色农业和特色资源开发，大力发展农村二、三产业，因地制宜、统筹规划，搞好产前信息、产中科技和产后销售服务，加快农产品区域化、专业化、集约化经营步伐，重点建立和完善农产品流通服务体系，从而提高农业比较利益。

第六节　结论与讨论

农业劳动力“内卷化”实质上是伴随着人口增长，一个经济体中的土地要素逐渐成为稀缺资源，由此带来农业劳动要素相对价格下降并诱致出节约土地的劳动密集型生产方式的过程。本章以法国年鉴学派对历史的

划分方法为工具，对中国农业劳动力“内卷化”问题的解决进行了理论和历史分析，并以四川省为例，通过田野调查剖析了中国农业劳动力由“内卷化”向“空心化”转换的原因，主要结论如下。

一是要将农业劳动力“内卷化”问题的解决置于不同历史时段进行理解。就长时段而言，农业劳动力“内卷化”困境发端于粮食安全问题阶段，凸显于农民贫困问题阶段，解决于农业结构调整阶段。就中时段而言，农业劳动力“内卷化”问题的逐步解决有赖于产业结构的高度化和农业劳动生产率的提升。就短时段而言，农业劳动力“内卷化”问题的解决主要是通过工业和城市部门带动农业劳动力转移、促进农业技术进步和实行收入再分配等方式。

二是延续数千年的中国农业劳动力“内卷化”问题已经得到彻底解决。中国从 1984 年始真正具备解决农业劳动力“内卷化”问题的条件。经过农业劳动力由就地转移、异地转移、返乡就业创业和本地务工和转移数量趋稳等几个时期，中时段农业劳动力“内卷化”问题得到解决的两大特征在中国呈现，即产业结构高度化和农业劳动生产率持续上升，农业生产率增长告别了依赖于农业“内卷化”的方式。

三是中国农业劳动力从“内卷化”走向了“空心化”。农业劳动力“空心化”是技术条件、组织水平等因素的限制，以及诸如农业劳动力结构失衡等原因导致的农业劳动对农业生产的投入不足。中国农业劳动力“空心化”是由具有中国特点的农业比较利益低下造成的，但深层次的原因离不开城乡二元管理体制改革滞后、家庭承包经营制不完善和农业补贴力度小等。

农业劳动力“空心化”的核心是优质的农业劳动力不足，通过对中国农业劳动力从“内卷化”向“空心化”转变的现状和原因分析，笔者提出未来需要从两个方面入手来解决中国农业劳动力“空心化”的难题。

一是打破生产要素流动壁垒，建立城乡统一的市场机制以促进资源合理配置。这一举措包括建立城乡统一的户籍制度、城乡统一的建设用地市场制度，进而实现同工同酬、同地同权的价值旨规和政策目标。同时要建立合理的农地征用补偿和利益分享机制，让农民在城镇化进程中分享红利，缩小城乡差距。此外，还应该对村级公共服务和社会管理工作进行财政专项补贴，加大对农业的直接补贴力度。

二是发展县域经济，鼓励农民“兼业化”，实现农民就地就近就业。这一举措包括优化区域之间的产业布局，促进成熟的产业向中西部地区转移；对中西部地区小城镇的规模、功能做好科学规划和定位，重点抓好发展潜力大的中心镇的发展；同时因地制宜地发展农业产业化、建立农业社会化服务体系以吸纳大量的人力资源。

第四章
农业土地制度从"产权残缺"向"权利束"完整变迁

农地制度是事关粮食安全、农民生计和社会稳定的基石制度。工业化、城镇化和农业技术进步带来劳动、土地和资本等生产要素价格的相对变化，改变了农业生产过程中的要素投入比例和投入方式。这些变化不可避免地对农地制度提出了新的要求。旧的农地制度如果不转型去适应这一变化，则可能成为农业生产力发展的障碍。当前中国面临的农村"空心化"、农业劳动力老龄化、农业生产副业化、农地撂荒抛荒等一系列问题，与现有的农地制度转型滞后有很大关系，推动农地制度改革势在必行。

第一节　中国农业土地制度变迁的历史脉络

一　改革开放前的农业土地制度形成

没收封建地主阶级的土地归农民所有是中国共产党领导的"新民主主义革命"的主要内容。1947 年 9 月，中共中央通过了《中国土地法大纲》，规定实行"耕者有其田"。《中国土地法大纲》颁布后，土地改革运动在各解放区广泛开展。截至 1952 年底，"全国 3 亿多无地或少地的农民（包括老解放区农民在内）无偿获得了约 7 亿亩土地"①，在事实上建立了

① 李忠杰：《共和国之路》，中共中央党校出版社，2019，第 9 页。

农民土地个人所有的土地制度。这一制度的实现，极大地激发了广大农民的积极性，有力地促进了农村经济的恢复和发展。不过，农民土地个人所有的土地制度并未持续太久，农村很快就开展了农业合作化运动。此次运动实质上是农业集体化，是将农民个人所有的土地制度逐步改造为农民集体所有的土地制度。

从现有的文献来看，农业集体化主要出于以下考虑。一是马克思主义意识形态认定农民是“小生产者”，小农经济是一种落后的生产方式，需要引导他们走合作化道路。事实上，土改后农民的表现也印证了这一观点。尽管土改后粮食总产量有所增加，但作为小生产者的农民有囤粮的倾向，向市场供应的粮食数量下降。二是国家工业化发展和军事建设的需要，国内粮食供需矛盾十分紧张。农民囤粮的状况迫使国家于1953年底开始严格管制粮食市场，实行“统购统销”制度，并将农业合作化运动推向高潮。三是认为农民有向富农方向发展的自发的力量，这被定性为“资本主义的发展倾向”。① 毛泽东表态：“现在新的矛盾产生了，农村里产生新的资本主义，所以要大大宣传总路线，宣传农业集体化。”② 农业合作化运动采取了逐步过渡的方针，经过互助组、初级农业合作社和高级农业合作社三个阶段的制度安排，实现了土地农民个体所有制到农民集体所有制的转变。到1956年底，参加初级社的农户占总农户的96.3%，参加高级社的达到农户总数的87.8%。

农业集体化之后没过多久便迎来了人民公社化运动。1958年8月，中共中央出台了《关于在农村建立人民公社问题的决议》，决定正式在全国农村建立人民公社。在不到两个月的时间里，全国74万个高级农业合作社迅速被合并为2.6万个“政社合一”的人民公社，土地所有权进一步集中于人民公社，实行共同劳动、统一经营和分配。人民公社制度初创时带有浓厚的平均主义和军事共产主义色彩，使得农业生产遭受破坏。随后，中共中央逐渐发现了这一制度的弊端，再次将生产经营权下放。1960年11月，中共中央发出《关于农村人民公社当前政策问题的紧急指示

① 中共中央文献研究室：《建国以来重要文献选编》（第3册），中央文献出版社，1992，第276~278、353~354页。

② 《毛泽东年谱（一九四九——一九七六）》（第2卷），中央文献出版社，2013，第204页。

信》，明确指出“三级所有，队为基础，是现阶段人民公社的根本制度”。根据这一指示，农村在实行家庭联产承包责任制以前的相当长一段时期内，发展出了“三级所有，队为基础”的基本模式，在一定程度上稳定了生产。①

二 家庭承包经营制度的产生与确立

如果说十一届三中全会拉开了改革开放的大幕，那么家庭联产承包责任制则是改革开放上演的第一出“好戏”。家庭联产承包责任制的实施使过去20年建立的人民公社制度迅速解体，激活了农村中各类要素，为后来经济领域的诸多改革拉开了序幕。

1978年，安徽出现了百年不遇的大旱，秋种无法进行。针对这种情况，中共安徽省委决定由集体借给每个农民三分地种麦，对超产部分不计征购，利用荒岗湖滩种植粮油作物，谁种谁收。9月，在滁县地委的一次干部会议上，有几位公社书记公开了当时几个村庄在实行“包产到组”的联产承包责任制。12月，安徽凤阳县小岗村村民严立华家人头攒动，21位农民在包产到组的基础上，秘密开始了进一步的“包产到户”的历史性试验。第二年，小岗村生产队粮食产量达到13万多斤，这一事件成为中国经济体制改革的标志性事件。② 1979年，“包产到户”浪潮席卷全国，四川、贵州、甘肃、内蒙古、河南等地都发展出了相当大的规模。1982年1月，中共中央批转了1981年12月在北京召开的全国农村工作会议的会议纪要，作为这年中央一号文件下发。该文件明确指出：“一般地讲，联产就需要承包。”1982年中央一号文件为包产到户提供了正式的政策依据，到1983年，绝大部分生产队实现了“包干到户”。值得一提的是，从1982年起，中央一号文件在很长时间里以农业、农村和农民为主题，体现了党中央对“三农”问题的高度重视。③

① 李忠杰：《共和国之路》，中共中央党校出版社，2019，第29页。

② 杨继绳：《邓小平时代——中国改革开放二十年纪实》（上卷），中央编译出版社，1998。

③ 中共中央在1982~1986年连续5年发布以农业、农村和农民为主题的中央一号文件，对农村改革和农业发展做出具体部署。2004~2018年又连续15年发布以“三农”为主题的中央一号文件，强调了“三农”问题在中国社会主义现代化时期“重中之重”的地位。

家庭联产承包责任制的落地是一次影响深远的产权制度改革。过去虚置的农村集体产权被替代，农民获得了承包地使用权和收益权，极大地激发了农民从事农业生产的积极性。① 农民开始对自有资源进行优化配置，从而提高了农业生产效率，解放了农村剩余劳动力，催生了农民储蓄货币化。后来的乡镇企业异军突起、城乡二元结构破冰、价格体制改革乃至市场经济体制目标确立，都与这一初始的改革密切相关。同时，家庭联产承包责任制的广泛实行，还推动了人民公社"政社分设"的改革。到1984年，全国99%以上的人民公社完成了政社分设，建立了9.1万个乡（镇）政府，同时成立了92.6万个村民委员会，存在20多年之久的人民公社制度就此终结。② 人民公社制度废除，中国确立了以家庭承包经营制为基础、统分结合的双层经营制度。③

为了进一步稳定家庭承包经营制度，1993年全国人大制定了《农业法》并修订了《中华人民共和国宪法》，在法律上确立了家庭承包经营制；2002年又通过了《土地承包法》，对农村土地承包过程中产生的问题进行了规范。与此同时，1999年底的土地二轮承包明确土地承包期为30年，稳定了土地承包关系。党的十七届三中全会上，提出了农民土地承包经营权长久不变的方针。党的十九大则进一步明确保持土地承包关系稳定并长久不变，第二轮土地承包到期后再延长30年，充分保障农民的土地承包权益。

三　从土地确权到"三权分置"制度的改革

家庭承包经营制改革在一定程度上赋予了农户土地使用权和收益权，农户开始对生产经营进行经济计算。这一制度调动了农户生产积极性的同时，将农业集体生产过程中巨大的外部监督成本内化为农户生产过程中的家庭经营成本，极大地提升了投入产出效益。在随后相当长一段时间内，改革主要以保护耕地、提高土地节约集约利用水平为目标。直到党的十

① 周其仁：《产权与制度变迁：中国改革的经验研究》（增订本），北京大学出版社，2004。

② 国家体改委编《中国经济体制改革十年》，经济管理出版社，1988。

③ 这里要说明一下家庭联产承包责任制与家庭承包经营制的区别。家庭联产承包责任制是十一届三中全会后中国农民创造的以家庭承包为主要形式的包产到户、包干到户的生产责任制。这一制度在20世纪80年代得到中央的肯定并在全国范围推广。后来，家庭联产承包责任制不断完善，最终形成了今天的家庭承包经营制度。

七届三中全会以后才在国家层面出台大的变革举措。

首先是开展农村土地确权工作。党的十七届三中全会明确提出:“搞好农村土地确权、登记、颁证工作。”[①] 随后，2010 年中央一号文件提出要“加快农村集体土地所有权、宅基地使用权、集体建设用地使用权等确权登记颁证工作”[②]。2011 年国土资源部、财政部和农业部联合发布《关于加快推进农村集体土地确权登记发证工作的通知》，对农村土地确权的重大意义、工作部署和组织保障进行了说明和安排，强调土地确权有利于维护农民权益，提高农民保护耕地、节约集约用地的积极性，最终形成“产权明晰、权能明确、权益保障、流转顺畅、分配合理的农村集体土地产权制度”，实现“建设城乡统一的土地市场”。2013 年中央一号文件提出全面开展农村土地确权登记颁证工作后，农村土地确权工作迅速铺开，并于 2014 年开始整省试点。到 2017 年底，全国就已经有 7 个省份基本完成土地确权，9 个省份确权进入尾声。到 2021 年，全国范围的农村土地确权逐步进入收尾阶段。

其次是推行“三权分置”改革。土地确权不仅是为了保护农民土地权益，更是为了促进土地上附着的各类权利交换。为此，国家在土地确权基础上推行了“三权分置”的改革。“三权分置”改革是继家庭承包经营制改革后农村又一重大的制度创新，是农业农村生产经营制度的自我完善和发展。所谓“三权分置”，是指所有权、承包权和经营权三权的分置，其中所有权归集体，承包权归农户，而经营权可以流转。这样一来，既能保障农户利益，又能满足农业规模经营的需要。“三权分置”最早在 2014 年《关于引导农村土地经营权有序流转发展农业适度规模经营的意见》中提出，2016 年《关于完善农村土地所有权承包权经营权分置办法的意见》出台，要求各地区结合当地实际落实。2018 年修订后的《农村土地承包法》将所有权、承包权、经营权“三权分置”制度法制化，更有效地保障了农村集体经济组织、承包农户和经营主体的合法权益。

① 《十七大以来重要文献选编》（上），中央文献出版社，2009，第 674 页。

② 《十七大以来重要文献选编》（中），中央文献出版社，2011，第 348 页。

第二节 中国农业土地制度变迁的理论逻辑

产权一般包括所有权、占有权、使用权、收益权、处置权，这些权利组成了“权利束”。德姆塞茨曾说，在所有权制度安排中，最重要的是经济资源的排他性收益权和转让权。① 在这个权利束中，重要的并非抽象的“所有权”，而是具体阐述所有权的使用权、收益权和处置权。使用权决定了资源使用的排他性；收益权是使用资源而获得租金的权利；处置权是通过出售或其他办法转让资源给他人的权利。这样的产权不但提供了影响经济行为的激励，而且决定了人们在经济活动中的地位——产权结构决定了整个社会财富的分配。在这三项重要权利中，最关键的是处置权。因为要说明处置权，必然要对使用权和收益权界定清楚，否则产权无法处置；反之则不然。改革开放的一个重要内容，就是逐步实现了诸多领域产权的清晰化，使得民间经济的活力得到极大的释放，大幅降低了交易成本。改革开放始于家庭承包经营制，尽管这场旷日持久的改革主要是诱致性的，但产权理论以对其的巨大解释力一直影响甚至引导着这场改革。

一 新中国成立后农业集体化后的土地“产权残缺”问题

1947 年《中国土地法大纲》确立了农民土地个人所有的制度，农民享有了土地排他性使用权、从土地获得收益的收益权，以及通过出售等方式转让土地给他人的处置权。农民分得土地后，就成为农业生产经营活动的主角。相较于土改前地主占有土地的制度，新的土地制度使农民获得了与农业经营风险相对价的“剩余索取权”，激发了农民的生产积极性，农业部门也获得了持续性增长。

然而，农业是自然风险和市场风险相交织的产业，具有天然的“弱质性”，而新中国没有条件也不可能立刻建立庞大而复杂的农业保险体系和社会保障体系，因此，农民在面对农业生产经营风险时倾向于存粮避

① Demsetz, H., “The Theory of the Firm Revisited”, *Journal of Law Economics & Organization*, 1988, 4 (1): 141-161.

险。再加上社会稳定后人口数量持续攀升，新中国成立后农民囤粮惜售的行为完全可以被理解为其理性选择的结果。与此同时，这一时期经济快速恢复和发展，农民在具有土地处置权的背景下自主出售土地，土地又出现集中现象。事实上，由于经济增长往往伴随着资源的大规模转移，土地流转也可以理解为土地资源利用效率提高的反映。

这一时期如果能够不失时机地推动农业劳动力向城镇转移，中国快速城镇化进程开启的时间可能会提前。不过，由于新中国面临着复杂的外部环境，实现重工业优先发展的“赶超战略”成为中国经济发展的国策。新中国成立初期大规模推进城镇化的可能性让位于从农业汲取剩余发展重工业的战略。统购统销制度、户籍制度、人民公社制度等制度安排应运而生，造成了劳动要素的严重错配。

德姆塞茨曾经提出过“所有权残缺”（the truncation of ownership）的概念，主要是指完整权利束中的一部分因为国家权力而被删除。产权残缺（property defects）一词来源于所有权残缺，强调对物品、资产或资源的控制权与收益权相剥离的现象。统购统销制度对粮食价格进行严格的管制，事实上是对土地收益权的限制。农业集体化则将农民本身拥有的土地处置权删除。那么，问题在于，为什么在将完整的土地产权赋予农民不久后，国家就能运用权力将其土地权利束中的部分收益权加以限制并对处置权进行删除呢？

诺斯曾提出过“路径依赖”（dependent path）的思想，即人类在历史变迁中，存在进入某种路径就可能依赖这种路径且不断强化的过程。周其仁曾经对农民获得完整土地产权的三种方式进行了梳理，并分析了不同的方式将导致与国家不同的关系。他指出，农民通过“投身于剥夺地主产权的群众政治运动，按家庭人口分得土地”，这种方式使其后来在与国家独立谈判中的地位“几乎荡然无存”。[①] 换而言之，国家通过发动群众“剥夺剥夺者”，将土地分给了广大无地、少地的农民的同时，也界定了国家在产权变革中的权力和地位——国家也有同样的权力在后来再次改变产权合约。

---

① 周其仁：《产权与制度变迁：中国改革的经验研究》（增订本），北京大学出版社，2004。

在国家主导下，农民将土地所有权让渡给集体是农业集体化的主要内容。由于集体拥有的土地数量是由其管辖范围确定的，且不允许集体之间进行交换、调整，因此，农业集体化过程事实上也是国家删除土地处置权的过程。伴随着所有权转移的，还有因农业生产经营风险而产生的剩余索取权转移。剩余索取权实质上是风险的对价，同时也是对所有者的激励。缺少剩余索取权的农民，即在当时政策制定者设想中转变为“农业工人”，通过“底分死记”“底分活评”“定额记工”“联系产量”等方式计算工分获得劳动报酬。作为生产资料实际使用者的农民，其使用权也因为缺少自主生产决定权而不完整，而收益权则进一步受到限制，严重挫伤了农民的生产积极性。更糟糕的是，因为农业生产的特点，这种工分取酬的方式根本无法体现按劳分配，而拥有剩余索取权的集体要对广袤土地上精耕细作的农活进行监管非常困难。农业集体化在极大降低了农业生产效率的同时带来了高昂的监督成本。① 后来的人民公社化运动更进一步降低了土地产权制度效率，并导致了灾难性的后果。

值得一提的是，1960 年以后人民公社的制度框架做了调整，即实行“三级所有，队为基础”的基本模式，收缩了人民公社的规模，约束了上级平调下级资源和农民财产的权力，同时承认了在自留地上进行家庭经营的权利。尽管这样的调整立刻取得了效果，但是由于原有的制度安排没有根本性地改变，调整后的农业生产效率上升幅度有限。同时，在 20 世纪 60 年代中期农业生产恢复到以前水平后，国家又开始加强对农业生产经营的控制，以至于改革开放前的农业全要素生产率也没有超过 1952 年的水平。②

总体而言，新中国成立后的农业集体化使之前农民个人所有的土地制度转变为集体所有，农民丧失了剩余索取权，处置权被完全从权利束中删去，而收益权自实行统购统销后也被严格限制，即使是使用权也因为农民

① 林毅夫、蔡昉、李周：《中国的奇迹：发展战略与经济改革》（增订版），格致出版社、上海三联书店、上海人民出版社，2014。

② Wen Guanzhong James, “The Current Land Tenure System and Its Impact on Long Term Performance of Farming Sector: The Case of Modern China”, Ph. D dissertation. University of Chicago, 1989.

无法完全自主安排生产而不完整。这一结果导致农民缺少生产激励，而集体组织的劳动监督成本很高，最终造成改革开放前低效的农业生产以及严重错配的要素结构。

二 家庭承包经营制的确立对完整土地“权利束”的作用

林毅夫将制度变迁分为诱致性制度变迁和强制性制度变迁两种。其中，诱致性制度变迁是指人们为响应由制度不均衡而产生的获利机会而进行的自发性变迁；强制性变迁则是由政府作为主体通过颁布法律法规等方式实施的。[①] 改革开放初期，安徽农民自发进行“包产到户”，这实质上属于诱致性制度变迁，是追求利益最大化的农民在既有的土地制度约束下，谋求确定预期对自身最为有利的土地制度安排和权利界定。“包产到户”的实践很快取得成效且迅速在全国范围内得到普及，并随后得到中央文件的正式确认。一个制度的实现和维持，是制度需求和制度供给共同作用的结果。通过有效使用土地要素提高农业生产效率，进而增进自身福利、改善生活条件始终是农民的迫切愿望。但家庭承包经营制之所以能迅速得到普及和认可，不仅仅是农民在百年不遇的大旱背景下追求提高农业生产效率目标的举动，这背后有着深刻的制度供需逻辑。

从制度需求端来看，家庭承包经营制的产生和维持有两个方面的原因。一是三年困难时期过后农民的谈判地位上升。三年困难时期后，国家进行政策调整，确立“三级所有，队为基础”和承认家庭自留地的体制。这一做法为随后制度变迁的路径埋下了伏笔，也提升了农民与国家的谈判地位。二是长期从农业汲取剩余的做法已经造成了严重的农民贫困问题。温铁军认为，“1953~1978 年计划经济时期的 25 年间，工农业产品价格‘剪刀差’总额估计在 6000 亿~8000 亿元”。[②] 到 1978 年，全国贫困人口有 7.7 亿。按当年价农村贫困标准衡量，1978 年末中国农村贫困发生率高达 97.5%![③] 农业几乎到了无剩余可汲取的境地，要求改变这一状况的

---

① 林毅夫、沈高明：《我国农业技术变迁的一般经验和政策含义》，《经济社会体制比较》1990 年第 5 期。

② 温铁军：《中国农村基本经济制度研究》，中国经济出版社，2000。

③ 《中国贫困发生率下降至 3.1%》，《人民日报》（海外版），2018 年 12 月 10 日，第 3 版。

呼声从基层到决策层都出现了。

从制度供给端来看，原因也主要体现在两个方面。一方面，经济发展战略调整客观上为新制度产生提供了契机。新中国成立后要实现重工业优先发展，必然要人为压低产品和要素价格，依靠行政手段配置资源。正如蔡昉所说：“排斥市场机制导致资源配置的无效率，缺乏激励机制导致经济活动的微观无效率。”① 重工业优先发展战略是缺乏比较优势的“赶超战略”②，20 世纪 80 年代后国家通过运用物质利益原则和价格形成机制的作用，使“赶超战略”逐步让位于符合比较优势的发展战略。中国作为农业大国，劳动力资源十分丰裕，通过农业土地制度改革释放剩余劳动力，进而为大规模发展劳动密集型产业提供条件，是符合逻辑的制度安排。另一方面，指导思想的变化最终确认了家庭承包经营制的合法性。改革开放以后，过去“以阶级斗争为纲”的指导思想转变为“以经济建设为中心”，同时指导发展战略制定的理念转变为“摸着石头过河”“大胆尝试”的渐进式发展理念。家庭承包经营制作为群众实践的制度尝试在实施后取得立竿见影的效果，无疑与当时的指导思想一拍即合，因而迅速得到决策层的认可。

家庭承包经营制的出现是制度需求端和供给端均衡的产物。均衡后的制度有以下两个特点。一是集体所有权逐渐虚置。剩余索取权是所有权的直接体现。过去无论是人民公社制度还是“三级所有、队为基础”的模式，剩余索取权都掌握在集体手中。但家庭承包经营制实施后，“交够国家的，留足集体的，剩下的都是自己的”，农民获得了剩余索取权。所有权的第二个重要体现是处置权，但国家在农业集体化后删除了的处置权没有恢复，既没有重新赋予集体，也没有完全给农民。二是土地占有权、使用权和收益权再次让渡给农民。农民以承包的形式占有土地，在随后的法律法规中土地被延长了承包期，直至后来的长久不变；同时，农民获得了完全的生产经营自主权（使用权），可以自行安排投入的生产要素和比例；农民获得了包括剩余索取权在内的比较完整的收益权，生产热情被极

① 蔡昉：《破解中国经济发展之谜》，中国社会科学出版社，2014。

② 林毅夫、蔡昉、李周：《中国的奇迹：发展战略与经济改革》（增订版），格致出版社、上海三联书店、上海人民出版社，2014。

大地激发出来。

家庭承包经营制的确立在一定程度上完整了农民的土地权利束，并带来了积极的效果：赋予农民占有权，有利于稳定农民的生产预期，也为后来的“三权分置”改革提供了路径基础；赋予农民完整的使用权，在客观上解放了农业剩余劳动力，为优化要素配置奠定了基础；赋予农民比较完整的收益权，极大地激发了农民的生产热情，农业产出在相当长的一段时期内持续增长，并于1994年彻底解决了粮食短缺问题；同时农民收入大幅提升，城乡收入差距在1985年一度达到1.86的历史低点。[①] 要指出的是，处置权的限制带来了土地流转不畅、土地利用“竭泽而渔”和农户利益受到侵害问题，但也使得土地发挥了社会保障功能，弥补了这一时期农村社会保障制度的缺失。

三 “三权分置”改革中蕴含的完整土地“权利束”的逻辑

实现资源优化配置是提高经济绩效的主要路径之一，而对资源进行优化配置的实质是对资源权利归属的优化。具体而言，就是将资源使用权利从低效利用资源的主体手中转移到能够高效利用资源的主体手中。产权经济学的研究表明，完整的产权是实现资源有效交易的基石，否则在交易过程中将产生高昂的交易费用，甚至使交易者中断交易过程。

家庭承包经营制在一定程度上解决了农业集体化过程中形成的土地“产权残缺”问题。但是，土地处置权一直在权利束中缺失。这一问题在改革开放后的快速城镇化进程中表现得尤为突出。一方面，根据现行法律，农村土地所有权不能交易，在城市扩张需要用地时只能走“征用”的程序。农民集体虽然拥有土地所有权，但由于所有权虚置而处于弱势地位，农民则因没有土地所有权而仅在法理上拥有由所有权衍生出来的土地占有权（承包权），故而在“征用”过程中没有话语权。另一方面，在农业劳动力向城镇大量转移的背景下，农民私下流转土地缺乏法律保护，这使得农民流转闲置土地的动力不足，承包地抛荒、撂荒的现象日益增多。为此，国家于2002年通过了《农村土地承包法》（2003年3月1日正式

① 国家统计局：《中国统计年鉴（2021）》，中国统计出版社，2021。

实施），对承包地的处置权问题加以界定。这一法律明确规定了，土地转让权属于“承包方”（农户），而不属于“发包方”（农民集体）。土地转让的原则是协商、自愿和有偿，价格由交易双方的当事人决定；土地转让的形式包括转包、出租、互换等多种形式；土地转让收益归承包方所有。《农村土地承包法》的通过和实施，将前期被删除的土地处置权又加进了土地权利束中，而且明确除非承包方有“损害承包地和农业资源的行为”，在“承包期内，发包方不得收回承包地”“不得调整承包地”，事实上将土地处置权交给了农民。农民获得部分土地处置权后，其收益权得到了更为有力的法律保护和支持，农民在外来业主租地和政府征地时的谈判议价能力增强。

不过，《农村土地承包法》的有效施行还有两个前置问题需要解决。一是在该法律出台前，农村现有的土地产权关系并未理顺，包括国家与集体经济组织、集体经济组织与农民之间的财产权利关系，农民在进行土地流转时缺乏明确的证明材料，容易造成土地纠纷。二是 2002 年通过的《农村土地承包法》并没有对出租后的使用权与承包权关系进行详细的说明，这造成了使用权的权能受到极大限制（如无法抵押融资和再流转），租种业主的权利得不到保护（如承包者随意收回租种业主已经投资的土地）。

21 世纪的头 10 年里，全国许多地方都大胆开展了进一步的农村土地产权制度探索，其中四川省成都市“还权赋能”改革的影响比较大，“还权赋能”一词还被写进了中央部委文件。① 成都市早在十七届三中全会之前就出台了《关于加强耕地保护进一步改革完善农村土地和房屋产权制度的意见（试行）》，率先吹响了在全国开展农村产权制度改革试点的号角。所谓“还权赋能”，是指归还农户土地产权，“并赋予更完备的产权权能”。成都市首先对农户进行“确权颁证”，明确了土地权属；而拿到“权证”的农户则可以在农村土地产权交易中心进行市场化交易。这项改革不仅促进了农业土地规模化，还提高了农户收入，较快地缩小了城乡差

① 例如，2010 年由国土资源部、财政部、农业部联合发布的《关于加快推进农村集体土地确权登记发证工作的通知》中就使用了“还权赋能”一词。

距。随后，中央在成都等地方试点经验的基础上，决定在全国范围内实施农村土地确权，进一步理顺农村土地产权关系。

2014 年全国范围内的农村土地确权工作启动后不久，旨在明确土地出租后使用权与承包权关系的“三权分置”改革也紧随而来。改革的主要内容就是从承包权中将经营权分离出来，即在家庭承包经营制基础上，从包含了占有权和使用权的承包权中将使用权单独分离出来，在法律上加以保护。改革后的农业土地权能将被分为所有权、承包权和经营权，分属于农民集体、农户和经营业主，农户既可以持有承包权和经营权，也可以将经营权流转给其他经营业主。而具有经营权的业主，还可以在取得承包方同意的情况下，经本集体经济组织备案，对土地进行再流转。同时，“三权分置”改革还赋予了承包权和经营权融资担保功能，进一步完整了土地产权。值得一提的是，2018 年修订的《农村土地承包法》明确，“国家保护进城农户的土地承包经营权”，“不得以退出土地承包经营权作为农户进城落户的条件”，事实上将农村户籍和农业土地权利关系进行了重新界定，给进城农民吃了“定心丸”，保护了进城农民的土地权利。

“三权分置”制度的施行，既符合十八届三中全会提出的“使市场在资源配置中起决定性作用”的精神，也顺应了农业劳动力大规模转移的趋势。总结起来，实现了“三个保护”：一是进一步明确了农民集体所有权的权能，强调了土地产权的意识形态合法性，保护了农村土地公有制的基本制度；二是从农民集体与承包农户的关系和承包农户与经营业主的关系两个方面保护了承包农户的权益；三是在法理上确认了经营权可以从承包权中分离出去，保护了经营主体的权益。

第三节 中国农业土地制度变迁的绩效分析

以完整土地产权“权利束”为主要线索的农业土地制度变迁是工业化、城镇化的客观要求。在农业土地产权变迁的制度需求被响应后，新的农业土地制度维护了农民的土地权益，降低了农业土地的流转交易成本，进而提高了农业土地产出率。

一　农业土地流转规模不断扩大

根据第二章分析，土地密集型生产方式是农业工业化进程的环节之一。在劳动力大规模向城市和工业部门转移之后，推进农业土地规模化经营已经具备了现实条件。而完整的农业土地产权“权利束”，则是实现土地有效流转的制度保证。2000 年以后，关于农村土地流转的一系列制度供给在法理上重新确立了农业土地处置权归农民所有，农业土地流转的“闸门”被打开，流转的“洪流”顺势倾泻而下。我们根据相应年份《中国农村经营管理统计年报》整理了 2005~2018 年中国大陆 30 个省份（不包括西藏）家庭承包耕地面积及流转数据。①

图 4-1 显示，2005 年全国家庭承包耕地流转面积仅有 5467.38 万亩，但在短短 3 年时间内，就突破了 1 亿亩的大关。随后，土地流转面积以 2~3 年时间翻一番的速度，分别在 2013 年、2014 年、2017 年上升到 3.41 亿亩、4.03 亿亩、5.12 亿亩。到 2018 年，全国家庭承包耕地流转面积已经达到 5.39 亿亩了。

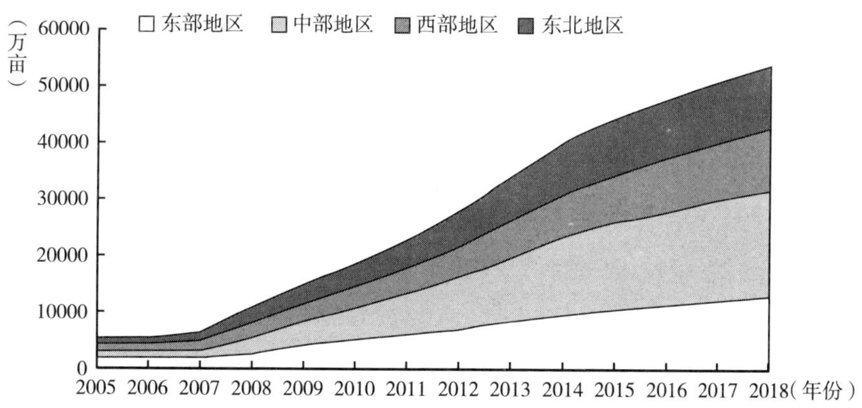

图 4-1　2005~2018 年中国家庭承包耕地流转总面积

① 根据《中国农村经营管理统计年报》，家庭承包耕地流转总面积是指以家庭承包方式承包土地的农户，按照依法、自愿、有偿原则通过出租（转包）、转让、互换、股份合作等方式，将其家庭承包经营的耕地流转给其他经营者的总和。

2005 年，东部、中部、西部和东北地区的土地流转面积分别只有 2001.37 万亩、1236.28 万亩、1166.45 万亩和 1063.27 万亩。随后土地流转面积不断增加，到 2015 年除西部地区外，其他三大区的土地流转面积均超过 1 亿亩。到 2018 年，东部、中部、西部和东北地区的土地流转面积分别为 1.31 亿亩、1.87 亿亩，1.11 亿亩和 1.14 亿亩。中部地区于 2008 年后流转面积持续超过东部地区位于第一。

如图 4-2 所示，从土地流转速度来看，2006 年全国土地流转面积同比仅增长了 1.53%，是观察期内增速最慢的一年。到 2007 年，这一速度提高到 14.79%。而到 2008 年，全国土地流转面积增速暴涨至 70.82%，达到观察期的波峰，随后出现大幅度下滑：2009 年为 39.22%；2010~2013 年为 20%~30%；到 2014 年、2016 年分别下滑至 20%以下和 10%以下；2018 年为 5.25%。从各区域来看，东部、中部、西部和东北地区在观察期内平均流转增速分别为 16.47%、26.60%、19.41%和 21.57%。其中，中部和东北地区在 2008 年的增速曾一度高达 133.02%和 99.61%，东部地区则在 2009 年达到波峰 56.65%。2015 年，四大区域流转增速均只有 10%左右。到 2018 年，东部、中部、西部和东北地区的流转增速分别为 4.24%、6.51%、8.74%和 1.14%。

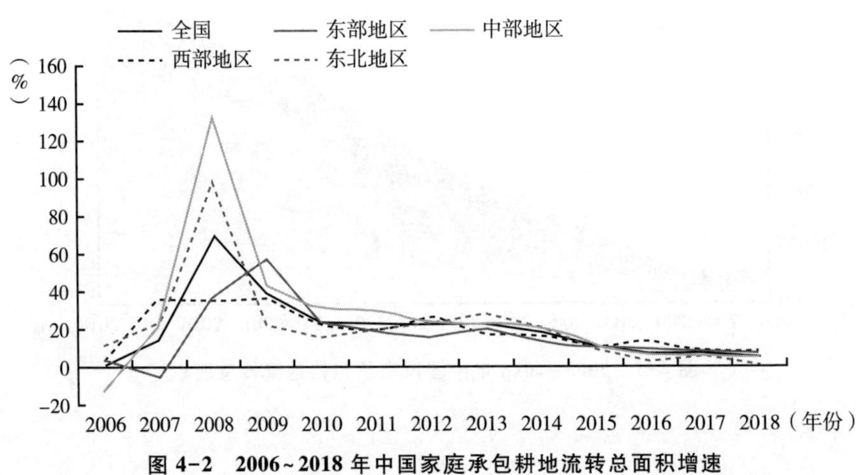

图 4-2 2006~2018 年中国家庭承包耕地流转总面积增速

如图 4-3 所示，从土地流转比例来看，2005 年全国土地流转面积只占已承包耕地的 4.57%，随后该比例逐年扩大。2009 年、2012 年、2014

年分别突破10%、20%和30%。到2017年，全国土地流转面积已占承包耕地的36.98%。从各区域来看，2005年，东部地区的土地流转比例已经达到6.65%，是当时各区域中最高的；东北地区其次，为4.95%；中部地区落后于西部地区，仅有3.26%。伴随着土地流转规模的扩大，东北地区到2008年已经超过东部地区，处于四大区域之首。到2017年，东北地区的土地流转比例已经高达45.15%；东部地区紧随其后，为40.93%；西部地区显著落后于其他地区，仅为27.27%；中部地区略高于全国平均水平，为37.93%。

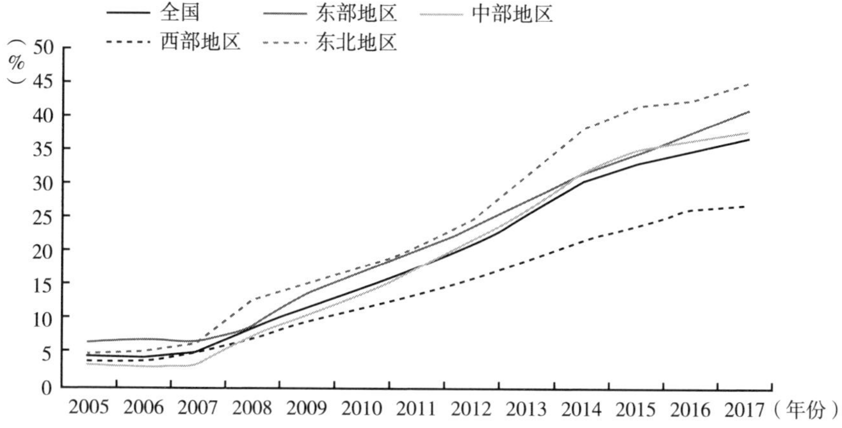

图4-3　2005~2017年中国家庭承包耕地流转总面积占已承包耕地的比例

总体说来，2005年以后全国各地都进入了一个家庭承包耕地快速流转期。从数据来看，2008~2014年可以算是土地大规模流转的高峰阶段，全国各地土地流转的平均速度保持在31.82%。从各区域来看，东部地区因为发展得比较早，土地在观察期之前就有一定流转；而中部和东北地区绝大部分是全国粮食主产区，农业生产条件好，在政策条件具备后土地流转加快；西部地区则明显受地形限制，土地流转面积和比例都相对较小。

结合前述对农业土地制度变迁的分析可以看到，2003年正式实施的《农村土地承包法》并没有立刻带来显著的土地流转，这可能源于人们对制度有一个观察、学习和接受的过程。《农村土地承包法》正式实施的同一年，中国沿海地区开始出现了第一次“民工荒”，但这一年农业劳动力占比显著下降至50%以下（见图3-3）。可以这么理解，部门间对劳动力需求的竞争引发农业劳动力转移后，人们逐渐思考留在农村的承包地如何处置的问题。而《农村土地承包法》的实施，则为外出务工的农民提供了土地流转的法律依据。人们经过尝试和学习，接纳了这一法律并开始实践，因此才出现了在2007年后大规模土地流转的状况。一个值得注意的地方是，2008年美国次贷危机波及中国，沿海地区大量工厂倒闭，2000万农民工不得不返乡，但土地流转的高峰恰恰出现在2008年。根据温铁军的说法，2008年的输入型危机以“三农”为载体实现了“软着陆”，得益于事先对“三农”大规模的投入和连续推出的惠农政策。①

尽管当前全国家庭承包耕地流转速度已经显著放缓，但数据显示的仅是以家庭承包方式承包土地的农户初次将耕地进行流转的状况，未计算在流转土地后，获得土地使用权的其他经营主体再次流转的数量。而2018年底修改的《农村土地承包法》将“三权分置”法律化后的情况，还有待进一步观察。

二 农业土地产出率日益提高

根据前述理论分析，在产权“权利束”完整的条件下，经济快速发展将诱发农业土地大规模流转，而流转的趋势是土地资源从无效、低效利用的主体手中向高效利用的主体手中转移。因此，承包耕地的大规模流转，客观上应伴随着农业产出率的提高。

我们从历年《中国统计年鉴》中整理了31个省份的耕地面积数据、第一产业从业人员数据和农业总产值数据，进而计算了1999~2016年劳均耕地面积（劳均土地装备率）和耕地平均总产值（农业土地产出率）的变化趋势。《中国统计年鉴》中2000年、1999年的耕地面积数据统一采用的是国土资源部、国家统计局、全国农业普查办公室《关于土地利用现状调查数据成果的公报》，其耕地面积（总资源）数据统计时点是1996年10月31日；2009年的耕地面积数据来源于“第二次全国土地调查”的数据（以下简称“二调”）；农业总产值则以1998年为基期进行

① 温铁军等：《八次危机：中国的真实经验1949~2009》，东方出版社，2013。

了平减。

从图 4-4 可以看到，1999 年以来中国劳均耕地面积总体呈上升趋势，2009 年的提升相对明显，可能是受“二调”的结果影响，2009 年的全国耕地面积比 2008 年增长了 11.23%。1999 年全国劳均耕地面积为 5.65 亩。1999~2003 年出现小幅下降，2003 年约为 5.49 亩，但随后开始提升，到 2008 年、2011 年分别突破了 6 亩、7 亩的水平，到 2016 年已经达到 7.51 亩的水平。从各区域来看，东北地区劳均耕地面积最高，1999 年时就有 16.07 亩之多；2009 年第一次发生了跃迁，超过了 20 亩的水平；到 2016 年达 21.16 亩。东部地区劳均耕地面积最低，2016 年只有 5.61 亩，这与当地农村人口稠密有密切关系。中部地区和西部地区的劳均耕地面积比较一致，2016 年分别为 6.68 亩和 6.82 亩。

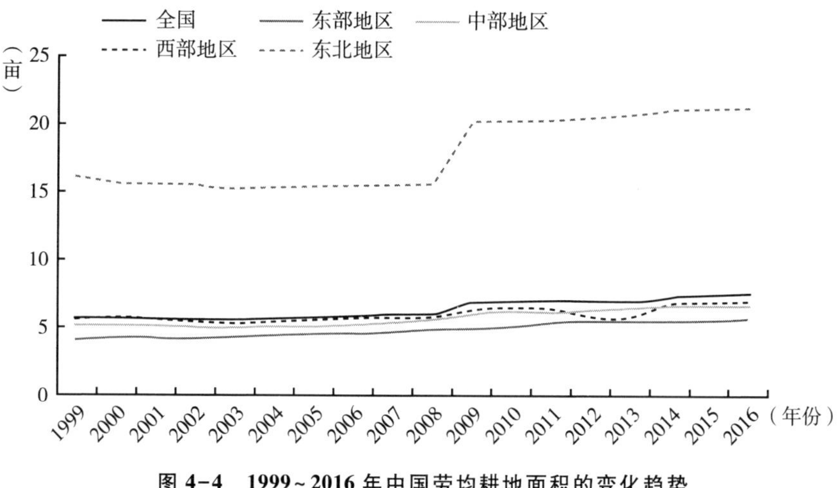

图 4-4 1999~2016 年中国劳均耕地面积的变化趋势

图 4-5 显示，中国耕地平均总产值整体呈上升趋势。1999 年，全国耕地平均总产值为 1290.84 元/亩，2008 年达到 2206.97 元/亩。由于耕地数据的变化，2009 年下滑为 2075.87 元/亩，与 2007 年的水平接近。但随后继续增长，2012 年接近 2500 元/亩，到 2016 年达到 2777.08 元/亩。1999~2008 年，全国耕地平均总产值年均增长 6.14%，2009~2016 年则年均增长 4.24%，增长率均处在一个较高水平。从各区域来看，东部地区的耕地平均总产值一枝独秀，且呈线性增长态势，从 1999 年的

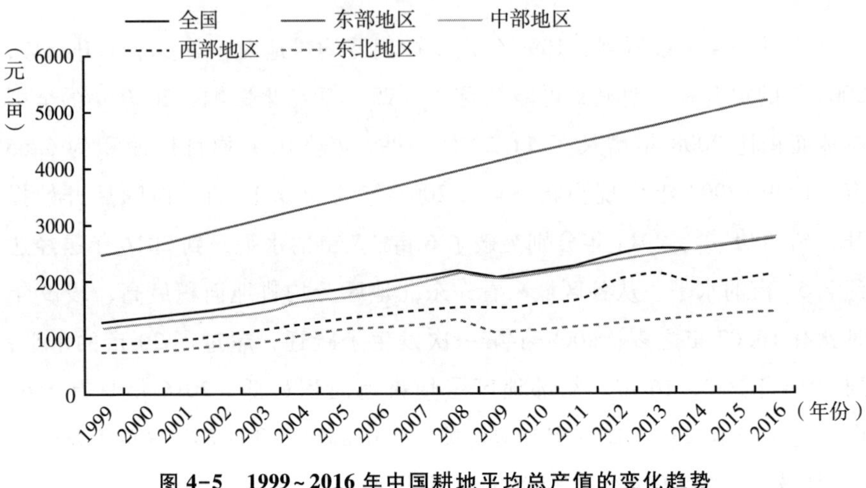

图 4-5　1999~2016 年中国耕地平均总产值的变化趋势

2476.38 元/亩持续增长到 2016 年的 5223.34 元/亩，年均增长率为 4.49%。东北地区的耕地平均总产值最低，1999 年为 755.67 元/亩，到 2008 年为 1325.10 元/亩，“二调”后，2009 年为 1063.50 元/亩，随后又出现快速上升势头，到 2016 年达到 1442.76 元/亩，2009~2016 年年均增长 4.45%。1999 年，中部和西部地区的耕地平均总产值分别为 1159.00 元/亩和 879.80 元/亩，到 2016 年则分别为 2781.93 元/亩和 2117.82 元/亩。

需要指出的是，农业土地产出率提升有很多原因。农业土地制度变迁只是为农业土地产出率提高提供了基础性条件。在从农业土地制度变迁，到农业土地大规模流转，再到农业土地产出率提升的过程中，每个环节都有大量可以促进农业土地产出率提升的外生变量。比如新的农业生产技术的引入和对农业的大规模投资，即使是在土地未大规模流转的情况下也可能提高农业土地产出率。不过，有两个事实可以从侧面印证农业土地制度变迁对农业土地产出效率提升的作用。第一，农业土地制度变迁诱发了土地大规模流转。可以想见，如果没有这样的流转，在农业劳动力持续转移的情况下，许多土地必然会被撂荒、抛荒。第二，从本书第六章建立的中国农业面板随机前沿模型的回归结果来看，农业土地产出弹性高达 0.492，为弹性最高的生产要素，这也说明土地对产出有显著作用。

第四节 配置效率在农业全要素生产率增长中发挥支柱作用

要测度中国农业土地制度变迁的绩效，最直接的办法是考察农业全要素生产率（TFP）增长过程中因制度变迁而引致的配置效率变化。TFP 增长率又被称为技术进步率（广义）。一般认为，这一技术进步率中包含了非生产要素投入的知识、教育、技术培训、规模经济和组织管理等方面的因素带来的增长。Färe 等通过 DEA 模型对 TFP 增长率进行分解，将其分为技术变化、纯技术效率变化和规模效率变化三个部分。① 后来，Kumbhakar 和 Lovell 通过随机前沿分析从 TFP 增长率中进一步分解出配置效率变化。② 事实上，Farrell 很早就提出了配置效率与技术效率的区别。③

配置效率是在生产要素边际产出受到多方面因素扭曲（一般认为是价格机制被扭曲）的前提下，因制度变迁等“反扭曲”措施而带来的效率提升。Key 等④和 Fioramanti⑤ 曾将 Kumbhakar 和 Lovell 分解 TFP 增长率的方法用于实证研究并进行了相应的检验，确认配置效率是导致 TFP 变化的重要因素。本章在第六章中国农业面板随机前沿模型的回归结果基础上，根据 Kumbhakar 和 Lovell 的方法，对测算出的 1999~2016 年中国农业 TFP 增长率进行进一步分解，测算 TFP 增长率中的配置效率。

---

① Färe, R., Grosskopf, S., Norris, M. and Zhang, Z. Y., “Productivity Growth, Technical Progress and Efficiency Change in Industrialized Countries”, *The American Economic Review*, 1994, 84 (1): 66-83.

② Kumbhakar, S. C., Lovell, C. A. K., *Stochastic Frontier Analysis*. Cambridge University Press, 2000.

③ Farrell, M. J., “The Measurement of Productive Efficiency”, *Journal of the Royal Statistical Society*, 1957, 120 (3): 253-290.

④ Key, N., McBride, W. and Mosheim, R., “Decomposition of Total Factor Productivity Change in the U. S. Hog Industry”, *Journal of Agricultural and Applied Economics*, 2008, 40 (1): 137-149.

⑤ Fioramanti, M., “Estimation and Decomposition of Total Factor Productivity Growth in the EU Manufacturing Sector: A Long Run Perspective”, *Journal of Applied Economic Sciences*, 2010, 3 (13): 217-230.

一 农业 TFP 增长率的分解

第六章公式（9）取消对数形式后的生产函数为：

$$Y_{it} = f(F_{it}, L_{it}, K_{it}) \cdot e^{(-u_{it}+v_{it})} \tag{1}$$

技术变化率（ΔT_{it}）是随机面板前沿模型中确定性要素投入生产函数的变化率，即：

$$\Delta T_{it} = \frac{\partial \mathrm{Ln}f[(F_{it}, L_{it}, K_{it}), t]}{\partial t} \tag{2}$$

技术效率变化率（ΔTE_{it}）为在确定技术水平下某一组要素投入的实际产出与前沿产出之间比例的变化率：

$$\Delta TE_{it} = -\frac{\mathrm{d}u_{it}}{\mathrm{d}t} \tag{3}$$

全要素生产率变化率为ΔTFP_{it}，即第六章公式（10），对其进行分解后可分为技术变化率、技术效率变化率、规模效率变化率和要素配置效率变化率，具体分解可见张乐、曹静的研究。① 分解后的公式为：

$$\Delta TFP_{it} = \Delta T_{it} + \Delta TE_{it} + (\beta - 1) \cdot \sum_j \frac{\beta_j}{\beta} \cdot \frac{\partial x_{jit}}{\partial t} + \sum_j \left[\left(\frac{\beta_j}{\beta} - s_j \right) \cdot \frac{\partial x_{jit}}{\partial t} \right] \tag{4}$$

在式（4）中，$\beta = \sum_j \beta_j$，$j \in 1, 2, 3$，$x_{1_{it}}$、$x_{2_{it}}$和$x_{3_{it}}$分别为F_{it}、L_{it}和K_{it}，s_j则为土地、劳动和资本的成本份额，$\frac{\partial x_{jit}}{\partial t}$为要素投入增长率。那么，$(\beta-1) \cdot \sum_j \frac{\beta_j}{\beta} \cdot \frac{\partial x_{jit}}{\partial t}$即为规模效率变化率，$\sum_j \left[\left(\frac{\beta_j}{\beta} - s_j \right) \cdot \frac{\partial x_{jit}}{\partial t} \right]$为要素配置效率变化率。由于（$\beta-1$）在一般情况下为负，因此规模效率变化率要对 TFP 增长率产生正向影响，就要求所有要素投入增长率与其要素弹性份额的乘积之和为负。例如，在农业部门中，在劳动力大量转移导致劳动要素投入增长率为负而土地要素和资本要素投入增长率为正的条件

① 张乐、曹静：《中国农业全要素生产率增长：配置效率变化的引入——基于随机前沿生产函数法的实证分析》，《中国农村经济》2013 年第 3 期。

下，当劳动要素投入增长率与其弹性份额的乘积的绝对值大于土地要素和资本要素投入增长率与其弹性份额的乘积的绝对值时，规模效率变化率为正，即：

$$\| \frac{\beta_2}{\beta} \cdot \frac{\partial L_{it}}{\partial t} \| > \| \frac{\beta_1}{\beta} \cdot \frac{\partial F_{it}}{\partial t} + \frac{\beta_3}{\beta} \cdot \frac{\partial K_{it}}{\partial t} \| \tag{5}$$

这说明，劳动节约型技术带来了土地或资本规模报酬递增，因而会促进 TFP 增长率。

要素配置效率变化率则反映了要素弹性份额与成本份额之间的关系。在要素投入均为正增长的条件下，当要素弹性份额$\frac{\beta_j}{\beta}$大于成本份额s_j时，就会促进 TFP 增长率提升，这意味着可以通过增加要素投入而提高生产效率。这一状况体现了生产者的等成本曲线未与等产量曲线相交，可以通过改进要素配置提升 TFP 增长率。制度变迁本身是人们为响应制度不均衡产生的获利机会而做出的变迁，其目的就是通过要素配置优化而获利。要素配置效率比较直观地体现了这一逻辑。

二 实证分析结果

以第六章计算的 TFP 增长率为基础，根据公式（2）至公式（4），我们计算了 2000~2016 年全国及各省农业的技术变化率（ΔT）、技术效率变化率（ΔTE）、规模效率变化率（ΔSE）和要素配置效率变化率（ΔAE）（见图 4-6 和图 4-7）。计算结果显示，在 17 年的观察期内，全国技术变化率有 8 个年份为正值，9 个年份为负值，平均值为 0。这说明，技术变化率对 TFP 增长率影响不大。

而全国技术效率变化率均为负值，规模效率变化率在 2004 年及以后均为负值，说明二者对 TFP 增长有阻碍作用。其中，规模效率变化率与农业劳动力变化有负相关关系。2004 年以前农业劳动力数量呈现正增长，劳均耕地面积缩小（第六章土地采用的是农作物播种面积），而 2004 年以后劳均耕地面积扩大。这说明农业土地规模报酬并不存在递增现象。这与许多相关研究的结论一致，如许庆、尹荣梁、章辉的研究表明，考虑到

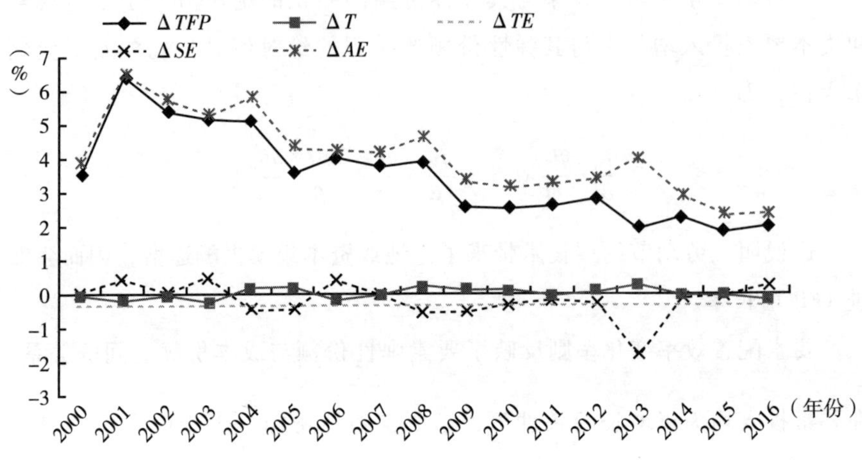

图 4-6 2000~2016 年全国农业 TFP 增长率及其分解

土地细碎化的影响，中国粮食生产总体上规模报酬不变。① 杨宗耀、仇焕广、纪月清分析指出，农地规模扩大对土地生产效率的影响存在种种干扰，其中之一就是土地流转的农户更倾向于流转劣等地，从而使流入的经营主体经营的土地平均质量下降。② 第三章提到的以四川省为例的调研也发现，承包地规模越大，农地细碎化程度越高。户均承包地在 4.5 亩以下的，有 71%的承包地块数在 3 块以下；而户均承包地在 10 亩以上的，仅有 11%的承包地块数在 3 块以下。

全国农业要素配置效率变化率为正，对 TFP 变化有明显的促进作用。在观察期内，要素配置效率年均变化 4.07%，高于 TFP 增长率年均 3.48%的水平。它抵消了技术效率变化和规模效率变化带来的负面影响，在农业全要素生产率增长中发挥支柱作用。要素配置效率变化率与图 4-2 所展示的土地流转增速具有高度相关性，2006~2016 年，两组数据的相关系数高达 0.47，说明了二者的关系。

① 许庆、尹荣梁、章辉：《规模经济、规模报酬与农业适度规模经营——基于我国粮食生产的实证研究》，《经济研究》2011 年第 3 期。

② 杨宗耀、仇焕广、纪月清：《土地流转背景下农户经营规模与土地生产率关系再审视——来自固定粮农和地块的证据》，《农业经济问题》2020 年第 4 期。

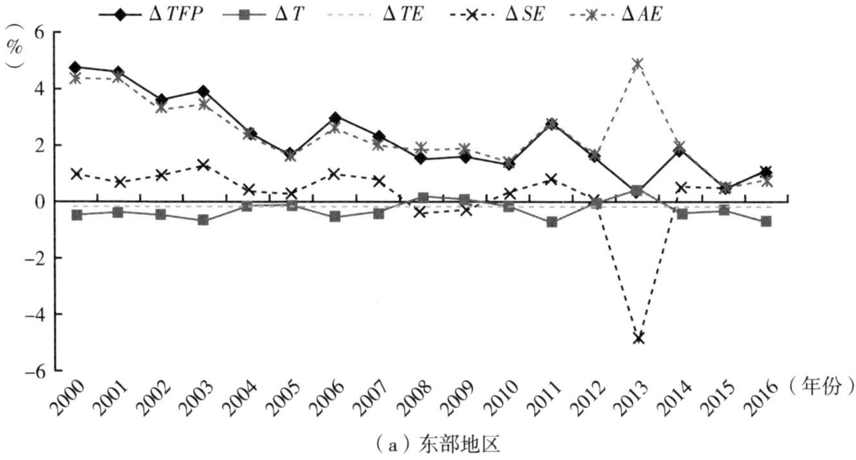

（a）东部地区

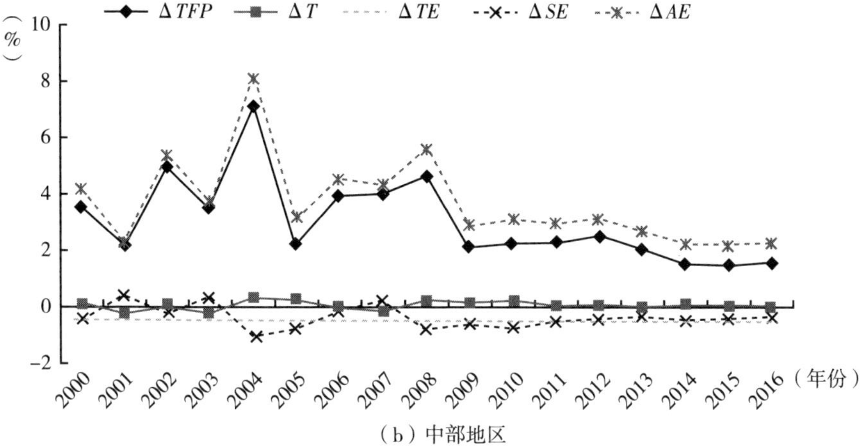

（b）中部地区

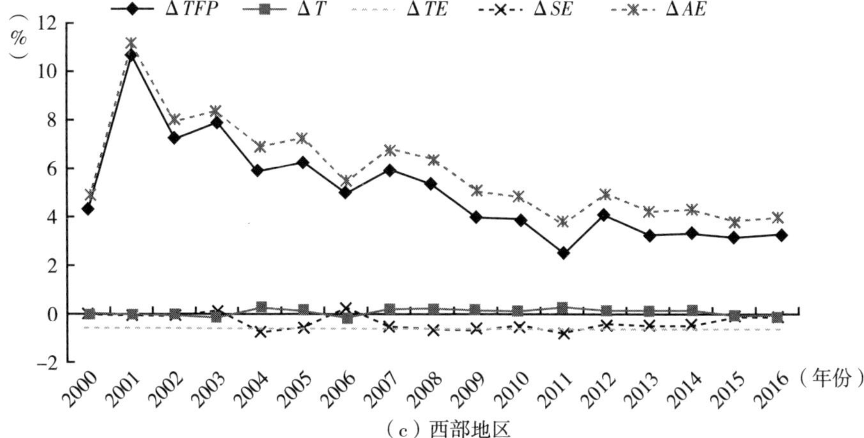

（c）西部地区

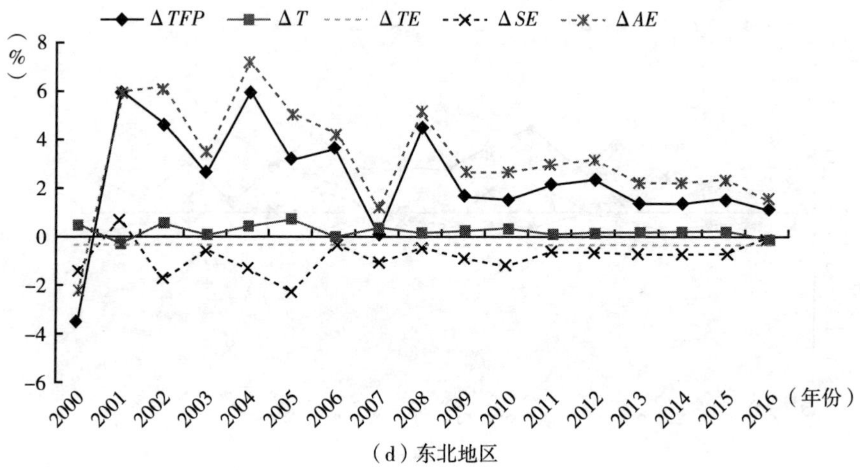

（d）东北地区

图 4-7 2000~2016 年中国各区域农业 TFP 增长率及其分解

图 4-7 显示了东部、中部、西部和东北地区四大区域农业的技术变化率、技术效率变化率、规模效率变化率和要素配置效率变化率。东部地区的技术变化率在观察期内绝大多数为负值，技术效率变化率在观察期内均为负值，但规模效率变化率除少数年份外多数为正值。根据前述的理论分析，可以说明东部地区农业土地规模报酬出现了正增长，这可能是解决了土地细碎化等问题后能够使用规模化技术的结果。东部地区要素配置效率变化率为正值，2013 年曾经达到接近 5%的水平，但是 2015 年、2016 年下降到 1%以下。中部地区技术变化率在观察期内绝大部分为正值，而技术效率变化率在观察期内为负值，规模效率变化率在观察期内绝大部分为负值，说明尚不存在土地规模报酬递增的情况。中部地区要素配置效率变化率与 TFP 增长率几乎同步，年均变化率为 4.05%，显著高于全国平均水平。结合中部地区土地快速流转的事实，说明过去该地区农业土地要素配置扭曲现象比较突出。西部地区与中部地区相类似，技术变化率在观察期内绝大部分为正值；技术效率变化率在观察期内为负值；规模效率变化率除极个别年份外多数为负值；要素配置效率变化率高达 5.93%，为各区域最高水平。东北地区技术变化率在绝大多数年份为正值，技术效率变化率在观察期内为负值，规模效率变化率在绝大多数年份为负值，而要素配置效率变化率除 2000 年外均为

正值，均值为3.30%。

从各区域要素配置效率变化率与土地流转增速的相关性来看，仅东部地区二者的相关系数为0.05，中部、西部和东北地区分别高达0.57、0.62和0.66。结合全国整体情况来看，要素配置效率变化率与土地流转增速二者是有较强相关性的，体现了农业土地制度变迁加快农业土地流转，进而提升农业土地配置效率的逻辑关系。

第五节 结论与讨论

本章对改革开放前后中国农业土地制度变迁的历史脉络进行了梳理，理清了这一历史脉络背后深刻的产权经济学理论逻辑，进而结合统计数据分析了农业土地制度向产权“权利束”完整方向变迁进程中农业土地流转状况和农业土地产出率变化，并通过对农业全要素生产率增长率的分解进一步评价了中国农业土地制度变迁绩效，得出以下结论。

第一，新中国成立以来中国农业土地制度经历了两次转变。第一次转变是新中国成立后从农民土地个人所有制向农民集体所有制的转变，第二次转变是改革开放后从集体经营制度向以家庭承包经营制为基础、统分结合的双层经营制度的转变。党的十七届三中全会以后从土地确权到“三权分置”制度的改革是对第二次转变的完善和发展。

第二，改革开放以来中国农业土地制度变迁是朝着完整土地产权“权利束”方向发展的。新中国成立后的农业集体化运动使农民丧失了剩余索取权、删除了“权利束”中的处置权、限制了收益权和使用权，造成土地“产权残缺”。改革开放以后家庭承包经营制改革重新赋予了农民土地占有权、完整的使用权、比较完整的收益权，但处置权仍然受到严格限制。2002年通过的《农村土地承包法》补充和明确了农民的处置权，而土地确权及“三权分置”制度的供给则进一步对土地产权“权利束”的具体内容和权能做了完善，理顺了集体、农民和经营业主的关系。

第三，农业土地流转规模不断扩大、农业土地产出率日益提高从侧面印证了农业土地制度变迁绩效。在《农村土地承包法》实施后的两年，全国各地都进入了一个家庭承包耕地快速流转期。2005~2018年，全国家庭承包经营耕地流转面积从5467.38万亩飙升到5.39亿亩，流转总面积占已承包耕地的37%以上。土地流转带来了劳均耕地面积（劳均土地装备率）和耕地平均总产值（农业土地产出率）的快速提升，前者从1999年的5.65亩上升到2016年的7.51亩，后者则从1290.84元/亩上升到2777.08元/亩。

第四，因制度变迁而引致的配置效率变化在农业全要素生产率增长中发挥支柱作用。我们以第六章对农业全要素生产率的分析为基础，计算了农业全要素生产率增长率中的技术变化率、技术效率变化率、规模效率变化率和要素配置效率变化率。分析结果表明，2000~2016年全国技术变化率对TFP增长率影响不大；全国技术效率变化率均为负值，规模效率变化率在2004年及以后均为负值，说明二者对TFP增长有阻碍作用；全国农业要素配置效率变化率为正，对TFP变化有明显的支柱性作用。全国整体和除东部地区外其他各区域的要素配置效率变化率与其土地流转增速都有较强的相关性，体现了农业土地制度变迁加快农业土地流转速度，进而提升农业土地配置效率的逻辑关系。

正如习近平总书记所说："改革只有进行时，没有完成时。"① 尽管土地确权的工作已经接近尾声，"三权分置"方兴未艾，但从第一章、第二章所阐释的农业转型理论逻辑来看，当前许多亟待解决的问题依然需要通过农业土地制度的进一步改革来推动。

第一，农业土地规模化经营水平仍然比较低。尽管当前劳均耕地面积已经从1999年的5.65亩上升到2016年的7.51亩，但按照2019年全国2.96人/户的平均家庭户规模计算，户均经营规模仍低于2公顷规模农户经营水平下限。②

第二，农业土地规模报酬递增趋势还没有显现。目前全国规模效率变化率总体上仍为负值，说明农业规模报酬递增趋势还未显现。造成这一现象的原因除了户均土地规模小，还可能是因为存在严重的土地细碎化问题。根据农业农村部农村固定观察点数据，2013年末户均经营的9.8亩耕地，被分为5.1块，其中面积不足1亩的有2.9块，1~3亩的有1.4

① 《习近平谈治国理政》（第3卷），外文出版社，2020，第235页。

② Thapa, G.:《亚洲和拉美地区经济转型过程中小规模农业面临的挑战和机遇》，《中国农村经济》2010年第12期。

块，面积在 3 亩以上的仅有 0.8 块。严重细碎化的土地导致大型农机具无法应用，农业土地规模化的优势无法体现。[①]

第三，农民进城后不愿放弃土地权益。国家统计局的数据显示，2018 年、2019 年中国常住人口城镇化率与户籍人口城镇化率的差距分别为 16.21 个和 16.22 个百分点，第七次全国人口普查的数据显示为 18.49 个百分点。[②] 经过这么多年的户籍改革，二者差距非但没有缩小，反而在拉大。造成这一现象的重要原因，是许多农民进城后不愿放弃过去在农村的土地权益，或者说对包括承包地在内的农村土地未来能够带来的收益抱有比较高的预期。这一现象阻碍了农业土地规模经营的步伐。

第四，“三权分置”后农业土地的抵押担保融资权能的具体实现方式仍然需要探索。根据新修订的《农村土地承包法》，土地承包经营权和土地经营权都可以向金融机构抵押担保融资。但现实中抵押担保融资涉及的关系复杂——不仅包括集体、农户、经营业主、金融机构等主体的关系，抵押期间还可能会牵扯到政府用途管制和对农民的保护政策。过去一些地方在试点农业土地抵押时，出了问题最后仍然由政府来“兜底”。这一“兜底”做法尽管初衷是对农业和农民的保护，但实质上又是对土地处置权的限制。

综上所述，当前中国农业土地制度变迁的历史脉络和理论逻辑虽然已经逐渐清晰，但仍然有很长的路要走。由于未来中国农村人口和农业劳动力数量将不可避免地下降，农业国际竞争也将日趋激烈，农业土地规模化经营是必然趋势。如何在确保农民利益基础上更好地推动农业土地流转和促进农业土地产权“权利束”完整以实现农业高质量发展，是未来农业土地制度变迁的关键主题。

---

① 本章的实证分析展示了东部地区的规模效率变化率除少数年份外多数为正值，说明这一地区的规模效率已经展现。2018 年发布的《新型农业经营主体土地流转调查报告》显示，东部地区确权完成早，该地区家庭农场平均经营耕地面积为 205.16 亩，显著高于西部和中部地区的 167.79 亩和 148.75 亩。这里的东部、中部和西部划分包含东北三省，其中辽宁属于东部，吉林、黑龙江属于中部。

② 通常而言，城镇化率是指一个国家（地区）城镇的常住人口占该国家（地区）总人口的比例。一般在没有特别说明的情况下，城镇化率是指常住人口的城镇化率。而户籍人口城镇化率是按户籍人口计算的城镇化率，即一个国家（地区）城镇户籍人口占该国家（地区）总人口的比例。这里的数据是中国常住人口的城镇化率与户籍人口城镇化率的差值。

第五章

农业资本从资本稀缺向资本深化转化

新中国成立之初，百废待兴，工业生产能力落后，城镇化水平低下。朝鲜战争的爆发以及随之而来的西方世界对中国的封锁，使中国面临日益险恶的国际环境。为了巩固来之不易的民族独立成果，实现工业化，中国实施了“重工业优先发展战略”，走了一条从农业汲取剩余并将大量节约出来的资本用于工业发展的工业化道路，并形成了后来约束中国全面发展的“三农”问题。改革开放后相当长的一段时期，这一发展战略并未实质性地改变。直到进入21世纪，为了解决前期发展对农业农村造成的问题，中国先后实施了统筹城乡发展战略、城乡一体化发展战略以及乡村振兴战略，推动工业反哺农业、城市反哺农村，大量部门资本和工商资本下乡，农业资本从资本稀缺向资本深化转化。

第一节　资本深化的内涵

资本深化常被定义为劳动力人均资本数量的提高，它意味着劳动力在工作过程中推动了更多的资本，是劳动生产率提高的标志。一个生产部门是否出现了资本深化，主要是观察该部门的资本-劳动比率是否发生了变化。在新古典经济学模型中，由于经济增长只取决于人口外生增长与技术进步，不存在长期中的失业问题，因此资本-劳动比率最终会收敛在每个工人储蓄率与劳动力增长所需要的资本装备水平相等的点上，我们设 k 为资本-劳动比率，有：

$$sf(x) = nk \tag{1}$$

其中，s 为储蓄率，$f(x)$ 为单位工人总产出，n 为人口增长率。

当资本-劳动比率收敛于式（1）所表示的点上时，经济增长处于“稳态”。① 张军在研究中国经济增长与资本形成关系时发现，对于人口无限供给的经济而言，只要资本的形成能够吸引并匹配更多的劳动力，经济达到增长的“稳态”就有较长距离，而资本密度的上升往往是在充分就业之后。② 这是因为，如果在充分就业后储蓄率继续提升且资本形成速度继续加快，就将提高资本密度，并使资本边际报酬递减规律发生作用，从而降低经济增长速度。

资本深化对中国的农业部门而言，是指农业资本存量和从事农业的劳动力数量之比的上升。如第三章所述，在相当长一段时间中国的农业部门因为土地供给的刚性和许多自然资源的不可再生性被认为是劳动供给严重过剩的部门。因此，农业部门的特点是，即使扩大对农业的投资也不一定能够匹配更多的劳动力。在新古典经济学的框架下，农业资本与农业劳动力在一定的技术条件下有一个恰当的匹配比率以实现农业劳动生产率的最大化。③ 由于中国农业起点低、技术装备落后，因而许多研究都指出，加大对农业部门的投资将有助于该部门的结构转变和供给能力的迅速增加，即资本深化将有利于农业经济的增长。陈立双、张谛认为，农业资本投入对农业经济增长有明显的促进作用，在农业投入的诸要素中居于极其重要的地位。④ 秦华通过测算指出，农业投资与粮食产量之间呈现明显的相关性，其相关系数为 0.9。⑤ 潘志强、孙中栋认为，为了保证农业持续稳定发展和结构良性调整，必

① Solow, R. M., “Investment and Technical Progress”, In Kenneth J. Arrow, Samuel Korbin and Patrick Suppes (eds.), *Mathematical Methods in the Social Sciences, 1959*. Standford University Press, 1960.

② 张军：《改革以来中国的资本形成与经济增长：一些发现及其解释》，《世界经济文汇》2002 年第 1 期。

③ Dixit, A. K., “Growth Patterns in a Dual Economy”, *Oxford Economic Papers*, 1970, 22 (2): 229-234.

④ 陈立双、张谛：《农村土地承包经营权转入行为影响因素分析——基于沈阳市农户问卷调查的实证研究》，《农业经济》2013 年第 12 期。

⑤ 秦华：《对我国农业投资现状及政府的反哺对策的分析》，《南开经济研究》2004 年第 3 期。

须给予农业足够的资金投入。[①] 高帆认为，资本深化是农业劳动效率提升的基本方式之一，“资本深化程度在一定意义上标度了农业现代化程度”。[②]

尽管长期以来中国农业部门各类生产要素都在向工业部门净流出，但目前农业资本深化趋势十分明显。改革开放前，中国实行重工业优先发展战略，国家通过工农业“剪刀差”从农业部门汲取了4850多亿元，扣除同期国家财政支农资金，农业净流出资金为3210亿元，相当于同期全民所有制非农企业固定资产原值的73.2%。[③] 改革开放以后的一段时间里，这种状况并没有得到实质性的改观：一是市场化造成了农业生产费用上涨，农业弱质性加剧；二是现行金融系统对农村吸多贷少，农业资金大量流失；三是农村土地制度的产权模糊，在征地过程中农户受到了损失。农业部门资本的流出意味着农业部门的萎缩，以及农业部门相对于其他部门增长的缓慢。1998年特大洪水之后国家开始高度关注“三农”问题[④]，并于2002年开启了统筹城乡发展战略，大量资本开始下乡。与此同时，改革开放以后，中国农业劳动力开始大幅向工业部门转移，并出现了周期性的“民工潮”，农业劳动力急剧下降，以至于广大农村出现了“空心化”特征。

判断农业部门资本深化的标准在于农业的人均资本量，通过农业投资的快速增加以及农业劳动力的持续转移可以看出，中国农业资本深化趋势日益明显。根据前述农业转型的理论逻辑，资本密集型阶段是农业工业化进程第三阶段，但由于中国未能充分地经历土地密集型发展阶段，过早的农业资本深化可能出现严重的报酬递减问题，其结果是资本密集型阶段的以机械技术替代劳动力的基本特征无法得到充分体现。不过，由于中国发展不均衡，不同经济区域又可能呈现迥异的特点。

---

① 潘志强、孙中栋：《非农化进程中农户农业投资研究》，《中央财经大学学报》2007年第1期。

② 高帆：《结构转化、资本深化与农业劳动生产率提高——以上海为例的研究》，《经济理论与经济管理》2010年第2期。

③ 王积业、王建主编《我国二元结构矛盾与工业化战略选择》，中国计划出版社，1996。

④ 秦富、徐卫军等：《“十一五”期间我国农业投资需求研究》，《农业技术经济》2006年第1期。

第二节 中国农业资本深化的证据

一 对农业资本存量估算的综述

考察农业资本密度的变动，首先要对农业资本存量进行估算。目前对资本存量的研究，主要集中在对全社会资本存量的核算中，而对部门资本存量进行估算的文献还比较少，特别是对农业资本存量进行估算的文献更为匮乏。邹至庄估计了 1952 年农业资本存量为 450 亿元①，张军和章元对此表示了不同看法，认为新中国成立初期农业部门多数为劳动密集型生产，很少采用大型固定资产，邹的估计可能过高②。吴方卫在利用韩志荣的数据基础上，采用永续存盘法（PM）估算了农业资本存量。吴方卫所运用的方法和数据被后来许多研究参考和借鉴。③ 如赵洪斌也使用永续存盘法，以 1990 年的不变价计算了全国农业资本存量，其中 1990 年的估计值为 1818.95 亿元，与吴方卫估计的 1656.4 亿元相近。④ 樊胜根等在考察中国经济结构调整对经济增长的影响时对 1978～1995 年的农业资本存量进行了估计。⑤ 王金田等在前人的研究基础上，也采用永续存盘法对 1978～2005 年中国及各省的资本存量进行了估计。⑥

在估算农业资本存量的方法上，多数人都采用了永续存盘法。永续存盘法涉及以下几个指标，首先是固定资产价格指数。吴方卫、王金田等在估算 1980～1990 年固定资产价格指数时都使用了农业生产资料价格予以替代，1990 年以后的数据则使用的是历年《中国统计年鉴》公布的数据；

---

① Chow, G. C., "Capital Formation and Economic Growth in China", *The Quarterly Journal of Economics*, 1993, 108 (3): 809-842.

② 张军、章元：《对中国资本存量 K 的再估计》，《经济研究》2003 年第 7 期。

③ 吴方卫：《我国农业资本存量的估计》，《农业技术经济》1999 年第 6 期。

④ 赵洪斌：《改革开放以来中国农业技术进步率演进的研究》，《财经研究》2004 年第 12 期。

⑤ 樊胜根、张晓波、Sherman Robinson：《中国经济增长和结构调整》，《经济学季刊》2002 年第 4 期。

⑥ 王金田、王学真、高峰：《全国及分省份农业资本存量 K 的估算》，《农业技术经济》2007 年 4 期。

赵洪斌使用了《中国固定资产投资统计数典（1950~2000）》（以下简称《数典》）来计算农业不变价的固定资产投资额。其次是农业固定资产投资总额。吴方卫是将国家、农村集体、农村居民三者用于农业固定资产的投资额加总，得到农业固定资产投资总额；王金田等是将第一产业固定资本形成总额乘以相应权重得到农业固定资本形成总额，以此作为农业固定资产投资总额；赵洪斌的数据则是直接来源于《数典》。再次是基期农业资本存量。吴方卫是以韩志荣对1980年农业固定资金的估算数据为基准的；王金田等计算了农业平均增长率和重置率，并以1978年的农业总产值为依据；赵洪斌利用《1990年度中国投入产出表》中的农业折旧，通过国家规定的名义折旧率反推得到1990年的农业固定资产原值，以此作为基准。最后是农业固定资产折旧率。吴方卫根据国务院和财政部有关文件规定的设备与建筑分类折旧表，计算出农业固定资产折旧率为5.42%；王金田等采取樊胜根选取农业经济折旧率的办法，最终得出的农业固定资产折旧率为4.24%；赵洪斌根据王益煊等提供的数据，按照中国法定残值率3%~5%，采取几何折旧率推算不同种类固定资产的折旧率，进一步得出农业固定资产折旧率为11%。

二 农业资本存量估算的结果及分析

本书在已有研究成果的基础上，继续采用经典的永续存盘法对中国农业资本存量进行测算。永续存盘法主要涉及基期农业资本存量、农业固定资产折旧率、固定资产价格指数和农业固定资产投资额四个变量。在基期农业资本存量的计算上，本书借鉴了Hall和Jones的做法，运用基期固定资产投资额除以一个特定值，该值由农业固定资产折旧率和1999~2016年中国31省各自的农业实际投资几何平均增长率相加而成。① 农业固定资产折旧率使用的是同类文献中运用较多的吴方卫的研究成果，即5.42%。各省的固定资产价格指数和农业固定资产投资额来源于1998~2017年31省统计年鉴中的固定资产价格指数和按行业分类的农林牧渔业

① Hall, R., Jones, C., "Why Do Some Countries Produce so Much More Output Per Worker than Others?", *The Quarterly Journal of Economics*, 1999, 114 (1): 83-116.

固定资产投资额。我们以 1998 年为基期对指标进行了平减，计算公式如下：

$$K_{it} = K_{i(t-1)} \cdot (1 - \delta) + I_{it} \tag{2}$$

在公式（2）中，K_{it}是 i 省第 t 期的农业资本存量，δ 是农业固定资产折旧率，I_{it}是 i 省第 t 期农林牧渔业固定资产投资额。

从图 5-1（a）来看，全国农业资本存量呈现增长不断加快的凸函数态势。1999 年仅为 5262.33 亿元（1998 年不变价，以下同），到 2005 年突破了万亿元大关，达 10795.06 亿元，6 年平均增长率为 12.72%。这说明农业部门逐渐成为资本追逐的热点产业。2008 年是农业部门资本存量增长的一个关键节点，在 1999～2008 年这个时段，农业资本存量平均增长率为 14.21%，但在 2008～2016 年，这一增长率提高到 16.96%。从 2005 年突破 1 万亿元到 2009 年突破 2 万亿元用了 5 年时间，而从 2 万亿元到 3 万亿元只用了 3 年时间，2016 年更是比 2015 年直接增加了 11549.38 万亿元。

从图 5-1（b）来看，1999 年东部地区的农业资本存量最高，为 3117.90 亿元，占全国农业资本总存量的 59.23%。由于东北地区仅有三个省，农业资本存量最低，1999 年仅为 376.57 亿元。中部地区的农业资本存量自 2006 年以后上升势头强劲，并于 2012 年超过了东部地区。2006 年以后中部地区的农业资本存量以年均 1500 亿元的增量快速递增，到 2012 年后这一增幅更是一度达到 4000 亿元。中部地区农业资本存量的迅猛上升态势与国家强有力的政策支持密不可分。2006 年和 2012 年恰好分别是《中共中央国务院关于促进中部地区崛起的若干意见》和《国务院关于大力实施促进中部地区崛起战略的若干意见》两个文件出台的时候，这两个文件也构成了国家中部地区崛起战略的基本框架。在这一政策框架下，加快实现中部地区农业现代化始终是重要目标。西部地区的农业资本存量在前期一直排在东部和中部地区之后，1999 年仅为 852.57 亿元，但随后快速上升，到观察期末已经达到 19371.61 亿元，略微超过了东部地区的 18760.04 亿元，这也是国家自 2000 年以来实施西部大开发战略的重要成果体现。从四大区域的增速来看，观察期内东北地区农业资本存量增速最快，达到 21.18%；中部和西部地区比较相近，分别为 20.96% 和 20.17%；而东部地区相对较慢，仅为 11.13%。

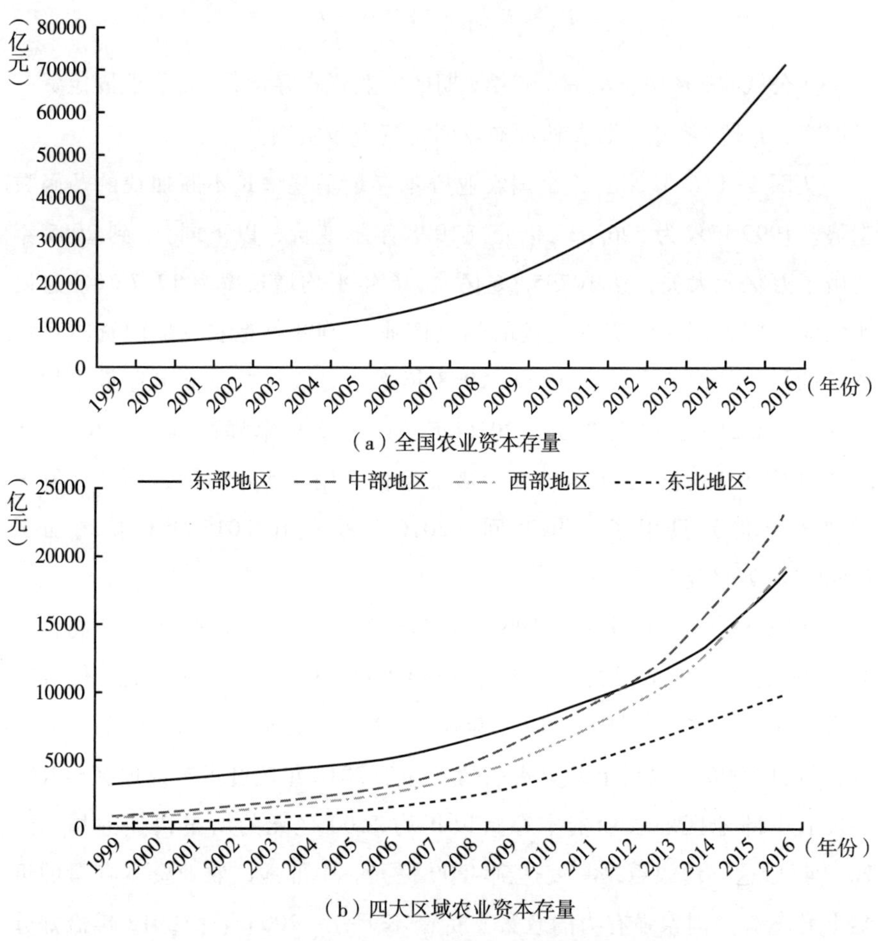

（a）全国农业资本存量

（b）四大区域农业资本存量

图 5-1　1999~2016 年中国农业资本存量变化

三　农业劳动力数量变化分析

如图 5-2（a）所示，在农业资本存量不断增加的过程中，农业劳动力却整体呈减少态势。1999 年全国农业劳动力数量为 34476 万人，并于 2001 年达到峰值 34662 万人。但随后十几年间，农业劳动力数量明显下降，直接原因主要有两点。第一，农业劳动力向其他部门转移的人数逐年

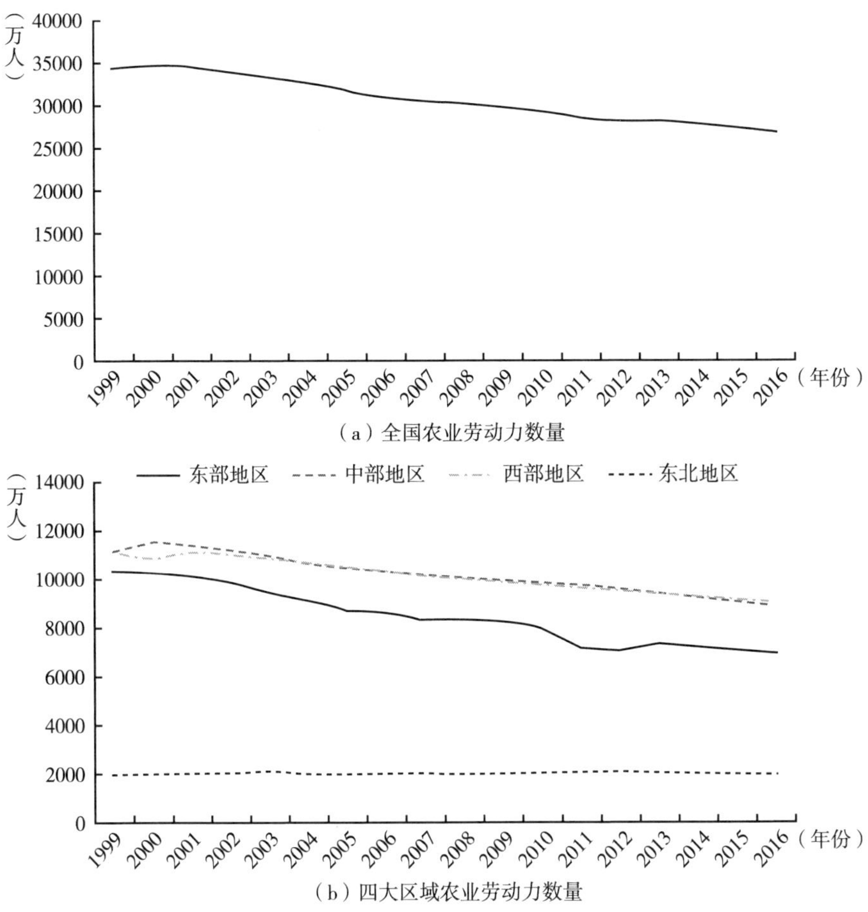

（a）全国农业劳动力数量

（b）四大区域农业劳动力数量

图 5-2　1999～2016 年中国农业劳动力数量变化

增加。1998 年外出务工人数仅为 13806 万人，但到 2014 年已经与当年农业劳动力人数相当，达到 27395 万人，并在此后超过了农业劳动力总数。第二，中国人口自然增长率下降，劳动力供给开始减少。计算表明，1985～2007 年，中国劳动年龄人口增长率为 1.58%，到 2008～2015 年下降到 0.61%，根据年龄移算，2016～2020 年将进一步下降到-0.4%。

从四大区域来看［见图 5-2（b）］，1999 年东部、中部和西部地区的农业劳动力数量非常接近，分别为 10262.45 万、11135.99 万、11068.48 万人。但随后各地区下降的幅度不一，其中东部地区下降最快，年均下降幅度为 2.23%，到 2016 年仅有不到 7000 万人；中部和西部地区年均下降幅度相近，分别为 1.29%和 1.17%，到 2016 年农业劳动力均在 9000 万人上下。值得一提的是东北地区，尽管数量不多，但十几年来变化非常小，1999~2016 年年均下降幅度仅为 0.11%。考虑到全国产业结构的整体性变化，可以说东北地区作为中国“核心-边缘”结构中的边缘地区，出现了逆工业化现象，在分工中承担起了中国大粮仓的角色。①

四　农业资本深化趋势及特征

农业部门的资本-劳动比率是农业劳动装备率的体现，它既显示了农业要素禀赋结构，又可以直接衡量农业资本深化水平。总体来说，综合农业资本存量持续增加与农业劳动力整体下降的情况，可以直观地判断中国各个区域的农业资本深化都是大势所趋。

观察图 5-3（a）可以发现，全国农业资本-劳动比率与图 5-1（a）所呈现的全国农业资本存量的变化趋势比较一致，都是呈现增速加快的凸函数特征。但农业资本-劳动比率曲线的上升速度更快，这是农业劳动力向其他产业转移和农业投资增大的双重因素共同作用的结果。1999 年，全国农业资本-劳动比率仅为 0.15 万元/人，但到 2011 年，这一数值已经突破 1 万元/人大关，达到 1.05 万元/人。随后又在 2015 年突破 2 万元/人的水平，而到 2016 年已经达到 2.64 万元/人。这充分表明，当前中国农业部门已经出现了资本深化，而且资本深化程度还在进一步提升。

从图 5-3（b）所显示的四大区域来看，1999 年东部地区的农业资本-劳动比率远高于其他区域，为 0.30 万元/人，东北地区只有东部地区的 58.44%，而中西部地区则更低。但进入 21 世纪以来，东部地区的农业资本-劳动比率年均增幅只有 13.66%。除东部地区以外的其他区域都表现出了强劲的上升势头，年均增幅都在 21%以上，其中中部地区上升最快，年均增幅为 22.54%，并在 2016 年几乎赶上了东部地区。东北地区的基数高于中西部地区，增长势头也很强劲，于 2005 年超过东部地区，此后一直保持在全国四大区域之首，体现了东北地区农业的优势地位。

① 罗浩轩：《中国区域农业要素禀赋结构变迁的逻辑和趋势分析》，《中国农村经济》2017 年第 3 期。

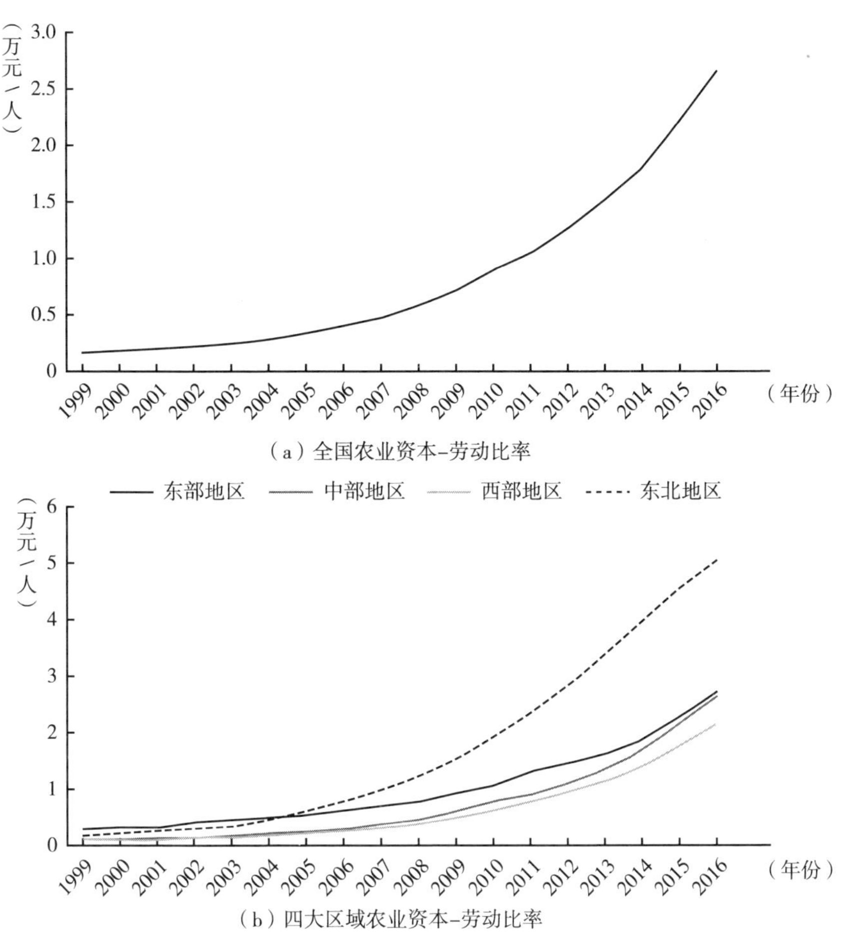

图 5-3　1999～2016 年中国农业资本-劳动比率

第三节　农业资本深化对农业经济的长期影响

一　农业资本深化的表现和成果

农业资本深化的成果首先体现在农业基础设施加强和农业生产工具进步的物质层面上。中国农用机械总动力在近几十年有了长足发展，2016年达到 97245.6 万千瓦，是 1980 年的 6.59 倍，是 2000 年的 1.85 倍；灌溉面积从1980年的6.73亿亩，上升到2016年的10.07亿亩；乡村（农村）办水电站装机容量2016年达到7791.1万千瓦，是1980年的25.62倍，年均增长9.16%。其次体现在农产品的产量上。2016年，中国粮食产量已经达到6.16亿吨，比1980年增长92.16%。尽管比2015年略有下降，但在此之前粮食生产已经取得了自2004年以来的“十二连增”。同时，食用植物油、棉花、糖料等主要作物产量也都出现了大幅度的增长。农业农村部发布的《中国农业农村科技发展报告（2012～2017）》显示，中国农业科技进步对农业增长的贡献率不断提升，到2017年已经达到57.5%，而这些科技进步又是以农业科技研发、农作物良种推广、农作物耕种机械化等方面持续的农业投资为基础的。最后反映在农村居民家庭经营性收入上。农村居民家庭经营性收入从1980年的62.6元，上涨到2000年的1427.27元，再到2016年的12363.4元，年均增长15.36%。

综上所述，中国农业经济的长期增长在很大程度上可归结于资本深化，这也与前述诸多学者的观点相吻合。不过，一些相关研究也指出，这种增长方式并不具有可持续性。如夏永祥指出，资本多而土地少，二者之间配置比例不合理，会造成部分资本的限制与浪费。① 黄振华通过测算农业全要素生产率得出结论，长期以来，中国农业产出增长主要依靠物质资本投入，但推动力有限。② 赵文、程杰在考察中国农业全要素生产率时得出了同样的结论，认为2002～2009年农业综合投入对产出的贡献率仅为0.9%～2.1%，依靠投入驱动的农业发展方式难以持续。③

二 农业资本-产出比率测算

为了探究资本深化对农业经济的影响，可行的方法就是观察农业资本-产出比率的变动。就长期影响而言，主要是对农业资本-产出比率的变动进行观察。农业资本-产出比率与资本报酬率成反比，前者逐渐提高

① 夏永祥：《农业效率与土地经营规模》，《农业经济问题》2002年第7期。

② 黄振华：《技术进步、人力资本与中国农业发展——1985～2005年中国农业技术进步率的实证与比较》，《财经问题研究》2008年第3期。

③ 赵文、程杰：《中国农业全要素生产率的重新考察——对基础数据的修正和两种方法的比较》，《中国农村经济》2011年第10期。

则说明后者持续下降，体现了资本利用效率的下降。我们首先对 1999~2016 年中国农业资本-产出比率进行计算。

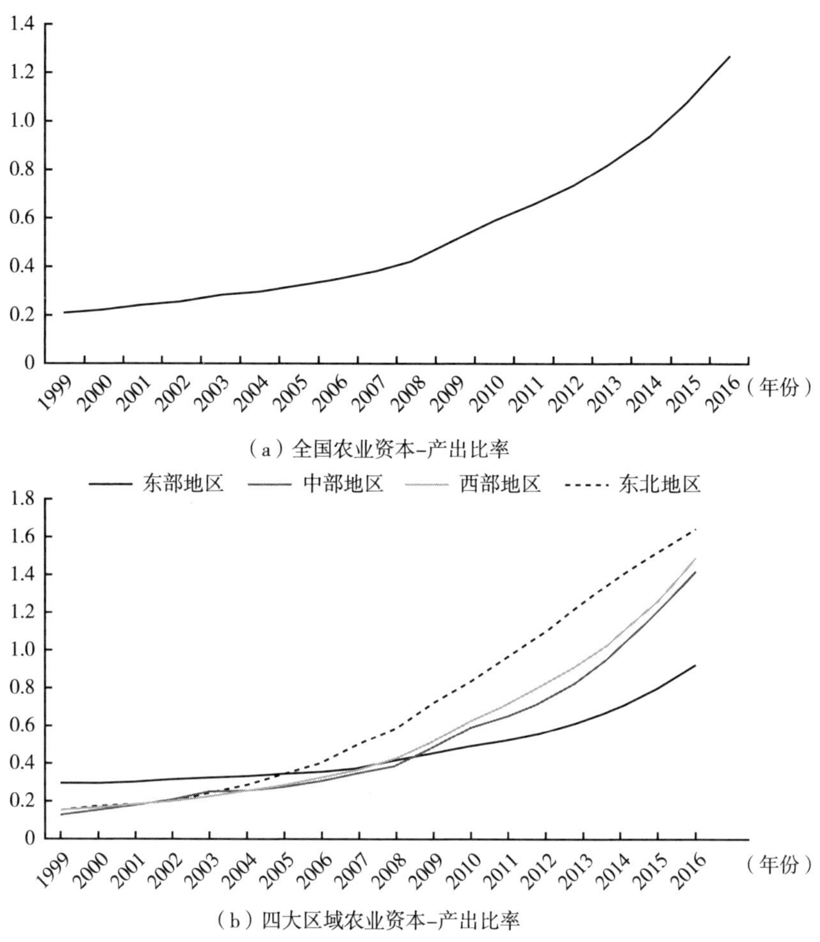

（a）全国农业资本-产出比率

（b）四大区域农业资本-产出比率

图 5-4 1999~2016 年中国农业资本-产出比率

从图 5-4（a）可以看到，中国农业资本-产出比率从 1999 年以来呈现不断加速的上升趋势。这一趋势基本以 2008 年为界，可将其分为 1999~2008 年和 2009~2016 年两个阶段。1999 年中国农业资本-产出比率为 0.21，随后平稳上升，到 2008 年达到 0.43 的水平。在 2008 年后，曲线斜率迅速提高，8 年时间年均增长率为 14.40%，远高于 1999~2008 年 8.40%的年均增长率。到 2016 年，中国农业存量资本-产出比率已经提升到 1.27 了。农业资本-产出比率上升体现了农业资本深化的水平，但也意味着资本报酬率不断下降的特征事实。1999 年 0.21 元的农业资本能带来 1 元的回报，到 2016 年则需要 1.27 元资本投入才能带来 1 元的回报。

四大区域农业资本-产出比率变动的基本趋势与全国一致，但各区域的自身特点也比较明显。1999 年，东部地区的农业资本-产出比率最高，为 0.29，中部、西部和东北三个地区均在 0.15 左右，说明东部地区的资本深化程度很高，以至于出现了比较严重的边际报酬递减现象。进入 21 世纪以后，东部地区农业资本-产出比率的增长相对缓慢，而中部、西部和东北三个地区提升较快，且三个地区于 2002 年后出现了分化。这可能与 2002 年后国家开始推进农村税费改革试点、逐渐取消农业税的政策有关。在这一时期，除东部地区外其他三个地区的农业资本投入显著增长，加上西部大开发、中部崛起和东北老工业基地振兴等一系列区域发展战略的实施，这些地区的农业资本深化速度加快：东北地区农业资本-产出比率于 2005 年超过东部地区；中西部地区则并行上升，于 2008 年后超过了东部地区。2008 年后，四大区域农业资本-产出比率从高到低依次为东北地区、西部地区、中部地区和东部地区。上述情况表明，东部地区的农业资本利用效率是最高的，而东北地区最低。

三 农业资本-产出比率与农业经济增长率的关系

为了从整体上解释 21 世纪以来农业资本对农业经济增长的影响，我们使用 2000~2016 年农业经济增长率对同一时期农业资本-产出比率增长率做了一个回归观察。

GLS 面板回归结果显示，农业经济增长率与农业资本-产出比率两个变量之间的系数为-0.008，变量之间呈现显著的负相关关系。农业资本-产出比率增长率每增加 1，农业经济增长率就下降 0.008。最后我们估计出线性趋势方程为：

$$y(\text{农业经济增长率}) = 0.052 - 0.008x(\text{农业资本-产出比率增长率})$$

从线性趋势方程我们观察到，在农业资本-产出比率增长速度加快时期，农业经济增长速度减缓；在农业经济增长加速时期，农业资本-产出比率的增长呈现减速趋势。由于农业资本的变动主要取决于投资的变动，以上观察结果意味着单纯加快农业投资并不能有效促进农业经济增长；相反，由于资本边际收益递减规律的作用，投资加快反而会降低农业经济增长率。

四　农业资本深化速率与农业经济增长相互关系的原因分析

资本深化速率与农业经济增长呈负相关关系，首先可能是因为农业资本形成与产出增加存在“滞后性”。上述回归使用的年农业资本数据是由上一期的农业固定资本和当期的农业固定资产投资额构成的。当期的农业固定资产投资额既是流量也是存量，既是当期农业存量资本变动的投资需求，又是未来促使农业增加值变动的供给。因此，农业资本变动与农业增加值变动之间不可避免地存在“时滞”。例如，当期的农业资本上升速度加快，并不能很快地传导至农业增加值中，它的作用要在未来才能显现，结果是农业资本-产出比率加大，农业增加值增长速度就会比农业资本慢。而当农业增加值上升加速时，可能是由于前期农业固定资本影响的结果，如果当期的农业资本形成速度并没有相应地加快，就将导致农业资本-产出比率下降。

其次可能是因为农业资本的投资效率问题。对农业增加值的统计，主要由四个部分组成：劳动者报酬、生产税净额、固定资产折旧和营业盈余。其中，劳动者报酬和固定资产折旧对农业增加值的影响最大。劳动者报酬的变化主要受农业劳动生产率变化的影响；农业固定资产折旧的变化是受前期农业固定资本存量和折旧率的影响。无论是农业劳动生产率还是折旧率，都与技术进步和效率提高有密切的关系，而农业固定资本投资对技术进步和效率提高又有决定性作用，因此，农业劳动生产率的形成和农业固定资产加速折旧都离不开农业固定资本投资。这里就涉及了农业投资效率的问题。当农业投资效率比较高时，农业劳动生产率提升快，农业固定资产折旧加速，农业增加值增长快，农业资本-产出比率就不会有上升的压力，反之，则会出现较大幅度的攀升。关于农业投资效率问题将在第六章详细讨论。

除上述两点原因外，农业资本深化与农业经济增长的关系还可能受农工相对生产率和农工之间贸易条件的影响。经济发展规律表明，以工业为中心的现代产业生产率提高速度高于农业，农业逐渐失去比较优势。农工相对生产率之差使农业在国民经济总量中所占比重逐渐缩小，农业经济增长速度日趋缓慢。然而，与低产值相比，促进农业生产的“新型”要素的成本却并不便宜。以土地要素为例，土地要素在经济发展过程中容易出现高额的溢价，但它又是农业生产所必备的基本要素。对于土地要素稀缺的国家而言，要提高农业生产率，只能以大规模农业劳动力转移为前提条件，这种状况加剧了农业资本深化。同时，农业技术进步受自然环境的约束，不能像工业技术那样从发达国家直接引进，而对农业技术的研发又是成本高昂的知识密集型服务活动，这也间接加大了对农业资本的投入。

农工之间贸易条件恶化，也影响了农业资本深化与农业经济增长之间的变动关系。农产品缺乏需求弹性，增产不增收是农业常见的现象。例如，虽然 1995 年、1996 年两年农业出现丰收，却出现粮食收购价格逐年下降、农民卖粮难问题，农民来自农业的收入也出现了连续三年减少状况。因此，即使是促使农业技术改进和效率提高的农业固定资本投入增加，其直观的成果是农产品的增产，而农业增加值不仅并不一定会出现提升，反而还会有下降的可能。此外，由于投入农业的固定资本有相当大一部分来源于工业品，农工之间贸易条件的差异会加重资本深化程度①，这使农业产出增长速度与资本投入增长速度的差距拉大。

第四节 结论与讨论

本章通过对中国农业资本密度变动的观察，发现了中国农业资本深化的证据，并通过回归分析估计了农业资本深化对农业经济的长期影响，结论如下。

① 例如，根据速水佑次郎、神门善久的计算，从 1960 年到 1995 年，国际农产品价格指数相比于工业产品价格指数下降了 43%。参见〔日〕速水佑次郎、神门善久《农业经济论》，沈金虎等译，中国农业出版社，2003，第 136 页。

第一，农业资本深化是现代农业发展的特点。几十年来，中国农业资本深化程度加深，并且深化速度不断加快。农业资本深化速度与农业经济增长率呈负相关关系，导致了以农业增加值为衡量标准的农业投资效率下降。尽管如此，农产品产量却出现了持续增长。农业具有弱质性，保障农产品产出是其首要目标，而促使农业资本深化是提高农产品产出的必经之路。一些学者提出用高就业、低成本的劳动密集型技术改造传统农业，这种说法是不切合实际的，因为现代农业应用的绝大部分技术的成本相对于传统农业而言很高。中央敏锐地看到了这一点，早在 2013 年中央一号文件即指出，农业已经进入“高投入、高成本、高风险发展时期”，“高投入”已经是客观要求。无怪乎众多学者把扩大农业资本投资和促进资本深化作为推进中国农业现代化的主要手段之一。

第二，农业资本-产出比率的加速上升、农业资本深化速率与农业经济增长率的负相关关系说明，对农业实行大力度补贴的政策势在必行。通过分析发现，自 2008 年以来中国农业资本-产出比率尽管出现了上升，但仍有大量资本投向农业，并加剧了农业资本-产出比率上升的态势。造成这种状况的原因，就在于实行了力度逐年增大的农业补贴政策，其客观结果是促进了农产品增产。吕亚荣、王春超指出，政府对农业的扶持政策是吸引工商资本进入农业的原因。农业补贴政策刺激了农业投资，满足了农业高投入的客观要求，同时也降低了农工之间贸易条件恶化所带来的高风险。① 农业投资促使农业增产，又迫使政府以更大力度对其进行补贴。可以说，农业资本深化与农业补贴政策相辅相成，共同促进了农业增产。

第三，农业资本深化使小农经济面临危机，现阶段推动现代农业与小农衔接十分有必要。一些学者认为，在当前小农经济仍然占主体的背景下，保护小农经济其实是保护农民利益。② 小农经济的存在可以维持低廉的农业成本，抵挡国外农产品，维持社会低廉的劳动力价格，有学者主张通过提供健全的社会化服务体系来保护小农。③ 还有一些学者认为，中国

① 吕亚荣、王春超：《工商业资本进入农业与农村的土地流转问题研究》，《华中师范大学学报》（人文社会科学版）2012 年第 4 期。

② 贺雪峰：《为什么要维持小农生产结构》，《贵州社会科学》2009 年第 9 期。

③ 贺雪峰：《简论中国式小农经济》，《人民论坛》2011 年第 8 期。

对世界减贫的成就来自分散化的家庭经营承包制，应该采用日本、韩国的小农经济模式，而非欧美的规模化生产模式。① 本章通过实证分析发现，农业资本深化是农业现代化不可避免的过程，要在小农经济基础上实现农业资本深化成本较高。以日本、韩国为例，它们维持小农经济的手段主要是实施高额的农业补贴，当前中国处于工业化中后期，只能随着经济发展逐步加大补贴力度，无法在短时间内大规模提高补贴水平；同时，它们的农产品供给高度依赖国际市场，但中国人口多，不可能这么做。此外，本章的观察还发现，农民工返乡后宁愿暂时性失业也不愿再从事农业劳动，说明了小农经济无法维持。就农业发展条件而言，尽管中国的人口基数大，但密度远低于日本和韩国②，当前逐年增加的外出务工人员早已降低了农业劳动力密集程度，农村甚至出现“空心化”。因此，尽管中国目前仍然有数以亿计的农户，但要从小农户向更大的家庭农场转变，可能还需要较长的时间。第八章也会分析到，小农户生产和现代农业发展有机衔接的过程，也将是小农户向中小型家庭农场转变的过程。

近年来，乡村振兴战略的实施促使越来越多的政府资本和工商资本进入农业农村。数字化、智能化技术的发展及其引发的改变渗透农业领域的上下游，又为农业产业投资带来了新的生机。不过，对于农业资本如何深化的问题还有许多值得探讨的地方。

第一，对农业资本的深化方式需要进行规范和约束。随着农户投资农业的意愿显著下降，工商资本已经成为农业资本深化的主力。然而，一些企业进入农业是以牺牲农民的利益为代价的，而地方政府为了吸引企业投资农业，也常常开出优惠条件，这些优惠条件又置农民的利益于不顾。这使得资本下乡伴随着农业风险，需要加以规范和约束。这些风险包括：打着投资农业的名义“圈占土地”，竭泽而渔；利用金融杠杆将农业风险转嫁给农民；非法改变农地属性。为此，有关政府部门应建立机制，对工商

① 温铁军：《注重小农经济的发展确保大农业的安全》，《农村工作通讯》2011 年第 22 期。

② 根据维基百科“List of sovereign states and dependent territories by population density”（世界各国和地区的人口密度）的数据，在 242 个国家和地区中，中国的人口密度排在第 80 位，其中：韩国 487 人/km^2，印度 368 人/km^2，日本 337 人/km^2，英国 255 人/km^2，德国 229 人/km^2，中国 140 人/km^2。即使假设中国有一半国土不适宜人类居住，那么适宜人类居住的地区人口密度为 280 人/km^2，也低于韩国、印度和日本。

资本租赁农户承包地实行上限控制、分级备案、审查审核、风险保障和事中事后监督，特别是要严禁工商资本借政府或基层组织通过下指标、定任务等方式强迫农户流转土地。

第二，农业资本深化内容要与新科技革命相结合。20 世纪以来，生物技术、机械技术、化工技术为农业带来了革命，而 21 世纪以信息化、数字化、智能化为引领的第四次工业革命，已经为农业带来了新的革命的曙光。集成了新科技革命成果的“AgTech”智慧农业将是大势所趋。未来投入农业的资本，应该是以显性技术编码附着在软硬件上的有形资本，进而对现有农业产生颠覆性的影响。不可否认，作为规模化生产的新技术应用会引起部分农民对土地控制权的担忧，因而降低采用意愿。未来值得尝试的是，构建新的利益补偿机制，将新技术应用取得的部分红利用于分担农业人口市民化的成本。

第三，对农业资本深化，应根据区域特征“分类施策”。从前述分析来看，农资投资也有很强的区域异质性。因此，对作为必然趋势的农业资本深化，也应该“因地制宜”“分类施策”。从图 5-4（b）来看，东北地区的农业资本回报率最低，结合当地的要素禀赋，目前的投资重点应是广泛引入智慧农业技术，促进农业高质量发展。东部地区的农业资本回报率很高，作为人口稠密地区，应进一步推进农村产权制度变革，提高要素配置效率，大力促进农村一、二、三产业融合和农业绿色发展。投入中西部地区的资本应首先用于农地整理，特别是山地丘陵土地宜机化整理，政府出台相应的利益联结机制，鼓励村集体、社会服务化组织、新型农业经营主体参与整理，为该地区发展智慧农业提供条件。

第六章

农业经济增长从“马克思增长类型”向“库兹涅茨增长类型”转变

第一节　农业经济增长类型的转变

马克思增长类型可谓发展经济学的经典理论。经验事实表明，以劳动力无限供给、资本加速积累和资本-产出比率上升为特征的马克思增长类型，对处于工业化中前期进程中的发展中国家具有较强的解释力。正如速水佑次郎所说："马克思确实提出了一个与其所处时代的经济事实相一致的经济发展理论。"① 马克思预言了资本主义社会将因资本有机构成不断提高而导致资本利润率持续下降的长期趋势，这一趋势终将使资本主义社会的发展陷入不可避免的停滞。就后发国家而言，伴随着工业化进程由早期向中后期迈进，以依赖资本积累为主要特征的经济增长将随着资本边际报酬递减、劳动收入份额下降以及创新能力不足而陷入停滞，这就是所谓"马克思增长类型陷阱"。②

发展经济学研究发现，落入马克思增长类型陷阱的关键原因之一，在于工业化早期国家对工业化的片面理解及由此带来的技术进步路径选择失误。古典政治经济学家之所以认为资本家会不遗余力地大规模使用机械来

---

① 〔日〕速水佑次郎、神门善久：《发展经济学——从贫困到富裕》（第三版），李周译，社会科学文献出版社，2009，第 131 页。

② 〔日〕速水佑次郎、神门善久：《发展经济学——从贫困到富裕》（第三版），李周译，社会科学文献出版社，2009。

节省劳动力，是因为自工业化以来很长一段时间内，人们普遍认为使用具有资本倾向的技术（比如重工业技术）是现代化大工业的标志，较高的工业特别是重工业比重意味着国家经济发展的高水平。① 但后来的经济事实表明，一个国家在资源禀赋约束下，大量使用劳动力（特别是经过培育的人力资源）的技术可能被诱致出来。如果发展战略得当，一方面，可以使资本报酬率维持在一个不错的水平上；另一方面，可能使工资率增长快于利息率增长，资本收入份额下降或者保持不变。不过，如果发展战略过度依赖技术而忽视对人力资源的培育和挖掘，就容易落入马克思增长类型陷阱。

库兹涅茨根据1875年以来先期工业化国家积累的资料，抽象出了工业化高级阶段的经济增长类型。他提出“科学被广泛地用于解决经济生产问题”，是先期工业化国家经济持续发展的原因。② 库兹涅茨还总结了经济发展程式化的特征事实，即在工业化过程中经济发展会从依赖高储蓄、高投资和劳动要素收入份额下降的类型逐步转向资本-产出比率下降、资本报酬率和工资率上升、劳动收入份额提高的类型，即库兹涅茨增长类型。③ 库兹涅茨增长类型主要发生在工业化高级阶段，大量发展经济学的实证研究已经证实了该类型提出的程式化特征事实。这一类型暗示，技术进步能够克服资本积累带来的资本报酬递减规律作用，全要素生产率将在经济增长中发挥很大作用，新的经济增长类型将提高劳动收入份额，从而在一定程度上缩小劳资之间的收入差距。因此，速水佑次郎、神门善久认为，后发国家能够通过对技术进步源泉的挖掘，实现经济增长方式从马克思增长类型向库兹涅茨增长类型转变。

由于后发国家几乎都是农民占人口绝大多数的国家，农业部门在后发

① 这一观点较为典型地反映在了霍夫曼定律中。德国经济学家瓦尔特·霍夫曼20世纪30年代对一些国家工业结构的研究表明，工业化的发展程度是与重工业在工业结构中的比重相关的。他提出了以消费资料工业和资本资料工业的比值作为划分工业化阶段的指标。这一理论在相当长时间里具有较强的现实意义，指导了第二次世界大战后许多发展中国家的工业化。

② Kuznets, S., *Modern Economic Growth: Rate, Structure and Spread*. Yale University Press, 1966.

③ Kuznets, S., *Economic Growth of Nations: Total Output and Production Structure*. Harvard University Press, 1971.

国家的经济增长中扮演着重要的角色。无论是破解马尔萨斯陷阱、李嘉图陷阱还是低收入均衡陷阱，都有赖于农业劳动效率的快速提高，从而供应价格低廉的农产品，推动后发国家迅速从“粮食问题优先”转型。与粮食问题相伴的是农民贫困问题。这一问题不是所有后发国家都必然经历的问题，而是特指部分后发国家在现代化进程中由于没有先期工业化国家利用海外殖民进行原始积累的机会，只能依靠剥夺农民的政策积累资源进行大规模建设，最终逐渐演变成的“农民贫困问题”。为了解决这一问题，后发国家又常常会在工业化中后期着力对农业、农村和农民进行补偿。[①]然而，部门资本直接投资、政府指令性贷款、废除农业税以及直接补贴等农业投资行为又不可避免地会扭曲市场调节机制，使得农业部门在资本深化过程中很容易落入马克思增长类型陷阱。此时，农业部门的经济增长类型必须由马克思增长类型向库兹涅茨增长类型转变。

自20世纪90年代基本解决粮食问题后，中国从21世纪初开始着力解决农民贫困问题：一是实施免除农业税、新增农业补贴的“三免四补”政策（随后发展到“四免四补”政策）；二是伴随城镇化进程不断推动户籍制度和土地制度改革；三是2012年以来以习近平同志为核心的党中央大力实施精准扶贫战略和乡村振兴战略。在一系列政策指导下，中国农业部门经历了深刻转型：大量农村劳动力持续向城镇转移，在快速城镇化进程中带来了农村的“空心化”和“老龄化”问题；部门和工商资本下乡，推动农业部门的资本深化；土地的规模化流转，为新型农业经营主体的蓬勃发展带来了契机。在这轰轰烈烈的转型之中，值得我们冷静思考的是：中国农业经济增长是否陷入了马克思增长类型陷阱？目前农业经济增长类型是否出现了向库兹涅茨增长类型转变的趋势？

第二节　马克思增长类型的基本模型

马克思在吸收英国古典政治经济学学说的基础上，创立了劳动价值论和剩余价值学说，开创了马克思主义政治经济学理论。在影响深远的

① 〔日〕速水佑次郎、神门善久：《农业经济论》，沈金虎等译，中国农业出版社，2003。

《资本论》中，他对资本主义经济发展进行了深刻剖析。现代经济学根据马克思论述的资本主义发展观点进行重新构造，提出了马克思增长类型。

一　马克思增长类型的理论来源

大卫·李嘉图的学说是马克思增长类型的重要来源。尽管马克思关于经济增长的假设和政策含义与李嘉图学说截然相反，但按照现代经济学理论构造出来的理论学说与李嘉图的学说相似。李嘉图在《政治经济学和赋税原理》一书中，阐明了在自然禀赋约束下经济发展的机制。① 他的核心观点是，现代工业的资本积累是经济增长的驱动力。资本积累主要是“工资基金”的积累，劳动力需求随着工资的增长而成比例地提高。李嘉图将劳动力供给分为短期和长期：在短期内，劳动力供给缺乏弹性；在长期内，工资率会上升到马尔萨斯所说的生存水平以上，人口开始增长并导致食品需求的增加，其结果是劣等地被开垦以及食品价格上升，进而使资本积累受到制约，迫使经济处于“停滞状态”，即所谓的“李嘉图陷阱”。② 这一学说隐含的假设是，如果食品供应充足，工资成本是不会上升的，劳动力供给具有无限弹性，而利润的增加将使现代工业部门持续增长。李嘉图的学说为处于上升期的英国资产阶级同占有土地的英国贵族之间关于废除谷物法的斗争提供了理论武器，也为处于工业化初期的低收入国家发展本国工业提供了重要启示。马克思的模型与李嘉图学说的相似之处，就在于认为劳动力供给是具有无限弹性的。不同点在于，马克思对这种无限弹性的假设没有建立在马尔萨斯人口法则基础上，而是强调工业部门始终存在着能够被雇佣的剩余劳动力，即所谓的“产业后备军”。

二　马克思增长类型的基本模型

总体而言，马克思增长类型的模型主要有三个假设。

假设一：在经济发展过程中会不断产生产业后备军，劳动力呈无限供给状态。

---

① 〔英〕大卫·李嘉图：《政治经济学和赋税原理》，丰俊功译，光明日报出版社，2009。

② Schultz, T. W., *The Economic Organization of Agriculture*. McGraw-Hill, 1953.

假设二：资本家有大规模使用机器来节省劳动力的强烈动机（资本有机构成不断提高），这使得工业就业增长速度慢于资本积累速度。

假设三：马克思可能受到英国废除谷物法的启发，认为发达工业化国家可以通过各种手段从海外获得便宜的食品和原材料，或者对农业技术进步持乐观态度，认为农业发展将解决食物短缺问题，因此没有过多考虑食品问题。

在马克思增长类型的模型里，三个假设是以第二个假设为中心紧密联系在一起的。产业后备军本身就是资本主义社会的产物。由于资本的有机构成不断提高，资本对劳动的需求是不断减少的，它将排挤部分产业工人，使之沦为失业者，同时也促使许多女工、童工涌入劳动力市场。马克思设想小农经济必然被以雇佣劳动关系为基础的资本主义大农场所取代，农业也存在资本有机构成提高问题，破产的小农将流入城市，加入产业后备军。由于工人们的内部竞争，以及假设食品问题不存在，工资率即劳动力价值基本被压低在生存水平上，也为资本有机构成提供了支持。

图 6-1 是用现代经济学模型重新构造的马克思增长类型的基本模型，它主要体现了工业部门的劳动力市场均衡。横轴代表劳动力数量 L，纵轴则代表工资率 W。曲线 D 和 S 分别是劳动力的需求曲线和供给曲线。

当劳动力市场处于 1 时期，劳动力需求曲线为 D_1，由于资本-劳动比率一定，因而工资率恒定，D_1曲线也体现了资本存量。D_1曲线与劳动力供给曲线 S_1相交于 A 点，表明现代工业部门雇佣了 L_1数量的劳动力。不过，由于马克思模型假设存在产业后备军，因此在工资率恒定的情况下，AT_1是那些在贫民窟里勉强度日的等待雇佣机会的劳动力，在劳动力需求曲线达到 T_1点以前，工资率是不会上涨的。由于假设产业后备军永远不会枯竭，因此达到 T_1点的状况在模型中不会出现。

随着资本家将他们的大部分剩余，即 $M_1A\overline{W}$ 所形成的三角形用于投资，资本存量将增加，劳动力市场进入 2 时期，劳动力需求曲线变为 D_2。D_2曲线与劳动力供给曲线 S_2相交于 B 点，现代工业部门雇佣了 L_2数量的劳动力。然而，由于马克思模型的第二个假设，即资本有机构成会随着工业部门的发展而提高，因此 D_2曲线的斜率将大于 D_1曲线。$M_2B\overline{W}$ 所形成的三角形为 2 时期资本要素拥有者的剩余。如果资本家将大部分利润都用于下一时期的投资，那么资本有机构成将继续提高，劳动力需求曲线 D 的斜率将进一步提高。与资本有机构成提高相伴而来的（从 $M_1A\overline{W}/\overline{W}AL_1O$ 发展到 $M_2B\overline{W}/\overline{W}BL_2O$），是资本收入份额的不断上升和劳动收入份额的不断下降。与此同时，大量被资本主义生产扩张所挤垮的传统自雇佣者及家庭成员被迫到资本主义部门来寻找机会，从而延长了劳动力供给曲线水平部分至 T_2。

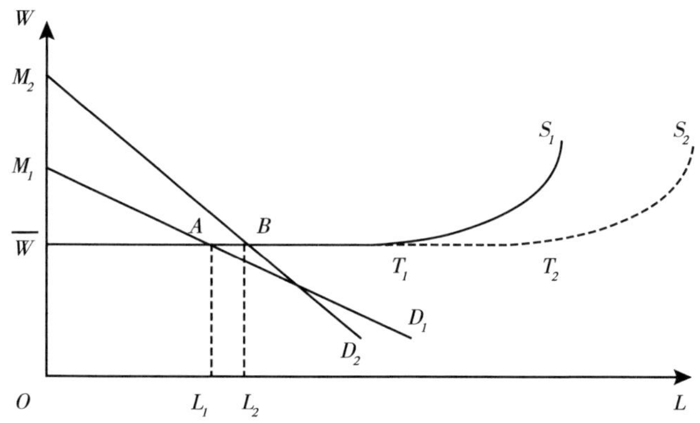

图 6-1 马克思增长类型的基本模型

三 马克思增长类型陷阱

马克思增长类型要实现经济持续增长是不可能的。根据马克思的理论，资本由购买资本品和中间产品的“不变资本”（$M_1A\overline{W}$ 或 $M_2B\overline{W}$）和预付劳动者工资的“可变资本”（$\overline{W}AL_1O$ 或 $\overline{W}BL_2O$）两部分组成。马克思揭示了资本增值的秘密，在于劳动力成为商品。由于商品经济实行等价交换，不变资本并不会带来“剩余价值”，它的价值只是转移到了购买的资本品和中间产品中，只有劳动力商品的使用价值能够带来比它自身价值更大的价值，即“剩余价值”。因此，资本家陷入巨大矛盾：一方面，只有雇佣更多劳动力才能榨取更多的“剩余价值”；另一方面，资本的逐利性、资本家之间的竞争又使其不得不压低工人工资，提高不变资本占总资本的比例。这一矛盾将不可避免地带来剩余价值率的下降，从而使经济增长落入陷阱。

四 马克思增长类型的发展经济学意义

马克思增长类型为马克思、恩格斯等马克思主义经典作家的革命理论奠定了政治经济学基础。根据马克思的判断，随着资本主义的发展，至少会出现以下三重危机：一是就业增长相当缓慢，高度资本密集的现代工业部门周围是大量城市贫民窟的无产者，这些无产者将成为资本家未来的“掘墓人”；二是资本有机构成的提高将带来剩余价值率的下降，社会将陷入不稳定性中，周而复始的经济危机将不断爆发，直到资本主义制度灭亡；三是资本收入份额的不断上升和劳动收入份额的不断下降将加剧资本主义经济中的不平等，从而引起阶级对立，最终导致暴力革命。解决上述矛盾的唯一方法，就是将以生产资料私人占有制为基础的资本主义转变为以全民所有制为基础的社会主义。

马克思增长类型为当今后发国家解决其面临的许多问题提供了重要启示，无愧为发展经济学的经典理论。正如马克思所说：“工业较发达的国家向工业较不发达的国家所显示的，只是后者未来的景象。”① 在工业化初期，许多发展中国家都将投资集中于现代工业部门，并实现了经济的快速发展。但随着工业化向中后期迈进，一些国家的经济增长过度依赖资本积累，出现了马克思所预言的经济增长停滞不前（利润率下降）、贫富分化（资本收入份额扩大）、严重的失业等状况。马克思对这些状况背后原因的深刻剖析，是后发国家跨越马克思增长类型陷阱，实现经济结构转型的宝贵理论资源。

第三节 中国农业部门资本有机构成是否不断提高

“资本有机构成”是马克思为了深入研究资本积累对经济发展的影响，从价值形态方面考察资本内部结构所创造的范畴。资本从物质形态来看，主要由一定数量的生产资料和劳动力构成，二者的比例由生产的技术水平决定，这一比例被称作“资本技术构成”。而资本技术构成在价值形

① 《马克思恩格斯文集》（第5卷），人民出版社，2009，第8页。

态上的反映，则被称为“资本有机构成”，即生产中使用的生产资料价值（不变资本）和劳动力价值（可变资本）的比值，马克思用公式 C∶V 来表示。[①] 由于资本技术构成在一个国家的不同发展阶段、不同生产部门、不同企业以及不同的国家之间存在差异，因此由资本技术构成决定的资本有机构成也不同。就农业部门而言，其资本有机构成主要由农业生产资料价值和农业劳动力价值两部分组成。农业生产资料价值可以用农业资本存量表示，农业劳动力价值则为农业劳动者务农的工资性收入。[②] 第五章已经对农业资本存量进行了估算，下面我们对中国农业劳动者务农的工资性收入进行测算。

一　中国农业劳动者务农的工资性收入测算

自改革开放实行家庭承包经营制以来，中国农业部门主要是以家庭为单位进行生产经营活动的，从事农业的劳动者基本都是自雇佣者，以雇佣劳动力为基础进行农业生产经营的生产方式相对较少。因此，从相关统计数据中计算出这些自雇佣者在农业生产中应获得的工资性收入比较困难。同时，由于农业生产经营呈现小农业生产特点，农民兼业化、老龄化现象突出，通过适龄劳动者（16~65 周岁）的工时投入来计算工资性收入的难度也较大。为此，本书用 1999~2017 年《中国住户调查年鉴》中 31 省的农村居民家庭经营第一产业收入来代替中国农业劳动者务农的工资性收入[③]，并用历年统计年鉴中的消费物价指数对各省的这一指标以 1998 年为基期

---

① 《马克思恩格斯文集》（第五卷），人民出版社，2009。

② 由于诸多原因，中国农业劳动力有明显的兼业化特征，这里所说的“农业劳动者务农的工资性收入”排除了农业劳动力的务工收入，专指在务农过程中产生的劳动力价值。

③ 这是因为，该指标排除了农村居民可支配收入中的工资性收入、财产性收入、转移性收入，同时也排除了经营性收入中的第二、第三产业收入，它能够比较好地反映农村居民在农、林、牧、渔中投入劳动的报酬。由于计算的是农村居民可支配收入中第一产业净收入的总量，因此能够与农业劳动者务农的工资性收入相吻合，而不用去考虑农村居民与农业劳动者的差别，以及农业劳动者年龄问题。事实上，这一总额（或者将这一总额分摊到第一产业劳动力的劳均净收入）本身就是农业劳动力市场供需出清的结果。在城镇化快速推进的背景下，如果务农收入达不到出清结果，农民必然会更多地去兼业化或者成为“离土又离乡”的“离农”。另外，要指出的是 2014 年《中国住户调查年鉴》的统计口径发生了一些改变，因此 2013 年后数据采用了农村居民家庭经营收入来替代。2013 年以前的这一数据与农村居民家庭经营第一产业收入差异不大，也说明农村居民家庭经营以第一产业为主。

进行了平减。计算公式如下：

$$E_{it} = N_{it} \cdot e_{it} \tag{2}$$

E_{it}代表 i 省第 t 期农村居民可支配收入中的第一产业净收入总额，N_{it}是 i 省第 t 期农村居民总数，e_{it}是 i 省第 t 期农村居民家庭经营第一产业收入①。公式（2）实质上是表示农业劳动者务农的工资性收入，因此这一公式还可以表示为：

$$E_{it} = L_{it} \cdot w_{it} \tag{3}$$

其中，L_{it}是 i 省第 t 期第一产业劳动力数量，w_{it}可以理解为 i 省第 t 期农业劳动者务农的工资性收入，即农业工资率。

根据公式（3），1999～2016 年中国农业工资率变化趋势如图 6-2 所示。

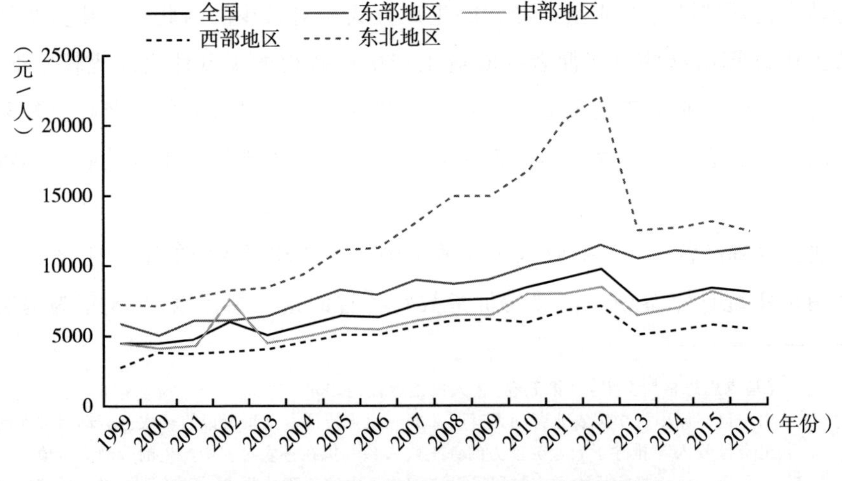

图 6-2 1999～2016 年中国农业工资率变化趋势

图 6-2 显示，1999 年以来中国农业工资率总体呈现波动上升态势，但上升幅度比较有限。1999 年，全国农业工资率为 4534 元/人，随后在 2002 年突破 6000 元/人大关，到 2007 年、2011 年又分别突破 7000 元/人

① 农村居民家庭经营第一产业收入的单位是元/人。

和 9000 元/人的水平。2013 年因统计口径发生变化出现了骤降，但 2013 年后基本呈缓慢增长态势。从区域来看，东北地区的农业工资率最高，到 2011 年已经突破 20000 元/人，相当于东部地区的 2 倍、西部地区的 3 倍。不过，2013 年统计口径变化后区域差距有所缩小。2016 年，各区域农业工资率从高到低排序为：东北地区 12392 元/人，东部地区 11176 元/人，中部地区 7276 元/人，西部地区为 5479 元/人。总体而言，从整个观察期来看，农业工资率的增长是很缓慢的。1999~2013 年，全国农业工资率年均增速仅为 6.05%，而 2013~2016 年下降到 2.62%。与其他部门相比，农业部门缺乏比较优势，这也是大规模劳动力转移和土地流转的重要原因。

二 中国农业部门资本有机构成的变化趋势及分析

根据马克思关于资本有机构成的概念，我们设资本有机构成变量为 S_{it}，该变量是 i 省第 t 期生产资料价值（不变资本）和劳动力价值（可变资本）的比值。我们在这里用农业资本存量 K_{it} 作为农业部门生产资料的价值，用农业劳动者务农的工资性收入 E_{it} 作为农业劳动力价值，因此，资本有机构成表示为：

$$S_{it} = K_{it} / E_{it} \tag{4}$$

经计算，1999~2016 年中国农业部门资本有机构成的变化趋势如图 6-3 所示。

从图 6-3（a）可以看到，1999 年以来，中国农业资本存量整体呈快速攀升趋势。1999 年初中国农业资本存量仅为 5262.33 亿元（以 1998 年为基期，以下同），随后几年，这一指数稳步提高，年均增速在 15% 左右，到 2016 年已经达到 71252.36 亿元。从四大区域来看，2012 年以前东部地区的农业资本存量都是最高的，但中部地区自 2006 年以后上升势头强劲，并于 2012 年超过了东部地区。中部地区农业资本存量迅猛上升的态势与国家强有力的政策支持密不可分。2006 年和 2012 年恰好分别是《中共中央国务院关于促进中部地区崛起的若干意见》和《国务院关于大力实施促进中部地区崛起战略的若干意见》两个文件出台的时候，这两

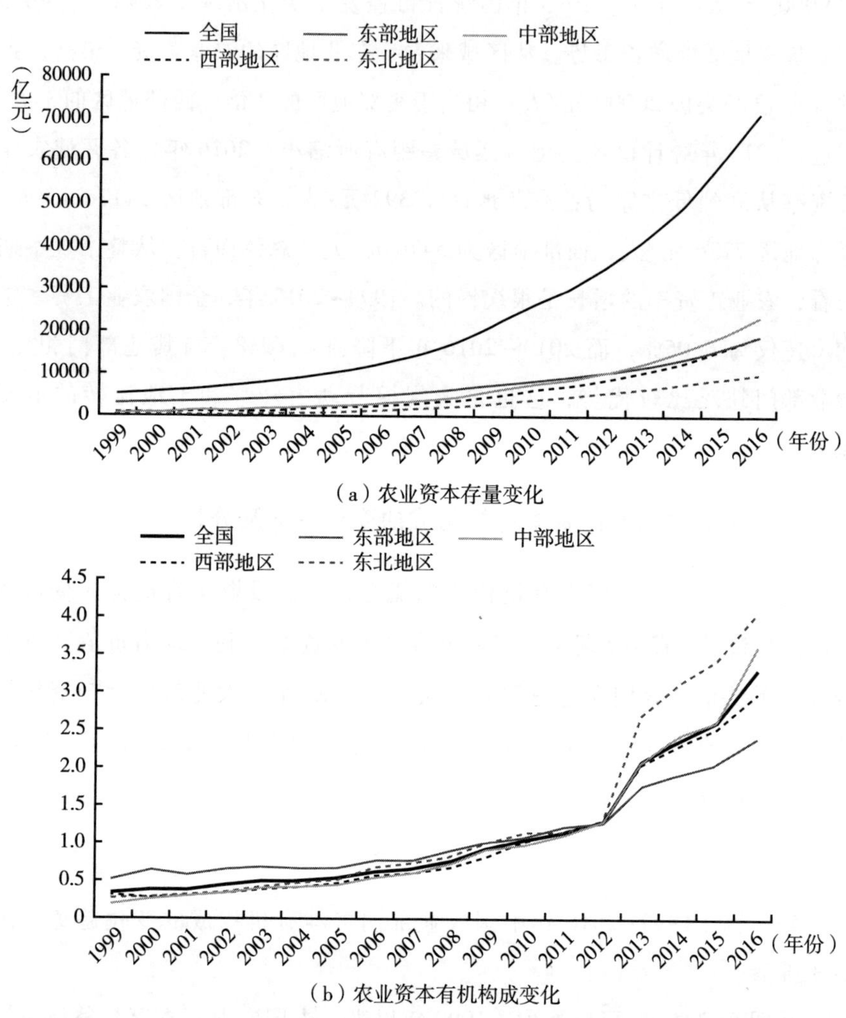

(a)农业资本存量变化

(b)农业资本有机构成变化

图 6-3 1999~2016 年中国农业部门资本存量与资本有机构成的变化趋势

个文件也构成了国家中部地区崛起战略的基本框架。在这一政策框架下，加快实现中部地区农业现代化始终是重要目标。

中国农业资本存量的持续上升带动了农业资本有机构成的提高。图 6-3（b）显示，中国农业资本有机构成整体呈现快速提高趋势，从 1999 年的 0.34 猛增到 2016 年 3.28 的水平。这一趋势一方面体现了农业资本深化这个农业现代化的必然趋势，另一方面也说明了农业劳动者务农的工资性收入下降。1999 年，中国农业劳动者务农的工资性收入为 15632. 63 亿元，到 2016 年仅提高了 38. 90%，为 21713. 42 亿元，年均增速远小于农业资本存量的年均增速。这说明，尽管中国快速的城镇化进程使得农村居民人数出现了下降，但农村居民家庭经营第一产业收入增幅过小，农村居民未能在农业现代化进程中获得更多的收入增长。

从四大区域农业资本有机构成的发展来看，东部地区在相当长的一段时期内居于领先位置，1999 年甚至是最低的中部地区的 2. 8 倍，体现了东部地区资本相对丰裕的特点。这一态势在 2012 年发生重大转变——四大区域的农业资本有机构成几乎同时向 1. 28 左右的水平收敛。2012 年以后，各区域的农业资本有机构成水平又迅速出现了分化，东北、中部和西部地区迅速上扬，依次排在前三位，而过去领先的东部地区则排在了最后。

总体来说，随着中国工业化进程的推进，东部、中部、西部和东北地区农业资本存量不断提高以及农业资本有机构成快速上扬的趋势完全符合马克思增长类型的基本特征。问题在于，中国是否已经陷入了马克思增长类型陷阱？

第四节　中国农业部门的资本报酬率是否持续下降

根据马克思的论述，资本家为了榨取更多超额剩余价值，将不遗余力地改进生产技术，从而提高资本有机构成。但是，由于劳动力的使用价值是价值增值的唯一源泉，当更多以物质形态存在的“死劳动”代替“活劳动”以后，剩余价值率（利润率）必然会下降。如前所述，马克思增长类型符合一个国家或部门在工业化早期的特征，但是随着利润率的下降，如果经济发展方式迟迟不能转型，则马克思增长类型将变为一种陷阱。

一　中国农业资本报酬率及资本收入份额测算

中国农业部门的资本有机构成持续上升是否伴随着利润率的持续下

降？我们对农业资本报酬率r_{it}进行了考察。设Y_{it}为 i 省第 t 期农业部门总收入，根据欧拉定理，总收入由农业资本收入和农业劳动收入两部分组成。其中，设R_{it}为 i 省第 t 期农业资本收入，它是农业资本存量与农业资本回报率的乘积，表示为：

$$R_{it} = K_{it} \cdot r_{it} \tag{5}$$

劳动收入则为前面所说的农业劳动者务农的工资性收入E_{it}。于是，农业部门总收入公式为：

$$Y_{it} = R_{it} + E_{it} \tag{6}$$

将公式（3）和公式（5）代入公式（6），则有：

$$Y_{it} = K_{it} \cdot r_{it} + L_{it} \cdot w_{it} \tag{7}$$

由于总收入等于总产出，故可以用农林牧渔业总产值来表示Y_{it}。K_{it}、E_{it}已在前面的测算中得出。因此，r_{it}可通过公式（8）得出：

$$r_{it} = \frac{Y_{it} - E_{it}}{K_{it}} \tag{8}$$

经计算，1999~2016 年中国农业资本报酬率及资本收入份额如图 6-4 所示。

二　中国农业资本报酬率与资本收入份额的变化趋势及分析

图 6-4（a）显示，中国农业资本报酬率自 1999 年以来整体呈下滑趋势，从 1999 年的 1.81 下降到 2016 年的 0.48。这意味着，过去 1 元农业资本存量将带来 1.81 元的回报，而如今只能带来 0.48 元的回报。这一现象比较突出地体现了资本报酬递减规律，也符合马克思关于资本有机构成不断提升将带来资本报酬率下降的论述。从四大区域来看，1999 年农业资本报酬率由高到低分别为西部、东北、中部和东部地区，但随着时间的推移，西部和东北地区快速下降，而东部地区的下降比较平缓。2004 年后，四大区域的农业资本报酬率排序出现变化，东部地区变为最高，西部和东北地区则基本处于后两位。根据蔡昉的论述，“人口红利”增加或全要素生产率迅速提高都能够在很大程

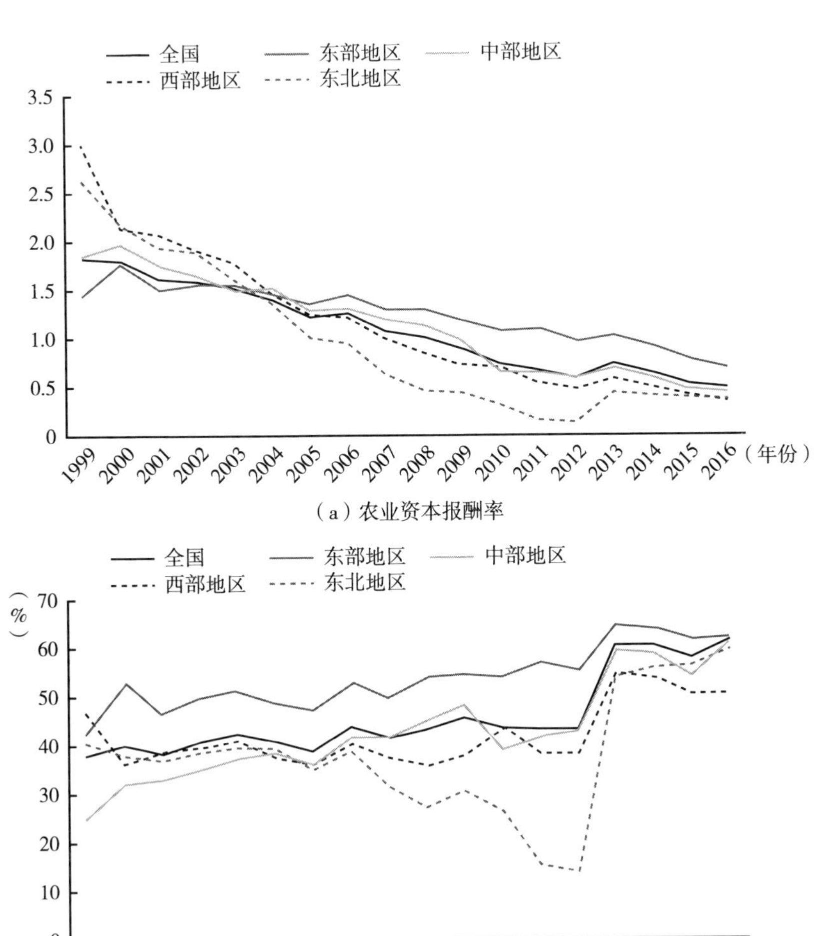

图 6-4　1999~2016 年中国农业资本报酬率及资本收入份额

度上延缓资本报酬递减规律作用的发挥。① 东部地区的农业资本报酬率缓慢下降，很可能与城乡统筹发展战略推动其农业发展方式率先转型有关。时至 2016 年，东部地区的农业资本报酬率依然是最高的，几乎是西部和东北地区的 2 倍。

① 蔡昉：《经济增长方式转变与可持续性源泉》，《宏观经济研究》2005 年第 12 期。

与农业资本报酬率的整体下降趋势相伴的是资本收入份额（$\frac{R_{it}}{Y_{it}}$）的整体上升趋势，这意味着劳动收入份额的整体下降。从全国来看，劳动收入份额已经从1999年的62.19%下降到2016年的38.63%。本书对农业劳动收入份额的测算与许多学者对全国劳动收入份额的测算相吻合。如常静雄等对A股上市非ST类公司的研究发现，劳动对产出的贡献率为53.10%，而劳动收入份额仅占33.41%①；章上峰、陆雪琴考察了1978~2011年中国劳动收入份额的变动，研究发现其从1990年的54.65%下降到2011年的44.94%②；谭晓鹏、钞小静结合要素收入核算口径的调整，测算了1992~2013年中国劳动收入份额，调整后2013年的结果大体在50%③；冯谚晨测算了2003~2014年中国劳动收入份额的变动趋势，其中2009~2014年一直在46%左右变动④。这说明，农业部门劳动收入份额的总体下降趋势与全国是一致的，但这一结果低于大多数国家55%~65%的水平。

不过，图6-4（b）显示了一个具有重要意义的信号，即除西部地区外，其他三大区域（包括全国整体）的农业资本收入份额几乎在2016年同时收敛于60%左右的水平。如前所述，资本收入份额下降或者保持不变是马克思增长类型开始转变的一个重要信号，三大区域同时收敛说明中国农业经济并未过分依赖马克思增长类型，可能开始向库兹涅茨增长类型转变。而索洛增长模型也认为，资本收入份额不变，是经济步入稳态增长的标志。⑤ 中国农业部门可能已经开始了稳态增长，未来提高全要素生产率将成为促进农业经济发展的主要方式。同时，三大区域资本收入份额在同一时期收敛还表明当前中国农业生产经营的市场一体化程度显

① 常静雄、王丹枫、孙磊：《我国劳动份额变化趋势研究——基于劳动份额、资本回报、投资及就业增长的互动关系分析》，《马克思主义研究》2013年第2期。

② 章上峰、陆雪琴：《中国劳动收入份额变动：技术偏向抑或市场扭曲》，《经济学家》2016年第9期。

③ 谭晓鹏、钞小静：《中国要素收入分配再测算》，《当代经济科学》2016年第6期。

④ 冯谚晨：《我国劳动收入份额的变动趋势——基于劳资分配失衡的分析》，《经济问题探索》2017年第4期。

⑤ Romer, P. M., "Endogenous Technological Change", *Journal of Political Economy*, 1990, 98 (5).

著提高。

综上所述，中国农业资本报酬率在考察期内整体下降，并带动了农业资本收入份额的整体提高，挤占了劳动收入份额。中国农业经济似乎陷入了马克思增长类型陷阱。但目前东部、中部和东北地区的农业资本收入份额同时在60%左右的水平收敛，农业劳动收入份额没有进一步下降，中国农业经济已经出现转型信号。那么，中国农业经济是否已经向库兹涅茨增长类型转型了呢？

第五节　中国农业全要素生产率变迁的基本趋势是什么

与以往相比，党的十九大报告更加重视经济的质量提高而非单纯的数量增长，并首次将“提高全要素生产率”作为贯彻新发展理念、建设现代化经济体系的举措。[①] 全要素生产率是一个系统的总产出与全部生产要素真实投入之比，而全要素生产率增长率，则是衡量投入要素技术进步的重要指标。[②] 因此，考察中国农业全要素生产率及其增长率，对于评估农业经济增长方式是否已经到了转型关口具有重要意义。

一　模型构建

为了更好地估计全要素生产率的变化特点，本书采用随机前沿生产函数测算1999~2016年全国31省农业全要素生产率。随机前沿生产函数能够估计在现有技术水平下可获得的最高全要素生产率的生产边界，很适合用于分析特别容易受外部影响的农业部门。沿着 Schmidt 和 Sickles[③] 的研究，我们建立了中国农业面板随机前沿模型：

$$\ln Y_{it} = \alpha_t + \beta_1 \cdot \ln F_{it} + \beta_2 \cdot \ln L_{it} + \beta_3 \cdot \ln K_{it} - u_{it} + v_{it} \tag{9}$$

① 《党的十九大报告》（辅导读本），人民出版社，2017。

② Blyth, C. A., Kuznets, S., "Economic Growth of Nations: Total Output and Production Structure", *Economica*, 1973, 40 (160).

③ Schmidt, P., Sickles, R. C., "Production Frontiers and Panel Data", *Journal of Business and Economic Statistics*, 1984, 2.

在公式（9）中，Y_{it}表示 i 省 t 时间的农业总产出；L_{it}为农业劳动力投入；K_{it}是农业资本投入；F_{it}是用农用地播种面积表示的土地投入；α_t为第 t 时期最高可获得的农业技术进步率；u_{it}是一个非负变量，用来衡量 i 省在 t 时间与最高农业生产率的差距。因此，i 省 t 时刻的农业全要素生产率为：

$$\alpha_{it} = \alpha_t - u_{it} \tag{10}$$

对于随机前沿分析，常用的估计方法有技术效率不随时间变化的固定效应、随机效应模型，以及技术效率随时间而变的时变衰减模型。就技术效率不随时间变化的模型而言，固定效应模型可以直接使用 LSDV 法进行估计，随机效应模型则可以对u_{it}和v_{it}的分布做出假定，进行 MLE 估计。而随时间变化的时变衰减模型则是在随机效应模型的框架下，假设u_{it}随个体与时间而变①：

$$u_{it} = e^{-\eta(t-T_i)} u_i \tag{11}$$

其中，T_i为 i 省的时间维度，η 为待估参数。由公式（11）可知，u_{it}将随时间而递减，直到最后一期T_i时，$U_{iT_i}=u_i$，所以称之为时变衰减模型。当 $\eta=0$ 时，则退化为技术效率不随时间变化的模型。

二 回归结果分析

我们首先对面板数据进行了 Hausman 检验，检验结果不拒绝原假设（H 值为 5.99，P 值为 0.20），通过使用 LSDV 法进行估计也发现，绝大多数的个体虚拟变量均不显著。此时，采用随机效应模型是最有效率的。接着，分别使用技术效率不随时间变化的随机效应模型和随时间变化的时变衰减模型进行回归。② 三种回归结果如表 6-1 所示。

① Battese, G. E., Coelli, T. J., "Frontier Production Functions, Technical Efficiency and Panel Data: With Application to Paddy Farmers in India", *Journal of Productivity Analysis* 1992, 3 (1): 153-169.

② 考虑到样本时间跨度为 18 年，可能发生技术变迁，因此时变衰减模型加入了时间虚拟变量。

表 6-1　随机前沿模型测算结果

	技术效率不随时间变化的固定效应模型	技术效率不随时间变化的随机效应模型	含时间虚拟变量的时变衰减模型
	系数	系数	系数
$\ln F_{it}$	0.513*** (0.171)	0.551*** (0.053)	0.492*** (0.040)
$\ln L_{it}$	-0.038 (0.087)	-0.017 (0.038)	0.149*** (0.023)
$\ln K_{it}$	0.200*** (0.019)	0.201*** (0.005)	0.022*** (0.006)
常数项	1.889** (0.852)	2.456*** (0.397)	2.021*** (0.327)
η			-0.005*** (0.001)
R^2	0.983		
似然函数对数值		219.007	500.055
样本数	558	558	558

注：*、**、*** 分别代表在 10%、5%和 1%的水平下显著。

含时间虚拟变量的时变衰减模型的回归系数均显著。其中，土地要素的投入系数最大，为 0.492，而资本要素的投入系数仅为 0.022。根据索洛模型的逻辑，回归系数可以作为要素的产出弹性，而如果将土地要素和资本要素作为广义的资本投入，那么广义资本的产出弹性将达到 0.514，这与前述农业资本报酬率的测算结果基本一致（2016 年全国农业资本报酬率为 0.48）。同时，土地要素的产出弹性远高于资本要素的产出弹性，这进一步说明，以市场价格衡量的农用地地租在中国农业生产成本中占的比重非常大。从回归结果来看，含时间虚拟变量的时变衰减模型的所有时间变量及时变系数 η 均在 1%水平下显著，说明技术随时间发生了明显变迁。①

① 值得一提的是，观察期内农业全要素生产率增加带来的回报可能被广义资本要素投入和劳动要素投入分享。这是因为，一方面，农业部门应用的生产资料已经内化了大量生产技术，这时可以选择的技术是以显性代码附着在机器设备上和生产工艺中的通用技术，因而回报被资本要素分享；另一方面，随着农业劳动者受教育水平的提升和应用性知识、技术的创新，回报又被劳动要素分享。但二者具体以何种程度分享则有待进一步研究。

因此，我们以这一回归结果根据式（10）对中国农业全要素生产率进行了测算，结果如图6-5所示。

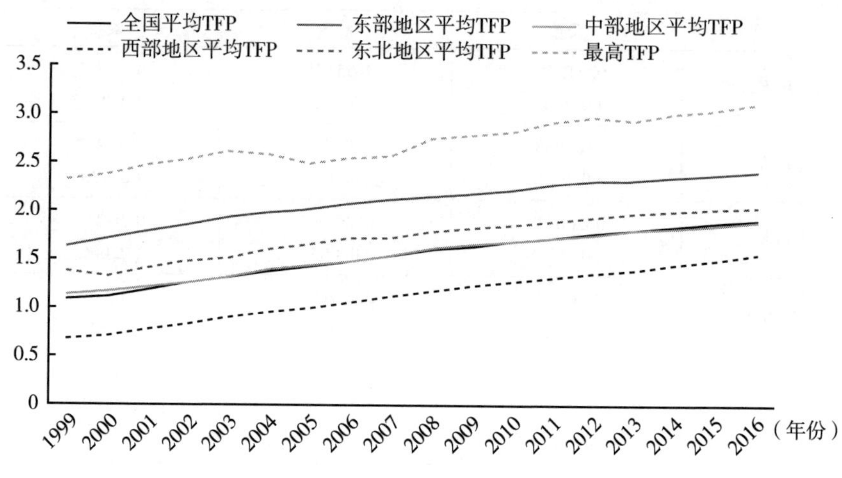

图6-5 1999~2016年中国农业全要素生产率发展趋势

图6-5比较了1999~2016年的平均全要素生产率和最高全要素生产率，观察两者之间的差距是否随着时间的推移而缩小。然而，随着时间的推移，全国平均全要素生产率与最高全要素生产率之间的差距并没有缩小，这意味着农业技术收敛没有发生。与其他三个区域相比，东部地区的平均全要素生产率增长较快，是最有希望赶上生产前沿的地区。这一结果与改革开放以来沿海地区比内陆地区发展更快的事实相吻合，也为前面测算出的东北地区农业资本报酬率下降趋缓找到了实证依据，表明东部地区农业发展方式率先转型确有可能。而东北地区作为中国“大粮仓”，具有独特的自然禀赋和生产条件，许多先进农业技术往往最先应用于该地区，因而其平均全要素生产率仅次于东部地区。中部地区平均全要素生产率与全国平均水平基本一致，而西部地区则相对落后。目前来看，各区域平均全要素生产率整体处于稳步上升态势，中国农业经济增长没有陷入马克思增长类型陷阱。

三 四大区域农业全要素生产率增长率对农业经济增长的影响

农业全要素生产率稳步提升反映了中国农业经济增长没有陷入马克思

增长类型陷阱，但不能证明已经开始向库兹涅茨增长类型转变。农业全要素生产率增长率，即“索洛余值”对农业经济增长的重要作用，是马克思增长类型向库兹涅茨增长类型转变的关键证据。

图6-6罗列了2000~2016年四大区域农业部门包括全要素生产率在内的各要素增长率。在4个子图中可以明显观察到，农业资本存量增长率远高于其他要素增长率，而农业产值增长率在绝大部分时期都仅次于农业资本存量增长率，这说明在相当长的一段时间内农业经济增长主要是靠资本拉动，体现了马克思增长类型的基本特征。

具体来看，各个区域要素增长率走势的特点鲜明。东部地区农业资本存量增长率走势几乎与农业劳动增长率走势形成一个滞后1~2年的对称结构［见图6-6（a）］，反映出了该地区农业资本要素对劳动要素的替代。作为全国率先发展的地区，东部的工业化、城镇化走在全国前列，农村大量劳动力向工业部门和城镇部门转移，致使农业劳动力长期负增长。与此同时，大量工商资本下乡使该地区具备了用资本要素替代劳动要素的条件。这一对称结构还反映出，东部地区的农业资本投入能够比较“精准”地对应劳动力短缺需求，这可能也是东部地区农业资本报酬率保持相对高位的原因。东北地区农业资本存量增长率走势与农业土地要素增长率走势比较相近［见图6-6（d）］，在一定程度上反映出该地区土地要素丰裕而使农业部门在开垦和复种过程中广泛使用资本的状况。这说明东北地区农业投资增长的作用与东部地区相类似，即主要还是资本要素对劳动要素的替代，只是诱发替代的机制不同：后者是因为工业化、城镇化快速发展导致的，而前者则主要是因为土地经营规模扩大引起的。中部和西部地区的农业资本存量增长率几乎都保持在年均15%以上，说明这两个地区是农业重点投资区域，且都在2008年后达到观察期峰值，这无疑与2008年国家的四万亿元投资有密切联系。① 两个地区的农业劳动增长率趋势比较一致，除2001年出现正增长外，其他时期都处于负增长［见图6-6（b）、图6-6（c）］，体现了这两个地区均为劳务输出地的特点。

① 李焜、王小华：《四万亿投资与中国粮食价格波动》，《华南农业大学学报》（社会科学版）2018年第5期。

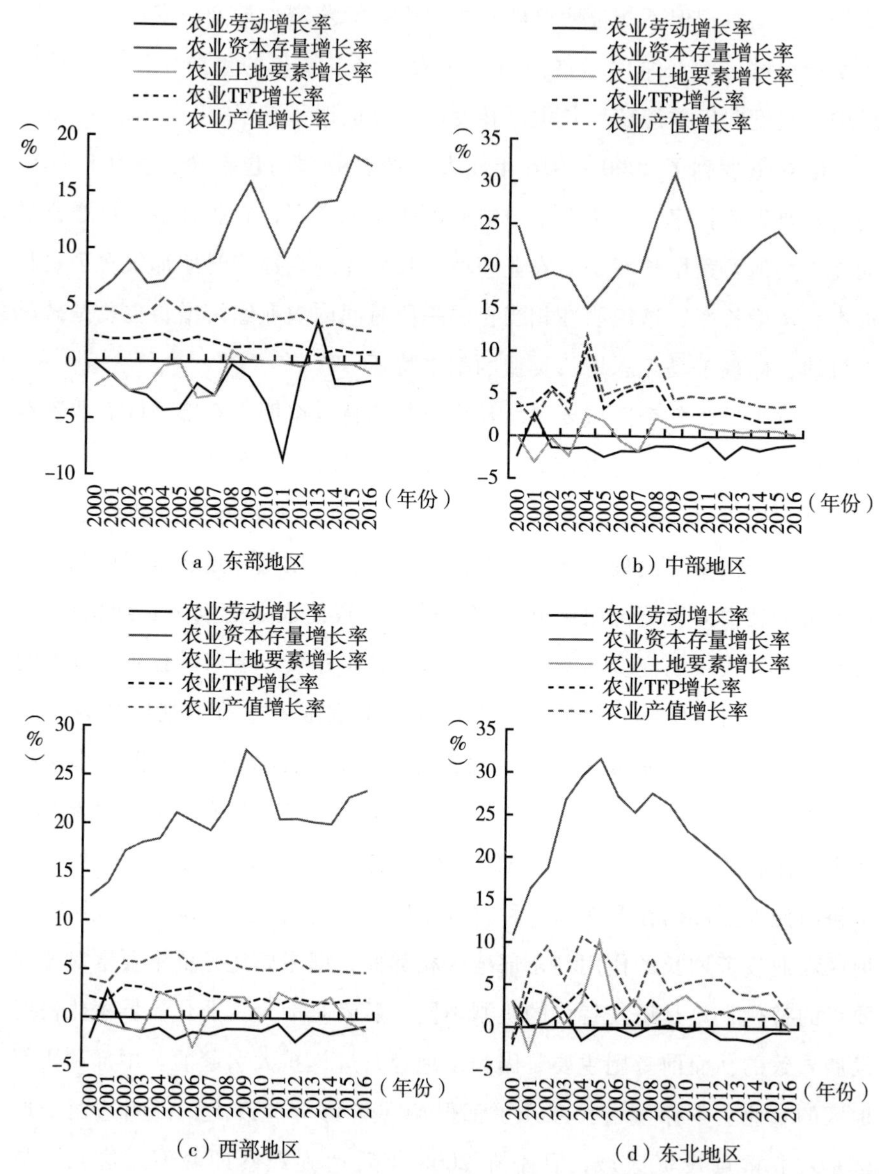

图 6-6　2000~2016 年中国农业部门各要素增长率

从四大区域的农业全要素生产率增长率来看，中部地区最为活跃，观察期内平均值高达 4.03%，部分年份甚至高于 5%。东部地区的农业全要素生产率增长率近两年逐渐下降到 1%以下的水平，可能与整体已处于高位、发展潜力有限相关，而西部地区则一直在 1%~3%的区间波动。上述两个地区的农业全要素生产率增长率在观察期内的平均值仅为中部地区的一半左右，大概是2.18%的水平。东北地区的农业全要素生产率增长率曾在2001年、2004年达到4.38%和4.48%的高位，但随后下降，2016年仅为0.68%，观察期内平均值为1.87%。观察期内各区域农业全要素生产率增长率与农业产值增长率的相关性都很强，其中东部、中部和东北地区属于高度相关，相关系数分别为0.75、0.83和0.89。结合农业资本收入份额收敛以及农业全要素生产率稳步上升的特点可以推断，尽管这三个区域尚未表现出库兹涅茨增长类型的特征（资本报酬率、工资率以及劳动收入份额提高），但基本已经开始从马克思增长类型向库兹涅茨增长类型转变。而西部地区的相关系数仅为0.47，其资本收入份额在观察期内并未像其他区域一样收敛，农业全要素生产率与其他区域相比还有不小差距，意味着西部地区要向库兹涅茨增长类型转型仍有待时日。

第六节 结论与讨论

速水佑次郎、神门善久认为，经济体要实现工业化高级阶段的经济增长，就需要从以高储蓄、高投资为特征的马克思增长类型向以技术进步为特征的库兹涅茨增长类型转变。基于这一思想，本书首先测算了1999～2016年中国31省的农业资本有机构成、资本报酬率变动，观察东部、中部、西部和东北四大区域的农业增长是否出现符合马克思增长类型的基本特征。随后，本书使用了面板随机前沿模型，分析了各区域全要素生产率增长的特点及对农业经济增长的影响，以判断各区域是否出现向库兹涅茨增长类型转型的趋势。研究的主要结论可以概述为以下内容。

第一，观察期内农业资本存量快速上升并带动农业资本有机构成大幅提高，说明中国农业经济增长符合马克思增长类型的基本特征。1999～2016年，中国农业资本存量年均增幅都在15%以上，显著高于其他生产要素的投入增速，并使农业经济增长呈现明显的资本拉动特点。这一状况在很大程度上降低了农业劳动力的务农收入占比，使全国农业资本有机构成从1999年的0.34猛增到2016年3.28的水平。

第二，农业资本有机构成变化确实大幅降低了农业资本报酬率，但到观察期末，东部、中部和东北三大区域的农业资本收入份额出现收敛，中国农业经济增长已经出现转型信号。中国农业资本报酬率从1999年的1.81持续下降到2016年的0.48，资本报酬递减规律作用明显。但2016年除西部地区外其他区域的资本收入份额几乎同时收敛于60%左右的水平，说明中国农业部门可能已经开始了稳态增长，农业增长类型已经出现转型信号。

第三，对农业全要素生产率及其增长率的测算表明，中国不仅没有陷入马克思增长类型陷阱，且大部分区域基本已经开始从马克思增长类型向库兹涅茨增长类型转变了。尽管通过面板随机前沿模型分析发现，全国农业全要素生产率平均水平与最高水平之间的差距并没有缩小，且各区域间也未出现收敛，但全国及各区域农业全要素生产率平均水平仍呈稳定上升态势，表明中国农业经济增长没有陷入马克思增长类型陷阱。同时，东部、中部和东北地区三大区域的农业全要素生产率增长率与农业产值增长率的相关性强，综合上述区域农业资本收入份额收敛以及农业全要素生产率稳步上升的特点，可以推断其已经基本从马克思增长类型向库兹涅茨增长类型转变了。

尽管中国大部分地区没有陷入马克思增长类型陷阱，且农业资本收入份额向60%收敛，但具体来看，农户并非农业投资主力。同时，西部地区仍然没有收敛，TFP平均值全国最低，仍然有陷入马克思增长类型陷阱的可能。因此，本章提出以下建议。

第一，农业经济增长成果应首先让农民享有。农业资本有机构成的提高一方面是农业劳均、地均装备率提高和种子、化肥、农药等农资投入增加的结果，另一方面也是大规模资本进入农业后农民处于弱势地位的体现。这是因为，目前农业资本收入份额已经高达60%，而农户并非农业投资的主力，所以数以亿计农户的务农收入和自有资本带来的产出在农业收入分配中的占比可能不超过50%。因此，对农业的投资应尽量以向农户发放贷款的形式投入，大力发展家庭农场、专业农户，即培养“自立农户”，让农民享有农业经济增长的成果。

第二，加快落后地区农业经济增长类型的转变。西部地区的农业资本收入份额没有收敛，很大可能是该地区仍有农业劳动力“滞留”于农业，延缓了资本报酬递减规律作用的发挥。这种“滞留”是土地制度、户籍制度以及丘陵、山地等自然条件的限制导致的。这些地区的农业经济增长类型转变比其他地区要多一个环节，即土地整理，特别是丘陵、山地宜机化整理。从农业资本存量增长率来看，这些地区的发展并不慢，但 TFP 平均值最低，说明提升的空间很大，并有可能实现 σ 收敛。[①] 同时，这些地区应大力发展劳动密集型的特色产业集群，比如咖啡产业集群，以促进农业经济增长类型的转变。

---

① σ 收敛认为，在假定资本边际报酬递减的前提下，人均资本存量更低的地区拥有更高的资本边际产出，随着时间的推移，这些地区与人均资本存量更高地区的人均产出水平的差距将不断缩小。

第七章

当代中国农业转型的县域实践：以成都市 X 县为例

国家层面的农业工业化和市场化转型向我们展示了当代中国农业转型的宏观图景。这一图景本身是由全国近 3000 个县市区农业转型的拼图构成的。对农业转型的宏观图景研究可以阐释农业转型的一般性，而对构成这一图景的中观“拼图”的探讨，则不仅可以论证寓于特殊性中的一般性，还可以提炼出更具有操作性的经验启示。因此，本章以位于四川省成都市南郊的 X 县为研究对象，通过问卷调研和深度访谈等田野调查方法对当地农业转型进行研究。

第一节　成都市 X 县县情及调研说明

一　成都市 X 县县情

X 县位于成都市南郊，属于成都市二圈层，行政区域面积 330 平方千米。2004 年，X 县下辖 11 个镇、1 个乡，2014 年处于核心地区的 W 镇撤销设立为 W 街道。2019 年，X 县行政区划进行了大调整，改为 4 个街道、4 个镇。2020 年 6 月，X 县撤县设区。[①] X 县常住人口和户籍人口均在 30 万人左右，但常住人口数量大于户籍人口数量，属于人口流入县。2020

① X 县于 2020 年撤县设区，但本章主要研究 2018 年前后该县农业转型情况，因此均以“X 县”指称。

年，该县户籍人口为 31.92 万人，第七次人口普查结果显示该县常住人口为 36.4 万人，净流入人口 4.48 万人。X 县经济实力强劲，多次获得“四川省十强县”称号。2020 年，X 县地区生产总值突破 400 亿元，人均地区生产总值为 11.00 万元，高于当年成都市的 8.57 万元。

近年来，受到成都市“核心区”的辐射作用，X 县的发展十分迅速。一是城镇化率显著上升。2008 年，X 县城镇化率仅为 35%，2017 年已经达到 45%，2020 年则达到 53.1%。二是三次产业快速演进。从产值结构来看，2008 年第一、第二、第三产业的比例关系为 12.0∶56.3∶31.7，2017 年已经转变为 5.8∶59.4∶34.8；到 2020 年，X 县的第一产业比重没有变化，第二产业比重下降，第三产业比重迅速上升，三次产业比为 5.8∶41.3∶52.9。根据钱纳里模型，X 县已经处于工业化后期阶段，并逐步迈入后工业化阶段。三是城乡人均收入差距迅速缩小。2020 年 X 县农村居民人均可支配收入为 26482 元，略高于成都市的 26432 元，城乡人均收入差距从 2008 年的 1.95∶1 下降到 2017 年的 1.70∶1，再下降到 2020 年的 1.64∶1，低于成都市的 1.84∶1，也远低于全国平均水平。

二 调研情况说明

X 县是观察当代中国农业转型县域实践非常合适的样本。2018 年以前，X 县的农业在四川省就一直处于领先地位：曾经被作为全国“三高”农业示范区、省级综合体制改革试点县、国家级星火技术密集区和省级个体私营经济试验区。X 县个体私营经济占全县经济的大半河山，涌现出了多个在国内极具影响力的民营企业和农业产业化龙头企业。2017 年 8 月，四川省委省政府决定在 X 县打造农业博览园，并在 2018 年将其作为“四川贯彻乡村振兴战略的标志性项目”。四川省委省政府明确表示，除需国家授权外的国省级农业农村改革试点项目，均可在农业博览园探索，希望通过改革创新，解决建设中出现的各种问题。

农业博览园的建设直接加快了 X 县的农业转型进程，不仅带动了农业劳动力迅速转移，还实现了大规模农地整理，并引导大量资本进入农业，推动数字农业技术赋能农业产业发展。同时，农业博览园本身还通过制度和政策创新，为促进四川省乃至全国农业转型提供了经验。X 县农业转型进程为我们提供了当代中国农业转型的县域样本。通过问卷调研和深度访谈等田野调查方法，以农业转型视域对比 2018 年前后 X 县的农业发展趋势，分析其推动农业转型的相关改革举措，无疑对进一步促进当代中国农业转型具有重要的理论和现实意义。

2018 年 6 月，笔者及团队恰好受 X 县委托，牵头对规划中的农业博览园区域内的农户生产经营和生活状况进行调研并撰写报告。在这个过程中，X 县成立了 16 个调查工作小组，对规划区农户逐户进行了问卷调研。笔者也率队赴现场参加了调研，并通过抽样的方式对农户进行了访谈。经过 1 个月紧锣密鼓的调研，共完成有效问卷 17573 份，调研受访家庭的人口总数为 50909 人，问卷分“家庭基本情况”、“劳动就业情况及意愿”、“土地流转情况”、“集中居住意愿”和“村（社区）服务情况”五个部分，包含了农户生活状态、生产方式和公共服务供给等状况。这次调研向我们展示了农业博览园全面建设之前 2018 年 X 县农业转型基础状况。2022 年 11 月，笔者及团队再次来到 X 县，对当地农业发展现状进行了追踪调研。结合 X 县提供的 X 县国民经济和社会发展统计公报和 X 县第三次全国国土调查主要数据，对比 2018 年的调研结果，我们分析了近年来 X 县农业转型趋势。

第二节 2018年成都市 X 县农业转型基础状况

2018 年以前，X 县农业转型有着当代中国农业转型的普遍问题，包括农业劳动力老龄化、兼业化，农地经营规模小和土地细碎化，农业投资增长乏力等问题。但 X 县的特点在于，在发展过程中形成了适合自身的农业产业化模式，为未来农业转型奠定了基础。

一 农业劳动力老龄化严重，兼业化比较普遍

在受访的 50909 人中，在劳动年龄内且具有劳动能力的有 32055 人，占受访家庭总人口数的 63.0%，总抚养比为 37%，与同期全国平均水平一致。其中，65 岁及以上的老年人占 21%。与此同时，在 32055 人中有 75.3%的劳动力外出务工，这一状况迫使许多老年人不得不进入田间地头

务农，农业劳动力严重老龄化。调研走访情况显示，由于本地城镇化水平较高，交通便利，青壮年农村劳动力基本都在本县或成都市内务工，“离土不离乡”的特征比较明显，而在农村务农的多为 40 岁以上的中老年人。

由于单纯依靠农业生产经营难以实现经济自足，大量劳动力不得不外出务工“糊口”。在调研走访中观察到，农户家庭多是“父母-夫妻-子女”的传统家庭结构。由于长期以来的计划生育政策，上一辈父母往往只有 1~2 个子女，年迈的父母跟随一对夫妻生活。家中的收入主要来自处在劳动年龄阶段且具有劳动力的夫妻，父母多在家中休养或从事一些简单的农业、手工业。因此，一对夫妻通常要抚养包括未成年子女在内的 3~4 个人，生活压力很大。从图 7-1 受访农户家庭人口劳动力结构来看，有 75.3%的劳动力以务工为业，而从事农业自营的人数仅占 21.12%。此外，有 25.44%的受访家庭劳动力经商（13.71%）和从事非农自营（11.73%）。

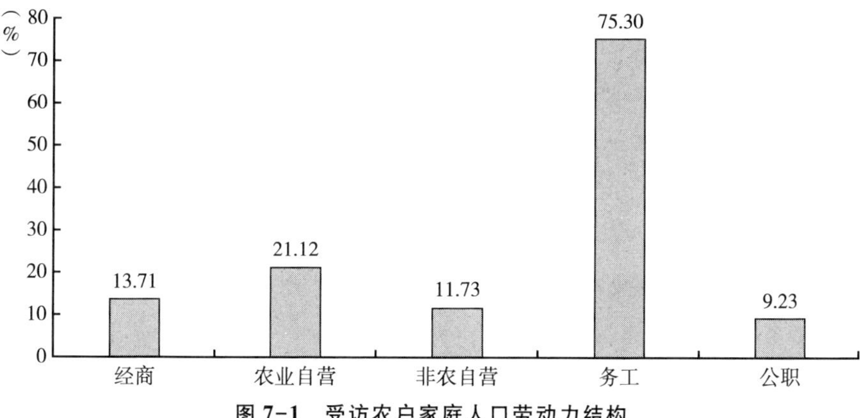

图 7-1　受访农户家庭人口劳动力结构

注：由于问卷中本题是多选题，6 个选项总比例超过 100%，农业自营与其他人员有一定交叉，也体现了农业兼业化情况。

二　户均农地规模不大，土地在一定程度上细碎化

受访农户承包耕地总面积为 52871.84 亩，其中自营 14683.22 亩，仅占耕地总面积的 27.8%，转包 14573.05 亩，出租 23615.57 亩，说明 X 县

土地流转比较普遍。承包地小于 3 亩的农户占受访农户的 68.3%，承包地 3~5 亩的农户占 26.4%，大于 5 亩的农户仅占 5.3%。近 70%的农户承包地不足 3 亩，足以说明当时 X 县的土地细碎化程度。

事实上，X 县地势平坦，是适宜大规模农业耕作的。但作为川西重要的物资集散地和交通枢纽，X 县人口稠密，在家庭承包经营制实施以后耕地高度细碎化。调研走访情况显示，大部分受访农户的人均耕地不足 1 亩，基本无法依靠农业维持生计，农村青壮年劳动力纷纷外出务工。

在调查的 17573 户中，完全没有转包、出租行为的农户仅有 318 户，而他们的承包地规模都为 3~5 亩。这些专注于务农的农户主要种植蔬菜、水果等经济作物，或者开辟鱼塘从事水产养殖，户均年收入在 4 万元左右，处于全县中下水平。同时，这些农户往往文化水平不高，缺乏除务农外可以谋生的职业技能。他们比较担心未来规模化经营后可能无法务农，从而丧失收入来源。

三 农业小部门化趋势明显，农业投资增长乏力

与本书前述的中国农业转型趋势一致，X 县农业小部门化的趋势非常明显，主要表现在农业产值比重和就业人数占比迅速下降。2008~2017 年，X 县的农业产值从 10.55 亿元小幅上升至 17.63 亿元，而同期地区生产总值则从 87.58 亿元上升到 301.44 亿元，农业产值比重从 12.05%下降到 5.84%。在这一时期，农业就业人数占比也从 31.89%下降至 26.06%。这一农业就业人数占比与我们 2018 年的问卷调研结果 21.12%相近。

随着农业的小部门化，农业的地位在 X 县不断下降，突出表现为，城镇化带来的城区面积快速扩张大幅挤占了农业作业空间，耕地数量和粮食播种面积下降。2008 年 X 县建成区面积为 17 平方千米，到 2017 年已经迅速扩大至 42 平方千米，10 年扩张了 147%。而与之相反的是，耕地数量严重下降，从 2008 年的 12930 公顷下降到 2015 年的 11997 公顷。耕地数量严重下降影响了粮食播种面积。2008 年粮食播种面积为 19129 公顷，到 2017 年下降了近 5000 公顷，为 14334 公顷。

农业固定资产投资在波动中缓慢增长，且已经遭遇严重的边际递减效应。2008 年农业固定资产投资完成额为 1.54 亿元，占全社会固定资产投

资完成额 78.65 亿元的 1.95%；到 2012 年，农业固定资产投资完成额为 2.44 亿元，但占比下降到 1.20%。后来随着政策的重视，这一占比有所提升，但幅度不大。2017 年农业固定资产投资完成额为 13.83 亿元，占全社会固定资产投资完成额 351.16 亿元的 3.93%。造成农业固定资产投资增长缓慢的一个重要原因，是 X 县的农业投资回报率大幅下滑。2008~2017 年 10 年间，X 县的农业投资-产出比率（ICOR）从 0.15 上升到 0.78，说明其投资边际递减效应明显。

四　农业民营企业发展缓慢，但农业产业化模式逐渐成形

相较于其他产业，农业民营企业发展缓慢。2008 年，X 县农业民营企业增加值为 4.38 亿元，占全县民营企业累计完成增加值 61.67 亿元的 7.10%；到 2012 年，农业民营企业增加值仅增加到 6.11 亿元，占比下滑到 4.7%；2017 年，尽管农业民营企业增加值上升到 32.79 亿元，但占比进一步下降到 2.75%。X 县农业民营企业发展缓慢，对农业的带动作用有限。该县农业产业发展主要还是依靠政府的力量和农业合作社、家庭农场等新型农业经营主体的壮大。

经过 10 年发展，X 县形成了“大园区，小业主”的农业产业化模式。尽管 X 县粮食播种面积逐年下降，但蔬菜种植面积和果蔬产量却逆势增长。2008 年，蔬菜种植面积和蔬菜、水果产量分别为 3846 公顷、16.68 万吨和 3.76 万吨。到 2017 年，这三个数据分别为 4865.93 公顷、23.25 万吨和 4.54 万吨。这得益于 10 年来 X 县果蔬生产形成的“大园区，小业主”模式，X 县打造了 L 村万亩蔬菜产业示范园、M 社区特色果蔬基地、X 镇韭黄种植基地、Y 社区农业循环经济示范园等农业园区。

以 L 村万亩蔬菜产业示范园为例，L 村经过反复试验摸索出适应当地气候条件的一年三熟的“菜—稻—菜”生产种植模式，春菜以西红柿、茄子为主，秋菜以萵笋为主，既保证了农户的口粮生产，又增加了经济收入。2008 年 L 村在政府主导下统一规划，实行“大园区，小业主”模式，建立了 8500 亩的现代农业产业园区。2009 年园区基本成型后，仅春季蔬菜产量就高达 31560 吨，占 X 县当年蔬菜总产量的 17.8%。

X 县的休闲农业、旅游农业也是一大亮点。依托当地农业的发展和与中心城区距离较近的地理优势，X 县陆续举办乡村旅游节、梨花节、河鲜美食节、杜鹃花节，旅游综合收入从 2008 年的 6.7 亿元提升到 2017 年的 34.22 亿元，接待人次也从 240 万人次提升到 1408.3 万人次。

第三节　2018年成都市 X 县农业转型主要制约

X 县农业要向更高阶段转型，需要改变之前不利的基础状况。但这些基础状况受到乡村规划、农户意愿、农村集体产权改革、城镇化等诸多因素的制约。

一　乡村缺少规划加剧了农业劳动力“空心化”现象

如第三章所说，造成农业劳动力“空心化”现象的原因很多，包括农业比较利益低下、高成本城镇化战略、农村土地制度不完善、农业补贴力度过小等。而乡村规划不合理、农村公共配套资源长期不足等问题，则会推动农业劳动力进一步流出，使“空心化”现象加剧。

从资料来看，尽管 X 县在 2008 年以前充分利用了农村土地综合整治和城乡建设用地增减挂钩等政策，重构城乡空间结构，提高了城乡土地利用效率，但只覆盖到了部分地区。许多地方仍然没有具体的规划，导致宅基地空置问题严重。笔者走访时发现，X 县的一些村庄仅仅对处于主干道的房屋进行了修葺，村庄内部的建筑老旧，呈现外围是新楼、中心地带是破旧和闲置房屋的典型“空心化”空间状态；部分村存在农业用地被工厂厂房、农家乐等经营场所占用现象，影响了原有农业用地布局。分散的宅基地增加了对上班有着严格时间要求的本地务工劳动力的通勤成本，一些人宁愿在工作地点附近租房也不回家，农事逐渐废弛，农业兼业化向副业化方向发展甚至出现“离农”倾向。

造成“空心化”的另一个重要原因与农村教育、医疗等配套基础设施不足有关。例如，一些村庄过去都有中心小学，但在城镇化进程中被拆并，家长不得不将子女送至离家较远的学校就读。尽管各乡镇都有公共交通接驳，但部分家长怕耽误子女学习，选择就近陪读或让子女寄宿。

二　农户存在对农业转型后生产生活适应问题的担忧

农业转型不仅涉及农户或转移人口生产方式转型，而且必然也会带动他们的生活方式转型。对于继续从事农业的农户而言，他们将流转入更多的土地，并需要学习更加专业的生产知识。对转移人口而言，则要接受更有纪律性的工作并适应集中居住的生活。

调研显示，X 县农户表示对农业转型后的生产生活能否适应有顾虑。有 36.12%的受访农户表示出流转土地的强烈意愿，有 58.58%的农户表示愿意，仅有 1.74%的少部分农户不愿意流转（见图 7-2）。而不愿意流转的具体原因主要有三种：比较普遍的原因是想将承包地留着自己耕种，以供应家庭所需的部分口粮和蔬菜；另一种原因是觉得转包出去租金太低，收租周期太长，意义不大；还有的农户表示，自己的主业就是农业，没有必要流转。

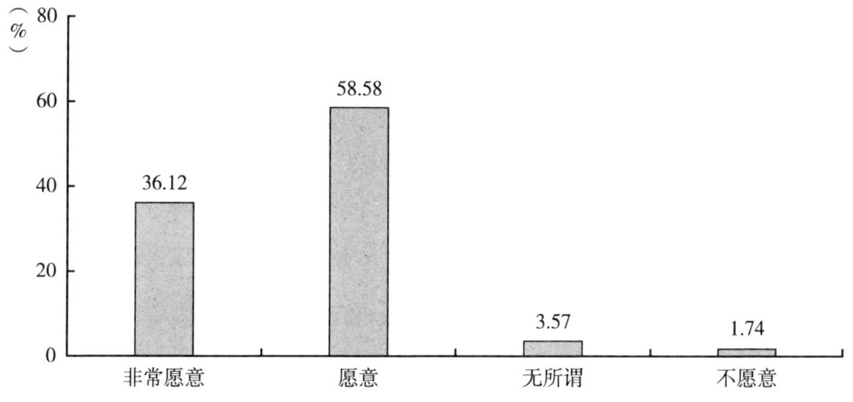

图 7-2　农户流转土地的意愿

与土地流转相应的，是农民的集中居住意愿。图 7-3 显示，受访农户普遍表达了愿意集中居住的态度。其中，非常愿意集中居住的农户占 32.22%，愿意的占 54.28%，总占比达到 86.50%。还有 7.09%的农户觉得无所谓，仅有 6.41%的农户不愿意集中居住。从不愿意集中居住的具体原因来看，最大的原因是对搬迁带来的不确定性感到疑虑，比如搬迁的补偿金有多少、补偿金是否能及时到位、搬迁的地点在哪里、搬迁的房屋质量能否有保障等。其他原因归纳起来主要包括：自己的房屋刚刚修缮或新建，比较舒适，不愿意搬迁；自己主要从事农业生产经营，集中居住后可能会给务农带来极大的不便；习惯了散居生活，觉得集中居住以后环境嘈杂、居住面积过小，不愿意过集中居住的生活；部分农户缺少资金，如果补偿不到位就没有能力搬迁。

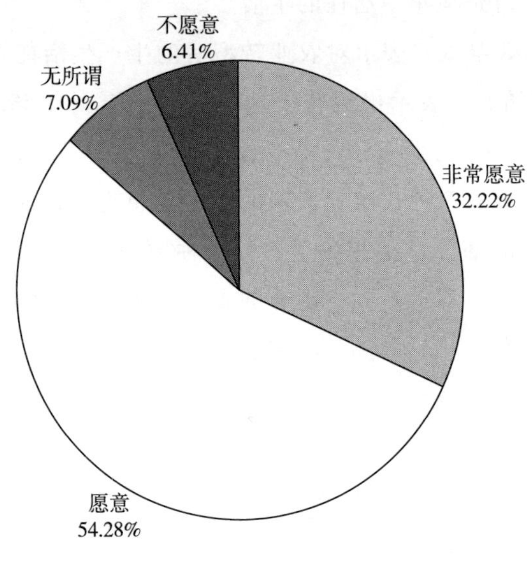

图 7-3　农户集中居住意愿

尽管大部分农户表示愿意流转土地和集中居住，但在调研走访过程中，还是能感到他们对土地流转和集中居住后生产生活适应问题的担忧。一些受访的年轻人表示，以往他们都只是在县城里兼职打工，农忙的时候还是要回来种地，如果在土地被流转出去后遇到企业裁工，自己的收入得不到保障。部分愿意集中居住的中老年人也向我们直言，集中居住后能否适应“上楼”的生活是个大问题。大部分受访农户担心，集中居住后会增加他们的居住成本，比如物业费、垃圾处理费等。

三　农村集体产权改革配套不足影响转型进程

农村集体产权改革事关村集体、农户和外来业主等多方主体的切身利益。成功的农村集体产权改革能够为顺利推动农业转型提供制度基础和市场条件。但是，在调研走访中发现，X 县农村集体产权改革存在农户对改革的意义和重要性认知不足、改革相应的配套制度仍需要建立和完善等问题。

如前所述，早在 2008 年成都市就利用全国统筹城乡综合配套改革试验区“先试先行”的机遇，在全国率先开展了农村产权制度改革，对未确权到户的土地、房屋等集体资产进行了清产核资和股份量化，并先后出台了《成都市推进农村集体资产股份化改革实施方案》《成都市农村集体资产股份化改革指导意见》等政策文本和建立了“十步”工作法。X 县在 2016 年作为成都市农村集体资产股份化改革的 6 个试点区（市）县之一开展了农村集体产权改革。不过，改革本身是个细致且复杂的过程。例如，农村集体产权改革工作队伍不仅要吃透政策，还要做好农户宣传工作。但 2018 年调研时发现，只有不到一半（41.59%）的农户对农村集体产权改革的内容表示“清楚”，有 49.09%的农户仅仅对农村集体产权改革有些了解，有近 9.32%的农户表示不了解。

同时，在改革过程中需要建立和完善符合当地群众习俗和意愿的配套机制。农村集体产权改革不仅仅包括集体资产清产核资、集体成员身份确认、股份量化、农村集体经济组织发展壮大等内容，还包括乡村建设和产业融合发展用地的保障，群众集中居住的自主搬迁机制的建立，以及集体收益分配、审计监督、抵押融资等方面发展机制的完善。

四 农业发展空间日益狭小使农业有被边缘化的危险

城镇快速扩张，挤占了农业的发展空间。前文已经提到 2008 年 X 县的建成区面积为 17 平方千米，到 2017 年已经迅速扩大至 42 平方千米，10 年扩张了 147%。而与之相应的是，耕地数量和粮食播种面积严重下降，耕地数量从 2008 年的 12930 公顷下降到 2015 年的 11997 公顷，粮食播种面积从 2008 年的 19129 公顷下降到 2017 年的 14334 公顷。需要指出的是，单位粮食播种面积的产量也在持续下降，反映了当地对粮食生产不够重视的问题。2008 年，X 县每亩粮食播种面积的产量为 364.78 千克，到 2017 年仅有 292.49 千克。

城镇化使本处于成都二圈层的 X 县近郊化，导致该县农业生产全面转向种植经济作物也是符合空间经济学规律的。而真正的问题在于，在 X

县农业小部门化和农业投资回报率持续走低的背景下，如果农业劳动力“空心化”和农地细碎化等问题迟迟得不到解决，农村集体产权改革难以推进，那么该县农业将被边缘化，甚至有可能像成都市其他一些区域一样，在“南拓”过程中“失去农业”。

第四节 2018年后成都市X县农业转型趋势及政策经验

农业博览园项目建设对X县的农业转型是一次千载难逢的机遇。X县通过管理机制建设、全域农业发展规划、大规模撤乡并镇改街道、农村集体产权改革和人力资源引进等一系列举措，一改本地农业发展颓势，加快了农业转型，并取得了可喜的成绩和值得推广借鉴的政策经验。

一 新型农业经营主体培育成效显著

面对农业劳动力老龄化、“空心化”问题，X县借助农业博览园建设的机会，积极引导没有务农意愿的劳动力进入非农部门就业，着力强化对家庭农场的引育培养和政策扶持，推进家庭农场发展壮大。

一是引导没有务农意愿的劳动力进入非农部门。X县的特点是围绕农业博览园相关产业引导本地劳动力就业，以及推动社区就业成为新的就业增长点。利用网格员入户采集基础信息的契机，同步采集劳动力基本情况、就业情况、培训情况等就业信息，促进劳动力供需双方匹配。农业博览园有科技农业、会展农业、休闲农业和文创农业等功能区，X县围绕这些功能区有针对性地对劳动力进行培训，同时健全政府购买社区服务机制，发展社区服务以扩大就业。

二是通过补贴形式加大对农业企业的扶持力度。X县出台了“新乡村十条”，通过补贴的形式，积极引导涉农企业在本地乡村集聚，促进第一、第二、第三产业融合。对新引进的以农业种植养殖为基础的农、商、文、旅、体、科产业融合类发展项目，建成运营后给予一次性最高不超过200万元的补助。对新引进的利用农业物联网、农业大数据等信息技术的现代设施农业项目，给予最高不超过50万元的一次性补贴。对通过订单模式向连锁商超供应本区域生产的蔬菜、水果等的经营主体，按照年销售收入给予最高不超过 10 万元的奖励。

三是强化对家庭农场和农业专业合作社的引育培养。加强基层农业从业人员培训，积极引导有资金、懂技术、会经营的农村实用人才、乡村本土能人、返乡创业农民工、优秀大中专毕业生以及退伍军人等人才创办家庭农场。对乡村创新创业人员给予“智力”支撑，对返乡入乡人员和“田秀才”“乡创客”等参加创新创业技能培训的，给予每人每年最高不超过 2000 元的补助。强化示范引领，完善示范家庭农场动态管理机制，开展示范农场逐级审核、逐级评定，充分发挥示范农场的示范带动作用，提升全区家庭农场水平。出台农民合作社区级示范社评定及监测办法，引导农业经营主体走合作化道路。

截至 2022 年，X 县有市级以上农业产业化龙头企业 32 家（国家级 4 家、省级 9 家、市级 19 家），销售收入 196.08 亿元；累计培育家庭农场 403 个、农民合作社 331 个；培训农业职业经理人等 170 人，新评定职业经理人 68 人，培育高素质农民 93 人。

二　多措并举推动农业适度规模经营率提升

正如本书第二章揭示的那样，随着农业工业化进程的推进，农业要素禀赋结构将从劳动要素密集型向土地要素密集型转变，但这需要通过朝着完善农业要素市场机制方向的农业制度安排演进来实现。因此，X 县在培育新型农业经营主体的同时，配套推进农村集体经济股份化改革，并在此基础上实施农村土地整治和推动高标准农田建设升级，为农地向新型农业经营主体集中提供了条件。

一是大规模实施农村土地综合整治。农业博览园项目规划面积占 X 县的 40%，共涉及 10.9 万人。要实现项目规划，要求打破现有城乡格局，对覆盖全县近一半区域的人口、土地、产业进行空间重构和优化配置。为此，X 县通过各种方式筹集巨量资金进行大规模农村土地整治。笔者调研了农业博览园核心区的 ZH 村集中居住项目。该项目通过“集体土地片区开发中期贷款”模式，以集体建设用地的预期收益做抵押，从金融机构获得贷款用于安置房建设。该项目对 607.39 亩土地进行了整理，整理出了集体建设用地 140 余亩。然后，由村集体经济组织招引区文旅集团作为投资主体，以这140余亩集体建设用地的预期收益做抵押，获得了中国银行8000万元的两年期贷款。

二是配套推进农村集体经济股份化改革。X县以农村土地综合整治为抓手，开展了镇、村、组三级清产核资工作，推进农村集体经济股份化改革。在农业博览园范围内先行先试，建立完善村（社区）集体经济组织，推动农村资源变资产、农民变股民，以“所有权、承包权、经营权”三权分置改革为基础，组建了村（社区）集体股份经济合作社、土地股份合作社、劳务合作社。村（社区）集体股份经济合作社将农村集体经济产权以股份形式量化到农户，土地股份合作社是指农户以土地入股建立合作社，劳务合作社则是在资源变资产、农民变成股民后，将没有务农意愿的劳动力组织起来向非农产业输送。

三是大力推动高标准农田建设升级。农业基础设施水平对农业发展至关重要，作为“四川贯彻乡村振兴战略的标志性项目”，X县大力推动高标准农田建设升级。X县发布了高标准农田建设规划（2021~2030年），重点对已建成的高标准农田进行改造提升，在遵循国家、行业相关技术规范和标准的条件下，建立适合X县实际情况和发展需求的高标准农田改造提升标准体系；同时在基础条件较好的区域，重点推进物联网、大数据、移动互联网、智能控制等信息技术在高标准农田上的应用，提高农田灌溉排水等田间作业的智能化水平。

四是鼓励农地向新型经营主体集中。X县鼓励经营主体根据自身经营能力，结合区位条件、产业特征、产品特点等，合理确定经营规模，采取出租、转让、股份合作、托管服务等多种方式，促进连片农村土地经营权向新型经营主体集中。流转通过成都农村产权交易所有序、规范进行。到2022年，家庭农场经营土地面积已经达到4.71万亩，占X县耕地面积的30%以上，其中种植业主要集中在500亩以下，养殖和水产业主要集中在50亩以下。如果按照X县注册的403个家庭农场数量计算，每个家庭农场的平均规模在116亩左右。

三 政府引领各类资本竞相下乡促进农业转型

农业资本深化是农业工业化进程中的重要环节，如果农业转型进程受阻，农业投资回报率将大幅下降，资本进入农业的意愿也会明显下降。农业博览园建设不仅为 X 县的农业发展注入了资金，也为各类资本进入该县农业获得收益带来了机遇。以政府为主导，把握资本准入机制和进入方向，是 X 县必须完成的任务。

一是高标准规划农业产业发展。农业博览园项目集农业博览园区建设和农业博览产业功能区建设于一体，力求打造全球领先的农业展会平台和世界知名的开放型农业创新基地。X 县抓住契机，高标准规划农业产业发展：设计了集农业生产、农产品加工以及休闲农业于一体的生态农业产业链；制定了会展类、农产品加工类、休闲农业类不低于 150 万元/亩，核心区种养农业项目不低于 40 万元/亩的投资强度标准；配套建设了高标准的基础设施和包括人才公寓、科研中心在内的公共服务设施。

二是通过创新投融资机制引领资本下乡。X 县成立了园区党工委（管委会），集合多方力量组建了农业博览园投资公司，具体负责农业博览园核心区的建设和管理，形成“指挥部+管委会+投资企业+合作社”的运行机制。截至 2021 年，已经累计投入各类资金 200 余亿元，实施基础型、功能型项目 184 余个，引进落户重大产业化项目 45 个。吸引了 58 集团、德康农牧、喜马拉雅等一批带团队、带项目、带流量、带资本的头部企业落户，引进新希望、蓝城集团等“链主”企业，发展具有“六次产业”特征的新乡村产业。

三是促进农、商、文、旅、体、科、教多种业态融合发展。为了给农业产业发展寻找空间，X 县推动乡村功能从单纯的农业经营向多种业态融合发展，在农村集体产权改革基础上打通城乡要素流动的“堵点”，把“乡村场景化、场景产业化”的思路植入商业逻辑，通过打造乡村生活场景、旅游消费场景、创新创业场景，培育以农、商、文、旅、体、科、教融合为特征的新乡村产业集群。

四　以数字化、智能化为核心技术加速农业产业升级

近年来，数字化、智能化技术赋能农业产业的趋势方兴未艾。X 县在建设农业博览园的过程中，也迎着技术变革的“东风”，积极引导数字化、智能化技术与农业融合，大力发展数字农业、智慧农业，带动传统农

业转型升级。

一是用数字化、智能化技术培育现代农业产业体系。X县大力建设“空天地一体监测、人机物一网互联、种管收一键操作”智慧农田。在监测环节，种植户可以使用手机App，通过卫星遥感图像，对自己田块病虫害的发生情况进行实时监控，从而提高巡田效率，降低巡田成本。在育种环节，运用自动化水稻育秧机，采用流水化作业方式，实现全程机械化生产和无纺布覆盖育秧，极大地提高了出芽率。在种植、管理和收割环节，也实现“智慧+机械”的操作。特别是在农地整理后，大型机械设备的使用降低了种田的劳动成本，还提高了耕作效率。

二是推动数字化、智能化技术赋能农业服务业体系。培育孵化了10余家农机专业合作社、植保技术合作社等社会化服务经营主体。将“O2O”线上线下结合模式与农业社会化服务经营主体相衔接，农户可以通过现代农业智慧平台选择社会化服务经营主体为其提供农资、育苗、植保、收耕、烘干、销售等方面的服务。2022年，X县接受农业数字化服务的面积超过5万亩。建立了“自媒体销售+互联网众筹+平台化运营”模式，为鱼稻共生和鱼菜共生农场提供技术、设备和模式输出服务。

三是全方位推进数字乡村建设，实现数字乡村治理。X县建成“1+4+N”智慧服务体系，将70项法人事项、202项自然人事项下沉办理。搭建“数字农博+乡村振兴”综合服务平台，有效链接乡村和城市，汇聚各类涉农数据管理平台54个，实现乡村和城市的双向在线、融合共生。组建了数字科技产业发展集团，联合四川乡村振兴集团组建乡发数科集团，共同开展乡村数字建设产品、模式和案例的探索。利用云计算、5G等新技术，建立了覆盖区、镇、村三级的区域医疗一体化信息系统。搭建涉农信用数据库，建成乡村金融惠民服务站100个，实现助农信贷“一键”触达，让乡村金融服务进村入户。

第五节　结论与讨论

本章以位于四川省成都市南郊的X县为研究对象，通过问卷调研和深度访谈等田野调查方法，以农业转型视域对比2018年前后X县的农业发展趋势，分析了其推动农业转型的相关改革举措，主要结论如下。

第一，2018 年以前，X 县有着当代中国农业转型的普遍问题。

一是农业劳动力老龄化严重，兼业化比较普遍。在受访的 50909 人中，处于劳动年龄内且具有劳动能力的有 32055 人，占受访家庭总人口数的 63.0%，总抚养比为 37%。外出务工的劳动力占劳动力总数的 75.3%，以至于许多老年人不得不进入田间地头务农。从事农业自营的人数仅占 21.12%，大部分人务农属于兼业。

二是户均农地规模不大，土地在一定程度上细碎化。X 县承包地小于 3 亩的农户占受访农户的 68.3%，承包地 3~5 亩的农户占 26.4%，大于 5 亩的农户仅占 5.3%。近 70%农户的承包地不足 3 亩，说明当时 X 县的土地细碎化程度。调研走访情况显示，绝大部分受访农户人均耕地不足 1 亩。

三是农业小部门化趋势明显，农业投资增长乏力。2008~2017 年，X 县的农业产值从 10.55 亿元小幅上升至 17.63 亿元，而同期地区生产总值则从 87.58 亿元上升到 301.44 亿元，农业产值比重从 12.05%下降到 5.84%。随着农业的小部门化，农业的地位在 X 县不断下降，表现为城镇化带来的城区面积快速扩张大幅挤占了农业作业空间，耕地数量和粮食播种面积下降。同时，农业固定资产投资在波动中缓慢增长，且已经遭遇严重的边际递减效应。2017 年农业固定资产投资完成额为 13.83 亿元，占全社会固定资产投资完成额 351.16 亿元的 3.93%。之所以增长缓慢，跟 X 县农业投资回报率大幅下滑、投资边际递减效应明显有关。2008~2017 年 10 年间，农业投资-产出比率（ICOR）从 0.15 上升到 0.78。

四是农业民营企业发展缓慢，但农业产业化模式逐渐成形。2008~2017 年，X 县农业民营企业增加值占全县民营企业累计完成增加值的比重从 7.10%下降到 2.75%。X 县农业民营企业发展缓慢，对农业产业的带动作用有限。但一个好消息是，经过 10 年发展，X 县形成了“大园区，小业主”的农业产业化模式，并依托当地农业产业的发展和与中心城区距离较近的地理优势，大力发展了休闲农业、旅游农业。

第二，X 县农业要成功向更高阶段转型，面临乡村规划、农户意愿、农村集体产权改革、城镇化等诸多因素的制约。

一是乡村缺少规划，加剧了农业劳动力“空心化”现象。X县在2008年以前充分利用了农村土地综合整治和城乡建设用地增减挂钩等政策，重构城乡空间结构，提高了城乡土地利用效率，但只覆盖到了部分地区。因缺少规划导致的宅基地空置，以及农村教育、医疗等配套基础设施不足等问题，加剧了X县的农业劳动力“空心化”现象。

二是部分农户存在对农业转型后生产生活适应问题的担忧。调研显示，大部分农户愿意流转土地和集中居住。就流转土地而言，有36.12%的受访农户表示出流转土地的强烈意愿，有58.58%的农户表示愿意，仅有1.74%的少部分农户不愿意流转。就集中居住而言，非常愿意集中居住的农户占32.22%，愿意的占54.28%，总占比达到86.50%。还有7.09%的农户觉得无所谓，仅有6.41%的农户不愿意集中居住。但是，许多农户在调研过程中表示了他们的担忧。比如在土地被流转出去后自己的收入如何保障，集中居住后能否适应“上楼”的生活，以及集中居住后会不会增加居住成本等。

三是农村集体产权改革配套不足影响转型进程。调研发现，只有不到一半（41.59%）的农户对农村集体产权改革的内容表示“清楚”，有49.09%的农户仅仅对农村集体产权改革有些了解，有近9.32%的农户表示不了解。农户认知不足会显著影响农业转型进程。同时，还有农村集体资产清产核资、集体成员身份确认等大量工作要做，在市场条件下安排一定比例的建设用地计划指标以保障乡村建设和产业融合发展用地的机制等配套政策也需要进一步细化和落实。

四是农业产业发展空间日益狭小使农业有被边缘化的危险。2008年X县建成区面积为17平方千米，到2017年已经迅速扩大至42平方千米。与之相应的是，耕地数量和粮食播种面积严重下降。城镇快速扩张，挤占了农业产业的发展空间。在这一背景下，如果农业劳动力“空心化”和农地细碎化等问题迟迟得不到解决，农村集体产权改革难以推进，那么该县农业将被边缘化。

第三，2018年后X县把握住了农业博览园建设的契机，通过一系列举措，一改本地农业发展颓势，加快了农业转型。

一是积极引导没有务农意愿的劳动力进入非农部门就业，着力强化对家庭农场的引育培养和政策扶持，推进家庭农场发展壮大。截至 2022 年，X 县有市级以上农业产业化龙头企业 32 家（国家级 4 家、省级 9 家、市级 19 家），销售收入 196.08 亿元；累计培育家庭农场 403 个、农民合作社 331 个；培训农业职业经理人等 170 人，新评定职业经理人 68 人，培育高素质农民 93 人。

二是配套推进农村集体经济股份化改革，并在此基础上实施农村土地整治和推动高标准农田建设升级，为农地向新型农业经营主体集中提供了条件。X 县以农村土地综合整治为抓手，开展了镇、村、组三级清产核资工作，推进农村集体经济股份化改革。发布了高标准农田建设规划（2021~2030 年），重点对已建成的高标准农田进行改造提升，重点推进物联网、大数据、移动互联网、智能控制等信息技术在高标准农田上的应用，提高农田灌溉排水等田间作业的智能化水平。到 2022 年，家庭农场经营土地面积已经达到 4.71 万亩，占 X 县耕地面积的 30%以上，其中种植业主要集中在 500 亩以下，养殖和水产业主要集中在 50 亩以下。如果按照 X 县注册的 403 个家庭农场数量计算，每个家庭农场的平均规模在 116 亩左右。

三是以政府为主导，把握资本准入机制和进入方向。X 县设计了集农业生产、农产品加工以及休闲农业于一体的生态农业产业链；制定了会展类、农产品加工类、休闲农业类以及核心区种养农业项目的投资强度标准；配套建设了高标准的基础设施和包括人才公寓、科研中心在内的公共服务设施；成立了园区党工委（管委会），形成“指挥部+管委会+投资企业+合作社”的运行机制；按照“乡村场景化、场景产业化”的思路促进农、商、文、旅、体、科、教多种业态融合发展。

四是积极引导数字化、智能化技术与农业融合，大力发展数字农业、智慧农业，带动传统农业转型升级。X 县大力建设“空天地一体监测、人机物一网互联、种管收一键操作”智慧农田。在监测环节提高巡田效率，降低巡田成本；在育种环节实现全程机械化生产和无纺布覆盖育秧；在种植、管理和收割环节，也实现“智慧+机械”的操作。培育孵化了 10 余家农机专业合作社、植保技术合作社等社会化服务经营主体。将“O2O”线上线下结合模式与农业社会化服务经营主体相衔接，2022 年，

X县接受农业数字化服务的面积超过5万亩。建成“1+4+N”智慧服务体系，将70项法人事项、202项自然人事项下沉办理，搭建“数字农博+乡村振兴”综合服务平台，覆盖区、镇、村三级的区域医疗一体化信息系统以及100个乡村金融惠民服务站。

毋庸讳言，农业博览园项目为X县的农业转型提供了重要契机，但不是所有的地区都有这样的机遇。从调研走访的情况来看，该项目确实加速了X县的农业转型，使之在较短时间内为我们呈现了一幅生动的当代中国农业转型画卷。X县的许多政策，对中国其他地区推动农业转型具有一定的借鉴意义。

第八章
美国农业转型的典型性及东亚三个经济体农业转型的经验借鉴

马克思说:“工业较发达的国家向工业较不发达的国家所显示的,只是后者未来的景象。”① 发达国家和地区特别是与中国资源禀赋相似的东亚国家和地区的现代化进程,为分析未来中国经济结构变化提供了大量可资借鉴的经验事实和实证数据,我们可以在此基础上借鉴经验、获得启示,进而为预测中国农业转型趋势提供支撑。

第一节 经济发展阶段及产业结构特征

一 经济发展阶段

农业转型是由经济现代化引致的,要更好地描述农业转型特征,首先需要划分经济发展阶段。国际上通常采用世界银行定期发布的收入划分标准来衡量一个经济体的发展水平。世界银行根据人均收入(GNI)将经济体进行分类,2017 年的划分标准是:人均收入在 995 美元及以下的经济体被划为低收入行列,996~3895 美元的经济体被划为中低收入行列,3896~12055 美元的经济体被划为中高收入行列,12056 美元及以上的经济体则被划为高收入行列。② 这一衡量标准通常被称为绝对人均收入标

① 《马克思恩格斯文集》(第 5 卷),人民出版社,2009,第 8 页。

② World Bank,“World Bank Country and Lending Groups”, https://datahelpdesk.worldbank.org/knowledgebase/articles/906519#High_ income, 2018.

准。不过，由于经济发展、通货膨胀、美元汇率波动等因素，这一标准处于持续变动中，不利于经济体在时间序列上的纵向分析和经济体之间的横向比较。

事实上，一个国家或地区的经济发展往往表现为与发达经济体发展水平的“收敛”过程，而其经济增长幅度会随着与发达经济体发展水平的“收敛”呈现较为明显的下降趋势。新古典经济增长理论给出了这一特征事实的基本分析框架，并在许多实证分析中得到印证。就后发国家和地区而言，其经济发展本质上是对发达经济体的赶超，因此使用与发达经济体的相对经济发展水平来衡量经济发展绩效是合理的。国际上通常采用与美国人均收入的相对比例来衡量某一经济体的发展潜力和水平。① 这一衡量标准被称为相对人均收入标准。现代化本身是一个动态概念，正如邓小平所说：“什么叫现代化，五十年代一个样，六十年代不一样了，七十年代就更不一样了。”② 相对人均收入标准能比较好地反映“收敛”的特征事实和现代化的动态性，近年来逐渐被许多研究者所采用，本章亦采用相对人均收入标准。

黄群慧等在利用政府数据中心（GGDC）数据库计算拉美和东亚经济体的人均收入与同期美国人均收入的相对比例之后发现（以购买力平价计算），大部分拉美经济体的人均收入长期徘徊在美国人均收入的20%~40%，泰国和马来西亚等被公认为陷入中等收入陷阱的国家长期未能突破40%的水平，而日本和亚洲“四小龙”却相继突破了40%的上限。③ 因此，他们的研究将人均收入长期徘徊在美国人均收入20%~40%的经济体定义为陷入了中等收入陷阱的经济体。从该研究引申可认为，人均收入低于美国人均收入20%的为低收入经济体，高于40%的为高收入经济体。

如果根据世界银行的划分标准（将绝对人均收入标准转换成相应年

---

① Subramanian, A., “Eclipse: Living in the Shadow of China’s Economic Dominance”, Peterson Institute for International Economics, 2011.

② 《邓小平年谱（一九七五——九九七）》（上卷），中央文献出版社，2004，第 372 页。

③ 黄群慧、黄阳华、贺俊、江飞涛：《面向中上等收入阶段的中国工业化战略研究》，《中国社会科学》2017 年第 12 期。

份的相对人均收入标准），2015 年人均收入为美国人均收入 3%以下的国家或地区为低收入（low income）经济体，3%～11.5%为下中等收入（lower middle income）经济体，11.5%～18%为低中收入（low & middle income）经济体，18%～28.5%为上中等收入（upper middle income）经济体，28.5%～80%为高收入（high income）经济体。① 在此基础上，学界进一步对高收入经济体进行了划分，认为人均收入达到美国人均收入 50%～80%的国家或地区为中等发达经济体，80%～100%的为发达经济体，人均收入等于或高于美国人均收入的国家或地区为高度发达经济体。从这个标准来看，2015 年达到中等发达水平的经济体有 26 个，达到发达水平的经济体有 12 个，达到高度发达水平的经济体有 11 个（不包括美国自身和中国台湾地区）。② 对此，胡鞍钢等认为这一标准有些过高，他们提出，一国人均 GDP 达到美国人均 GDP 的 50%～70%应被视为中等发达国家，等于或高于 70%的被视为发达国家。③

本章综合世界银行、黄群慧、胡鞍钢等的相关研究成果，利用世界银行数据库（World Bank Indicators，WDI）计算各经济体人均 GDP 与美国人均 GDP 的相对比例（按 2011 年国际美元购买力平价计算），将经济体的发展阶段分为低收入、中等收入和高收入三个阶段，同时将高收入阶段划分为初等发达、中等发达、发达和高度发达四个子阶段（见表 8-1）。

表 8-1　经济体的发展阶段划分标准

发展阶段	2015 年达到相应阶段的典型国家或地区
低收入阶段（<20%）	埃塞俄比亚、肯尼亚、尼日利亚、越南、印度、菲律宾、乌克兰、纳米比亚、约旦
中等收入阶段（20%～40%）	厄瓜多尔、斯里兰卡、南非、哥伦比亚、塞尔维亚、中国、伊拉克、巴西、泰国、墨西哥、保加利亚、阿根廷、土耳其、乌拉圭

① 区间划分标准为含下限不含上限，后文同。

② World Bank，“World Bank Country and Lending Groups”，https：//datahelpdesk.worldbank.org/knowledgebase/articles/906519#High_ income，2018.

③ 胡鞍钢、唐啸、鄢一龙、刘生龙：《2035 中国：基本实现社会主义现代化》，《中央社会主义学院学报》2017 年第 6 期。

续表

发展阶段		2015 年达到相应阶段的典型国家或地区
高收入阶段	初等发达阶段(40%~50%)	智利、哈萨克斯坦、希腊、俄罗斯、匈牙利、马来西亚、波兰
	中等发达阶段(50%~70%)	葡萄牙、斯洛伐克、斯洛文尼亚、捷克、以色列、西班牙、韩国、新西兰、
	发达阶段(70%~100%)	阿曼、法国、日本、英国、芬兰、比利时、冰岛、加拿大、澳大利亚、德国、奥地利、丹麦、瑞典、荷兰、沙特阿拉伯、美国
	高度发达阶段(≥100%)	中国香港、瑞士、爱尔兰、挪威、阿联酋、科威特、新加坡、卢森堡、中国澳门、卡塔尔

世界银行数据显示，中国①人均 GDP 相对于同期美国人均 GDP 的比例于 2011 年超过了 20%，迈入中等收入阶段，并以每年 1 个百分点的速度快速增长，2017 年已经达到 28.23%，分别与日本 1958 年、韩国 1988 年和中国台湾地区 1981 年的水平相当（见表 8-2、表 8-3 和表 8-4）。但是，如果 2035 年基本实现社会主义现代化的标准是达到中等发达经济体的水平，则仍需要以年均 1.2 个百分点的速度提高；如果考虑到美国经济的强劲增长势头，则完成这一目标的时间更紧迫、任务更艰巨。

二 产业结构特征

在判断经济发展阶段的基础上观察产业结构，是描述经济体农业转型特征更为关键的一步。产业结构变化是一个经济体经济发展的重要标志。在经济体的不同发展阶段，产业结构也呈现明显的阶段性特征。就农业产业而言，由于农业生产总体上表现出规模报酬不变②，而制造业等非农部门规模报酬递增明显，在经济发展过程中，农业产业增加值比重将不断下降；同时，由于农用地供给刚性、技术进步倾向劳动节约等特点，在经济发展过程中农业部门的就业比重也会不断下降。

---

① 本章和后文东亚三个经济体的对比分析中，“中国”是指中国大陆。——编者注

② 许庆、尹荣梁、章辉：《规模经济、规模报酬与农业适度规模经营——基于我国粮食生产的实证研究》，《经济研究》2011 年第 3 期。

著名经济学家钱纳里利用第二次世界大战后的发展中国家，特别是其中9个准工业化国家1960~1980年的历史资料提出了标准产业结构，用以分析产业结构与现代化发展之间的紧密联系。黄群慧综合钱纳里的工业化阶段理论，根据中国工业化实际情况提出了工业化不同阶段的划分标准，并对中国地区工业化进程进行了综合评价。① 从这一标准来看，在工业部门产值大于农业部门产值的前提下，经济体进入工业化中期时农业部门的产值比重和就业比重分别为10%~20%、30%~45%，进入工业化后期时两个指标分别是低于10%和10%~30%，进入后工业化阶段则两个指标须均低于10%。从人均GDP来看，经济发展水平迈入后工业化阶段基本是达到了高收入阶段的初等发达水平。

值得注意的是，实证研究表明，绝大多数后发经济体在经济“赶超”过程中往往着重发展工业部门。这一政策取向通常会导致就业结构转变滞后于产值结构转变。只有就业结构真正实现了转变，经济发展阶段才有了质的变化。这是因为，就业结构的转变涉及工农关系调整、城乡关系调整和贫富差距缩小等现代化进程中经济体发展必须面对的现实问题。因此，本章将对参照对象的经济发展阶段进行判断，在此基础上重点考察其农业产业结构特别是就业结构的变化。

第二节　具有典型性的美国农业转型

正如第二章所说，美国农业工业化进程具有典型性，其农业工业化大致经历了三个阶段：一是规模化带来的农业产业化阶段，大量土地向少数家庭农场集中，可以称之为土地密集型阶段；二是装备农业普及应用阶段，机械替代劳动力的技术日益成熟，劳动力得到解放，农业劳动生产率得到显著提升，可以称之为资本密集型阶段；三是在工业化后期，现代科技及智能应用向农业渗透，价值链得到拓展，可以称之为技术密集型阶段。经过上百年的经济发展，美国时至今日已经完成了农业转型。从

① 黄群慧：《中国的工业化进程：阶段、特征与前景》，《经济与管理》2013年第7期。

2017 年美国农业产业结构来看，农业增加值比重已经不足 1%，农业就业比重不足 2%。从市场化程度来看，美国农业部门依赖自身高度发达完善的市场体系，其生产、加工、流通、销售各方面无疑是高度开放的。尽管美国有着得天独厚的自然禀赋，但其农业转型具有典型性，可以作为包括东亚三个经济体在内大多数经济体的参照。

一 美国农业转型进程概述

图 8-1 呈现了 1953~2017 年美国农业产业结构的变化特征，左边的纵坐标为农业增加值和农业就业所占的百分比，右边则是按购买力平价测算的美国人均 GDP。美国作为先期工业化国家，工业革命始于 18 世纪 90 年代，历经三个阶段的工业革命，于 19 世纪 90 年代彻底实现工业化，由农业国转变为工业国。

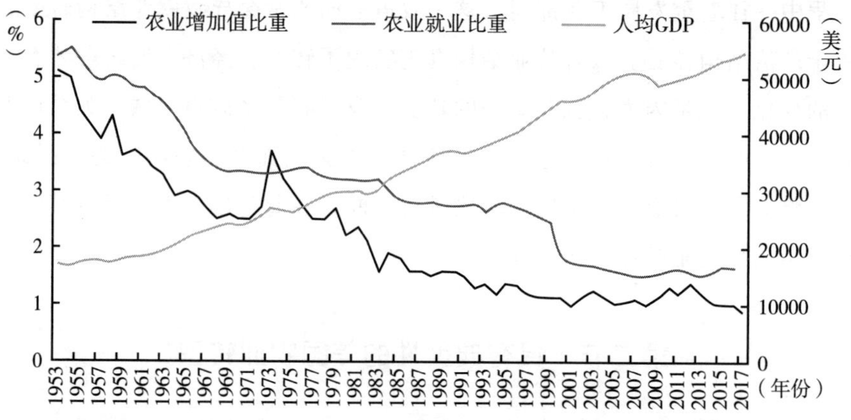

图 8-1 1953~2017 年美国农业产业结构变化特征

资料来源：美国经济分析局（U. S. Bureau of Economic Analysis，BEA），www. bea. gov/。

美国农业产业结构也伴随着工业化进程逐步实现了高度化。到 1953 年，农业增加值占 GDP 比重仅为 5. 10%，而农业就业人口占总就业人口的 5. 38%。之后的 50 多年来，美国人均 GDP 整体快速攀升，但农业增加值和就业比重依旧处于下行趋势，且下降速率几乎同步：1964 年美国人均 GDP 突破 20000 美元，农业增加值占比下降至 3%以下；到 1983 年人均 GDP 突破 30000 美元，农业增加值占比下降至 2%以下，为 1. 60%；而到2001年，美国人均GDP将近46000美元，农业增加值占比下降到1%以下。之后十几年农业增加值占比在1%上下浮动，2016年刚好保持在1%的水平。伴随着农业增加值占比的下降，美国农业就业比重也呈降低趋势。1965年下降到4%以下，1984年下降到3%以下，2000年下降到2%。美国农业增加值比重与就业比重下降速率几乎同步，说明美国农业劳动力在农业发展过程中能够良性转移，这与美国没有城乡户籍制度、交通繁荣等条件密切相关。①

美国农业部门的小部门化并没有影响美国农业现代化水平。美国依旧被公认为世界上农业最发达的国家之一，其农业劳动效率位居世界前列，是世界上最大的农产品出口国。2017年美国农业劳动力有340万人，粮食产量达到4.4亿吨，劳均产量高达129410千克；而中国农业劳动力有20963万人，粮食产量为6.18亿吨，劳均产量仅为2948千克，美国的农业劳动生产率是中国的43.90倍。如果从供养本国人口的数量来看，中国一个农民能养活7个人，美国则能养活101个人。

美国在实现了产业结构高度化以后，其家庭农场规模依旧在不断扩大。农业就业比重下降的同时，是家庭农场数量的减少。根据美国农业部（USDA）的数据，美国家庭农场数量已经从1935年的681.4万个下降到1990年的215万个，再缓慢减少至2016年的206万个。而家庭农场的平均经营规模，则从1950年的212英亩迅速提升至2016年的442英亩，翻了一倍多。而且家庭农场经营规模的两极分化越来越明显，从图8-2中可以看到，2001年11.2%的最小规模农场（1~9英亩）占所有农地经营规模的0.2%，1.7%的最大规模农场（2000英亩及以上）占所有农地经营规模的24.1%；到2011年，最小规模农场的占比提升到15.8%，但经营规模占比仅上升了0.1个百分点，而最大规模农场的占比仅上升了0.5个百分点，经营规模占比却上升到了34.3%。

① 何秀荣主编《比较农业经济学》，中国农业大学出版社，2010，第55页。

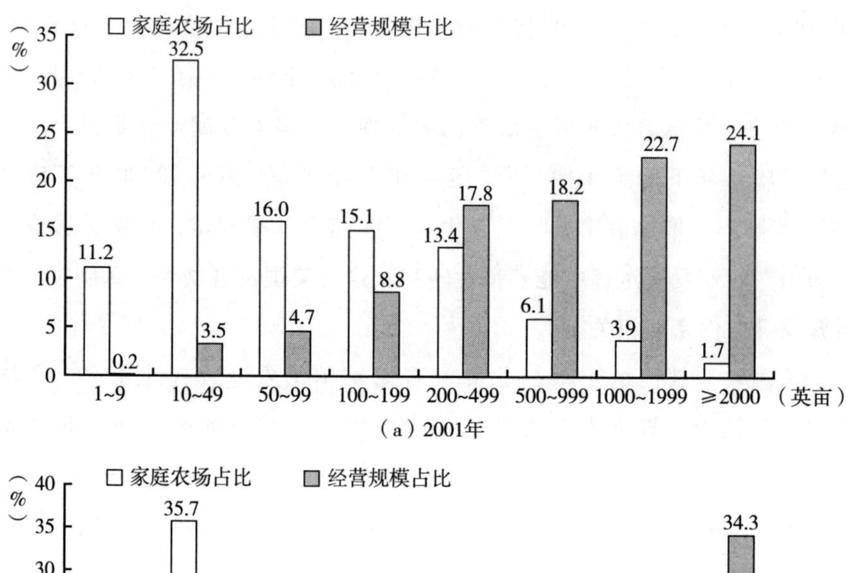

（a）2001年

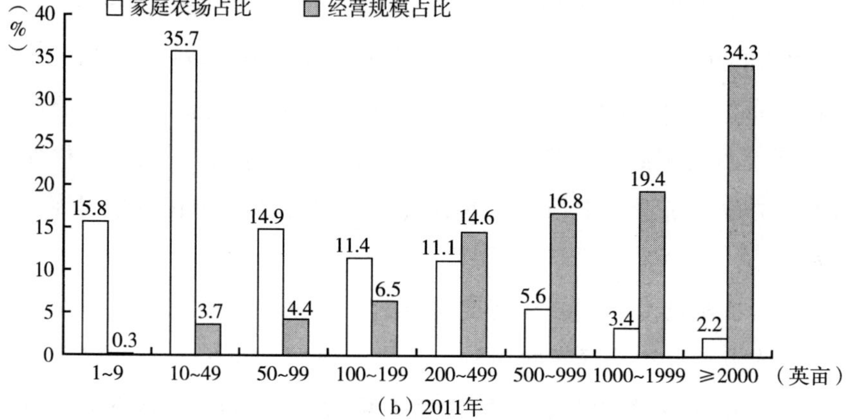

（b）2011年

图 8-2 2001 年和 2011 年美国不同面积的家庭农场占比及经营规模占比

注：家庭农场经营规模是指每个家庭经营的耕地规模，包括自己拥有的和租赁的耕地，减去出租的耕地。

二 美国农业转型的典型性表现

总的来说，美国农业转型的典型性表现为以下两个方面。第一，工业化进程伴随着明显的产业结构高度化，使农业产业迅速小部门化。其作用机制为工农业在工业化进程中发展不平衡，非农业部门产值迅速增加，农业部门增长相对较慢，同时工业化发展吸收了来自农业部门的大量劳动力，最终使得农业部门的产值结构和就业结构都出现快速下降。第二，美国工业化完成后，农业小部门化程度还在加深，并进一步导致家庭农场规模扩大。农业劳动力在产业结构高度化后仍然向非农部门转移，生产力的进步（包括机械技术的成熟、管理水平的提升、金融服务的完善）推动了农场的进一步扩大。

不过，作为新大陆国家，美国农业有许多独有的特征是东亚三个经济体无法复制的。一是美国自然资源得天独厚，土地资源不仅丰裕且便于开发利用，而农业劳动力则相对稀缺。这一要素禀赋结构使其倾向于采用以机械替代劳动的劳动节约型技术。二是美国没有封建制度渊源，因而广大农民没有“耕者有其田”的制度诉求，同时也没有户籍制度束缚农业劳动力转移。这一状况使美国工业化发展不仅快速吸纳了农业劳动力，且能顺畅地推动土地规模化，进而将机械技术直接应用于农业，促使农业机械化水平迅速提升。

第三节 东亚三个经济体转型进程概述

第二次世界大战以后，许多发展中经济体都试图通过实践各种经济发展理论谋求经济持续增长，但绝大多数国家和地区陷入了中等收入陷阱，真正从中低收入迈入高收入行列的经济体屈指可数。其中，地处东亚地区的日本和被称为亚洲“四小龙”的韩国、新加坡、中国台湾、中国香港最引人关注。它们从较低的经济发展水平起步，却在二三十年间取得了持续快速的经济增长，并伴随着收入分配的相对均等、经济结构的优化和社会福利水平的提高。[①] 这一现象后来被世界银行称为“东亚奇迹”。

日本和亚洲“四小龙”为预测中国经济结构变化提供了“最好参照”。[②] 但是考虑到农业农村发展特征，本章剔除了人口低于1000万、可用于农业发展的土地资源有限、农产品依赖进口的新加坡和中国香港，主要以日本、韩国和中国台湾地区的农业农村发展特征为参照。这三个国家和地区都在20世纪五六十年代实现经济起飞（或复苏），其要素禀赋与中国大陆相类似（人口密度大、土地资源稀缺、资本和外汇不足），同时深受儒

① 林毅夫、蔡昉、李周：《中国的奇迹：发展战略与经济改革》（增订版），格致出版社、上海三联书店、上海人民出版社，2014。

② 张军、徐力恒、刘芳：《鉴往知来：推测中国经济增长潜力与结构演变》，《世界经济》2016年第1期。

家文化影响，形成了东亚地区特有的农耕文明。它们在经济发展过程中，基本上都经历了城乡二元结构破解、产业结构高度化、城市化和人口转变等与经济结构转型相关的重大变化，而政府在抵御外部冲击和挑战、促进经济转型方面也都发挥了重要作用。更为关键的是，它们为了防止因人口外流而导致的乡村衰落，都采取过乡村产业发展、乡村生态修复、城乡协调发展的举措：日本实施了以政府为主导的“造村运动”，韩国通过“官民一体”策略开展“新村运动”，中国台湾地区则颁布了《农村再生条例》。[①]

一　日本农业转型进程概述

图 8-3 展示了日本农业产业结构的变化特征，左边纵坐标为农业增加值和农业就业所占比重，右边则是按购买力平价测算的与美国人均 GDP 的相对比例。二战后，日本进入了 10 年的战后复兴时期。1945～1950 年进行土地改革，相继通过了《农地调整法修正案》《建立自耕农特别措施法》等农地改革法案，强调“农地归耕者所有最为恰当”，逐步确立了自耕农体制。统计表明，到 1950 年佃耕率已经减少到 9%，90%以上的耕地已经实现自耕。一方面，自耕农体制在很大程度上缓和了农村阶级对立，改善了农户经营状况，为日本经济高速发展奠定了基础；另一方面，自耕农体制对后来的农业经营方式产生了深远的影响，1952 年推出的《农地法》直接提出严格限定农地所有权的获得资格，禁止租借和购买，限制了土地权利的流转，阻碍了经营规模扩大，也为后来日本农业严重的兼业化、副业化[②]埋下了伏笔。

事实上，相较于其他东亚经济体，日本现代化起步早，二战后经过经济恢复阶段便已步入中等收入阶段（1955 年人均 GDP 为美国的 24.22%）。经济复兴和工业化发展对劳动力产生了巨大需求，战争中被迫停业的零售业和商业等服务业也由于社会消费增加而迅速恢复。尽管战后初期，由于实行自耕农体制，农业劳动力有所增加，但很快又出现大规模转移趋势，

---

① 任中平、王菲：《经验与启示：城市化进程中的乡村治理——以日本、韩国与中国台湾地区为例》，《黑龙江社会科学》2016 年第 1 期。

② 本书所说的兼业农户主要是指农业收入超过农业外收入的兼业农户，副业农户是指农业收入少于农业外收入的兼业农户。

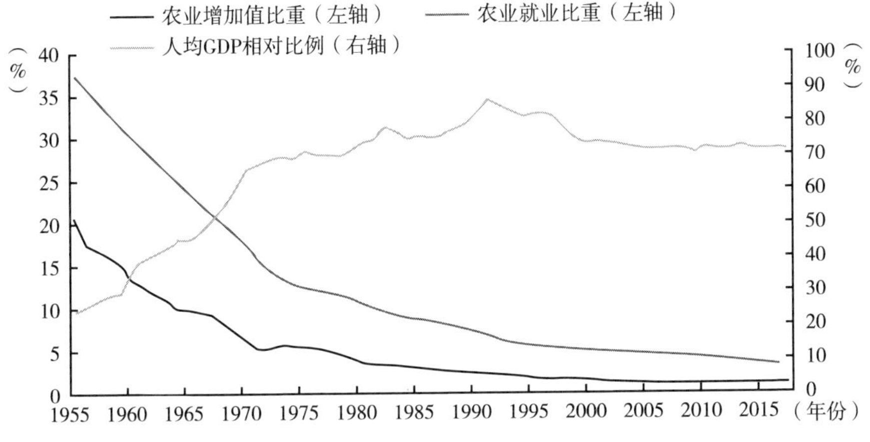

图 8-3　1955~2017 年日本农业产业结构变化特征

资料来源：日本统计局《2017 年日本统计手册》，http：//www. stat. go. jp/english/index. html。

1947~1955 年，农业劳动力减少了 177 万人。

日本战后复兴期结束后又经历了持续的高速增长。从人均 GDP 来看，日本相继于 1962 年、1967 年迈入初等发达阶段、中等发达阶段。1975 年，日本人均 GDP 相对于美国的比例迈过 70%的关口，成为发达经济体（见表 8-2）。日本农业增加值和农业就业比重在经济发展过程中也呈现明显下降趋势：1955 年两个指数分别为 20. 67%和 37. 56%；在 1962 年日本跳出中等收入陷阱时，两个指数分别下降到 11. 97%和 27. 81%的水平，分别下降了近 10 个百分点；当日本成为发达经济体时，农业增加值比重下降到 5. 57%，而农业就业比重则下降到 12. 66%。由此可见，日本农业劳动生产率出现了快速上升趋势。

表 8-2　日本主要年份经济发展阶段与农业产业结构变化趋势

单位：%

年份	人均 GDP 相对比例	农业增加值比重	农业就业比重	经济发展阶段
1955	24. 22	20. 67	37. 56	中等收入阶段
1958	29. 45	16. 02	32. 76	中等收入阶段
1962	40. 89	11. 97	27. 81	初等发达阶段

续表

年份	人均 GDP 相对比例	农业增加值比重	农业就业比重	经济发展阶段
1967	50.86	9.37	21.06	中等发达阶段
1975	70.97	5.57	12.66	发达阶段
1990	82.52	2.36	7.22	发达阶段
1998	76.81	1.63	5.30	发达阶段
2017	71.93	1.04	3.49	发达阶段

资料来源：根据日本统计局发布的《2017 年日本统计手册》相关数据测算。

不过，与美国农业产业结构的变化相比，日本农业劳动力转移速度明显滞后。在 20 世纪 70 年代以前，日本有大量应该转移的劳动力滞留在农业，但由于农业收入过低，他们不得不以兼业、副业等方式往返于城乡之间。农业劳动力兼业化、副业化严重制约了农业规模化水平。20 世纪 60 年代，日本政府已经意识到农业规模化是提高农业竞争力、缩小工农差距的一条主要途径，并于 1961 年出台了《农业基本法》，希望通过推进农地产权流动提高劳动生产率，使农业从业人员达到与其他产业从业人员同等的生活水平。但实际上这一政策由于既有的土地流转限制，并未取得理想的实施效果。随后日本政府接连出台若干个有关农地改革和调整的法案，希望绕过所有权改革，以租赁和作业委托等形式实现土地规模化经营，但依然未能取得令人满意的效果。

二 韩国农业转型进程概述

图 8-4 展示了韩国农业产业结构的变化特征。与其他东亚经济体相类似，二战结束前韩国的农村土地资源分配极为不均。1945 年占全国 3%的人口拥有 60%的土地，而占 80%的人口无地、租地或者少地。迫于经济和政治上的压力，美国军政府及韩国政府开始进行土地改革，使大部分农民拥有了自己的土地，改变了韩国封建地主所有的生产关系，步入了小农经济时代。到 1953 年，韩国 61%的农户拥有 0.5 町步（0.496 公顷）以上的土地。“耕者有其田”的土地制度缓和了

农村突出的阶级矛盾，也为韩国后来的经济发展奠定了基础。但是，小农户由于缺乏购买力，无法购置新型农具、化肥和农药等农资，生产率提升缓慢，农业现代化发展受制。尽管韩国经济快速发展，农业劳动力大量转移，但受制度惯性的影响，其兼业化、副业化程度仍然很深。①

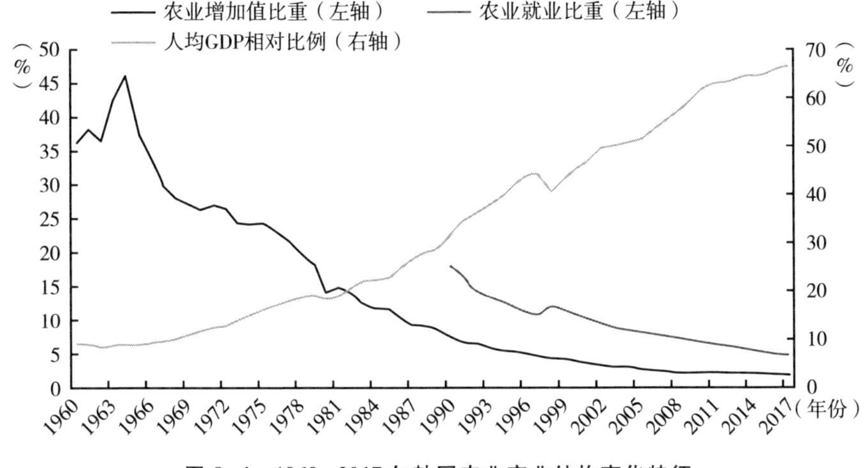

图 8-4 1960~2017 年韩国农业产业结构变化特征

资料来源：韩国统计信息服务，http：//kosis. kr/eng/。

韩国工业化进程相对日本而言较晚，但发展十分迅速并吸纳了大量农业劳动力。20 世纪 60 年代韩国开始大力发展劳动密集型工业，加之韩国实施政治体制改革，过去的财阀体制被打破，相当多的中小企业如雨后春笋般出现。据统计，1960~1980 年平均每年至少有 1 万家新企业成立。这些企业有着强大的吸纳就业劳动力的能力，使大量农业劳动力向工业和城市部门转移。1965 年，农业人口占总人口的 55.1%，到 1985 年大幅下降到 20.9%，基本上完成了城市化进程。这一时期韩国经济实力显著增强，1960 年人均 GDP 只有美国的 9.06%，但到 1982 年人均 GDP 已经达到美国的 20.80%，步入了中等收入阶段，此时，农业增加值比重和农业就业比重分别为 13.87%和 30%（见表 8-3）。随后，韩国经过 13 年的快速发

① 强百发：《韩国农业现代化进程研究》，博士学位论文，西北农林科技大学，2010。

展，于 1995 年成功跳出中等收入陷阱，农业增加值比重和农业就业比重分别为 5.34%和 11.77%。

表 8-3 韩国主要年份经济发展阶段与农业产业结构变化趋势

单位：%

年份	人均 GDP 相对比例	农业增加值比重	农业就业比重	经济发展阶段
1980	18.52	14.14	34.00	低收入阶段
1982	20.80	13.87	30.00	中等收入阶段
1988	28.33	9.19	21.06	中等收入阶段
1995	41.97	5.34	11.77	初等发达阶段
2004	50.63	3.18	8.09	中等发达阶段
2010	61.47	2.24	6.57	中等发达阶段
2017	66.28	1.96	4.89	中等发达阶段

资料来源：根据韩国统计信息服务相关数据测算。

与日本相类似，韩国农业劳动力兼业化、副业化情况也非常严重，阻碍了农业规模化经营。这说明许多农户即使外出务工也不愿意放弃土地，农业规模化经营难以开展。为此，韩国政府于 2002 年出台了《土地法》修正案，废除了坚持半个世纪之久的农田拥有数量的上限，加大力度吸引工商资本以扩大农场规模，但效果并不明显。与此同时，随着韩国耕地总面积的缩小，户均面积还在不断下降。

值得一提的是，日韩在相同发展阶段的农业增加值比重和农业就业比重存在较大差异，韩国的两个指数基本上都低于日本同期水平，这很可能与韩国在经济起飞时期采取的非均衡增长战略对产业结构的影响有关。① 这一状况与中国相类似，但不同点在于，韩国并没有通过阻碍要素流动的计划经济来实施赶超战略，农业产业结构没有出现“产值比重快速下降，就业比重未能同步下降”的扭曲现象。

三 中国台湾地区农业转型进程概述

图 8-5 展示了中国台湾地区农业产业结构的变化特征。在土地改革

① 林今淑、金淑子：《中国与韩国经济增长战略比较》，《东疆学刊》2000 年第 3 期。

前中国台湾地区的农村土地资源分配也极为不均。据 1948 年统计，中国台湾地区共有耕地 81.63 万公顷，占中国台湾地区农村人口 11.69%的地主和半地主拥有 45.73 万公顷，占总耕地面积的 56.02%，中国台湾地区当局拥有 17.6 万公顷，占 21.56%，而占农村人口 88.31%的农民仅有 18.3 万公顷，占 22.42%的耕地。① 1949～1953 年，中国台湾地区当局通过"三七五减租""公地放领""耕者有其田"等土地改革措施，对农村土地资源进行了重新分配，60%的农户分得了土地，推动了农业全面发展，也为后来中国台湾地区经济起飞奠定了一个稳定的社会基础。②

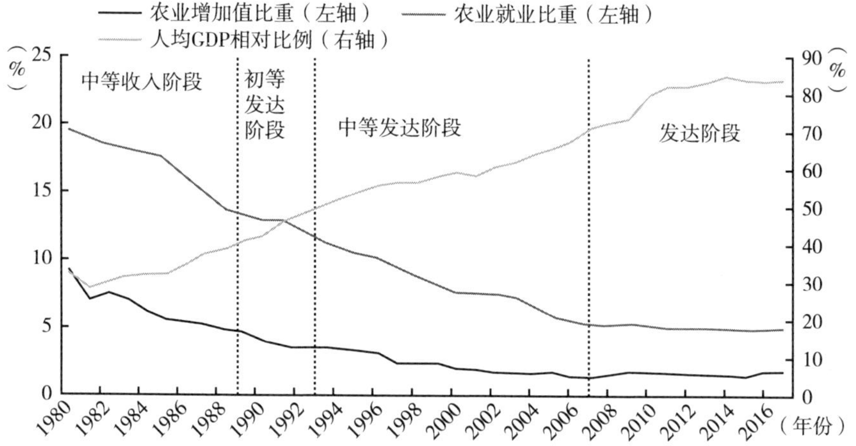

图 8-5　1980～2017 年中国台湾地区农业产业结构变化特征

资料来源：中国台湾地区历年统计年鉴和台湾经济研究院，http：//www.tier.org.tw/。

中国台湾地区的经济发展比韩国要早。20 世纪 50 年代以来，中国台湾地区依托外部资金和技术援助，加速经济追赶，用了短短 20 年时间实现了从农业经济向工业经济的跃迁，并于 20 世纪 70 年代中期步入中等收入阶段。到 20 世纪 80 年代，中国台湾地区农业增加值比重下降到 10%以下，农业就业比重下降到 20%以下。中国台湾地区于 1989 年跳出中等收入陷阱，迈入初等发达阶段，此时农业增加值比重和农业就业比重分别为 4.70%和

① 李宏硕主编《台湾经济四十年》，山西经济出版社，1993，第 34 页。

② 丁长发：《台湾土地制度变迁及其启示》，《台海研究》2014 年第 4 期。

13.29%（见表 8-4）。2007 年中国台湾地区人均 GDP 相对于美国的比例超过 70%，迈入发达经济体行列。时至今日，中国台湾地区农业增加值比重为 1.80%，而农业就业比重仍有 5%，体现了中国台湾地区作为农业强省的特征。

表 8-4 中国台湾地区主要年份经济发展阶段与农业产业结构变化趋势

单位：%

年份	人均 GDP 相对比例	农业增加值比重	农业就业比重	经济发展阶段
1980	32.26	9.20	19.50	中等收入阶段
1981	28.52	7.10	18.84	中等收入阶段
1989	40.58	4.70	13.29	初等发达阶段
1993	50.07	3.50	11.40	中等发达阶段
2002	60.66	1.70	7.50	中等发达阶段
2007	71.20	1.40	5.27	发达阶段
2017	83.80	1.80	5.00	发达阶段

资料来源：根据中国台湾地区历年统计年鉴相关数据测算。

中国台湾地区农业兼业化、副业化程度也比较高，阻碍了农业规模化经营。随着经济高速发展，中国台湾地区的非农部门吸纳了大量农业劳动力，农业就业比重迅速下降到 1980 年的 19.50%，但受“唯田是尚”“有土斯有财”等传统观念的影响，许多农民并不愿意流转耕地。这使得兼业化、副业化程度不断加深，并导致了户均经营规模不升反降。1952 年中国台湾地区户均耕地规模为 1.29 公顷，到 1972 年逐渐降低到 0.97 公顷，到 1982 年为 1.07 公顷。

为了改变农业规模化经营受限的情况，中国台湾地区当局实施了两轮旨在扩大农场经营规模、提高农地利用效率的改革。第一轮改革推行了一系列政策，内容包括设立“农地购置基金”、要求 5 公顷以下土地不得分割、家庭农场一子继承免遗产税、农地重划等，但实施效果并不明显。第二轮改革是在中国台湾地区加入 WTO，中国台湾地区农产品的国际竞争力受到冲击，农业劳动力进一步老龄化、兼业化和副业化的背景下实施的。这次改革力度很大，彻底放开了农地购买限制，规定在农地农用基础上，任何人都可以购买、赠与或继承农地，同时放宽耕地分割限制，放活农地租赁制度，建立“小地主大佃农”制度。改革取得了一定的成果，不仅进一步释放了农业劳动力，还降低了兼业化、副业化程度。

中国台湾地区农业发展的一大特点是逐步由对“量”的追求转向以科技带动产业发展，提出了“精致农业”的发展思路。精致农业的核心是运用技术、管理等方法，提高农业附加值，延伸农业产业链，主要内容包括发展观光农业、休闲农业、生态农业、特色农业。中国台湾地区的发展历程也较好地展现了第二章所描述的从劳动密集型转向土地密集型、资本密集型最后转向技术密集型的农业工业化进程。

第四节　东亚三个经济体农业转型的共同特征

回顾日本、韩国和中国台湾地区的农业转型进程，可以从土地制度转型、农业工业化转型、农业生产方式转型和农业竞争力转型四个维度总结其共同特征。

一　土地制度转型：由建立自耕农体制转向鼓励规模经营

二战结束前，日本、韩国和中国台湾地区占主导的农村土地制度均是地主土地所有制，广大农民无地或少地。尽管日本自明治维新以来走上资本主义道路，但改革的不彻底性，导致日本国内很长一段时间内存在着强势的封建地主阶级。二战期间日本的土地改革效果也不明显。1944 年，日本租佃农户占农户总数的 68.5%，其中无地的纯佃农占 28%，租佃土地面积占 46.4%。[①] 韩国在二战前是日本的殖民地，日本通过强化封建地主阶级力量使韩国成为日本二战中的主要粮食供应地。1944 年，占农户总数 2.9%的地主拥有韩国 63.4%的土地，户均耕地面积达到 26.3 公顷，而 48.5%的农户户均耕地仅为 0.8 公顷，还有 48.6%没有土地的佃农和雇农。[②] 中国台湾地区在 1945 年后，土地相对集中于地主手中。1948 年，中国

---

① 温娟：《日本近现代农业政策研究》，江苏人民出版社，2019，第 182、205 页。

② 强百发：《韩国农业现代化进程研究》，博士学位论文，西北农林科技大学，2010。

台湾地区占农村人口11.69%的地主拥有56.02%的耕地，占农村人口48.6%的自耕农和半自耕农拥有22.42%的耕地，其余佃农和雇农没有土地。①

1. 二战后土地制度改革有强烈的均田倾向

二战后，日本、韩国和中国台湾地区都走上了以建立自耕农体制为目标的土地改革道路，并不约而同地在20世纪50年代初期完成了土地改革。日本通过了《农地调整法案》《建立自耕农特别措施法》《农地法》，确立了以小规模家庭经营为特征的农业经济方式。1950年，日本户均耕地1.0公顷，占有2公顷以下土地的自耕农占总户数的90%。② 韩国则经过两轮土地改革，分配了日本殖民时期日本拥有的土地、无主土地和超过3町步（2.974亩）的地主土地。到1956年，韩国93.9%的农户拥有82.4%的耕地，其中占有耕地1.1公顷的农户占农户总数的51.1%，占有耕地0.3公顷的农户占42.8%。③ 中国台湾地区通过以"三七五"减租、"公有土地放领"和"耕者有其田"为内容的土地改革，形成了普遍的自耕农家庭经营。1952年，中国台湾地区自耕农、半自耕农和佃农比例分别上升到38%、26%和36%。④

东亚三个经济体各自的土地改革在一定程度上释放了生产力，农户对土地的要素投入都有显著增加，粮食也出现了大幅度的增长。1945~1965年，日本农业总产出增长率长期保持在3.3%左右⑤；韩国在20世纪50年代受到朝鲜战争的严重影响，经济发展面临困境，但据统计，1951~1953年，韩国农业增长速度仍然有3.6%⑥；1955~1965年，中国台湾地区农业总产出年均增长超过3.9%⑦。

为了保护土地改革的胜利果实，日本和韩国在较长的时间里采取了禁

① 丁长发：《台湾土地制度变迁及其启示》，《台海研究》2014年第4期。

② 〔日〕速水佑次郎、神门善久：《农业经济论》，沈金虎等译，中国农业出版社，2003，第94页。

③ 强百发：《韩国农业现代化进程研究》，博士学位论文，西北农林科技大学，2010。

④ 丁长发：《台湾土地制度变迁及其启示》，《台海研究》2014年第4期。

⑤ 〔日〕速水佑次郎、神门善久：《农业经济论》，沈金虎等译，中国农业出版社，2003，第98页。

⑥ 强百发：《韩国农业现代化进程研究》，博士学位论文，西北农林科技大学，2010。

⑦ 〔日〕速水佑次郎、〔美〕弗农·拉坦：《农业发展：国际前景》，吴伟东等译，商务印书馆，2014，第403页。

止或严格限定土地流转的政策。日本1952年制定的《农地法》奉行“耕者有其田”原则，禁止农地的租借和买卖；韩国1949年出台的《土地改革法》，也在法律上禁止土地流转；中国台湾地区虽未严格限制土地流转，但出台了禁止工商资本流向土地的政策。这些限制政策在一定程度上为战后农村经济恢复和为工业部门积累剩余提供了保障，但在客观上固化了分散经营、规模过小的自耕农体制，限制了农业规模经营的扩大，进而阻碍了农业资本深化和农业劳动生产率的进一步提高。

2. 刘易斯拐点到来后，政府致力于推动农业规模经营但效果不佳

随着刘易斯拐点的到来，日本、韩国和中国台湾地区政府都认识到继续维持小农体制会不可避免地导致农村衰落和农业国际竞争力的下降，于是纷纷出台鼓励农业规模经营的政策。1961年，日本出台了旨在缩小工农业差距的《农业基本法》。1962年，日本迈入初等发达经济体行列，同年即对《农地法》进行了修订，取消了自耕地3公顷的限制，并增加了“农业生产法人”，目的就是鼓励土地向有实力的农户集中。韩国于1995年才迈入初等发达经济体行列，其在1994年制定了《农地基本法》，废除了1949年《土地改革法》对农户最多拥有3公顷土地的规定。中国台湾地区出台鼓励农业规模经营政策时的经济发展阶段要略早于日本和韩国。20世纪70年代末，中国台湾地区仍处于中等收入阶段，但已经出台了鼓励农地规模扩大的《台湾地区家庭农场共同经营及委托经营实施要点》（1979年），1982年出台《第二阶段土地改革方案》。这一状况可能与前期土地改革时中国台湾地区对农地流转和规模的限制不严格有关。①

然而，东亚三个经济体推动农业规模经营的政策并未取得令人满意的结果。1970年，日本农业经营规模在2公顷以下的农户仍占总户数的92.2%，其中未满0.5公顷的小农户占总户数的比重高达37.9%，仅比1960年下降0.4个百分点。为此，日本在1969年和1980年分别颁布了

① 《台湾农业生产统计提要》显示，1976年以前中国台湾地区作物总面积一直保持在160万公顷左右，但1976年以后迅速下滑，到1979年仅为149.4万公顷，而1976年和1979年的耕地面积分别为91.97万公顷和91.53万公顷。耕地面积变化不大但作物种植面积迅速下降，说明农地抛荒、撂荒现象比较严重。

《农业振兴地区整备法》（农振法）和《农业经营基础强化法》（增进法），但效果依然不明显。1980 年以后，2 公顷以上农户比重比 1960 年上升了仅 1.5 个百分点，而未满 0.5 公顷的小农户比重反而上升到 41.6%以上的水平。① 韩国农业规模经营状况的变化非常缓慢。1992 年，韩国农户平均经营规模为 1.26 公顷，比同期日本（1.4 公顷）还低一些，有 80%的农户经营规模在 1.5 公顷以下，这一状况并不比土地改革后的 1956 年改善了多少。到了《农地基本法》出台后的 1997 年，韩国不同地区农场规模为 0.7~1.5 公顷，仅有 5%的农场超过了 3 公顷。中国台湾地区的农业规模经营状况总体未能改善，且还有进一步小农化的倾向。耕地面积在 2 公顷以上的农户占比从 1980 年的 7.4%下降到 1990 年的 7.0%，到 2000 年才上升到 7.6%的水平。与此同时，耕地面积未满 0.5 公顷的小农户占比则从 1980 年的 43.1%上升到 1990 年的 46.8%，到 2007 年又上升到 50.7%。②

二　农业工业化转型：出现了绕过土地密集型阶段的“赶超现象”

根据第二章的研究，农业工业化进程将呈现劳动密集型、土地密集型、资本密集型和技术密集型依次递进的阶段特征。日本、韩国和中国台湾地区处于人口稠密的东亚地区，“人多地少”的自然禀赋特征十分明显。在迈入工业化社会以前，农业生产是以劳动密集型为主要特征的。经济起飞后，大量劳动力向工业和城市部门转移，劳动力价格上升，资本日渐丰裕，为农业规模经营提供了要素禀赋基础。各经济体当局也顺应这股趋势，在迈入或即将迈入初等发达阶段时推出促进农业规模经营的政策。然而，这些政策在实施过程中并未取得令人满意的效果。而当经济体发展水平迈上新台阶后，大规模的资本和技术下乡趋势已经无法阻挡，农业工业化进程不可避免地出现了绕过土地密集型阶段的“赶超现象”。

① 〔日〕速水佑次郎、神门善久：《农业经济论》，沈金虎等译，中国农业出版社，2003，第 94 页。

② 薛莉、程漱兰、任爱荣、张慧东：《台湾农业经营模式研究》，中国农业科学技术出版社，2012，第 16~17 页。

1. 农业工业化进程中农业生产效率大幅提升，但并非规模经营的结果

劳均农业总产值反映了农业劳动生产率。从图 8-6 中可以看到，伴随着经济的发展，日本、韩国和中国台湾地区的农业劳动生产率都有较大幅度的提高。其中，中国台湾地区在 1961 年的农业劳动生产率是日本的两倍多，并在观察期内一直保持优势。韩国的农业劳动生产率在 1961 年仅为日本的 58%，但随后迅速发展，并在 2015 年实现对日本的赶超。

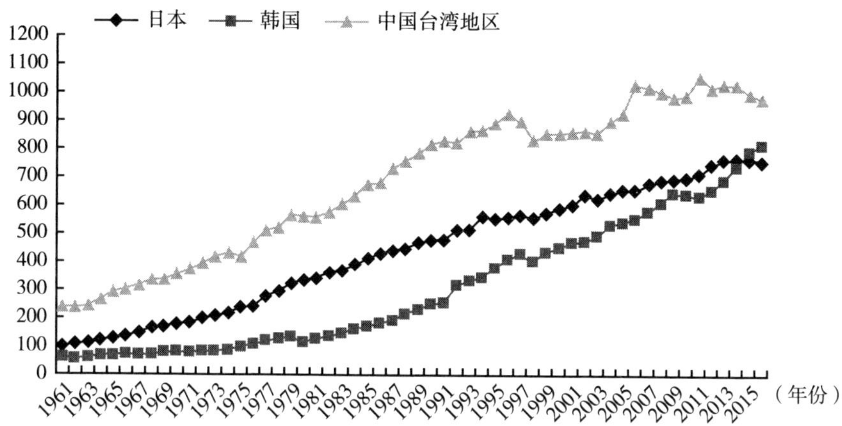

图 8-6　1961~2016 年东亚三个经济体劳均农业总产值指数
（以 1961 年日本劳均农业总产值指数为 100）

注：农业总产值是由联合国粮农组织提供的按 2004~2006 年国际平均价格计算的每个经济体的农业总产值，以千美元计。农业劳动力是从事农业经济活动的成年人人数。

资料来源：USDA 数据库。

地均农业总产值反映了农业土地产出率。从图 8-7 可见，除 2009 年外，中国台湾地区的农业土地产出率在观察期内绝大多数年份高于日本和韩国，这与中国台湾地区的气候有关。中国台湾地区属于热带和亚热带气候，复种指数和单产均较高，因此农业劳动生产率和土地产出率在东亚三个经济体中长期保持首位。值得注意的是，韩国的农业土地产出率在 1992 年实现对日本的超越。结合图 8-11 可以看到，韩国高强度的化肥投入带来较高的农业土地产出率。韩国地均化肥施用量从 1985 年开始就一直高于日本，到 1992 年已经高出日本 35%。

从图 8-8 可以看到，农业劳动生产率的提高并不是农业规模经营的结果。尽管 1961~2016 年日本、韩国和中国台湾地区的劳均耕地数量均

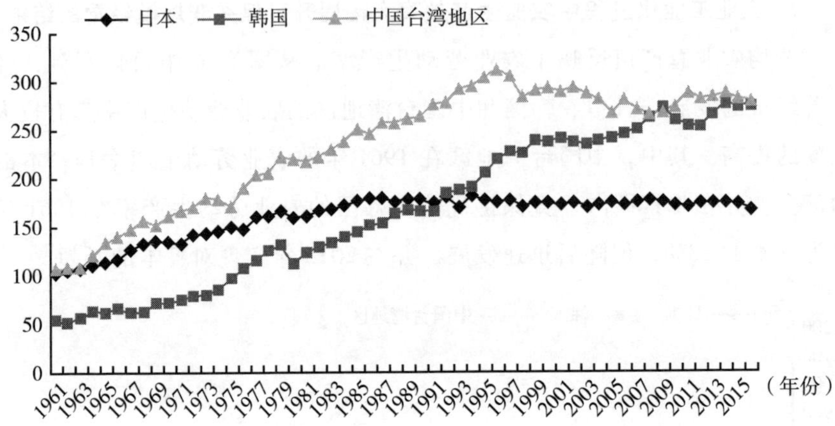

图 8-7 1961～2016 年东亚三个经济体地均农业总产值指数
（以 1961 年日本地均农业总产值指数为 100）

注：耕地是由联合国粮农组织报告的耕地加上永久性作物的土地。
资料来源：USDA 数据库。

呈上升趋势，但考虑到观察期初始值非常低（日本和韩国均为略高于 0.5 公顷，中国台湾地区为 0.96 公顷），因此规模经营水平的提升十分有限。2016 年，日本、韩国和中国台湾地区的劳均耕地绝对值分别仅为 1.96 公顷、1.29 公顷和 1.53 公顷。

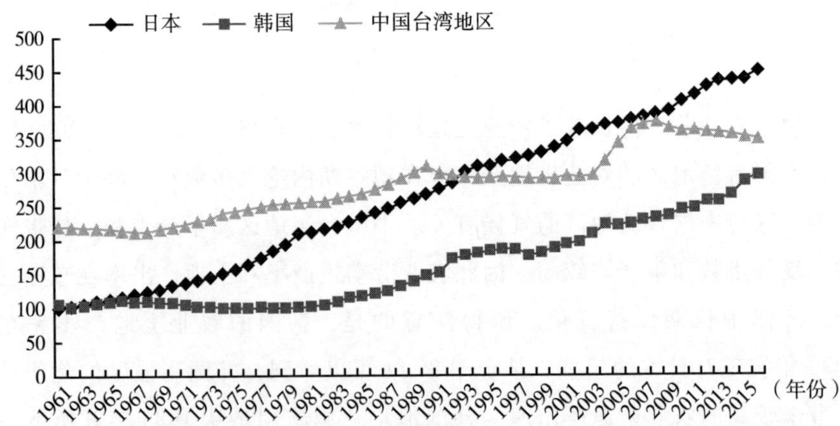

图 8-8 1961～2016 年东亚三个经济体劳均耕地指数（以 1961 年日本劳均耕地指数为 100）

资料来源：USDA 数据库。

2. 土地未能规模化经营，但资本和技术下乡趋势无法阻挡

尽管土地未能集中，但资本下乡和技术下乡的趋势依然不可阻挡。农业机械装备量常被看作农业资本深化的重要表征。图 8-9 和图 8-10 分别是日本、韩国和中国台湾地区劳均农业机械装备指数和地均农业机械装备指数。由于人地关系变化不大，上述两幅图有相似之处。综合前述经济体经济发展阶段可以看到，农业资本深化水平与经济发展阶段高度吻合。日本劳均、地均农业机械装备数量在 1974 年大幅提升，而 1975 年恰好是日本由中等发达阶段迈入发达阶段的时间节点。这说明高水平的经济发展加快了农业资本深化的步伐。韩国农业资本深化与经济发展阶段的关系表现得更为清晰。1981 年，韩国每个农业劳动力仅装备了 20 个 40-CV 拖拉机当量，随后开始快速增长，到 1995 年迈入初等发达阶段时已经达到 160 个 40-CV 拖拉机当量，到 2016 年更是上升到 363 个 40-CV 拖拉机当量。

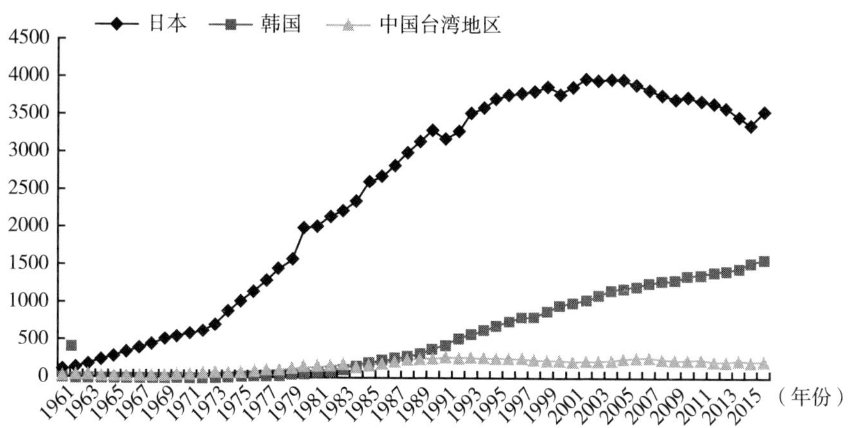

图 8-9 1961~2016 年东亚三个经济体劳均农业机械装备指数
（以 1961 年日本劳均农业机械装备指数为 100）

注：农业机械数量是以“40-CV 拖拉机当量”（CV=公制马力）表示的农业机械总库存，汇总了两轮拖拉机、四轮拖拉机、联合收割机和脱粒机的数量。对于当量，USDA 假设两轮拖拉机平均为 12-CV，四轮拖拉机 40-CV，联合收割机 20-CV。数据来自联合国粮农组织，但两轮拖拉机除外，它们是从各经济体资料汇编而来的。

资料来源：USDA 数据库。

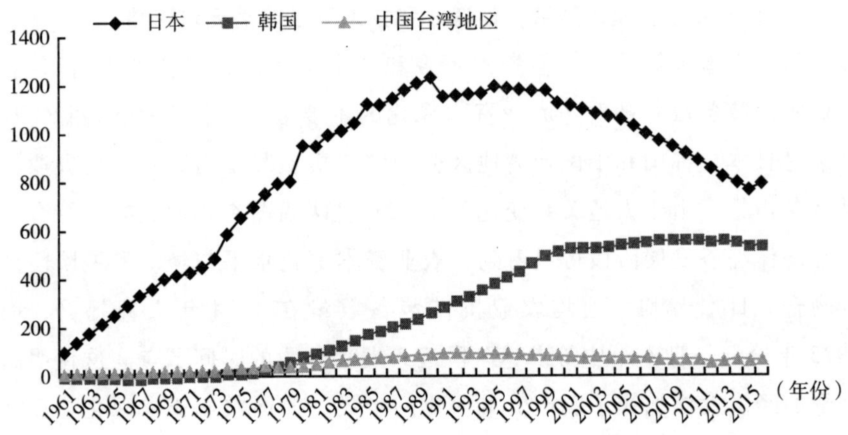

图 8-10 1961~2016 年东亚三个经济体地均农业机械装备指数（以 1961 年日本地均农业机械装备指数为 100）

资料来源：USDA 数据库。

中国台湾地区劳均、地均农业机械装备率不高的原因，并不是该地区没有农业资本深化，而是走了一条以化学化提高土地产出率的农业发展道路，这与台湾农作物的种类有关。但是，随着经济结构的升级，中国台湾地区的大田作物种植面积逐渐下降，转而以林果类等园艺作物为主。这些作物生产的要素投入特征是劳动密集型和技术密集型，不太需要机械对劳动的替代，反而需要生物技术和更为精细的化学投入。因此，中国台湾地区劳均、地均农业机械装备率均不高，但化肥施用量指数处于高位（见图 8-11）。1975 年，中国台湾地区的化肥施用量超过日本和韩国，并在 1998 年达到顶峰。尽管随着绿色农业、有机农业理念的发展，20 世纪 90 年代后东亚三个经济体地均化肥施用量均出现大幅下降趋势，但中国台湾地区依然排在首位。

除了农业机械装备率提升和化肥施用量增加外，农业向资本密集型和技术密集型转型还表现在农业基础设施改善、涉农贷款增加、新生物技术广泛应用等方面。农业资本深化和技术转型优化了农业产业结构，促进了农民增收，并在一定程度上缩小了城乡差距。但是，由于土地密集型阶段始终是东亚三个经济体农业工业化进程中缺失的一环，其农业发展潜力和农产品竞争力遭遇了严重挑战。

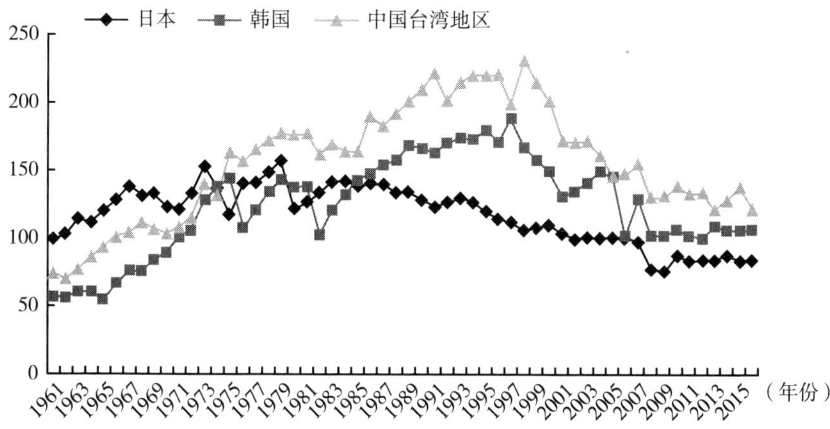

图 8-11　1961～2016 年东亚三个经济体地均化肥施用量指数
（以 1961 年日本地均化肥施用量指数为 100）

注：有关氮（N）、五氧化二磷（P_2O_5）和氧化钾（K_2O）肥料消耗的数据来自国际肥料协会（IFA）。对于小国（地区），IFA 只报告区域总量；肥料使用量在这些实体之间按收获的总作物面积的份额进行分配。

资料来源：USDA 数据库。

三　农业生产方式转型：选择了土地节约型技术及大规模兼业化经营

从表 8-5 来看，就农业劳动生产率（通过劳均农业总产值反映）而言，美国、加拿大、澳大利亚等新世界国家属于第一梯队，英国、法国、德国、意大利等欧洲发达国家属于第二梯队，而日本、韩国和中国台湾地区等东亚三个经济体属于第三梯队。可以看出，农业劳动生产率与自然要素禀赋有非常密切的关系，新世界国家土地资源最为丰裕，其中加拿大劳

表 8-5　农业生产率、农业规模和农业资本的国际比较（2016 年）

经济体	农业生产率		农业规模	农业资本	
	劳均农业总产值（元）[①]	地均农业总产值（元）	劳均耕地面积（公顷）	劳均农业机械总动力（40-CV 拖拉机当量）	地均化肥施用量（千克）
美　国	117898.53	1692.39	69.66	1916.26	134.39
加拿大	109615.93	638.54	171.67	3149.92	78.86
澳大利亚	84718.13	577.23	146.77	1075.08	57.30
英　国	49588.76	3037.72	16.32	1035.40	252.44

续表

经济体	农业生产率		农业规模	农业资本	
	劳均农业总产值(元)①	地均农业总产值(元)	劳均耕地面积(公顷)	劳均农业机械总动力(40-CV拖拉机当量)	地均化肥施用量(千克)
法　国	57330.85	2094.94	27.37	1502.58	154.53
德　国	72089.13	3145.58	22.92	1495.23	193.89
意大利	36692.42	3379.88	10.86	1335.17	97.42
日　本	7801.44	3807.37	2.05	854.52	230.37
韩　国	8051.48	6244.30	1.29	363.00	291.18
中国台湾地区	10029.06	6315.53	1.59	54.34	331.86

注：①这里使用的农业总产值是按2004~2006年全球平均农场价格计算的作物和动物生产总值，按2011年国际美元购买力平价测算。

资料来源：USDA数据库。

均耕地面积为171.67公顷，澳大利亚为146.77公顷，美国为69.66公顷，显著高于其他国家和地区；欧洲发达国家次之，但也远远高于东亚三个经济体；东亚三个经济体的土地资源相对稀缺且经营零散。

1. 依据要素禀赋选择了土地节约型技术，但无法缩小城乡劳动生产率差距

土地资源禀赋差异在很大程度上决定了不同地区的农业生产技术选择。新世界国家和欧洲发达国家主要采用的是劳动节约-土地密集型生产技术，其劳均农业机械总动力均在1000个40-CV拖拉机当量以上。而东亚三个经济体选择的是劳动密集-土地节约型生产技术，通过广泛使用作物杂交育种技术和化肥以提高土地产出率。其中，地均化肥施用量最高的是中国台湾地区，为331.86千克，最低的日本也有230.37千克。由于欧洲发达国家的土地资源禀赋介于新世界国家和东亚三个经济体之间，因此也大量采用了提高土地产出率的土地节约型技术，地均化肥施用量为90~300千克。

较高的地均化肥施用量对地均农业总产值的提升有明显的影响。东亚三个经济体的地均农业总产值都非常高，其中中国台湾地区、韩国更是分别达到6315.53元、6244.30元，是土地资源丰富的加拿大、澳大利亚等国的10倍左右。然而，过度的化学化种植一方面让东亚三个经济体的农业面临着巨大的污染风险，另一方面破坏了土壤中的微生物，改变了土壤的物理成分和化学成分，使地力下降、农作物生命力减弱，从而导致病虫害增多，进而又增加了农药施用量。化肥、农药轮番增施造成恶性循环，不仅破坏了自然环境，而且导致农产品质量下降、食品污染、饲料污染。

不过，极高的地均农业总产值仍无法弥补农业和非农业劳动生产率的巨大差距。工业化早期提取农业剩余的政策倾向，以及经济起飞后非农业部门收入快速上升的必然趋势，在东亚三个经济体的农业因诸多原因无法向土地密集型阶段转型的背景下，进一步拉大了农业与非农业部门的收入差距。

“城乡二元对比系数”可以反映农业与非农业比较劳动生产率的水平差异，是反映城乡差距的主要指标。该指标采用在农业比较劳动生产率低于非农业比较劳动生产率时的二元对比系数，计算方法为：（第一产业增加值占 GDP 比重/第一产业劳动力占劳动力总数比重）/（第二、第三产业增加值占 GDP 比重/第二、第三产业劳动力占劳动力总数比重）。该指标数值越接近 1，表明城乡差距越小。从图 8-12 可以观察到，1970 年以来美国城乡二元对比系数大部分时间高于 0.50，其中 1973 年石油危机后一度超过了 1，观察期的均值为 0.66。东亚三个经济体的表现均低于美国同期水平，其中中国台湾地区的城乡二元对比系数均值最低，为 0.29，韩国相对最高，为 0.36。总体说来，东亚三个经济体的城乡二元对比系数基本在 0.3~0.4 的水平徘徊，体现了农业和非农业劳动生产率的巨大差距。

2. 农业兼业化经营成为东亚三个经济体农业转型进程中的普遍现象

在市场经济条件下，劳动生产率与劳动报酬直接相关，而劳动力总是向报酬率更高的部门和地区流动。在土地无法有效集中的背景下，东亚三个经济体的农业劳动力往往采用兼业的方式来获取非农收入，以缩小农业和非农业劳动生产率差距带来的收入差距。因此，大规模的农业兼业化成为东亚三个经济体农业转型进程中的共同现象。日本在 1962 年迈入初等发达阶段后，农业部门中主要从事农业劳动的人数占农业劳动力的 67.16%。在此之后迅速下降，到 1968 年（1967 年进入中等发

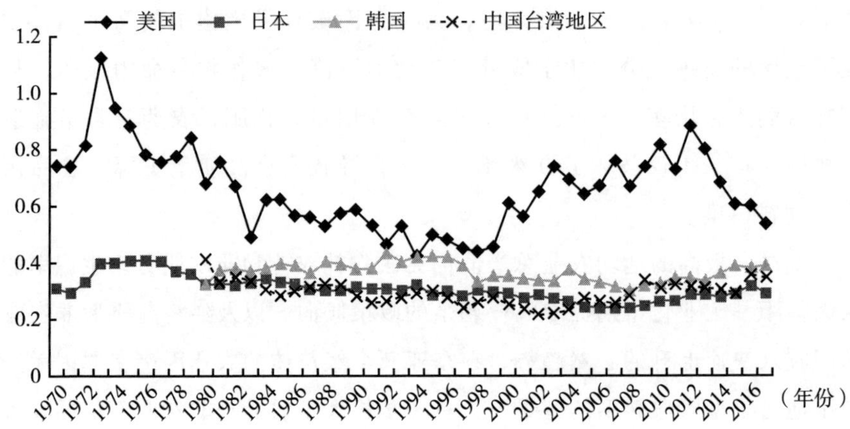

图 8-12　1970~2017 年美国和东亚三个经济体城乡二元对比系数

资料来源：美国、日本、韩国 1990 年及以前的数据分别来源于 BEA、《日本历史统计（1868~2002）》、韩国统计部门（KOSIS）网站，美国、日本和韩国 1990 年以后的数据来源于世界银行 WDI 数据库，中国台湾地区相关数据来自台湾地区历年统计年鉴和台湾经济研究院。

达阶段）已经下降到 60.19%。到 1975 年日本进入发达阶段后，该指标探底 47.81%。这就意味着，在从事农业的人口中，有一半以上不以农业为主业。不过，值得注意的是，日本从事农业劳动的人数占比在后来的年份里开始缓慢增长，到 1991 年超过了 50% 的水平，2017 年为 60.97%，几乎回到了 1968 年的水平。从农户专业化、兼业化情况来看，1985 年在日本的 437.60 万户农户中，仅有 62.61 万户农户从事专业化生产，占比仅为 14.31%。但这一比重随后呈上升趋势，到 2017 年为 31.27%（见表 8-6）。

韩国农户专业化程度在东亚三个经济体中相对较高，这可能和其农业与非农业生产效率差距相对较小有关。不过在快速现代化进程中，其农户专业化程度也在下降。1991 年，韩国专业农户数占农户总数的比例为 65.72%，到 2017 年处在 56.17%的水平。

中国台湾地区自经济起飞以来，农业劳动力大量外流。20 世纪 80 年代到 90 年代，中国台湾地区专业农户数占农户总数的比例都在 20%以下。资料显示，1986 年，中国台湾地区专业农户数占比仅为 11.53%。进入 21 世纪以来，中国台湾地区专业农户比例显著上升，2017 年达到 62.99%的水平。

表 8-6　东亚三个经济体农户专业化、兼业化情况

年份	日本			韩国			中国台湾地区		
	农户总数（万户）	专业农户数（万户）	占比（%）	农户总数（万户）	专业农户数（万户）	占比（%）	农户总数（万户）	专业农户数（万户）	占比（%）
1985	437.60	62.61	14.31	192.59	—	—	—	—	—
1986	433.06	64.28	14.84	190.59	—	—	76.94	8.87	11.53
1990	297.05	47.34	15.94	—	—	—	85.98	11.34	13.19
1991	293.61	46.00	15.67	170.23	111.87	65.72	—	—	—
1995	260.64	43.58	16.72	150.07	101.04	67.33	—	—	—
2000	233.69	42.64	18.24	138.35	90.21	65.21	72.12	12.94	17.95
2005	196.30	44.30	22.57	127.29	79.62	62.55	76.73	16.60	21.64
2010	163.10	45.10	27.65	117.73	62.75	53.30	77.67	18.89	24.32
2015	133.00	44.30	33.31	108.85	59.85	54.98	71.99	—	—
2017	126.30	39.50	31.27	104.20	58.53	56.17	71.78	45.21	62.99

资料来源：日本数据来源于《日本历史统计（1868~2002）》和《2020 日本统计手册》，韩国数据来源于韩国统计部门（KOSIS）网站，中国台湾地区统计数据来源于历年《台湾地区农家户抽样调查报告》。

从东亚三个经济体农业兼业化状况来看，在经济快速增长时期，东亚三个经济体都出现了经典的刘易斯模型中大规模农业劳动力外流现象，使农业兼业化水平迅速上升。但在经济发展水平收敛后，经济增速放缓，又都出现了专业化农户比重提升的现象。这一现象本身就是经济体政府政策激励的目标，又是缩小城乡差距的必然表现（在图 8-12 观察期末城乡二元对比系数都有上升趋势）。

不过，要指出的是，大规模农业兼业化现象始终伴随着农业就业人口下降及日益严峻的农业人口老龄化现象。1980~2001 年日本 60 岁以上的自营农业劳动人数一直在 300 万人左右，随着自营农业总人数的大幅下降，60 岁以上的占比从 23.93%上升到 44.26%。2001 年后 60 岁以上的自营农业劳动人数也开始下降，2015 年下降到 200 万人以下，但下降幅度仍小于自营农业总人数的下降幅度。2017 年，60 岁以上的自营农业劳动人数占比已经上升到 64.10%的高位。韩国农业老龄化状况比日本更为严重。2007~2017 年，年龄在 60 岁以上的自营农业劳动人数从 74.18 万人

上升到 76.57 万人，而占自营农业总人数的比重却由 58.27% 上升到 77.97%。中国台湾地区的情况要略好于日本和韩国。数据显示，中国台湾地区高龄农户①的数量持续上升，从 2002 年的 8.48 万户上升到 2017 年的 19.44 万户。但由于专业农户数量也在大幅提升，高龄农户占比从 2002 年的 53.26%缓慢下降到 2017 年的 43.00%。

四　农业竞争力转型：日渐缺乏国际竞争力，粮食安全面临威胁

日本、韩国和中国台湾地区在经济快速发展时期，都出现了经典的刘易斯二元经济结构模型所刻画的特征：非农部门迅速发展，农业和非农收入差距拉大，农业劳动力大规模流向非农部门和城市。然而，东亚三个经济体在二战后的土地改革有明显的均田倾向，并且为了不让改革果实在市场环境下付诸东流，都通过各类机制对“自耕农体制”加以强化。在悠久的农耕文化影响下，许多农户即使抛荒、撂荒也不愿意将土地流转出去。上述情况使东亚三个经济体在农业转型过程中纷纷绕过了土地密集型阶段，小规模的农业生产经营得以保留。东亚三个经济体采用的都是以市场开放为前提的出口导向型经济增长模式，这就使得即使受到多重保护的农业部门也不可避免地卷入国际化浪潮中。最终的结果是，东亚三个经济体小规模的农业生产经营方式在国际竞争中日渐缺乏竞争力。

1. 农户与非农户收入差距拉大，农业生产成本上升

工业化、城镇化、市场化和国际化来势汹汹，席卷了依然保持小规模生产经营的东亚三个经济体的农业部门。这一冲击最直接地体现在农业生产成本结构上。伴随着刘易斯拐点的到来，农业劳动力成本显著上升，无法规模经营的现实约束极大地降低了农民的务农积极性，农业不得不以兼业化、老龄化的方式加以应对。日本农户和非农户的相对收入比例从 1890 年以后就从 87%快速下降，到 20 世纪 30 年代仅有 30%左右。二战后的 1955 年，这一指数恢复到 77%的水平，但随着日本经济的起飞再次下降到 1960 年的 70%。尽管到 20 世纪 70 年代日本农户和非农户的相对收入比例上升到 90%以上的水平，甚至在 1980 年超过 100%，但从收入

① 中国台湾地区将户主年龄在 65 岁以上的以农牧业为本业的农户统计为高龄农户。

结构来看，实现这一超越的主要原因是在日本进入发达阶段后，农户的兼业收入、补贴收入等非农收入大幅增加。①

在20世纪90年代中期以前，韩国农户和城镇非农户的相对收入比例在75%以上，但是自1995年（这一年迈入初等发达阶段）以来，城乡居民收入差距不断扩大。2000年，农户和非农户的相对收入比例为76%，而到2004年（这一年迈入中等发达阶段），这一比例下降到74%。2013年，农户和非农户的相对收入比例进一步下降到65%。比日本更为严重的老龄化、农工贸易条件的持续恶化，使得农业赢利能力显著下降，而高速发展的非农经济促进了城镇居民的增收。

中国台湾地区的制造业工资在20世纪70年代快速上涨。统计显示，1962年，中国台湾地区农民所得物价指数与制造业工资相差不大，前者是后者的96.15%，到1968年也只下降到76.33%。但随后中国台湾地区经济起飞，到1978年已经下降到47.85%。1968~1982年，中国台湾地区农业就业人口减少了45万人，占总就业人口的比重骤降了22个百分点。除了农业劳动力成本上升以外，化肥、农药、农业机械等农资的价格也在上涨。1960~1978年，中国台湾地区农民所付物价指数几乎与农民所得物价指数同时上涨且幅度较为一致。这一状况说明，与制造业相比，农民的交易条件是显著恶化的。②

2. 大田作物种植面积普遍下降，农业非粮化趋势明显

粮食等大宗农产品属于土地密集型生产，土地要素丰裕的国家或地区更有比较优势。特别是在农业工业化进程开启后，农业部门逐渐具备了以机械替代劳动的条件，这一优势就体现得更为明显。东亚三个经济体不仅土地要素稀缺，在组织形式上也未能实现农业规模经营，因此在农业生产成本上升、农业国际化程度加深后，传统的大宗农产品生产劣势尽显。日本、韩国和中国台湾地区均出现了农产品结构的变化，大田作物种植面积和产量下降，园艺作物种植面积开始上升。1955年日本稻米种植面积达

---

① 〔日〕速水佑次郎、神门善久：《农业经济论》，沈金虎等译，中国农业出版社，2003，第132页。

② 薛莉、程漱兰、任爱荣、张慧东：《台湾农业经营模式研究》，中国农业科学技术出版社，2012，第21、42页。

到322万公顷，占整个地区作物种植面积的60%以上，但到1970年以后，稻米种植面积开始下滑到300万公顷以下，到1996年仅为198万公顷。从种植面积来看，1975年日本粮食作物（稻米、麦类、豆类）种植面积占整个地区作物种植面积的55.64%，而到20世纪90年代后则下降到50%以下并长期维持在这一水平。与此同时，蔬菜和饲料作物种植面积占比分别从1975年的10.97%、15.15%上升到2000年的13.36%、22.67%。

1975年，韩国粮食作物稻米、麦类、豆类的种植面积分别为122万、76万、33万公顷，占全国已利用耕地面积的54.4%、34.0%、14.9%。然而，随着经济的发展，粮食作物种植面积所占比重持续下降，其中麦类下降得最快，到1986年已经不到10%，到1994年已经低于5%，目前徘徊在3%左右。与大田作物种植面积占比普遍下降相比，蔬菜和水果等园艺作物种植面积占比却在上升，分别从1975年的10.9%、3.3%上升到1995年的15.8%和8.5%，再到2017年的17.1%和10.3%。

中国台湾地区的稻米、杂粮等大田作物曾经创造“辉煌”。1955年，种植面积达到119.3万公顷，占整个地区作物总种植面积的79.8%。从20世纪50年代中期到70年代，稻米、杂粮种植面积基本稳定，占整个地区作物种植面积的比重基本在70%~80%。但是进入70年代中后期，随着中国台湾地区各类作物总种植面积的大幅下降，稻米、杂粮种植面积也迅速下降，且降幅大于各类作物总种植面积的降幅，使得其占比迅速下降，到1996年仅为49.2万公顷，不足总种植面积的50%。水果、蔬菜、花卉等园艺作物的种植面积比重迅速上升，从20世纪60年代的不到10%上升到2004年后的50%以上。

3. 农业缺乏国际竞争力，农产品进口势头强劲

大幅进口国外农产品，是本国农业失去国际竞争力的另一个表现。从图8-13可以看到，1961~2019年日本农产品进出口额整体呈增长趋势。1961年日本迈入初等发达阶段之前进口额为20.22亿美元，到1974年即将步入发达阶段时已经迅速增长到111.01亿美元，1995年突破了400亿美元，后因亚洲金融危机的影响有所下滑，直到2004年又恢复到400美元以上的水平，随后进口额持续波动，2019年为589.84亿美元。与此同时，日本农产品出口额增长缓慢，变化幅度不大，到2006年后才突破20亿美元，到

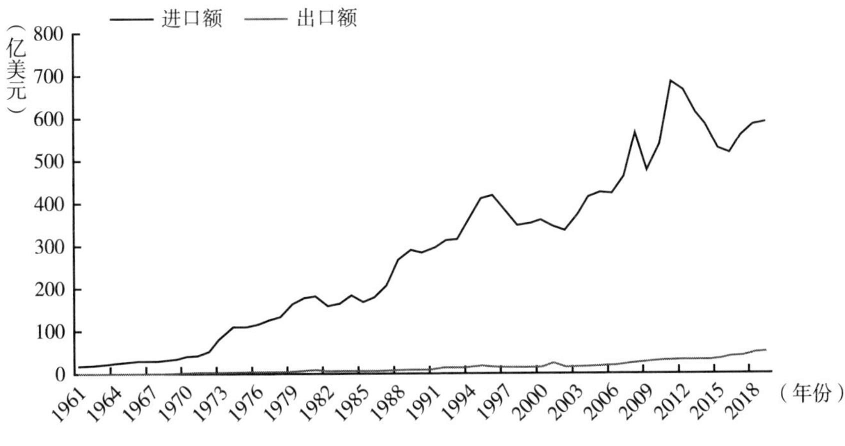

图 8-13　1961~2019 年日本农产品进出口额

资料来源：联合国粮农组织。

2019 年才突破 50 亿美元，仅为进口额的零头。

韩国农产品进出口额呈贸易逆差，其进口一直十分强劲。1961 年，韩国农产品进口额为 8728 万美元，到 1974 年已经突破了 10 亿美元关口。2017 年，这一数据已经增长到了 274.54 亿美元，在进口的农产品中，麦类、豆类和土豆的份额最大，与该国农产品种植结构的变化相一致。韩国出口额度不大且增速比较缓慢，1961 年韩国农产品出口额为 713 万美元，到 1988 年韩国快要迈入初等发达阶段时才达到 10 亿美元，到 2017 年以后稳定在 60 亿美元左右。在出口的农产品中，20 世纪 50 年代到 60 年代主要出口稻米、蚕丝、人参和烟草，到 70 年代后稻米的国际竞争优势不复存在，出口急剧下降。自 1990 年以来，水果、蔬菜已成为新的出口商品。

中国台湾地区的农产品本在国际市场上具有一定竞争力，在 20 世纪 50~60 年代曾经为该地区的工业化战略提供了强有力的支持。但随着工业化进程的推进以及传统大宗农产品失去比较优势，农产品贸易自 1970 年出现逆差，且逆差持续攀升。在进口方面，中国台湾地区的农产品进口额在波动中提升，2010 年突破了 100 亿美元，到 2019 年已经达到 124.32 亿美元的历史高位。从具体的进口品种来看，中国台湾地区除了花卉产品和水产品外其他农产品出口都在大幅下降，与该地区农产品种植结构的变

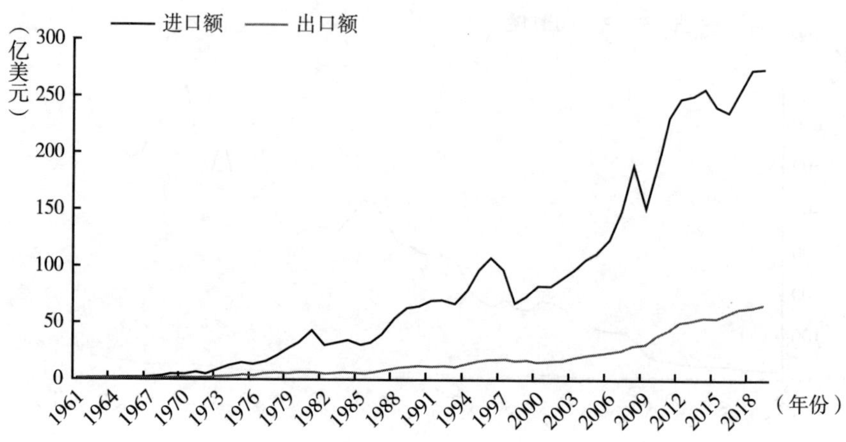

图 8-14　1961～2019 年韩国农产品进出口额

资料来源：联合国粮农组织。

化相匹配。在出口方面，1995 年农产品出口额曾经达到 28.83 亿美元的高点，但随后在 1998 年迅速下降到 9.08 亿美元，到 2011 年又回升到 20 亿美元以上的水平，到 2019 年达到 37.09 亿美元。

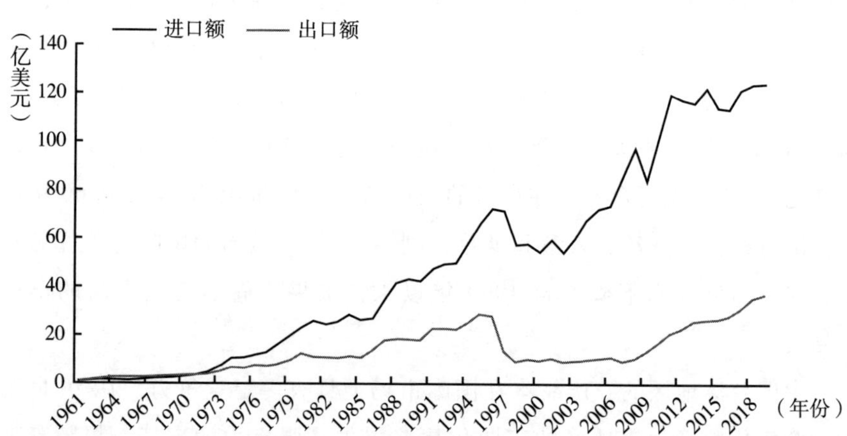

图 8-15　1961～2019 年中国台湾地区农产品进出口额

资料来源：联合国粮农组织。

4. 粮食自给率持续走低，但都坚持“口粮自给”策略

东亚三个经济体农产品的出口额几乎都不到进口额的零头，反映出

了在农业转型过程中这一地区的农业国际竞争力普遍不足。这一状况使该地区的农业产业安全面临巨大的国际风险，进而威胁到了粮食安全。根据日本农林水产省的统计，日本农产品自给率持续走低，已经从1965年的73%下降到1990年的48%，21世纪以来则一直在40%左右的水平。[①] 韩国也面临着相同问题，随着谷物进口量的激增，该国的粮食自给率从1970年的80.5%下降至1980年的56.0%，再下降至1990年的43.1%。2014年，韩国进口了1680万吨谷物，使得粮食自给率进一步下降到24.0%。21世纪以来，中国台湾地区的粮食自给率长期保持在20%以下。2002年，中国台湾地区的谷物产量为160.46万吨，进口674.69万吨，出口16.65万吨，自给率为19.60%；2005年粮食自给率降到近20年的最低点，为15.94%；随后缓慢回升，2017年回到19.42%的水平。

不过，值得注意的是，尽管日本、韩国和中国台湾地区的粮食自给率下降，但都始终坚持了“口粮自给”策略。东亚地区的传统主食是稻米，东亚三个经济体的稻米自给率都处在非常高的水平。资料显示，自19世纪末期以来，日本的稻米自给率就一直非常高。二战后，日本经济飞速发展，但也没有放弃稻米自给的国策。从图8-16可以观察到，1969~1992年，日本的稻米自给率连续24年超过100%。1997年以后，日本的稻米生产量出现下滑，跌入1000万吨以下，但在后来的年份里基本稳定在850万吨左右。尽管日本稻米自给率出现下降，但是2011年后就一直保持在92%左右的水平。韩国为了保持稻米自给，不仅对稻米进行强有力的价格支持，还设置了主粮壁垒，对进口大米加征高额关税。因此，从稻米自给率来看，除个别年份外，韩国长期保持在90%以上的水平。中国台湾地区在稻米生产方面曾一直有着较强的比较优势，1961~2002年，台湾仅有2个年份的稻米自给率低于100%。2002年后，中国台湾地区的稻米自给率显著下降，但基本都在90%以上。2018年，中国台湾地区的稻米自给率为97%。

① 历年《日本统计年鉴》，这里的自给率以供给热量为基础计算。

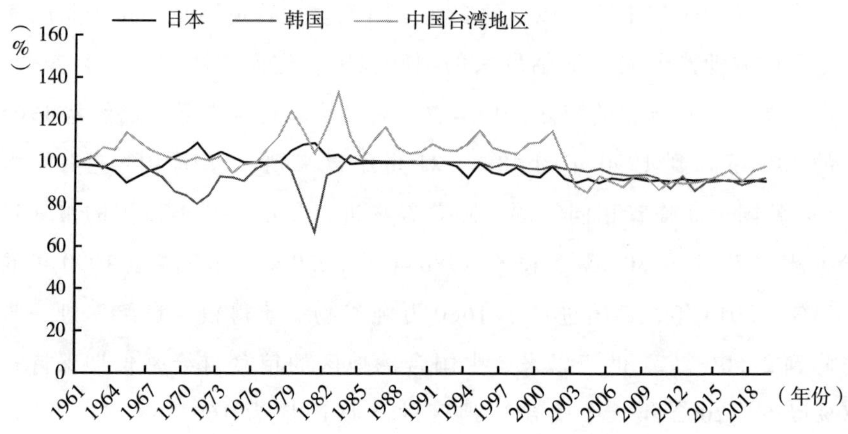

图 8-16　1961~2019 年东亚三个经济体的稻米自给率

注：稻米自给率的计算公式为：稻米自给率=稻米生产量/（稻米生产量+稻米进口量-稻米出口量）。

资料来源：联合国粮农组织。

第五节　东亚三个经济体农业转型的重要启示

日本、韩国和中国台湾地区人口稠密、土地资源相对稀缺，且深受儒家文化影响，有着东亚地区特有的农耕文明。二战后，东亚三个经济体都采取了改革农村土地制度、提高农业生产率、破解城乡二元结构等举措，取得了许多值得借鉴的宝贵经验，也有一些需要吸取的教训。

一　充分利用市场机制，完善农村土地产权制度

二战后，日本、韩国和中国台湾地区纷纷实施了以建立自耕农体制为目标的农村土地改革。这些改革激发了农民的生产积极性，在一定程度上提高了农民的购买力，并解决了粮食短缺问题，为工业化、城市化的发展提供了重要支撑。东亚三个经济体农村土地改革的路径基本是通过政府干预土地市场，强制收购地主超过规定面积的土地，并让农户以自有资金或贷款等形式购买。

日本通过《农地调整法案》《建立自耕农特别措施法》以及 1952 年制

定的《农地法》，限制了农地经营规模，对农地转让进行统一定价，对超出规定规模的地主土地进行强制收购，并按照统一价格转让给无地少地的农户，农户可以采取长期借贷的方式购买。韩国出台《农地改革法案》，也由政府规定了收购价，收购超过规定面积的地主耕地再转售给无地少地的农户；对于日本殖民时期侵占的土地，则按照低价公开拍卖的方式出售给佃农。中国台湾地区一是实行“公地放领”，即由当局把曾被日本侵占的土地按照耕地主要作物全年收获量的2.5倍，以实物计算卖给无地少地的农户；二是实施“耕者有其田”，当局对地主超过规定数量的土地进行强制收购，并以贷款的方式转售，农户也采取贷款的方式购买。

总体而言，东亚三个经济体土地改革的特点是不完全利用了市场机制。通常情况下农户要通过合法渠道获得土地，会在土地市场上公开出价，土地价格随行就市。农户可能采取一次付清或先租后买的支付方式。这是一种通过自由交换获得土地产权的道路。另一种情况是不通过土地市场，采用政治运动“剥夺剥夺者”，将土地产权强制转换为农户所有，这是二战后许多社会主义国家通常采用的办法。而日本、韩国和中国台湾地区则走了一条不完全利用市场的“中间道路”。

不同的土地改革路径导致农户在与政府谈判时拥有不同的地位。① 如第四章所述，德姆塞茨曾提出了“产权残缺”的概念，即由于政府侵权，完整的产权“权利束”中有一部分权利被删除了。产权的完整性体现在产权所有者与政府的谈判地位上。走“中间道路”的农户，谈判地位要低于走自由交换道路的农户，但高于走“剥夺剥夺者”道路的农户。走“中间道路”的农户在拥有生产经营自主权的同时，又要接受政府对其生产剩余的汲取和对产权的限制。

为了工业化和发动战争，日本在二战前和二战期间采取了大规模汲取农业剩余的政策。在二战后为了解决粮食安全问题，日本通过《粮食管理法》直接管制粮食价格，还规定了各流通环节的数量和价格。韩国于1950年颁布了《粮食管理法》，规定政府必须掌控粮食分配和销售。通过实行粮食价格双轨制低价收购粮食，并以化肥换粮食的政策和征收粮食的

---

① 周其仁：《产权与中国变革》，北京大学出版社，2017，第32、33页。

实物作为农业税的政策汲取农业剩余。中国台湾地区与韩国相类似，为了换取外汇进行工业化积累，采取了计划收购、化肥换大米、田赋实征等政策，以掌握大量粮食用于专卖和出口。同时，日本、韩国和中国台湾地区在土地改革后都对农地的流转进行了极为严格的限制。日本 1952 年的《农地法》对农地规模做出规定，北海道 2~12 公顷，内地 0.3~3 公顷；韩国规定户均耕地不超过 3 公顷；中国台湾地区将农户耕地规模限制在水田 3 公顷，旱田 6 公顷。政府对农业生产剩余的大规模汲取形成了东亚三个经济体在转型时期比较突出的城乡二元对立问题，并导致了乡村衰落，以至于后来不得不出台一系列乡村振兴举措。而对产权交易的限制，使三大经济体都面临了农业经营规模过小，农业人口老龄化、兼业化严重，农业竞争力严重下降的问题。

改革开放以前，中国通过指令性生产计划、农产品统购统销、严禁长途贩运和限制人口流动等政策，建立了时至今日仍然发挥影响的农村集体经济组织。尽管这一道路为建立独立的、比较完整的工业体系和国民经济体系做出了巨大贡献，但农户几乎没有与政府谈判的地位。在改革开放前不仅未能解决工业化初期农业转型应该解决的粮食问题，还造成了严重的城乡二元对立。改革开放后，家庭承包经营制的普遍实施，在一定程度上完整了农户的剩余索取权，激发了农民的生产积极性。随后一系列农村集体产权制度改革接连实施，逐步构建了以家庭承包经营制为基础、统分结合的双层经营体制。中国农村土地产权改革的效果立竿见影，农业农村取得了长足进步：改革开放以来，中国粮食供给由短缺走向供需相对平衡，再到产量相对过剩；农业生产率迅速提升；城乡差距在一定程度上有所缩小。

正如周其仁所说："政府保护有效的产权制度是长期经济增长的关键。"① 充分发挥市场机制的作用，完善农村土地产权制度，不仅能够实现理论上的自洽性，在实践中也经得起检验。目前农村土地产权改革仍在继续，"三块地"改革、"三权分置"、"两权"抵押贷款方兴未艾，基本上朝着完整土地产权"权利束"的方向展开。结合日本、韩国和中国台

① 周其仁：《产权与中国变革》，北京大学出版社，2017，第 23 页。

湾地区农业转型的经验、教训，未来中国还需要进一步理顺农村集体经济与农户土地产权关系，减少政府对土地市场的干预，主动提高农户的谈判能力。

二 把握劳动力转移时机，推动农业规模经营

尽管日本、韩国和中国台湾地区的土地改革有强烈的均田倾向，并成功建立了以小规模经营为主体的自耕农体制，但随着经济发展，农业小规模经营的局限性及其带来的问题日益凸显，东亚三个经济体都意识到农业有必要向规模经营转型。日本著名经济学家山田盛太郎指出，农地改革本身只是全过程的开始，这一过程一方面是农地改革本身的深化，另一方面则是向大农圃转化的基础。① 随后，日本、韩国和中国台湾地区都在不同的时间节点上出台了鼓励规模经营的政策。

如果说在早期土地改革时，政府的干预使农户土地产权“权利束”不完整，从而导致土地规模化受阻，那么鼓励规模经营的政策都明确放宽甚至废除了土地经营规模上限，扩大了农业经营主体范围，在一定程度上完整了土地产权“权利束”，为什么还会出现农业经营规模无法扩大的问题呢？一种解释是，大规模农业经营的一个特点是广泛应用以机械替代劳动的劳动节约型技术，而日本、韩国和中国台湾地区的地形以丘陵为主，并不具备广泛应用这类技术的条件。不应该否认的是，不同经济体的地形对农业规模经营水平有直接影响。但从单个经济体来看，在农业劳动力大量转移的前提下实行土地规模经营是可以实现的。对此，速水佑次郎、神门善久认为，“地形上的限制实际上并没有人们想象的那么大”。1988 年日本农林水产省的一份调查资料表明，“水田面积的 80%适合于 20 公顷以上的大规模经营；对农业机械的作业效率有影响、坡度超过 5%的水田不过水田总面积的 9%”。因此，耕地分散经营形式才是阻碍经营规模扩大的重要因素。②

① 山田盛太郎:《農地改革の歴史的意義》，载《山田盛太郎著作集》(第 4 卷)，岩波書店，1984。

② 〔日〕速水佑次郎、神门善久：《农业经济论》，沈金虎等译，中国农业出版社，2003，第 274 页。

另一种解释是，东亚地区有着悠久的农耕文化传统，许多农户不愿意轻易转让耕地。这一现象在一定程度上是存在的，如中国台湾地区的农民存在“唯田是尚”“有土斯有财”的传统观念。① 但事实上，不愿转让的原因可能更多的是经济方面的，如对农地转用可能带来高额回报的期望。速水佑次郎、神门善久在分析日本规模经营面临的阻碍时指出：“暧昧的转用限制规定和巨额的转用收入，无疑阻碍了大规模农业经营的发展。”② 韩国因为快速城镇化，导致不在村的土地拥有者显著增加，土地价值上涨，高于实际农产品收益。这一状况使得土地拥有者获有既得利益，共同反对政府于1986年颁布的、旨在强化“耕者有其田”原则的农地租赁管理法，致使该法案的实施被延迟。③ 中国台湾地区为推动区域经济发展，自20世纪50年代起积极简化农用地变为工业用地的程序，1960年还颁布了《奖励投资条例》，扩大农用地变更为工业用地的事由范围。这一时期中国台湾地区大量农地被转用④，并不存在传统观念上的严重抵触现象。

东亚三个经济体的农业转型经验表明，土地产权、地形地貌、文化传统等因素并不是阻碍农业规模经营的关键，那么问题出在哪里呢？结合本书对农业工业化进程的理论阐释，以及前文提到的三个东亚经济体都出现了绕过土地密集型阶段的“赶超现象”，可以认为，当农业工业化进行到土地密集型阶段时，也是农业劳动力大量转移和城镇化率提升最快的时期⑤，是推动农业规模经营的“最佳时期”。从农业工业化角度来看，在这一时期之前，农业部门不具备规模经营条件；在这一时期之后，农业兼业化程度加深，农业资本进一步深化，农业补贴增加，家庭经营性收入占比迅速下降，加之快速城市化可能带来巨额土地转用收入的预期，多数兼

① 丁长发：《台湾土地制度变迁及其启示》，《台海研究》2014年第4期。

② 〔日〕速水佑次郎、神门善久：《农业经济论》，沈金虎等译，中国农业出版社，2003，第280页。

③ 韩国农场经济研究院：《韩国三农》，中国农业出版社，2014，第19页。

④ 施昱年、廖彬超：《台湾地区农地政策的演进及其借鉴意义》，《国际城市规划》2016年第6期。

⑤ 1974年联合国在《城乡人口预测方法》中，从理论与实证两个层面详细论证了城镇化水平随时间增长的“S”形变化规律。这条曲线被国内众多学者称为“诺瑟姆曲线”。它把城镇化分为三个阶段：第一阶段是起步阶段，大概在城镇化率为25%~30%之前；第二阶段为加速发展阶段，在城镇化率为60%~70%之前；在此之后进入第三阶段，即稳定阶段。推动农业规模经营的“最佳时期”，应该是经济体的城镇化率提升最快的时期。

业农户宁可使农地闲置也不愿意转让。而在这一时期之中，工业部门和城市部门吸引着大量农业劳动力转移，农业资本尚未下乡，农业补贴等诸多政策没有出台，农地这种农业最重要的生产资料的价格可能还会出现下跌。因此，在这“最佳时期”如果政策实施得当，特别是如果能够“顺水推舟”实施农业转移劳动力市民化和农村土地整理等政策，实现农业规模经营的难度可能会大大降低。

图 8-17、图 8-18 和图 8-19 呈现了日本、韩国和中国台湾地区的经济发展阶段与农业就业转移情况，左边纵坐标是不同时期农业就业比重和城镇化率，右边纵坐标是人均 GDP 相对比例。从图中可以看到，随着经济的发展，东亚三个经济体的农业劳动力大量转移，城镇化率呈现“S”形变化规律，且农业就业比重下降趋势与城镇化率曲线基本呈对称结构。其中，农业劳动力转移最快、城镇化率上升最快的阶段，基本出现在中等收入阶段。日本和韩国在迈入初等发达阶段前这一势头就有所下降，而中国台湾地区则一直延续到初等发达阶段中期。

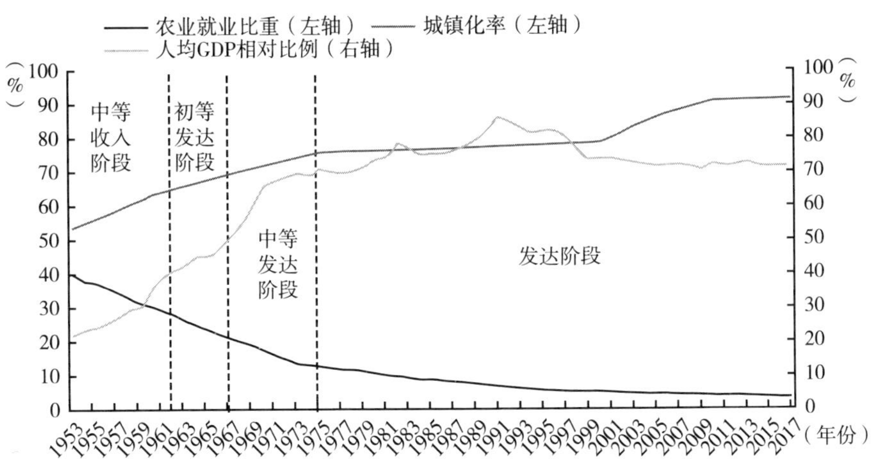

图 8-17　1953~2017 年日本经济发展阶段与农业劳动力转移

具体而言，日本城镇化发展可以分为四个阶段：第一阶段是 1953~1960 年，城镇化率曲线的斜率为 1.27；第二阶段为 1961~1976 年，1961 年日本即将迈入初等发达阶段，城镇化方兴未艾，但城镇化曲线斜率下降

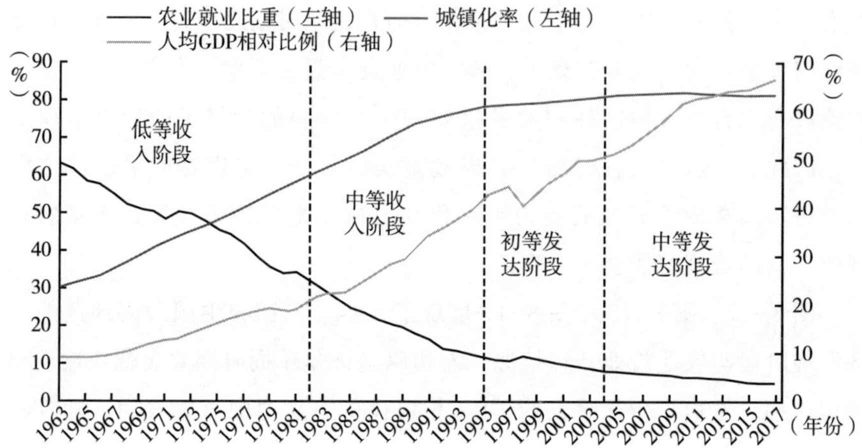

图 8-18　1963~2017 年韩国经济发展阶段与农业劳动力转移

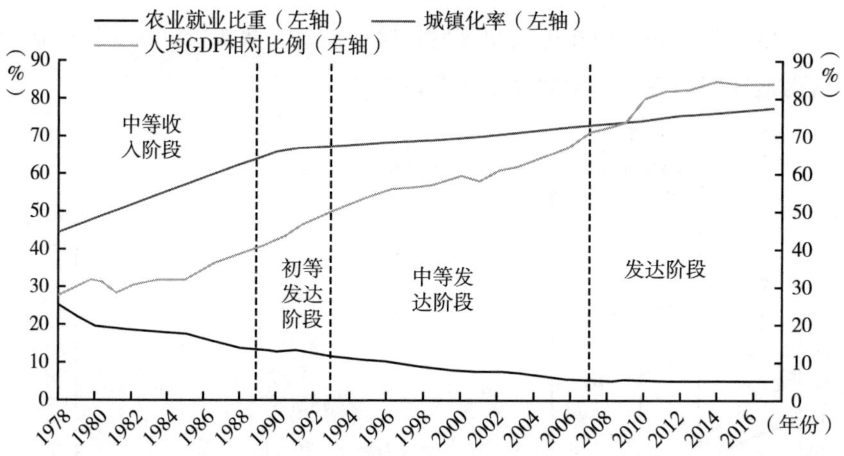

图 8-19　1978~2017 年中国台湾地区经济发展阶段与农业劳动力转移

到 0.80；第三阶段是 1977~2001 年，城镇化步入平稳发展阶段，2001 年日本城镇化率刚好达到 80%的水平；第四阶段是 2002 年以后，城镇化率又出现大幅提升。而从农业就业比重下降趋势来看，又主要分为 1953~1974 年和 1975~2017 年两个阶段：第一阶段是大幅下降阶段，从 1953 年的 39.84%下降到 1974 年的 12.88%，与日本城镇化第一、第二阶段基本吻合，说明农村人口转移与农业劳动力转移的一致性；第二阶段则是平稳下降阶段，由 1975 年的 12.65%下降到 2017 年的 3.49%。

韩国的城镇化发展阶段可分为两个阶段：第一阶段是1963~1994年，城镇化率曲线的斜率为1.61；第二阶段是1995~2017年，1995年韩国迈入初等发达阶段，但随后城镇化率基本没有太大变化，城镇化率曲线的斜率仅有0.14。与日本类似，韩国农业劳动力转移与农村人口转移基本一致，以1997年为界分为两个阶段：第一阶段农业就业比重从1963年的62.97%下降到1997年的10.77%；第二阶段则平稳下行至2017年的4.88%左右。

中国台湾地区的城镇化发展阶段也可分为两个阶段：第一阶段是1978~1988年，城镇化率曲线的斜率高达1.79；第二阶段是1989~2017年，而1989年也是中国台湾地区迈入初等发达阶段的第一年，城镇化率曲线斜率骤降至0.44。不过要指出的是，中国台湾地区的农业劳动力转移相对平稳，以2006年为界分为两个阶段：第一阶段是1978~2006年，农业就业比重从24.92%下降到5.47%；第二阶段是2007~2017年，农业就业比重一直在5%左右徘徊。

日本、韩国和中国台湾地区在城镇化快速发展阶段并未出台推动农业规模经营的有效政策。日本在1962年才通过修订《农地法》突破了自耕地3公顷的上限，同时增加了农业生产法人，并对其耕地数量不设上下限。然而，此时日本城镇化率速度已经下行。后来，日本于1969年出台了旨在扩大农业经营规模的《农业振兴地区整备法》，并于1980年第二次修订，但此时日本已经进入城镇化第三阶段，农业劳动力转移进入第二阶段。韩国一直到1986年才颁布《农地租赁管理法》，还遭到了抵制，推迟了实施，到1990年城镇化第一阶段快要完成时才颁布了《农渔村发展特别措施法》，允许农业组织收购农地。而在1999年后逐步放开农地所有权限制时，韩国城镇化已基本完成，农业劳动力的快速转移已经结束。韩国错失了推动农业规模经营的良机，不得不在2000年以后的农业改革中将扩大农地规模的政策转变为培育环境友好型农业。中国台湾地区的情况稍好一些，自1970年以来颁布了《现阶段农村建设纲领》《农业发展条例》等一系列旨在扩大农业经营规模和提高农业生产率的政策，但改革偏向于工业发展，耕地面积下降很快，以至于规模经营收效甚微。到2000年修订《农业发展条例》时，中国台湾地区已经基本完成了城镇化和农业劳动力的转移。

当前，中国正处在由中等收入阶段向初等发达阶段迈进的过程中。2019 年，中国的城镇化率突破 60%，依然处于诺瑟姆曲线的加速发展阶段，城镇化进程还在推进之中。与此同时，由于前期实施重工业优先发展战略，农业部门的就业结构严重滞后于产值结构变化。2019 年第一产业就业比重仍然占 25.1%，相当于日本、韩国和台湾地区 1963 年、1986 年和 1978 年的水平。当前中国应该抓住“最佳时期”，在进一步转移劳动力的同时推进农业规模经营。目前的政策应从城镇和乡村两个方面发力：一方面，应从城镇角度，进一步改革户籍制度，特别是补齐户籍背后城乡人口福利欠账，以精准补贴、土地置换等方式推动农民工市民化；另一方面，应从乡村角度，完善土地产权制度，放开获得经营权和使用权的身份限制，鼓励土地流转，推动农业规模经营。

三 优化农业支持政策，兼顾缩小城乡差距和确保粮食安全的双目标

日本、韩国和中国台湾地区在经济发展阶段初期通过农业发展解决了粮食问题后，都在经济起飞阶段采取了汲取农业剩余为工业化积累资金的做法，使得城乡之间出现了较为严重的收入差距，即速水佑次郎、神门善久所说的“农业贫困问题”。日本在进入 20 世纪以后，农户相对非农户的收入比例持续下降，到 1930 年为 30%①；韩国在 1962 年农村居民平均收入为城市居民的 71%，到 1970 年下降到 61%②；中国台湾地区在 1964 年农户相对非农户的收入比例为 96.6%，随后逐渐下降，到 1970 年为 67.1%③。

由于农业在国民经济中属于弱质性产业，农户仅仅依靠农业收入很难缩小与非农户的收入差距。图 8-12 展现的城乡二元对比系数也说明了这一点，即使像美国这样拥有强大农业部门的国家，其城乡二元对比系数也

① 〔日〕速水佑次郎、神门善久：《农业经济论》，沈金虎等译，中国农业出版社，2003，第 132 页。

② 王志章、陈亮、王静：《韩国乡村反贫困的实践及其启示研究》，《世界农业》2020 年第 1 期。

③ 中国台湾地区历年《家庭收支调查》，https://www.stat.gov.tw/np.asp?ctNode=509&mp=4。

主要在 0.4~0.7 的区间徘徊，而日本、韩国和中国台湾地区的这一指数基本低于 0.4。采取农业补贴政策是世界各国缩小城乡差距的通用办法，该政策一般可分为农产品价格支持政策、农业生产资料补贴政策、农产品出口补贴政策和农户收入补贴政策。其中，在经济发展中前期，农产品价格支持政策对提升农户收入有较为直接的作用。

日本于 1960 年开始实行《生产成本收入补偿法》来补贴大米价格，其目的是实现“同工同酬”，即保证种植稻米的农户的劳动报酬能够与非农户基本均等。具体做法是，以单产低于平均水平一个标准差的农田生产大米的生产成本为计算稻米价格的标准，其中农业劳动力投入成本按照城市工人的平均工资率计算。这一政策使得日本的大米价格在 1960 年以后不断攀升，农工贸易条件得到极大改善，农户相对非农户的收入比例在 1980 年超过 100%。韩国从 1968 年开始实行大米价格双轨制，具体做法是从农民手中高价收购大米，再低价供应给城市居民，1969 年这一政策扩大至麦类，而 1977 年后大豆、玉米则实行与大米价格挂钩的“相对价格”。倒挂的米价加上其他扶持农户的政策，使农户的收入在 20 世纪 80 年代后开始超过城市居民。在 20 世纪 60 年代以前，中国台湾地区的稻米具有比较优势，但 60 年代以后由于诸多原因，市场竞争力逐渐下降。为此，中国台湾地区采用了与日本相类似的生产成本加两成利润敞开收购的方法对稻米给予价格支持。从计算收购价方法的差别来看，日本着重于缩小城乡差距，而中国台湾地区着重于稳定农产品价格。对于市场开放程度较高的大豆、玉米、小麦和高粱等农产品，中国台湾地区则直接设立了最低收购价。在一系列政策支持下，20 世纪 70 年代后，中国台湾地区农户相对非农户的收入比例出现了回升，1990 年、2009 年均在 78%左右。

从 1986 年的乌拉圭回合谈判开始，世界农业国际化向前迈出了一大步。乌拉圭回合谈判达成的《农业协定》，对世界各经济体的农业发展产生了深远影响。过去发达经济体普遍采用农产品价格支持政策以保障农业产业安全。然而，农产品价格支持政策属于《农业协定》的“黄箱政策”，只允许成员维持少量的“黄箱”支持，在一定限度内免于削减，这使得各成员纷纷将农产品价格支持政策转变为不扭曲市场的农业收入补贴政策。日本、韩国和中国台湾地区的农产品市场自由化程度都有很大幅度的提高，其农业部门也不可避免地遭受了不同程度的冲击。为了应对冲击，东亚三个经济体在《农业协定》框架下采取了更为灵活的方式重点支持主粮生产。一方面，将“黄箱政策”的减让部分优先用于大米等主粮；另一方面，采用不与产量和价格挂钩的直接支付体制，确保口粮安全。

日本在乌拉圭回合谈判后将农产品平均税率下降到10.4%，使得粮食自给率也出现大幅下降。为了保障大米等主粮的粮食安全，日本主要采取了两个措施：一是实施大米贸易关税化改革；二是对大米生产者给予直接补助。日本通过大幅提高大米的进口关税，确保进口大米价格高于国产大米价格。1999年，日本进口大米的内外市场差价每千克不到200日元，但关税化改革后实际税率带来的价差高达每千克351日元，使日本得以继续维持高米价。为了履行《农业协定》中的承诺，日本对大米生产者给予直接补助。具体措施是，日本以各类大米3年的市场平均价格为基准价格，对低于基准价格80%的部分予以补助。韩国在乌拉圭回合谈判中放开农产品市场，在1989年就宣布实行“农业和渔业产品进口自由化三年计划”，将市场的自由化率提高到88.5%。但在谈判中，韩国大米市场获准受到10年保护（1995~2004），并在2004年要到期之际再延长了10年。同时，与日本类似，韩国也废止了持续50年之久的大米收购政策，转而采用“固定直接支付+目标价格补贴”办法。固定直接支付按照70万韩元/公顷的标准直接补贴给种植大米的农户，而目标价格由过去5年中除去最高价格和最低价格之外的三个平均价格来确定，支付的价差额度为85%，如2005~2007年的目标价格为170083韩元/80千克。① 中国台湾地区于2002年加入WTO，并建立了“保价收购”体系。保价收购分为“计划收购”、“辅导收购”和“余粮收购”三个阶段，主要发挥支持农民所得及稳定市场价格与供需的政策功能。其中，“计划收购”的主要目的为增加稻农的收益，“辅导收购”着眼于稳定市场价格及供需，“余粮收购”则是支持市场价格，避免大米售价低于直接生产成本，从而保障农民的基本收益。

2006年，中国正式全面取消农业税，并实施了价格支持、农业补贴

① Korea Rural Economic Institute：“Agriculture in Korean 2015”, Choi Sei-kyun, 2015：132.

和一般服务支持等强农惠农政策。自此以后，国家对农业的投入大幅增加，为促进农业增产、农民增收、改善民生起到了巨大作用。但是相比于日本、韩国和中国台湾地区，中国的农业支持政策对缩小城乡差距的作用十分有限。

图 8-20 显示了自中国开始实施农业支持政策后，城乡二元对比系数和农村居民与城市居民的相对收入比例的变化，左边纵坐标为城乡二元对比系数，右边纵坐标为农村居民与城市民居的相对收入比例。对比图 8-12 可以看出，中国城乡二元对比系数普遍较低。在东亚三个经济体中，日本的城乡二元对比系数在 2005~2009 年曾到过 0.24 的低点，但中国在观察期内最高不超过 0.23，与同期的韩国和中国台湾地区更是有 0.1 左右的差距。不过，东亚三个经济体强有力的农业支持政策对农村居民收入有相当大的带动作用，其农户与非农户的相对收入比例都在 75%以上。而中国的农村居民纯收入在近几年才有明显上升势头，农村居民与城市居民的相对收入比例在 2019 年达到观察期最高点，但也仅有 37.88%。尽管造成城乡收入差距的原因是多方面的，但农业支持政策中的补贴结构不合理致使补贴力度远远不够是重要原因。根据经济合作与发展组织（OECD）提供的数据，2000~2016 年，OECD 经济体的生产者补贴等值（PSE）有所下降，但平均仍高达 23.43%，其中，日本平均为 52.22%，韩国平均为 54.10%，而中国仅有 14%。借鉴日本、韩国和中国台湾地区的相关经验和操作方式，中国可实施如下农业支持政策。

第一，优化农业补贴结构，由价格支持转向直接补贴。目前中国实行的价格支持政策，已经导致了较为严重的“价格倒挂”。2016 年，一些农产品价格已经是芝加哥商品期货交易所价格的 2 倍以上，不仅为财政带来了沉重负担，还触及了“黄箱政策”的上限，引发了国际贸易争端。未来应进一步整合涉农专项补贴资金，重点加强耕地的地力保护补贴、适度规模经营补贴以及鼓励小麦、稻米种植的种粮补贴。

第二，加大农业补贴力度，提高补贴精准度。受土地产权制度的影响，当前中国农业土地细碎化程度仍然很高，补贴如同“撒胡椒面”，对个体农户增收的影响过小。同时，尽管直接补贴属于“绿箱政策”，但这类补贴常常使一些兼业的或者不在村的农户受益，而一些真正从事农业生

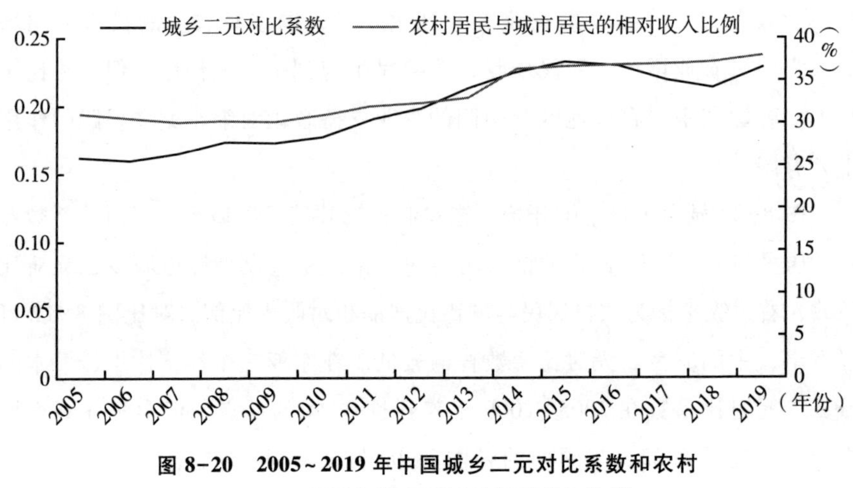

图 8-20 2005~2019 年中国城乡二元对比系数和农村居民与城市居民的相对收入比例

产的外来业主却无法得到补贴。因此，一方面，应加大农业补贴力度，在财政有限的条件下可优先向中西部农村地区倾斜；另一方面，应提高补贴精准度，结合“三权分置”改革对经营权的认定，让耕者收益。

第三，补贴要重点确保粮食安全，特别是口粮安全。价格支持和补贴支持的剥离并不意味着要完全取消价格支持手段，需要改变的是以往过大面积、过大范围以及过大强度使用价格支持的方式。可学习日本、韩国等经济体的做法，将有限的减让额度集中使用在小麦和大米的最低价收购政策上，同时对粮农实行高额的固定直接支付。

四 根据经济发展不同阶段，渐进式完善乡村振兴政策体系

后发经济体在经济发展过程中，其乡村往往不可避免地衰落。一是农业劳动力持续向城市非农业部门转移，农村呈空心化、农业人口呈老龄化、农业呈兼业化态势；二是相对于快速进步的农业技术而言，农产品需求弹性逐渐减弱，农业投资回报率持续下降，城乡收入差距持续拉大；三是小部门化的农业极容易被边缘化，进而导致大量农业基础设施废弛；四是工业化发展对乡村生态环境造成了严重的破坏，农村环境污染问题日益突出。日本、韩国和中国台湾地区在二战后的经济发展过程中都出现了乡村衰落现象，并于不同的时间节点采取了振兴乡村的措施。

面对前期经济高速增长带来的乡村衰败，日本于1961年实施了《农业基本法》，提出了缩小城乡居民收入差距的目标，并修订和颁布了6部相关法律，着力解决城乡发展不均衡问题。同时，日本还对政府相关单位的职能进行调整，在农林水产省内增设了农村振兴局，在地方农业局设立农业振兴科，专门制定和实施乡村振兴规划。除了顶层设计，日本支持农民自发组成各种合作组织，并通过补贴和贷款方式加强农村基础设施建设，改善乡村生态环境，增进乡村医疗、养老等社会福利。日本乡村振兴政策体系的建立并非一蹴而就，而是从20世纪60年代一直延续至今，从60年代的完善乡村生产生活基础设施、提升乡村发展能力，到70年代促进乡村就业和增进农民福祉、保护生态环境，再到90年代实施《食物、农业、农村基本法》，发挥农业的多功能性，具有明显的阶段性特征。①

韩国于20世纪60年代采取的是重工业优先发展战略，大量劳动力向城市转移，农业发展被忽视，农村基础设施非常差，农民文化素质低下。当时的韩国农村，80%的农户仍然居住在茅草屋中，50%的村庄无法通车，80%的农户家中没有通电。韩国城乡差距和失衡问题在20世纪70年代得到重视，韩国开展了著名的“新村运动”。在组织上，韩国建立了由中央内务部直接领导的全国性组织“新村运动”中央协议会，并建立了农村建设研究院（后于1990年更名为“新村运动”中央研修院），培训新村运动骨干。在举措上，韩国更多的是强调农民建设新农村的自主性和积极性，通过列出每个村需要优先解决的问题、派出技术人员进行专业指导和无偿为每个村提供水泥、钢筋等物质，让农民根据当地的地形地貌、基础设施的实际情况自主完善公共浴池、洗衣池、新村会馆等项目。韩国的“新村运动”一直延续至今，但每个阶段的任务不同：第一阶段（1971~1973年）主要是通过基础设施建设改善农村面貌；第二阶段（1974~1976年）是在前期基础上着重增加农民收入，缩小城乡差距；第三阶段（1977年以后）强调乡村文化的建设与发展。1981~1988年韩国开始建立和完善全国性的“新村运动”民间组织，而1988年以后“新村

① 曹斌：《日本乡村振兴的实践与启示》，《经济日报》，2019年6月12日，第12版。

运动”扩展到城市社区，提出了共同和谐生活的国民运动理念。①

中国台湾地区的传统农业发展在20世纪60年代后遇到很大困难，快速的工业化及城镇化进程使农业农村迅速被边缘化，农业劳动力大量流失，大量农地被占，农村基础设施匮乏。为了解决这些困难，中国台湾地区自20世纪70年代初出台了一系列促进农村经济社会发展的政策，包括1973年的《农业发展条例》、1975年的《农村条例施行细则》等，但没有形成严格意义上的乡村振兴政策体系。直到1990年，中国台湾地区当局出台了《农业综合调整方案（1991~1997年）》，第一次提出农业、农民、农村“三位一体”和生产、生活、生态“三生并重”的概念，确立了“发展农业、照顾农民、建设农村”，最终实现“富丽农村”的长期政策目标。20世纪90年代末到21世纪初，中国台湾地区又制定了《跨世纪农业建设方案（1997~2001年）》、《迈向21世纪农业新方案（2000~2004年）》以及《农业中程实施计划（2001~2004年）》，延续农业、农民、农村“三位一体”的施政理念，继续把“富丽农村”建设作为施政方针。到2010年，为应对全球金融危机的冲击和农业农村存在的结构性问题，中国台湾地区颁布了《农村再生条例》，实施“农村再生计划”，充分发挥农村居民的主动性和积极性，注重农村发展特色，强调农村发展的可持续性。②

无论是日本的“农村振兴运动”、韩国的“新村运动”，还是中国台湾地区的“农村再生计划”，都取得了良好的效果。日本城乡发展不平衡的问题基本得到解决。到1985年，日本农村冰箱、电视等家用电器的普及率已经与城市相当，汽车普及率比城市还高出20.1个百分点，而农户相对非农户的收入比例在1980年超过100%。1977年韩国所有农民都住进了砖瓦或铁皮屋顶房屋，1979年农村通电率达到100%，农村的卫生条件也得到极大改善，农民素质极大提高，农户收入在20世纪80年代后开始超过城市居民。中国台湾地区的乡村环境极大改善，休闲农业、精致农业成为台湾农业的“品牌”，农户相对非农户的收入比例基本稳定。

---

① 强百发：《韩国农业现代化进程研究》，博士学位论文，西北农林科技大学，2010。

② 单玉丽：《台湾“富丽农村”建设历程、经验与启示》，《福建论坛》（人文社会科学版）2019年第7期。

日本、韩国和中国台湾地区关于乡村振兴的一系列政策制定和实施经验，对于完善中国的乡村振兴制度框架和政策体系具有一定的借鉴意义。第一，应根据经济发展的不同阶段，渐进式完善乡村振兴政策体系。肇始于2005年的社会主义新农村建设，通过将“村村通”工程上升为国家工程，基本实现了公路、电力、生活和饮用水、电话网、有线电视网、互联网等实现“村村通”，极大地改善了农村基础设施，而2008年实施的家电下乡工程，改善了农民的生活条件。可以说，社会主义新农村建设在一定程度上完成了日本“农村振兴运动”60年代的目标和韩国“新村运动”第一阶段的目标，但并未实质性地解决城乡收入差距问题。到乡村振兴战略提出的2017年，中国农村居民的人均可支配收入只有城镇居民的36.90%，比中国台湾地区最低时的55.80%（1970年）还低18.90个百分点。目前的乡村振兴战略应着力缩小城乡收入差距，在完善农村社会保障制度方面重点解决农村养老、医疗等突出问题，在改善乡村环境方面重点解决前期乡村生态环境遭到破坏的问题。

第二，应强化顶层的制度设计和组织建设，确保乡村振兴政策的系统性和实施的可行性。自2017年党的十九大正式提出乡村振兴战略后，中国出台了一系列政策，逐渐形成了乡村振兴政策体系。2018年中央一号文件对乡村振兴战略做出顶层设计，9月出台了《国家乡村振兴战略规划（2018~2022年）》，2019年又出台了《关于金融服务乡村振兴的指导意见》、《国家质量兴农战略规划（2018~2022年）》、《关于促进小农户和现代农业发展有机衔接的意见》以及《中国共产党农村基层组织工作条例》等一系列政策。2021年成立国家乡村振兴局，在组织上为乡村振兴政策的落地提供了保障。目前中国要进一步推进乡村振兴，一方面，要将农业农村优先发展等政策通过立法予以细化、实化；另一方面，可以学习日本，采取“基本法”与“普通法”相结合的方式，出台《乡村振兴法》，为全面实施乡村振兴战略提供法律法规及政策保障。

第三，应强调农民参与乡村振兴建设的主动性和积极性，为乡村振兴提供动力。乡村振兴的出发点和落脚点都应是农民。要让农民成为乡村振兴的自觉参与者和真正受益人，需要给予农民更多权利，让农民自发组织起来为家乡建设出力。一是可以进一步规范农业合作社建设，在确权基础上完善资金、生产、供销等综合性合作社制度；二是放宽农民合作组织的业务范围，允许开办医院、养老院等设施，提升农村福利水平；三是尝试构建覆盖面更广且有影响力的农业协会，增加农村公共产品供给，提升乡村治理水平。

第六节 结论与讨论

本章以相对人均收入标准界定了经济发展阶段，并分析了美国农业转型的典型性，在此基础上选取了日本、韩国和中国台湾地区为研究对象，总结了东亚三个经济体农业转型的四大共同特征，并提炼了对中国农业转型有益的启示，主要结论如下。

第一，2017 年中国人均 GDP 相对于同期美国人均 GDP 的比例已经达到 28.23%，分别与日本 1958 年、韩国 1988 年和中国台湾地区 1981 年的水平相当。但是，如果 2035 年基本实现社会主义现代化的标准是达到中等发达经济体的水平，则仍需要以年均 1.2 个百分点的速度提高；如果考虑到美国经济的强劲增长势头，则完成这一目标的时间更紧迫、任务更艰巨。

第二，美国时至今日已经完成了农业转型。从 2017 年美国农业产业结构来看，农业增加值比重已经不足 1%，农业就业比重不足 2%。从市场化程度来看，美国农业部门依赖自身高度发达完善的市场体系，其生产、加工、流通、销售各方面无疑是高度开放的。尽管美国有着得天独厚的自然禀赋，但其农业转型的典型性可以被包括东亚三个经济体在内的大多数经济体所借鉴。

第三，二战后日本、韩国和中国台湾地区都走上了以建立自耕农体制为目标的土地改革道路，并在 20 世纪 50 年代初期完成了土地改革。它们各自的土地改革在一定程度上释放了生产力，但为了保护土地改革胜利果实，它们均出台了限制土地流转的举措，这些举措在客观上固化了分散经营、规模过小的自耕农体制。随着刘易斯拐点的到来，日本、韩国和中国台湾地区都认识到继续维持小农体制不可避免地会导致农村衰落，以及农业国际竞争力的下降，于是纷纷出台鼓励农业规模经营的政策。然而，其推动农业规模经营的政策并未取得令人满意的结果。

第四，由于鼓励农业规模经营的政策效果不佳，在经济发展水平迈上新台阶后，日本、韩国和中国台湾地区出现的大规模资本和技术下乡趋势，迫使农业转型不可避免地出现了绕过土地密集型阶段的“赶超现象”。不可否认，农业资本深化和技术转型优化了农业产业结构，促进了农民增收，并在一定程度上缩小了城乡差距，但土地密集型阶段始终是东亚三个经济体农业工业化进程中缺失的一环，这一状况导致其农业发展潜力和竞争力遭遇严重挑战。

第五，日本、韩国和中国台湾地区主要选择的是劳动密集-土地节约型生产技术，但由于无法弥补农业与非农业劳动生产率上的巨大差距，其农业劳动力采用兼业的方式来获取非农收入。从兼业化状况来看，在经济快速增长时期，都出现了经典的刘易斯模型中的大规模农业劳动力外流，农业兼业化水平迅速上升，但在经济发展水平收敛后，经济增速放缓，又都出现了农户专业化程度提升的现象。

第六，与非农业部门相比，日本、韩国和中国台湾地区以小规模生产经营为主的农业部门在刘易斯拐点过后因农户相对收入显著下降而丧失了吸引力。同时，其采用的都是以市场开放为前提的出口导向型经济增长模式。在这一模式的影响下，即使受到多重保护的农业也不可避免地卷入国际化浪潮中。日渐丧失的吸引力和日益开放的农产品市场，使其农产品在国际竞争中缺乏竞争力，并逐渐威胁到粮食生产。

毋庸置疑，作为一个有着“大国小农”国情、地形复杂多样、拥抱经济全球化的社会主义发展中大国，中国的农业转型可谓史无前例。但是，正所谓“他山之石，可以攻玉”，这一状况并不妨碍中国从已经完成农业转型的美国，以及自然禀赋相似的日本、韩国和中国台湾地区借鉴经验，以更好地促进农业转型。它们的转型进程，给了我们如下启示。

第一，充分利用市场机制，尽快完备农地“权利束”。二战后，日本、韩国和中国台湾地区纷纷开展了以建立自耕农体制为目标的农村土地改革。但这一土地改革的特点是对市场机制的利用不完全，并在相当长一段时间内对产权交易的限制，最终使东亚三个经济体面临农业经营规模过小，农业人口老龄化、兼业化严重，农业竞争力严重下降的问题。改革开放以来，中国建立了以家庭承包经营为基础、统分结合的双层经营体制，客观上类似于东亚三个经济体建立的“自耕农体制”，但由于处置权（流转权）在很长一段时间内未能恢复，以及承包期限等问题悬而未决，农地产权并未随着经济结构的快速变化而调整，以至于农地细碎化、经营规模过小等问题长期存在。因此，中国应该吸取东亚三个经济体土地制度转型的教训，充分利用市场机制，完备农地“权利束”。

第二，结合城镇化进程，把握“最佳时期”，全力推动农业劳动力转移。当前，中国农业就业人口所占比重仍然很高，而城镇化率还处于诺瑟姆曲线的加速发展阶段。可以说，中国依然处于推动农业规模经营的“最佳时期”。中国应该抓住这一“最佳时期”，在进一步转移劳动力的同时推进农业规模经营。现阶段的政策可以从城镇和乡村两个方面发力：从城镇角度来看，应进一步改革户籍制度，特别是补齐户籍背后城乡人口福利欠账，以精准补贴、土地置换等方式推动农民工市民化；从乡村角度来看，应继续完善农村土地产权制度，放开获得经营权和使用权的身份限制，鼓励土地流转，推动农业规模经营。

第三，优化农业支持政策，兼顾缩小城乡差距和确保粮食安全的双目标。日本、韩国和中国台湾地区都在经济起飞阶段采取了汲取农业剩余为工业化积累资金的方式，使得城乡之间出现了较为严重的收入差距。但它们对农业的支持力度都很大，并且将支持重点放在粮食生产上。因此，中国应当进一步整合涉农专项补贴资金，重点加强耕地地力保护补贴、适度规模经营补贴以及鼓励小麦、稻米种植的种粮补贴。同时，在财政有限的条件下，将农业补贴优先向中西部农村地区倾斜；提高补贴精准度，结合“三权分置”改革对经营权的认定，强调“谁耕种谁受益”。另外，补贴要重点确保粮食安全，特别是口粮安全。可学习日本、韩国等经济体，将有限的减让额度集中使用在小麦和大米的最低价收购政策上，并对粮农实行高额的固定直接支付。

第四，强调乡村振兴战略的针对性、延续性和自主性。日本、韩国和中国台湾地区促进乡村振兴的共同特点是，围绕在不同发展阶段遇到的难题，有针对性地出台相应举措。中国也应加强乡村振兴战略的针对性、延续性和自主性。一是根据当前经济发展阶段提出相应的政策。例如，基于现阶段中国城乡差距仍然较大的问题，乡村振兴战略应着力缩小城乡收入差距，重点可以通过完善农村社会保障制度实现对农村边缘人群收入的制度兜底。二是在推进乡村振兴战略的同时，要强调通过法律法规为其实施的延续性提供保障。三是应充分发挥农民的主动性。例如，可以适当放宽农民合作组织的业务范围，允许开办医院、养老院等设施，提升农村福利水平；尝试在党的领导下构建覆盖面更广的农业协会，为乡村有效治理提供又一支柱力量。

第九章

2020～2050年中国农业转型趋势及前景展望

从理论上来看，当前中国农业转型朝着规模化、资本化、机械化和市场化前进，总体上遵循农业要素禀赋从劳动要素丰裕向资本要素丰裕、最终向技术要素丰裕升级的理论逻辑。从实践上来看，当前中国农业转型已然呈现农业劳动力“空心化”、农业土地制度“权利束”日趋完整、农业资本深化和农业经济增长类型向库兹涅茨增长类型转变的基本特征。

唯物辩证法认为，世界上的一切事物都处在永不停息的运动、变化和发展之中。可以预见，伴随着中国现代化进程的推进，未来中国农业转型还将在上述基本特征的基础上继续按照理论逻辑发展下去。那么，这一发展结果将使中国农业转型呈现怎样的趋势呢？经济体的发展总是伴随着经济内部的结构性变化。以各经济体相对美国人均收入标准界定的经济体发展阶段和钱纳里工业化阶段理论为衡量现代化进程提供了内在尺度，而东亚三个经济体现代化进程中第一产业结构变化的典型事实又为展望未来中国农业转型趋势乃至乡村振兴图景提供了借鉴。鉴于此，本章将沿着第一章对当前中国农业“四化”转型的判断，在第二章提出的中国农业转型一般性分析框架内，基于第三、第四、第五、第六章关于中国农业转型的基本特征进一步推导 2020～2050 年中国农业的转型趋势，并对乡村振兴图景进行展望。

第一节　从“重工业优先发展战略”到“农业农村优先发展”

改革开放以前，中国实行“重工业优先发展战略”，这一违背资源比较优势的战略使中国迅速建立起了相对完整的现代工业体系，为改革开放的顺利实施提供了物质基础，但农民做出了巨大的牺牲，农业做出了巨大的贡献。就产业结构而言，这一时期大量劳动力积压在农业农村，产值结构演化明显快于就业结构，并造成了城乡二元结构。

改革开放以后，伴随着工农关系和城乡关系的调整，城乡二元结构逐渐被打破。这一时期农业农村发展迅速：一是粮食产量快速增加，从1978年的3.05亿吨，提升到1985年的3.79亿吨，并分别于1996年、1998年、1999年三次突破5亿吨，2003年后，还开启了长达12年的连续增产，并首次突破6.5亿吨；二是农产品市场多样化供给得到实现，肉类、水产品和禽蛋产量稳居世界第一，棉花、油料、糖料、蔬菜和水果长期保持较高产量；三是农业基础设施得到改善，农业固定资本存量不断提升，农田水利设施网络逐渐形成，中国农田有效灌溉面积比改革开放之初增长了41.13%；四是农村交通、通信等设施更加便利，基本实现了“村村通”，农产品物流成本下降，提高了农业效率。这一时期农业产值比重和就业比重快速下降，分别从1978年的28.20%和70.50%下降到2017年的7.92%和17.51%，农业小部门化得到实现，而农业和非农业比较劳动生产率已提升至0.40。①

按照第二章分析的当代中国农业转型理论逻辑，农业农村快速发展背后是一系列农业制度安排在发挥作用。从改革开放之初家庭承包经营制广泛实施，到1986年中央一号文件允许农民自理口粮进城务工经商，再到

① 本章的大量数据来源于OECD的数据库（https：//stats.oecd.org/）。为了保持研究一致性，本章中中国农业增加值、农业就业比重也统一采取OECD相关数据。OECD数据与《中国统计年鉴》中的数据有一定差异，例如《中国统计年鉴》中显示2017年农业增加值比重和就业比重分别为7.7%和26.7%，而OECD数据库显示为7.92%和17.51%。

1992年党的十四大建立社会主义市场经济体制目标的确立，农村土地产权在一定程度上得到完善，农业劳动力得到释放，有力地推进了农业工业化的进程。不过，这一改革并不完善，20世纪90年代以来，关乎农村、农业、农民的“三农”问题逐渐凸显：农村日渐凋敝、农业增产不增收、农民收入过低。

进入21世纪以来，为破解“三农”问题，党和国家出台了一系列扶持农业农村的政策举措：2002年，党的十六大提出“城乡统筹”要求，强调工业反哺农业，城市反哺农村。城乡统筹战略除了使劳动力进一步转移外，还出现了资本大规模下乡。2007年，党的十七大又明确提出要“建立以工促农、以城带乡长效机制，形成城乡经济社会一体化发展的新格局”，将“城乡统筹”要求进一步具体化。① 2012年，党的十八大提到“解决好农业农村农民问题是全党工作重中之重，城乡发展一体化是解决‘三农’问题的根本途径”。② 2017年，党的十九大部署了乡村振兴战略，明确提出了农业农村优先发展的要求。农业农村优先发展表明党中央长期以来一贯重视“三农”问题，并将“三农”问题作为“重中之重”和经济社会发展的“压舱石”。结合党的十九大对中国社会主要矛盾变化的论述来看，目前农业农村发展依然滞后，是整个国民经济和社会发展的短板，是不平衡不充分发展的重点。③ 未来，党和国家将进一步以农业供给侧结构性改革为思路，出台农业农村优先发展的制度和政策。可以预见，在经历了改革开放40多年翻天覆地的变化之后，未来中国农业部门仍将持续变化，而农业农村也将呈现完全不同的面貌。

那么，未来中国农业产业结构是否也会像发达经济体一样呈现产值比重和就业比重双双下降的趋势呢？农业产业结构演化又会对农业农村产生怎样深远的影响？

一些相关研究已经给出了部分答案。如陈锡文指出，未来中国城乡格局会持续发生变化，农业增加值比重、就业比重将会继续下降，但这并不

① 《十七大以来重要文献选编》（上），中央文献出版社，2009，第109页。
② 《十八大以来重要文献选编》（上），中央文献出版社，2014，第18页。
③ 黄祖辉：《农业农村优先发展的制度体系建构》，《中国农村经济》2020年第6期。

意味着乡村必然衰落[①]；罗浩轩提出，目前从政策指向和实践结果来看，农业转型主要朝着规模化、资本化、机械化和市场化的“四化”转型方向前进[②]；黄季焜、陈丘认为，中国农业产业结构转型与国际经验相吻合，中国农村经济发展应进一步与之相匹配[③]。魏后凯、崔凯提出，到2035年，中国总体可以基本实现农业农村现代化。[④] 不过，上述研究未对农业产业结构演化趋势进行具体的分析。现有的相关定量研究往往不是关于农业产业的专门研究。如倪红福、李善同、何建武在对人口政策调整的一般均衡分析中，测算了2007~2050年第一产业产值结构，提出第一产业增加值比重将从2007年的11.29%下降到2050年的0.74%[⑤]；张军、徐力恒、刘芳在推测2015~2035年中国三次产业增加值及就业占比与人均GDP的关系时，对农业产业结构演化趋势进行了描述，认为第一产业增加值比重将从9.1%下降到2.8%，而就业比重则会从2015年的28.5%下降到2035年的15.2%[⑥]；李平、娄峰、王宏伟在对2016~2035年中国经济总量及其结构的分析中，预测第一产业增加值比重会从2015的9.1%下降到2035年的7.4%[⑦]；谢立中在对中国城镇化率发展水平的测算中预测了2020~2050年非农产业结构演化状况，他的假设是第一产业产值比重从2020年以后一直维持在10%左右，而农业必要劳动力则从2020年的1.312亿人下降到2050年的0.4633亿人[⑧]。

尽管关于未来中国农业产业结构演化趋势的研究结论众说纷纭，但对

① 陈锡文：《实现小农户与现代农业发展有机衔接》，《中国农村科技》2018年第2期。

② 罗浩轩：《当代中国农业转型“四大争论”的梳理与评述》，《农业经济问题》2018年第5期。

③ 黄季焜、陈丘：《农村发展的国际经验及其对我国乡村振兴的启示》，《农林经济管理学报》2019年第18期。

④ 魏后凯、崔凯：《面向2035年的中国农业现代化战略》，*China Economist* 2021年第1期。

⑤ 倪红福、李善同、何建武：《人口政策调整的一般均衡分析》，《人口与发展》2013年第3期。

⑥ 张军、徐力恒、刘芳：《鉴往知来：推测中国经济增长潜力与结构演变》，《世界经济》2016年第1期。

⑦ 李平、娄峰、王宏伟：《2016~2035年中国经济总量及其结构分析预测》，《中国工程科学》2017年第1期。

⑧ 谢立中：《中国城镇化率发展水平测算——以非农劳动力需求为基础的模拟》，《社会发展研究》2017年第2期。

第一产业增加值比重和就业比重会出现双双下降的趋势是一致认同的。同时，第七章基于发达经济体的典型事实进行经验预期的方法为本章提供了启示。基于此，本章将根据第八章东亚三个经济体现代化进程中第一产业结构变化的典型事实，综合现有的关于未来人口结构变化和经济增长潜力的研究数据，以新“两步走”的战略安排为背景，推测2020~2050年由中国现代化进程引致的农业产业结构演化趋势，并探讨其对农业农村发展产生的影响。

第二节 2020~2050年中国经济发展阶段预测

一 当前中国经济发展阶段与农业产业结构特征

图9-1展示了中国农业产业结构变化特征，左边纵坐标为农业增加值比重和就业比重，右边纵坐标则是按购买力平价测算的与美国人均GDP的相对比例。新中国成立后主要采取的是不符合自身比较优势的赶超战略，虽然在近30年的时间里工业化水平有了极大提升，但由于计划经济体制的束缚和接连不断的政治运动，经济面貌并没有实质性的改变——新中国成立后人均GDP与美国的相对比例长期在3%左右徘徊。

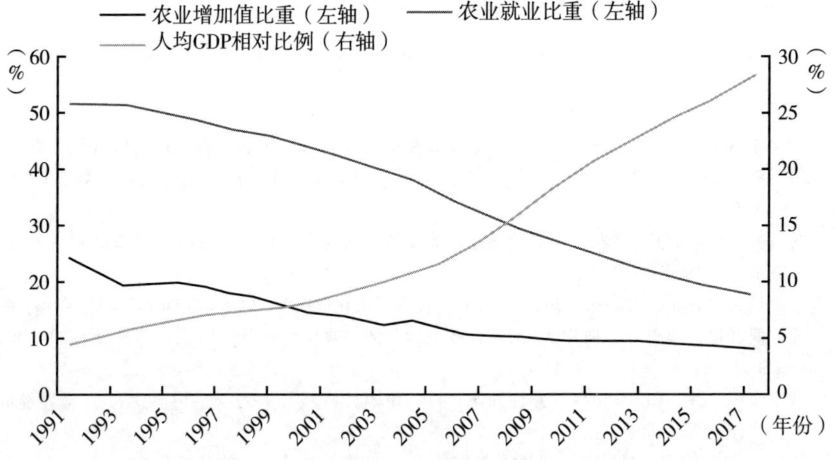

图9-1 1991~2017年中国农业产业结构变化特征

资料来源：OECD数据库，https://stats.oecd.org/。

1991 年，中国人均 GDP 与美国的相对比例仅为 5%，虽然农业增加值比重为 24.03%，但前期赶超战略造成的要素市场扭曲使中国仍有 51.57% 的劳动力滞留在农业。

社会主义市场经济体制改革进一步释放了农业劳动力。1992 年农民工数量激增至 4000 万人，"外出务工"蔚然成风。随后的 20 多年里，农业就业人口从 1992 年的 3.87 亿人迅速下降到 2017 年的 2.09 亿人。农业劳动力减少促进了劳均耕地规模的扩大，农业工业化进程呈现由劳动密集型向土地密集型转型的趋势。2002 年城乡统筹战略实施后，工商资本和部门资本纷纷下乡，农业资本深化趋势明显，具体表现为农业支持政策缩小了城乡差距，农村基础设施得到极大改善，农业机械化率逐渐提升。2007 年党的十七大提出"坚持把发展现代农业、繁荣农村经济作为首要任务，健全农业服务体系"后，农业社会化服务组织也如雨后春笋般发展，条件成熟地区的农业部门出现向技术密集型转型的倾向。这些内容在第三章到第六章进行了论述，这里不再赘述。如表 9-1 所示，经过近 20 年的努力，中国于 2011 年迈入中等收入阶段，农业增加值比重和就业比重分别下降至 9.43%和 24.51%。随后，农业部门继续小部门化。到 2017 年，中国人均 GDP 已经达到美国的 28.23%，农业增加值比重和就业比重分别为 7.92%和 17.51%。

表 9-1 中国主要年份经济发展阶段与农业产业结构特征

单位：%

年份	人均 GDP 相对比例	农业增加值比重	农业就业比重	经济发展阶段
1991	4.50	24.03	55.31	低收入阶段
1992	4.97	21.33	53.69	低收入阶段
2004	10.63	12.92	37.96	低收入阶段
2008	15.77	10.25	29.55	低收入阶段
2011	20.85	9.43	24.51	中等收入阶段
2015	25.60	8.83	19.55	中等收入阶段
2017	28.23	7.92	17.51	中等收入阶段

资料来源：根据 OECD 相关数据测算，https：//stats.oecd.org/。

总体而言，中国农业转型过程基本符合一个经济体发展的典型特征，即伴随着工业化进程的推进，产业结构持续高度化，而农业产业则小部门化。同时又有前述三个东亚经济体的特征，即由于受人多地少的要素禀赋约束，以及“耕者有其田”传统观念的影响，土地制度倾向于均田化，在快速工业化进程中出现农业就业比重下降速度滞后于农业增加值比重下降速度的特点。此外，由于有后发优势，中国农业产业结构演化呈现早熟特征，在2011年进入中等收入阶段时，农业增加值比重和就业比重都低于进入中等收入阶段时的日本、韩国和中国台湾地区。

二　2020~2050年中国经济发展阶段预测

1. 相关数据选取

根据第八章对经济发展阶段的划分，中国要实现新“两步走”战略安排，与美国人均GDP的相对比例至少要在2035年达到50%，在2050年达到70%。如果既定目标能够顺利实现，那么农业增加值和就业比重将与东亚三个经济体的发展趋势基本一致。第八章已经提供了东亚三个经济体现代化的典型事实，还需要测算未来中国人均GDP相对比例，才能通过模型预测2020~2050年中国农业产业结构演化趋势。受研究主题限制，本章并不直接测算与未来中国人均GDP相对比例相关的人口结构和经济增长潜力数据，而是在前人研究基础上选取合理的、被广泛认可的研究成果来计算未来中国经济发展阶段及人均GDP相对比例。

(1) 人口和劳动力数量

人口数量是经济发展的重要变量。新中国成立以后，人口的快速增长为经济发展提供了巨大的人口红利，但随着人口老龄化问题日趋严重和低生育率、低死亡率的人口转变，未来中国经济发展面临严峻挑战。

目前关于未来中国人口数量测算的研究比较多，基本思路是以中国历次人口普查数据和世界人口发展规律为依据，综合考虑计划生育、社会福利等政策，运用各类模型对人口结构和趋势进行预测。①②③④⑤⑥在这些研究中，孟令国等采用了人口-发展-环境模型（PDE），以第六次全国人口普查数据为依据，设定生育率低、中、高三种方案对中国2015~2050年人口结构变化进行了测算。他们设定的“中方案”预计到了二孩政策在全国范围的实行，从而调整了生育率，符合当前实际。同时，该研究也是相关研究中引用次数很高的成果。因此，本章以该研究“中方案”预测的人口数量（包括劳动力）为依据。他们预测，2020年、2035年、2050年的人口数量分别为13.693亿人、14.210亿人、13.630亿人，对应时期15~64岁的劳动力数量分别为9.801亿人、8.645亿人和7.720亿人（见图9-2）。

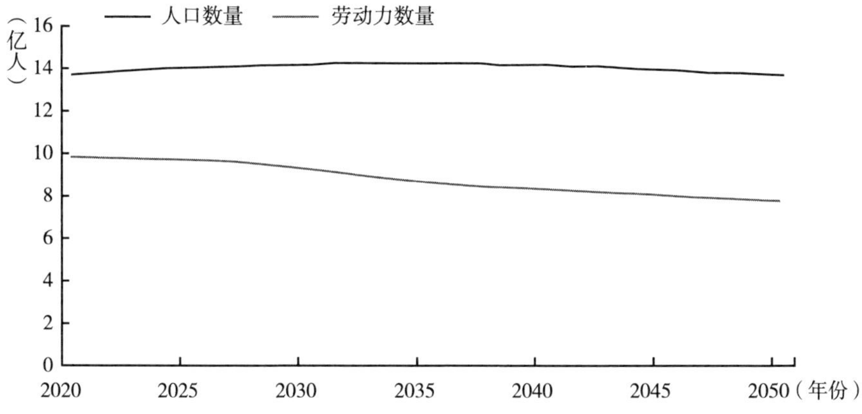

图9-2　2020~2050年中国人口和劳动力数量

① 齐明珠：《我国2010~2050年劳动力供给与需求预测》，《人口研究》2010年第5期。

② 解保华、陈光辉、孙嘉琳：《基于Leslie矩阵模型的中国人口总量与年龄结构预测》，《广东商学院学报》2010年第3期。

③ 孟令国、李超令、胡广：《基于PDE模型的中国人口结构预测研究》，《中国人口·资源与环境》2014年第2期。

④ 任强、侯大道：《人口预测的随机方法：基于Leslie矩阵和ARMA模型》，《人口研究》2011年第2期。

⑤ 张连增、段白鸽：《广义线性模型在生命表死亡率修匀中的应用》，《人口研究》2012年第3期。

⑥ 郑伟、林山君、陈凯：《中国人口老龄化的特征趋势及对经济增长的潜在影响》，《数量经济技术经济研究》2014年第8期。

（2）人均 GDP

GDP 是宏观经济中最基本的指标，而人均 GDP 则是衡量经济发展水平最重要的指标。由于本章采取的是相对人均收入标准，因此首先需要对美国人均 GDP 进行测算。著名投行高盛集团曾对金砖四国（BRICs，即巴西、俄罗斯、印度、中国）和六个发达经济体（G6，即美国、日本、英国、德国、法国和意大利）2000~2050 年的经济增长进行了预测。① 为了去除汇率、通胀等因素影响，本章以世界银行提供的美国 2017 年人均 GDP（按 2011 年国际美元购买力平价测算）为基础，采用高盛提供的美国人均 GDP 增长率来测算 2020~2050 年美国人均 GDP。

关于未来中国经济增长预测的相关研究极其丰富，这些研究预测周期各有不同，方法也比较多。Subramanian 在剔除人口 100 万以下的国家及石油国家后，利用全球数据，通过拟合方程推算出 2010~2030 年中国人均 GDP 增长潜力约为 5.5%。② 张军等基于“收敛假说”，根据 Subramanian 给出的公式，参照东亚三个经济体 1950~2010 年的发展经验，估算了 2015~2035 年的中国经济增长潜力，预计中国人均 GDP 增长潜力约为 6.02%。③ 陆旸、蔡昉在柯布-道格拉斯增长核算方程框架内，提出在人口总和生育率为 1.6 的基础上，中国潜在增长率将由 2011~2015 年的 7.493%逐渐下降到 2046~2050 年的 2.474%。④ 然后，他们结合了不同的改革措施，模拟要素供给和生产率变化，对这一基准增长率进行了不同程度的修正。易信、郭春丽基于对中国发展周期阶段的判断，采用生产函数法对中国 2016~2049 年的潜在经济增长变化进行了预测，并讨论了全面深化改革、部分深化改革和延续已有改革三种情景下的增长率。⑤ 刘超、

① Wilson, D., Purushothaman, R., Goldman, S., *Dreaming with BRICs: The Path to 2050*. Goldman, Sachs & Company, 2003.

② Subramanian, A., “Eclipse: Living in the Shadow of China's Economic Dominance”, Peterson Institute for International Economics, 2011.

③ 张军、徐力恒、刘芳：《鉴往知来：推测中国经济增长潜力与结构演变》，《世界经济》2016 年第 1 期。

④ 陆旸、蔡昉：《从人口红利到改革红利：基于中国潜在增长率的模拟》，《世界经济》2016 年第 1 期。

⑤ 易信、郭春丽：《未来 30 年我国潜在增长率变化趋势及 2049 年发展水平预测》，《经济学家》2018 年第 2 期。

蒋玉洁、马玉洁等基于货币政策调控视角，模拟了货币政策调控与新常态条件下经济增长速度和质量之间的交互行为，提出 2017 年 GDP 增长率为 6.34%~6.66%。[①] 本章在考察诸多研究成果之后，选取陆旸、蔡昉研究中“TFP 提高 0.2 个百分点”的经济潜在增长率为依据，这是因为：2015~2017 年中国经济年均增速为 6.833%，与该成果预测的 2016~2020 年年均增速为 6.824%基本吻合；目前未来中国经济增速下行压力巨大，该研究预测的经济增速也是持续缓慢下降。

2. 模型构建与回归结果

为了预测 2020~2050 年中国农业产业结构的演化趋势，我们先运用世界银行提供的 2017 年中美两国人均 GDP 和 2018 年、2019 年中美两国人均 GDP 实际增长率，计算出 2019 年中国人均 GDP 相对比例；接着，综合运用高盛提供的美国 2020~2050 年的人均 GDP 增长率，陆旸、蔡昉预测的 2020~2050 年中国经济增速[②]，以及孟令国等预测的人口数量进行计算，预测了中国 2020~2050 年的人均 GDP 相对比例。方程经过整理归纳后如式（1）：

$$Per\_GDP_{CN_t} = Per\_GDP_{CN_{2019}} \cdot \frac{G_{CN_t}}{g_{US_t} n_{CN_t}} \tag{1}$$

在式（1）中，$Per_GDP_{CN_t}$为 t 年中国人均 GDP 相对比例，G_{CN_t}为 t 年中国经济总量增长率预期，n_{CN_t}为 t 年中国人口增长率预期，g_{US_t}为 t 年美国人均 GDP 增长率预期，t 的区间为 2020~2050 年。测算结果表明，尽管未来中国经济增速放缓，但与美国的发展差距在不断“收敛”。30 年时间内，中国人均 GDP 相对比例将从 2020 年的 33.55%上升到 2050 年的 71.81%（见图 9-3）。根据前述的经济发展阶段界定，2025 年中国将达到初等发达国家水平（40.66%），2032 年迈入中等发达国家行列（50.34%），2049 年有望成为发达国家（70.84%）。这意味着，党的十九大部署的新“两步走”战略安排——2035 年基本实现社会主义现代化

① 刘超、蒋玉洁、马玉洁、周文文、刘宸奇：《新常态条件下中国经济增长预测研究——基于货币政策调控视角》，《管理评论》2018 年第 6 期。

② 要注意的是，与高盛的预测不同，陆旸、蔡昉预测的是中国经济总量增速，而非人均 GDP 增速，因此需要结合对人口数量变化的预测。

（中等发达国家）以及 2050 年建成社会主义现代化强国（发达国家）的目标是可以顺利实现的。

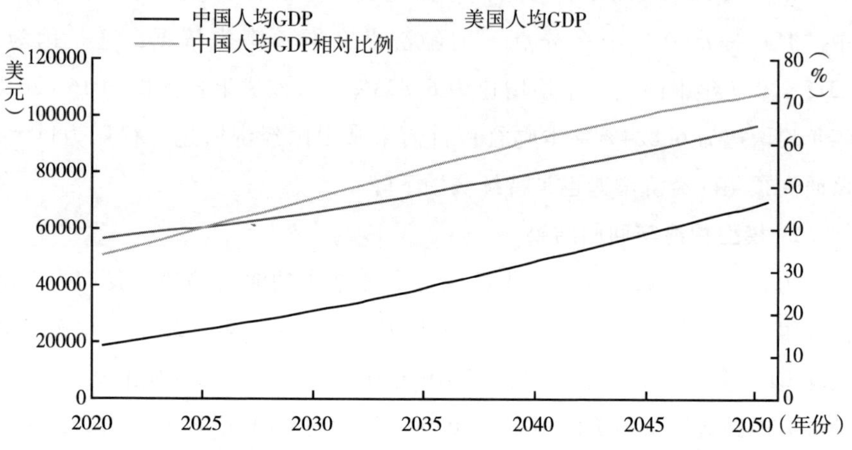

图 9-3 2020~2050 年中国人均 GDP 及与美国的相对比例

第三节 2020~2050年中国农业转型趋势预测

一 数据选取

1. 城镇化率

乡村人口数量与未来乡村面貌息息相关，是乡村振兴战略实施的重要依据。在前述人口预测基础上，对乡村人口数量最直接的评估方法是测算城镇化率。1949 年中国城镇化率仅为 10.64%，到 1999 年达到 30.89%，50 年时间提高 20 个百分点。1999 年以后城镇化速度加快，到 2017 年城镇化率已经达到 58.52%。这一趋势符合诺瑟姆曲线，目前中国已经进入城镇化率 30%~70%的快速城镇化阶段。

现有的许多研究主要结合国际经验，通过各类模型对未来中国城镇化率进行预测。例如，简新华、黄锟对中国城镇化情况进行了实证分析和国际比较，认为中国城镇化率滞后，但目前速度基本合适，2020 年将达到

60%左右①；高春亮、魏后凯分别运用曲线拟合法、经济模型法、城乡人口比增长率法、综合预测法（综合前面三种方法的平均值）对2020年、2030年、2040年和2050年中国城镇化率进行了预测，其中综合预测法得出的结果为60.34%、68.38%、75.37%和81.63%②；兰海强等基于修正的中国城镇化率历史数据，分别运用改进的趋势外推预测法、经济因素相关分析预测法、新陈代谢GM（1，1）模型预测法和BP神经网络模拟预测法对中国2030年城镇化率进行了预测分析，得出2030年中国城镇化率将达到80%的结论③；谢立中综合考虑了影响城镇化的诸多因素（GDP增速、非农产业劳动生产率增长速度、人口增长速度等），提出在乐观情况下，2050年城镇化率可以达到80%的水平④；联合国数据库（UNCTADstat）罗列了中国1950~2050年的城镇化率，其中2020年、2030年、2040年、2050年分别为61.98%、68.74%、72.75%和75.81%。

本章未直接采用上述研究成果，而是对各时期中国、日本、韩国、中国台湾地区等东亚主要经济体的相对人均收入以对数形式与城镇化率进行回归（见图9-4），并以前述对未来中国人均GDP相对比例的预测为依据进行测算。回归系数在1%的水平下显著，拟合优度高达93.64%，结果为：

$$\text{城镇化率}=19.87\times \text{Ln}(\text{人均 GDP 相对比例})+85.977 \tag{2}$$

按照式（2）计算的2017年中国城镇化率低于预测值2.3个百分点，这也符合学界普遍认为的中国城镇化存在明显滞后的特点。因此，我们在预测结果上进行适当修正，相应左移了2.3个百分点。其结果与联合国的预测相差不大：2020年、2030年、2040年、2050年中国城镇化率分别为61.95%、68.90%、74.00%和77.08%。

① 简新华、黄锟：《中国城镇化水平和速度的实证分析与前景预测》，《经济研究》2010年第3期。

② 高春亮、魏后凯：《中国城镇化趋势预测研究》，《当代经济科学》2013年第4期。

③ 兰海强、孟彦菊、张炯：《2030年城镇化率的预测：基于四种方法的比较》，《统计与决策》2014年第16期。

④ 谢立中：《中国城镇化率发展水平测算——以非农劳动力需求为基础的模拟》，《社会发展研究》2017年第2期。

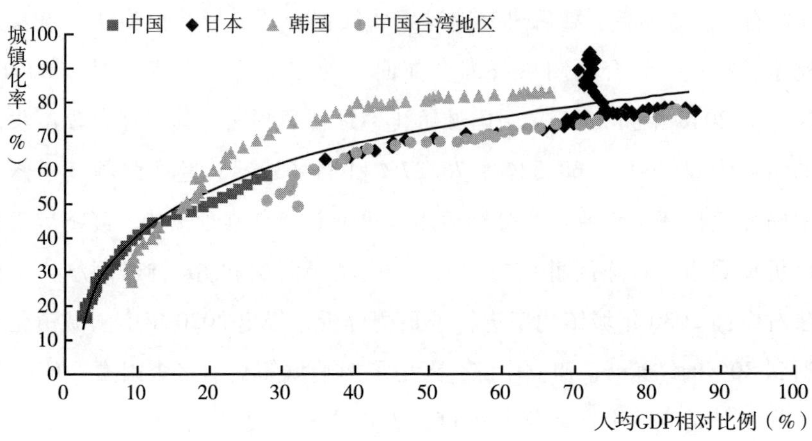

图 9-4 东亚主要经济体城镇化率与人均 GDP 相对比例变化趋势

2. 耕地保有量

习近平指出："中国人的饭碗要牢牢端在自己手里，而且里面应该主要装中国的粮。"① 一定数量的耕地是粮食生产的基础，"加强耕地保护和建设"是乡村振兴战略应有之义。因此，准确预测未来中国耕地保有量成为把握农业农村发展特征的重要任务。预测耕地保有量方法很多，主要有数学模型法、粮食需求法、预留法、组合法等。本章在张乐勤、陈发奎相关成果的基础上，利用在资源环境领域广泛应用的 STRIPAT 模型②，对 2020~2050 年中国耕地保有量进行预测。预测公式如下：

$$S = kP^{\alpha}A^{\beta}U^{\lambda}T^{\gamma} \tag{3}$$

其中，S 为耕地面积，P 为人口数量，A 为人均 GDP，U 为城镇化率，T 为第三产业增加值比重，k、α、β、λ、γ 分别为各自变量系数，张乐勤、陈发奎的测算结果为：

$$S = 12481.46471P^{-0.007133}A^{-0.009343}U^{-0.007391}T^{-0.002952}\varepsilon \tag{4}$$

本章已经对人口数量、人均 GDP、城镇化率三个自变量进行了预测，

---

① 习近平：《论把握新发展阶段、贯彻新发展理念、构建新发展格局》，中央文献出版社，2021，第 142 页。

② 张乐勤、陈发奎：《基于 Logistic 模型的中国城镇化演进对耕地影响前景预测及分析》，《农业工程学报》2014 年第 4 期。

第三产业增加值比重在2017年实际数据基础上以倪红福、李善同、何建武研究成果中的基准情景增长幅度为依据进行测算。从图9-5可以看到，未来中国耕地保有量将逐年减少，2020年、2035年和2050年的预测结果分别为20.18亿亩、20.00亿亩和19.88亿亩，能够守住18亿亩的耕地红线。

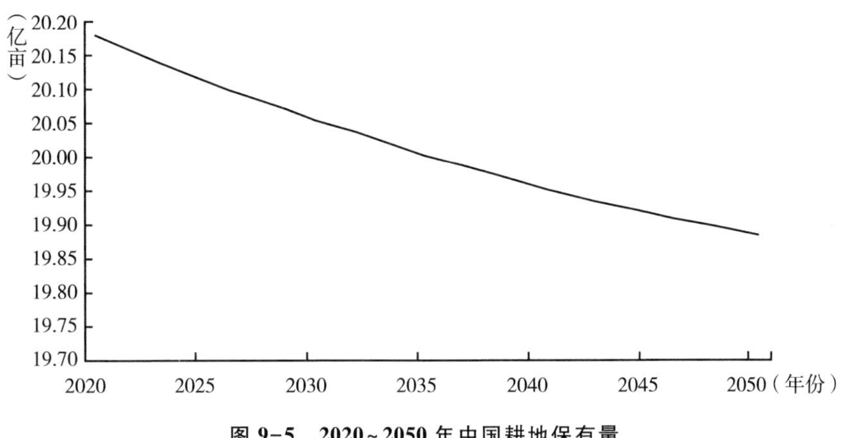

图9-5 2020~2050年中国耕地保有量

3. 农业产业结构模型构建与回归

东亚经济体在现代化进程中的农业产业结构演化趋势是进行经验预期的基础。在产值结构上，由于资料可获得性参差不齐，本章选取了不同起始时间中国（1960~2017年）、日本（1955~2017年）、韩国（1960~2017年）以及中国台湾地区（1980~2017年）的人均GDP相对比例和农业增加值比重建立了非平衡面板数据。图9-6是中国、日本、韩国和中国台湾地区农业增加值比重与人均GDP相对比例的变化趋势。日本在19世纪明治维新以后便开始工业化，二战后迅速迈入中等收入行列，起点高于东亚其他经济体，因此农业增加值比重下降速度相对较慢。新中国成立以后采取了重工业优先发展战略，国家通过工农业“剪刀差”不断地从农业农村汲取剩余，因而农业增加值比重在人均GDP相对比例达到10%以前就出现了迅速下降。韩国和中国台湾地区的农业增加值比重在人均GDP相对比例30%左右的位置出现了“趋同”的趋势，目前中国也在向这一趋势接轨。

本章借鉴了Subramanian和张军等的预测模型和方法，构建了农业增

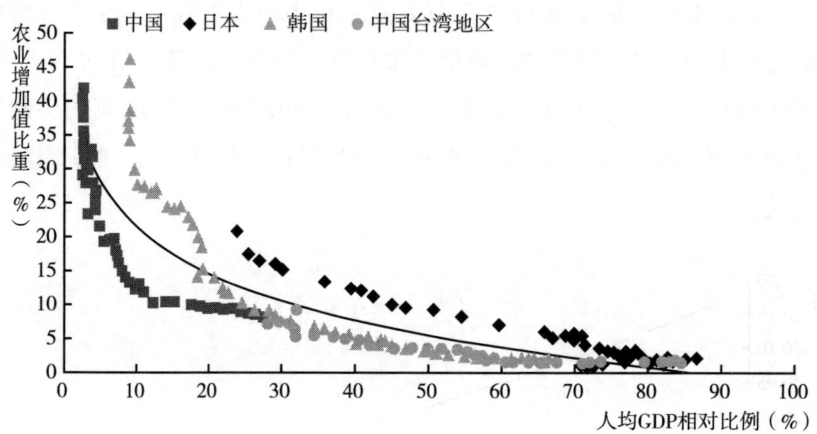

图 9-6 东亚主要经济体农业增加值比重与人均 GDP 相对比例变化趋势

加值比重与人均 GDP 相对比例变化的模型：

$$Agr\_A_{it} = \alpha_1 + \beta_1 \cdot Per\_GDP_{it} + \mu_i + \varepsilon_{it} \tag{5}$$

在式（5）中，Agr_A_{it}是 i 经济体 t 年的农业增加值比重，Per_GDP_{it}是 i 经济体 t 年的人均 GDP 相对比例，β_1为系数，α_1是常数项，（$\mu_i+\varepsilon_{it}$）为复合扰动项。我们分别对式（5）进行了固定效应和随机效应回归，并运用 Hausman 进行检验。检验后的 P 值为 0.63，原假设成立，意味着μ_i与ε_{it}是独立同分布的，随机效应模型最有效率。因此，研究采取随机效应回归，并通过了稳健性检验。

与产值结构相比，各经济体的就业结构资料更少些，本章选取了中国（1991~2017 年）、日本（1955~2017 年）、韩国（1990~2017 年）和中国台湾地区（1980~2017 年）的人均 GDP 相对比例和农业就业比重构建了非平衡面板数据。图 9-7 展示了中国、日本、韩国和中国台湾地区农业就业比重与人均 GDP 相对比例的变化趋势。与图 9-6 趋势相类似，日本在迈入中等收入阶段后农业就业比重仍然很高，而韩国、中国台湾地区则在人均 GDP 相对比例 30%左右的位置出现了趋同迹象，中国也在向这一趋势靠拢。

我们用同样的方法构建了东亚主要经济体农业就业比重与人均 GDP 相对比例的变化模型：

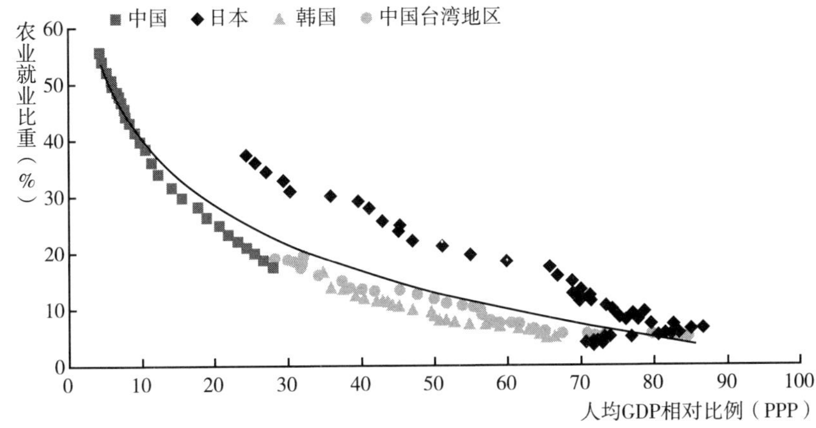

图 9-7　东亚主要经济体农业就业比重与人均 GDP 相对比例变化趋势

$$Agr\_E_{it} = \alpha_2 + \beta_2 \cdot Per\_GDP_{it} + \mu_i + \varepsilon_{it} \tag{6}$$

式（6）因变量Agr_E_{it}为 i 经济体 t 年的农业就业比重，β_2为系数，α_2是常数项。与式（5）类似，Hausman 检验表明随机效应模型最有效率。式（5）、式（6）的最后回归结果如表 9-2 所示。

表 9-2　东亚主要经济体农业产业结构与人均 GDP 相对比例变化回归

参数	农业增加值比重与人均 GDP 相对比例变化（RE）		农业就业比重与人均 GDP 相对比例变化（RE）	
	系数	标准误	系数	标准误
人均 GDP 相对比例（Per_GDP_{it}）	-0.397***	0.105	-0.470***	0.118
常数项	27.815***	4.115	39.036***	7.475
R^2	71.06		76.05	
Prob>Chi2	2＊10-4		1＊10-4	
样本数	217		156	

注：*、**、*** 分别代表在 10%、5%和 1%的水平下显著。

从表 9-2 可以看到，无论是人均 GDP 相对比例还是常数项，式（5）、式（6）的系数均在 1%以上水平显著，说明人均 GDP 相对比例缩小会导致产业结构变化的“收敛”特征是十分明显的。同时，人均 GDP 相对比例每上升 1 个百分点，农业增加值比重和就业比重将分别下降

0.397个和0.470个百分点，不仅体现了现代化进程中农业增加值比重和就业比重双双下降的趋势，也印证了农业产值结构演化速度快于就业结构的事实。

将式（1）预测的人均GDP相对比例代入式（5）、式（6）的回归结果，可以测算中国农业产业结构演化趋势。需要注意的是，中国与韩国的发展情况相类似，由于改革开放前采取“重工业优先发展战略”，资源配置背离了比较优势，农业产业结构演化呈现早熟特征。中国2017年农业增加值比重和就业比重的实际数据就已经达到中等收入和初等发达经济体的临界水平。中国实际农业产业结构所对应的人均GDP相对比例与预测农业产业结构所对应的人均GDP相对比例相差大约10个百分点。为了更好地吻合现实状况，本章对中国农业产业结构预测方式进行了适当调整，对高于目前人均GDP相对比例10个百分点的水平代入式（5）和式（6）的自变量。① 最终结果见表9-3。

表9-3 2020~2050年中国农业产业结构预测

单位：%

年份	人均GDP相对比例	农业增加值比重	农业就业比重	经济发展阶段
2020	33.55	6.95	15.34	中等收入阶段
2021	34.86	6.65	14.84	中等收入阶段
2022	36.21	6.36	14.34	中等收入阶段
2023	37.63	6.05	13.83	中等收入阶段
2024	39.12	5.75	13.31	中等收入阶段
2025	40.66	5.44	12.79	初等发达阶段
2026	41.95	5.19	12.36	初等发达阶段
2027	43.26	4.94	11.94	初等发达阶段
2028	44.62	4.69	11.52	初等发达阶段
2029	46.06	4.43	11.08	初等发达阶段
2030	47.60	4.17	10.62	初等发达阶段

① 即以（$Per\_\ GDP_{it} \times 1.1$）为式（5）和式（6）的自变量，将中国2020~2050年人均GDP相对比例预期代入测算。用调整后的预测方程验证2010~2020年中国农业产业结构变动的经验事实，发现与实际情况基本吻合，也证明了农业产业结构演化呈现早熟特征。

续表

年份	人均 GDP 相对比例	农业增加值比重	农业就业比重	经济发展阶段
2031	48.96	3.93	10.23	初等发达阶段
2032	50.34	3.70	9.84	中等发达阶段
2033	51.72	3.48	9.45	中等发达阶段
2034	53.15	3.25	9.07	中等发达阶段
2035	54.66	3.01	8.67	中等发达阶段
2036	55.88	2.83	8.35	中等发达阶段
2037	57.16	2.64	8.03	中等发达阶段
2038	58.52	2.44	7.69	中等发达阶段
2039	59.96	2.23	7.34	中等发达阶段
2040	61.52	2.01	6.97	中等发达阶段
2041	62.65	1.86	6.70	中等发达阶段
2042	63.80	1.70	6.44	中等发达阶段
2043	64.97	1.54	6.17	中等发达阶段
2044	66.17	1.39	5.91	中等发达阶段
2045	67.42	1.22	5.63	中等发达阶段
2046	68.24	1.12	5.46	中等发达阶段
2047	69.06	1.01	5.28	中等发达阶段
2048	69.93	0.91	5.09	中等发达阶段
2049	70.84	0.79	4.90	发达阶段
2050	71.81	0.68	4.70	发达阶段

如表9-3所示，2020年中国人均GDP相对比例达到33.55%，农业增加值比重下降至7%以下。到2025年迈入初等发达阶段时，农业增加值比重和就业比重将分别为5.44%和12.79%，大约是日本1975年、韩国1994年和中国台湾地区1986年的水平。到2035年基本实现社会主义现代化时，农业增加值比重和就业比重将分别为3.01%和8.67%，与日本1985年、韩国2004年和中国台湾地区1996年的水平相当。2035年的农业增加值比重预测与张军等的研究基本一致，低于倪红福、李善同、何建武以及李平、娄峰、王宏伟的同期预测。值得一提的是，李平等预测2020年、2035年农业增加值比重分别为8.7%和7.5%，实际上严重低估

了非农产业的增长速度，也不符合经济发展趋势。就农业就业比重的预测而言，张军等预测 2020 年、2035 年仍分别有 24.3%、15.2%的劳动力停留在农业，这一判断显然也存在一定的偏差（2017 年中国农业实际就业比重为 17.51%）。

二 2020~2050 年中国农业转型趋势特征

1. 模型构建

已知未来的人口和劳动力数量、人均 GDP、城镇化率、农业产业结构和耕地保有量等指标，通过如下公式可以分别计算出 2020~2050 年中国农村人口数量、农业劳动力数量、农业增加值、劳均耕地面积和农业劳动生产率等指标。

设未来历年中国人口数量为Q_t，城镇化率为φ_t，那么农村人口数量Q_{rt}为：

$$Q_{rt} = Q_t \times (1 - \varphi_t) \tag{7}$$

设未来农村老龄化率为α_t，那么农村老年人口数量Q_{age_t}为：

$$Q_{age_t} = Q_{rt} \times \alpha_t \tag{8}$$

设未来历年中国劳动力数量为L_t，农业就业比重为μ_t，那么农业劳动力数量L_{At}为：

$$L_{At} = L_t \times \mu_t \tag{9}$$

设未来历年中国 GDP 为Y_t，农业增加值比重为ε_t，那么农业增加值Y_{At}为：

$$Y_{At} = Y_t \times \varepsilon_t \tag{10}$$

设未来历年耕地保有量为S_t，那么劳均耕地面积S_{LAt}为：

$$S_{LAt} = S_t \div L_{At} \tag{11}$$

设未来农业劳动生产率y_{At}，那么：

$$y_{At} = Y_{At} \div L_{At} \tag{12}$$

2. 2020~2050 年中国农业转型特征

运用式（7）至式（12），2020~2050 年中国农业转型特征如下。

第一，农村常住人口和农业劳动力数量大幅减少。伴随着城镇化进程的快速推进，以劳动力为主的农村常住人口大量向城镇转移。2020年农村常住人口为5.21亿人，到2035年为4.02亿人，而到2050年仅为3.12亿人。农业劳动力（15~64岁）转移是农村常住人口减少的主要原因。2020年农业劳动力为1.50亿人，2028年下降到1亿人以下，到2035为7495万人，而2050年只有3630万人在从事农业（见图9-8）。在2020~2050年离开农村的2.08亿常住人口中，有1.14亿人过去是农业劳动力。

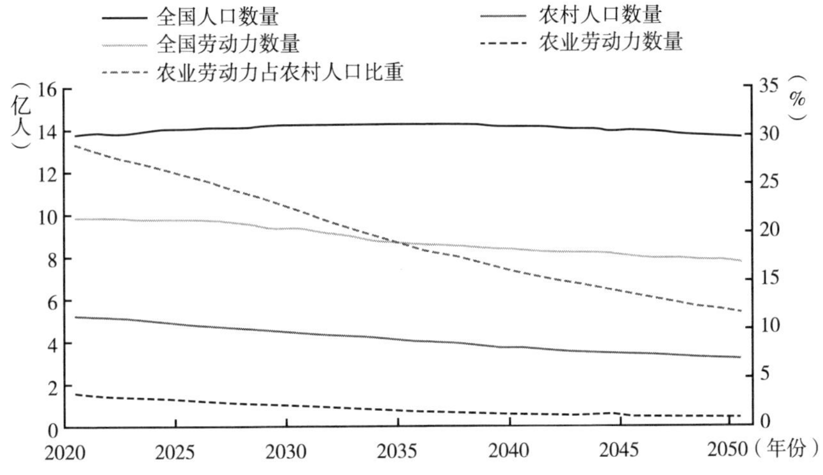

图9-8　2020~2050年农村常住人口和农业劳动力数量变化趋势

第二，农村老龄化程度更深。农村转移人口以劳动力为主，无疑将使农村老龄化程度进一步加剧。如图9-8所示，农业劳动力占农村人口比重将由2020年的28.86%下降至2035年的18.61%，到2050年则仅为11.62%。由于缺乏具体的对农村老年人口（65岁及以上）的统计资料，我们将除农业劳动力外的农村人口按孟令国等的“中方案”提供的0~14岁和65岁及以上人口比例进行测算①，得出2020年、2035年、2050年

① 例如，孟令国等研究认为，2020年总人口结构中，0~14岁的占14.75%，65岁及以上的占13.67%，而本章2020年除农业劳动力外的农村人口数量为3.70亿人，那么65岁及以上的老年人为3.70×［13.67%÷（14.75%+13.67%）］=1.78（亿人）。

老龄人口分别为 1.78 亿人、1.96 亿人和 1.86 亿人，老龄化率分别为 34.15%、48.77%和 59.67%。

第三，农业生产经营规模扩大。尽管耕地保有量随着工业化、城镇化用地需的增加求而有所下降，但由于农业劳动力大幅减少，农业生产经营规模在快速扩大。2020 年劳均耕地面积为 13.42 亩，而到 2035 年达到 26.68 亩，2050 年则超过 50 亩，达到 54.78 亩。

第四，农业劳动生产率在一定程度上提高。工业化将带来农业部门资本品投入成本的下降，农业劳动力的持续流出会促进农业生产经营规模扩大，从而改善农业生产函数，提高农业劳动生产率。2020 年农业劳均增加值为 11878 元，到中国 2025 年进入初等发达阶段后上升到 14820 元，2035 年则迈入 20000 元大关，2050 年将达到 23734 元。

第四节　2020~2050年中国农业转型前景展望

本章对 2020~2050 年中国农业转型趋势的预测为展望中国农业转型前景提供了基础。结合前述对中国农业转型的理论和实证分析，以及美国和东亚三个经济体农业转型的经验，可以从农业劳动力变化、农业经营规模转变、农业产业发展趋势和农业技术变革四个维度对 2020~2050 年中国农业转型前景进行展望。

一　农业劳动力数量大幅下降，农业劳动生产率和农民收入将持续提高

随着产业结构的高度化发展，农业迅速小部门化，农业劳动力数量会大幅下降，其占社会就业总人口的比重也将不可避免地出现下降，这是不以人的意志为转移的经济发展规律。根据本章测算，中国农业劳动力数量到 2025 年、2035 年、2045 年、2050 年将逐渐下降至 1.24 亿人、7495 万人、4530 万人和 3630 万人，占全国就业总人口的比重将逐渐下降至 12.79%、8.67%、5.63%和 4.70%。农业劳动力数量大幅下降是当代中国农业转型的应有之义，将直接延伸出三个前景：一是倒逼农业农村制度改革，二是推动农业劳动生产率提高，三是促使农业补贴政策更

加有力。

农业劳动力数量大幅下降对户籍制度、农村土地制度等相关制度的改革提出了要求。农业劳动力数量大幅下降主要有三大因素：一是大量老年农业劳动力退出农业生产经营活动，二是大量青壮年农业劳动力向城镇和非农部门持续转移，三是目前已经进城务工的兼业农民彻底转为市民。因此，这在客观上要求妥善安置年老体迈的农业劳动力，比如：建立农民退休养老金制度，让其“老有所养”；消除阻碍劳动力转移的制度障碍，包括推进户籍制度和农村土地制度改革，让农民真正成为一种职业而非身份；进一步完善农民工市民化机制，将长期不在村的外出务工人员转变为在城镇工作和生活的城镇居民。

农业劳动力数量大幅下降可以使农业补贴政策将更加有力。给予农民高额补贴是弥补城乡收入差距的重要举措之一。根据本章测算，即使到2050年，中国农业劳均增加值也仅为人均 GDP 的 34.25%，要达到现阶段同等发达程度经济体相应的 70%以上水平，需要进一步提高农业生产者补贴等值（PSE）。根据 OECD 提供的数据，2000~2016 年，尽管 OECD 经济体的生产者补贴等值有所下降，但平均仍高达 23.43%，其中日本平均为 52.22%，韩国平均为 54.10%（见图 9-9）。这说明日本和韩国农民有半数以上的收入来源于政府补贴。近年来中国的生产者补贴等值水平有所上升，但仍在 14%左右徘徊。随着中国经济迈入发达阶段，农

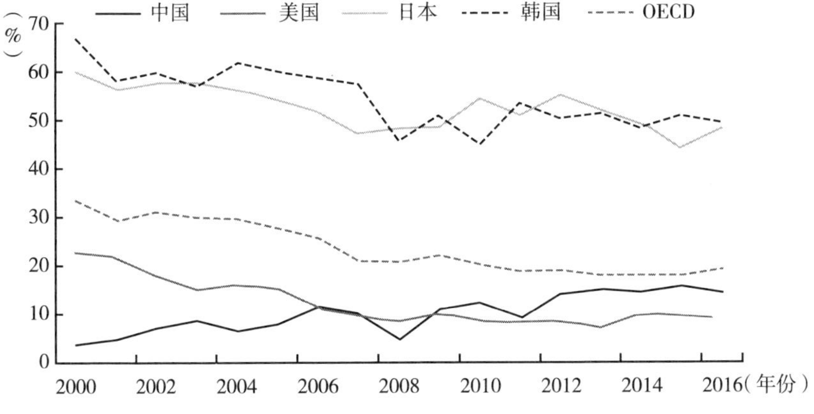

图 9-9 2000~2016 年主要经济体的生产者补贴等值

资料来源：OECD 数据库，https://stats.oecd.org/。

业劳动力数量大幅减少，中国农业不仅可以改变过去“撒胡椒面”的补贴方式，还能随着财政收入的持续增加而提高补贴水平，如果农业生产者补贴等值 2035 年能达到 30%、2050 年能达到 50%，农民收入就可以达到全国人均收入水平的 66%以上。

二　农业经营规模显著扩大，中小型家庭农场成为中坚力量

根据本章测算，随着农业劳动力和农村人口持续转移，小农生产方式可能在 20 年左右逐渐被现代化的中小型家庭农场所取代。学界通常将经营耕地面积低于 30 亩（2 公顷）的农户视为小农户。① 统计数据显示，2015 年底经营耕地在 10 亩以下的农户数量多达 2.1 亿户，占全部农户的 79.6%。一些学者以此为依据，认为中国农业生产方式仍然是以小农户为主。事实上，仔细对比数据可以发现，2017 年有承包地的农户数量有 2.3 亿户，但农业劳动力仅为 2.15 亿人，每户只有 0.93 个农业劳动力。这一方面体现了农村老龄化的严峻形势，另一方面说明有大量农民“离土不离乡”，实际从事农业耕作的农户可能比数据显示的少。尽管没有证据否认现阶段中国农业生产方式仍以小农户为主的特征，但也不应将小农户与农业规模经营盲目对立起来，认为既然小农户的存在是合理的，那么规模化就是侵害农民利益。②

从趋势上来看，假设未来每户所有农业劳动力数量不变（户均 0.93 个劳动力），那么在 2039 年前后劳均耕地达到 32.59 亩时，全国户均耕地可以达到小农户与规模经营的临界点 30 亩。如果考虑到家庭农场农业劳动力使用更加集中的特点，这一规模经营水平将更为可观。2016 年底，农业部对全国 44.5 万户家庭农户进行统计发现，平均每个家庭农场劳动

---

① Thapa，G.：《亚洲和拉美地区经济转型过程中小规模农业面临的挑战和机遇》，《中国农村经济》2010 年第 12 期。

② 在乡村振兴战略提出以后，一些研究在强调当前小农户存在合理性时，往往有许多值得商榷的观点：一是将小农户与农业规模经营对立起来，甚至将规模流转等同于“私有化”或者是侵害农民利益；二是对“小农”规模的界定存在误解，如陈林、商文江认为“纵使农户平均土地规模上升五倍、十倍，绝大多数仍属于小农的范畴”（参见陈林、商文江《新时代小农与社会化服务研究》，《行政管理改革》2018 年第 7 期）；三是未能从发展的眼光审视小农户在工业化、城镇化诱致下必然发生的生产经营方式规模化变迁。

力为6人。[①] 那么，到2035年，平均每个家庭农场仅经营耕地数量就超过160亩，2050年将达到300亩以上。[②] 以此推测，2050年，全国3630万个农业劳动力可能被编制在600万个中小型家庭农场中。

值得一提的是，“小农户生产和现代农业发展有机衔接”与“小农户向中小型家庭农场转变”并不冲突，前者是后者的重要基础，后者是前者的必然结果。换而言之，小农户生产和现代农业发展有机衔接的20年，也是小农户向中小型家庭农场转变的20年。速水佑次郎和拉坦认为，工业技术投入是农业生产增长的重要因素，在农业生产率的增长导致对工业部门产品需求增加的同时，农业游离出工业增长必要的劳动力。[③] 魏后凯也指出，中国传统农业生产方式的基本特征为小规模分散经营和土地利用细碎化，这种一家一户的小农生产“已然成为实现农业现代化的主要制约因素”，乡村振兴需从根本上转变传统小农方式。[④] 根据《国家乡村振兴战略规划（2018~2022年）》，“小农户生产和现代农业发展有机衔接”主要内容是通过完善现代化农业基础设施、提高农户自组织程度以及扩大与农业社会化服务组织的联系等方式来提高农业生产率。这一举措在客观上会“游离出”更多劳动力向工业部门和城镇转移，更具有“自生能力”的小农户在这一过程中逐步成长为与现代农业发展有机衔接的中小型家庭农场。在空间格局上，有学者进一步提出，拥有较大土地经营面积的农户形成分散化的居住格局，将是中国现代农村和农业的普遍现象。[⑤]

三 农村一、二、三产业深度融合，农业特色产业集群形成

尽管农业增加值占国民经济的比重会随着产业结构高度化逐渐下降，

① 农业部：《2016年家庭农场发展情况》，《农村经营管理》2017年第8期。

② 从美国的经验来看，处于中位数家庭农场的规模高于平均规模的一倍以上。资料来源于美国农业部国家农业统计服务（USDA，NASS）。

③ 〔日〕速水佑次郎、〔美〕弗农·拉坦：《农业发展：国际前景》，吴伟东等译，商务印书馆，2014。

④ 魏后凯：《乡村振兴需从根本上转变传统小农生产方式》，《中国乡村发现》2018年第4期。

⑤ 党国英：《乡村振兴的规划须防止几种倾向》，《农村经营管理》2018年第10期。

根据本章测算，2025年、2035年、2045年和2050年农业增加值比重将递减为5.44%、3.01%、1.22%和0.68%，但农业必将随着经济的发展拥有更为广阔的发展空间。例如，随着中国迈入发达国家行列，居民的饮食消费结构必然发生转型，从最初的粗粮消费占主导的饮食结构转型到蔬菜、水果、肉奶蛋等禽畜产品、水产品与加工食品等占主导的饮食结构。其实农业增加值只是计算了农业生产部门向社会提供的最终产品的价值，而农业产业化会通过将大量的农产品作为中间产品来拉长产业链，通过食品加工、生物能源、物流配送等来提高农业产业附加值，而这一部分并未被计入农业增加值中。农业产业化发展可谓大势所趋。

在未来，农业产业发展将至少通过两种形式来实现，一是农村一、二、三产业实现深度融合。事实上，农业劳动力数量大幅下降和农业经营规模扩大，已经为农业产业链最核心的农业生产环节（即农村第一产业）提供了现代产业要素跨界配置的需求和条件。一方面，农业经营规模普遍扩大要求应用更先进的劳动节约型生产技术，这些技术大多以附着在实物资本上的方式被农业劳动力加以运用，在客观上要求技术要素和资本要素投向农业；另一方面，管理更大的农场和应用更先进的技术在客观上要求具备更高人力资本存量的农业劳动力，这些劳动力可能来自城镇或非农部门。这不仅会带动农机具维保、金融等行业的发展，还会带动职业农民培训、财务和法律等行业（即农村第三产业）的发展。具有一定实力的家庭农场会在居民饮食结构转型的刺激下将产业向后延伸，大力发展农产品加工业；着重经营食品加工业（即农村第二产业）的农业企业会主动对接产业链上下游，增强自身在农业全产业链中配置资源的能力；农业社会化服务组织会大力提升服务水平，以满足规模经营的家庭农场在农资供应、农机具维保、农业信息化服务等方面的需求。总体而言，农村一、二、三产业将通过“一产往后延、二产两头连、三产走高端”的方式发展出全产业链模式，实现深度融合。

二是带动力强的农业特色产业集群形成。如果说农村一、二、三产业融合发展是产业的“链”，那么农业特色产业集群就是区域经济的“面”。农业特色产业集群是农业发展的高级阶段，对于乡村振兴乃至整个区域的经济发展都有很强的支撑作用。农业规模经营有利于农业特色产业集群发展。以山东寿光蔬菜产业集群为例，家庭农场基本规模都在 100 亩左右，大的有 1000 多亩。规模经营为农场经营者带来了更大的利润，也增强了扩大再生产和标准化的能力。① 随着农业经营规模的显著扩大和具有更高人力资本存量的农业劳动力的涌现，农业特色产业集群的发展将具备更好的条件。近年来，农业特色产业集群的发展方兴未艾。2020 年 5 月，农业农村部、财政部批准建设了 50 个优势特色产业集群，政企联合推动产业集群发展模式逐渐成形。在未来，具备竞争力的农业特色产业集群会越来越多，并成为工商资本下乡的重要领域。

四　智慧农业生产体系建立，农业产业链、供应链和价值链得到重塑

第四次工业革命是由人工智能、生命科学、物联网、机器人、新能源、智能制造等一系列创新所带来的物理空间、网络空间和生物空间三者融合的革命。它开启了利用信息化技术促进产业深刻变革的时代，也被称为智能化时代。面向 2050 年的中国农业转型必将在第四次工业革命的进程中实现。与第四次工业革命的创新成果融合是未来中国农业转型的必然趋势。

集成应用计算机与网络技术、物联网技术、音视频技术、3S 技术、无线通信技术的智慧农业，是第四次工业革命创新成果与农业产业融合的重要方向。具体而言，智慧农业包括由农业无人机、农业无人车、农机自驾仪等装备组成的农业动力系统，由遥感无人机、农业物联网等设备组成的农业信息系统，以及由标准化农事日历模板、自动生成的科学种植模型、精准的农事生产规划、高效的信息检索平台等软件组成的智慧农业系统。

农业经营规模扩大、农业劳动力数量大幅下降以及农业资本深化的农业转型趋势，与智慧农业的发展趋势高度耦合。应用先进农业技术并能保持合理利润的，主要是规模农场、专业大户、专业合作社、农业公司等新型农业经营主体。例如，2021 年极飞科技公司（XAG）利用先

① 刘全杰：《山东省寿光市家庭农场发展现状及对策研究》，硕士学位论文，山东农业大学，2014。

进农业技术在新疆完成了由 2 人管理 3000 亩棉田的实验，而传统的种植模式需要 25~30 人。经过 6 个月探索和努力，实现了亩产 254 千克，总收入超 760 万元，在管理环节实现 60%的无人化程度。①

可以预见，随着农业经营规模的扩大，会有更多家庭农场和其他农业经营业主系统采用智慧农业生产体系。在未来，从小麦、玉米、棉花、水稻等主要农作物的整地、播种、管理到收获各个环节的生产技术和装备，到园艺作物生产、果园生产、养殖生产，再到农产品智慧物流和大数据的信息服务，这些环节和场景都将看到智慧农业的身影。

需要强调的是，智慧农业作为一种先进技术体系，将进一步引致各类农业要素的价格变化，进而对农业产业链、供应链和价值链进行重塑。在产业链上，利用信息化手段将极大地降低产供销各个环节的行政成本，中国可能会诞生多个具有国际市场竞争力的农业龙头企业。在供应链上，产供销一体化后产品和要素流动加快，并能在更大范围内进行产品销售和要素配置。在价值链上，从事研发和服务的农业技术企业逐步占据关键位置，处于价值链上游的规模更大的家庭农场将更多地分享核心企业等参与主体以及整个价值链条的价值增值部分，而处于价值链下游的农业加工企业和产品销售企业的资本周转速度将加快。

第五节 结论与讨论

本章以乡村振兴战略为背景，立足目前中国经济发展阶段和农业转型状况，结合美国农业转型的典型性和东亚三个经济体农业转型的典型事实，探讨 2020~2050 年中国农业转型趋势和前景，主要得出以下结论。

第一，在经济演进过程中，中国农业增加值比重和就业比重双双下降：2020 年农业增加值比重下降至 7%以下，到 2035 年为 3.01%，2050 年为 0.68%；2035 年农业就业比重下降至 9%以下，2050 年为 4.70%。这一演进趋势与日本、韩国等东亚经济体基本一致。

① 《极飞超级棉田第二季："90 后"女孩入局挑战管理 500 亩高标准棉田》，凤凰网，https：//tech.ifeng.com/c/8GUbqgQBab9。

第二，由于未来可以预期的高度城镇化和老龄化，在农业劳动力数量下降的同时，农村人口大幅减少、农村老龄化程度加深。2035 年和 2050 年中国城镇化率将分别为 71.65%和 77.08%，以劳动力为主的农村人口大量向城镇转移，进一步提高了农村老龄人口比重。2020 年、2035 年和 2050 年的农业劳动力数量将分别为 1.50 亿人、7495 万人、3630 万人，农村人口数量将分别为 5.21 亿人、4.02 亿人、3.12 亿人，农村老年人口数量将分别为 1.78 亿人、1.96 亿人、1.86 亿人。

第三，工业化、城镇化用地需求的增加使未来中国耕地保有量有所下降，但能够守住 18 亿亩的耕地红线。同时，农业劳动力数量大量减少为土地规模经营提供了条件。2020 年、2035 年和 2050 年耕地保有量将分别为 20.18 亿亩、20.00 亿亩和 19.88 亿亩，劳均耕地面积将分别为 13.42 亩、26.68 亩、54.78 亩。生产条件的改善提高了农业劳动生产率，但与非农部门劳动效率的差距在拉大，2020 年、2035 年和 2050 年农业劳均增加值将分别为 11878 元、21653 元和 23734 元。

第四，农业劳动力数量大幅下降将倒逼户籍制度、农村土地制度等相关制度改革，使农业补贴政策更加有力。农民退休养老金制度建立，年老体迈的农业劳动力退出农业生产领域；户籍制度和农村土地制度改革完成，让农民真正成为一种职业而非身份；农民工市民化机制完成历史使命，农民工周期性迁徙的问题得到彻底解决。如果中国农业生产者补贴等值能在 2035 年达到 30%、在 2050 年达到 50%的水平，那么农民收入可以达到全国人均收入水平的 66%以上。

第五，随着农业劳动力和农村人口的持续转移，小农生产方式可能在 20 年左右逐渐被现代化的中小型家庭农场所取代。到 2050 年，全国 3630 万个农业劳动力可能被编制在 600 万个中小型家庭农场中。当前有“自生能力”的小农户将在未来 20 年左右逐步成长为与现代农业发展有机衔接的中小型家庭农场，并作为农业转型中坚力量存在。

第六，农业将随着经济的发展拥有更为广阔的发展空间，并将至少经过农村一、二、三产业深度融合以及农业特色产业集群发展两种形式实现。农村一、二、三产业将通过“一产往后延、二产两头连、三产走高端”的方式发展出全产业链模式，实现深度融合。随着农业经营规模显著扩大和具有更高人力资本存量的农业劳动力的涌现，农业特色产业集群发展将具备更好的条件。未来农业特色产业集群将日益增多，并成为工商资本下乡的重要领域。

第七，方兴未艾的中国农业转型必将在第四次工业革命进程中实现。智慧农业是第四次工业革命创新成果与农业产业融合的重要方向。随着农业经营规模的扩大，将会有更多的家庭农场和其他农业经营业主系统采用智慧农业生产体系。智慧农业生产体系的广泛发展，将重塑中国农业的产业链、供应链和价值链。

正如第二章所说，农业转型将从经济层面的变化引致政治、文化、社会和生态等其他领域的变化。结合乡村振兴战略，以本章对2020~2050年中国农业转型趋势和前景的预测，可以窥见部分未来乡村发展的图景。

第一，生态康养功能成为农村最重要的功能之一。本章测算结果表明，未来农村将承载全国45%~60%的老年人口，在客观上要求生态康养功能成为农村最重要的功能之一。由于全国老龄化高潮的到来和大量农村人口向城镇转移，中国农村老年人口占农村人口比重将持续提高，到2050年将接近60%。不过，由于农村人口绝对数量在下降，到2040年前后农村老龄人口就将达到2亿人的峰值，占全国老年人口的58.90%，随后逐年下降至1.8亿人，到2050年占全国老年人口的46.73%。这一状况客观上要求未来将农村打造成能容纳2亿名以上老年人的生态康养基地。

第二，未来农村将弘扬以“孝老爱亲”传统孝道美德为基本内容的乡风。2035年以后，农村人口将下降到4亿人以下，65岁及以上老年人占50%以上。“孝”在中华传统文化中有着十分重要的地位，是中国传统社会的立国之本与社会基础。黑格尔曾一针见血地指出：“中国纯粹建筑在这一种道德的结合上，国家的特性便是客观的‘家庭孝敬’。”① 未来的农村文化，既应当反映经济社会发展水平显著提升和人口结构变化的农村现状，又该是为占农村人口大多数的老年人服务的。因此，弘扬“孝老爱亲”传统孝道美德应该是乡风文明建设的基本内容。

① 〔德〕黑格尔：《历史哲学》，王造时译，商务印书馆，1963，第165页。

第三，未来农村将建立起结构精简的乡村治理体系。根据本章的预测，未来农业经营规模扩大和以劳动力为主力的农村人口大量转移，势必引发乡村生产生活布局的重组。土地整理、拆村并乡可能频繁发生。结合乡村振兴战略，未来乡村治理结构将更加精简。由于人口转移和乡村居住点重构，行政村和基层乡镇数量将会减少。据学者估计，未来乡村将形成大量小型专业农户居民点，合理的“最小人口规模村庄”大约是 8000~9000 人，低于这个人数的乡村则会缩小成小型专业农户居民点。[①] 这就意味着，2035 年 4 亿农村人口可能集中居住在 4.5 万~5 万个村庄中，2050 年村庄数量将进一步下降到 3.5 万~3.9 万个。

① 党国英：《中国乡村社会治理现状与展望》，《华中师范大学学报》（人文社会科学版）2017 年第 3 期。

第十章

当代中国农业转型过程中的国际化困境与破局

农业产业安全是指一个国家的农业部门在经受各种外部冲击时，能够基本不受威胁、干扰和破坏而正常运行的状态。农业产业安全是国家经济安全的重要组成部分，是保障国家粮食安全和农产品有效供给的必然要求。随着中国深度融入世界经济体系，农业部门与国际市场的联系日趋紧密，各类外部冲击对中国农业产业安全产生了很大影响。

第一节　国际化视域中的中国农业转型深层困境

实践的发展带来了理论的需求，近年来关于国际化背景下中国农业产业安全的相关研究日益增多。宋伟良、方梦佳总结了农业发达国家成功的产业安全防范体系。① 万宝瑞认为，大宗农产品内外价差扩大、关税防火墙作用削弱、进口对国内产业影响加深等原因给中国农业产业安全带来了新挑战。② 田青、王章华从农业国际化背景出发研究了发展中国家农业产业安全问题，提出中国应该提高产业竞争力、加大对农业内资企业的扶持并建立国际合作机制。③ 崔卫杰分析了开放形势下中国农业产业安全的问

---

① 宋伟良、方梦佳：《中国农业产业安全防范体系建立的政策研究》，《宏观经济研究》2013 年第 11 期。

② 万宝瑞：《确保我国农业三大安全的建议》，《农业经济问题》2015 年第 3 期。

③ 田青、王章华：《农业国际化背景下对发展中国家农业产业安全的思考》，《世界农业》2015 年第 2 期。

题，提出中国应该树立“大农业安全观”。① 魏后凯认为，中国农业发展的结构性矛盾突出，农业生产成本增长过快，严重影响了农民的种粮收益和农业国际竞争力。② 由于中国农业产业安全面临的外部威胁主要是以国际农产品价格波动为媒介的，一些学者开始探讨国际农产品价格机制与中国农业产业安全的关系。方晨靓、顾国达从非对称性视角切入，研究了农产品价格波动的国际传导机制。③ 刘萍、柯杨敏引入空间模型，分析了国际农产品价格对中国通货膨胀的传递效应。④ 彭白桦研究了国际市场对国内农产品市场价格波动的影响，系统分析了国内农产品市场价格波动的短周期和长周期特征。⑤ 杨静、赵军华对近 10 年国际农产品市场价格的波动进行了分析，并提出了对未来发展的预期。⑥ 上述研究深化了人们对农业产业安全的系统性认识，在一定程度上廓清了外部冲击对中国农业产业安全的影响，为进一步探索奠定了良好的基础。

现有研究表明，中国农业产业安全的外部环境是很不理想的，在面对各类外部冲击时常常很被动。中美贸易摩擦进一步暴露了中国农业产业安全在农产品进口、农产品价格、农业补贴和国际市场开放等方面的结构化困境。而要破解这些困境，仅仅从中国农业自身的生产能力出发是不够的，必须突破以往的思维局限，从经济全球化的高度进行战略布局。

一 最大农产品进口国地位与中国农业产业安全面临的贸易困境

中国人口众多、经济体量巨大，农产品市场需求旺盛。图 10-1 显示了 2000~2015 年中国稻谷、小麦、玉米和大豆的进口量和进口额，图左

① 崔卫杰：《开放形势下的中国农业产业安全》，《国际经济合作》2015 年第 1 期。

② 魏后凯：《中国农业发展的结构性矛盾及其政策转型》，《中国农村经济》2017 年第 5 期。

③ 方晨靓、顾国达：《农产品价格波动国际传导机制研究——一个非对称性视角的文献综述》，《华中农业大学学报》（社会科学版）2012 年第 6 期。

④ 刘萍、柯杨敏：《国际农产品价格对中国通货膨胀的传递效应》，《华南农业大学学报》（社会科学版）2016 年第 2 期。

⑤ 彭白桦：《国际市场影响对国内农产品市场价格的波动影响研究——兼评〈中国农产品价格波动与调控机制研究〉》，《农业经济问题》2016 年第 11 期。

⑥ 杨静、赵军华：《国际农业垄断资本对发展中国家粮食安全影响的分析——兼对保障中国粮食安全的思考》，《中国农村经济》2017 年第 4 期。

边纵坐标为进口量，右边纵坐标为进口额。从图 10-1 可以观察到，四种作物的进口量和进口额十几年来整体呈增长趋势。稻谷、小麦、玉米的进口量和进口额在 2011 年有一个较大幅度的提升。也就是自 2011 年起，中国的农产品进口总额就超过了美国，中国成为全球最大的农产品进口国。最大农产品进口国的地位并未赋予中国国际农产品定价权，相反，这一状况凸显了中国事实上存在的“大国效应”和对进口国的贸易依赖，使中国农业产业在一定程度上陷入贸易困境。

“大国效应”突出表现为，一个大经济体对某类产品的进出口量变化和关税等贸易政策变动会对国际市场上该产品及其相关产品的价格产生影响，这种影响又将通过商品的价格和生产成本波动传导到该经济体自身。近年来，不断攀升的农产品进口量使中国的“大国效应”日趋明显：当

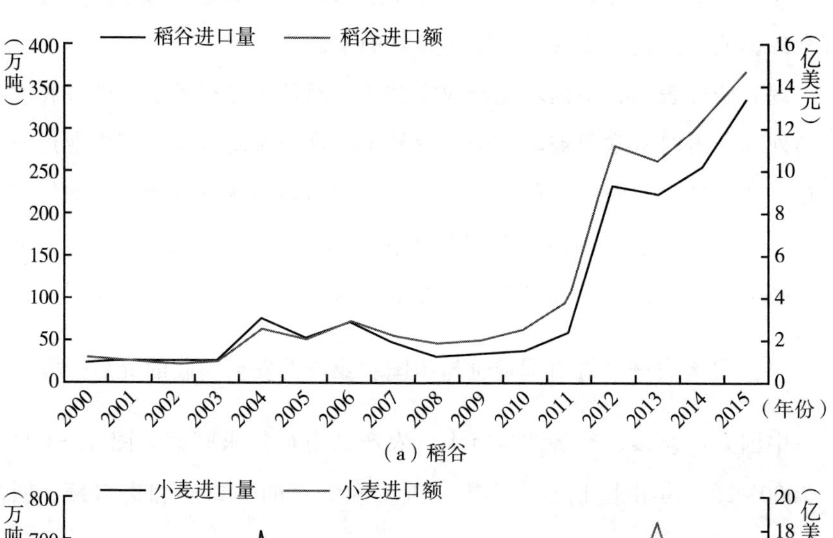

（a）稻谷

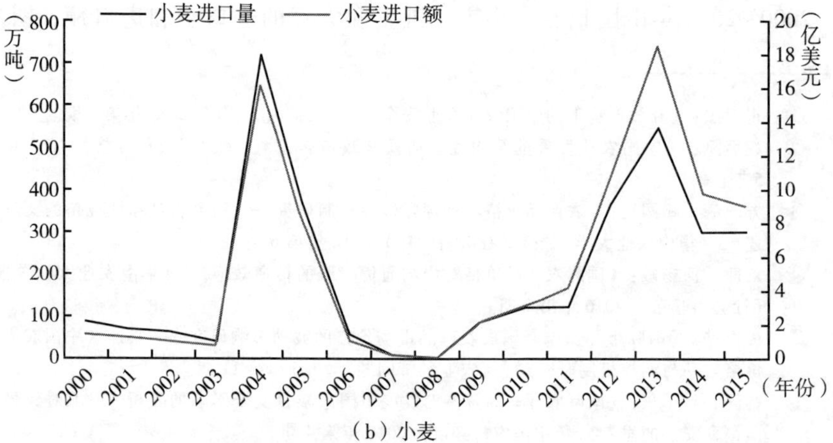

（b）小麦

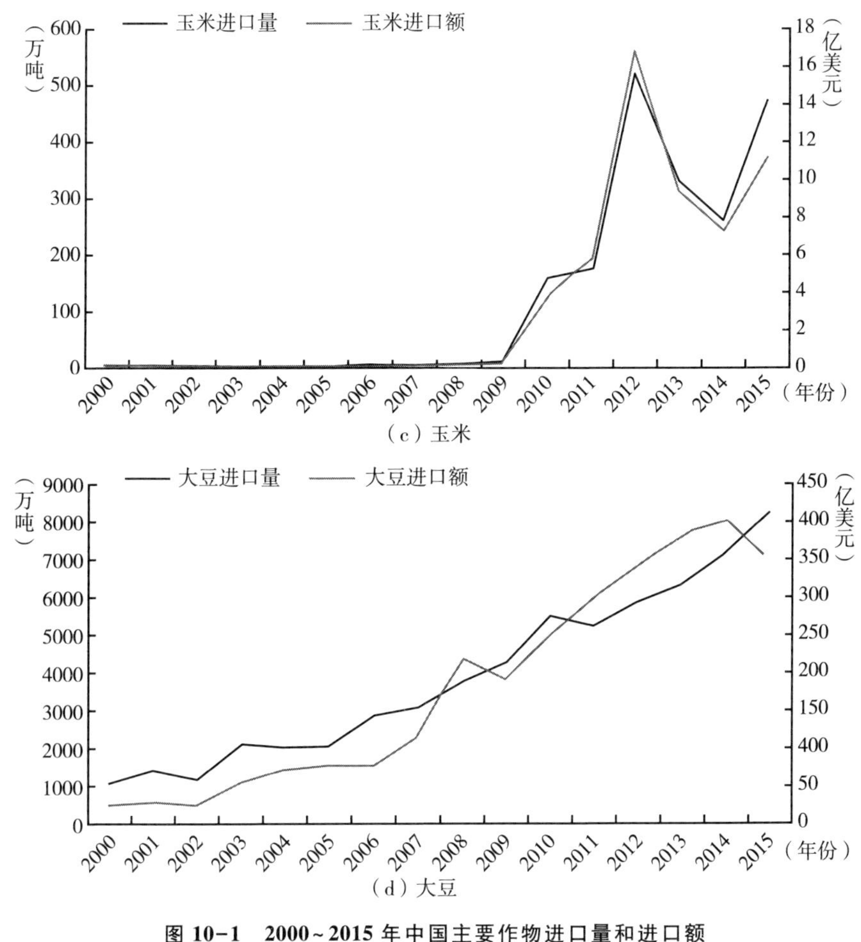

图 10-1　2000～2015 年中国主要作物进口量和进口额

资料来源：根据历年《中国农村统计年鉴》的数据收集整理。

中国对某一农产品的需求量增加时，国际市场上该农产品的价格就会大幅上涨；反之，当中国向国际市场上出口某一农产品时，该农产品的国际市场价格则会大幅下降。例如，中国在棉花贸易中经常出现“贱卖贵买”的现象。

由于土地资源稀缺，中国不得不大量进口包括大豆、棉花和小麦在内的很多在生产上不具备比较优势的土地密集型农产品。以大豆为例，中国本来是大豆的原产地，但现在大豆进口总量超过了全球进口总量的 60%，目前中国国内大豆生产已经萎缩，高度依赖来自美国、巴西等国的进口大豆，严重威胁了中国农业产业安全。在此次贸易摩擦中，美国对中国的大豆销售量同比出现了下降。有报道指出，南北方贸易商已经反映大豆供给出现一定的困难。① 为了替代进口大豆，2018 年中国开始实施大豆生产者补贴措施。这一措施旨在引致农业种植业结构调整，但势必会给本就紧张的耕地资源利用状况带来压力，挤占玉米或水稻的种植空间。可以预期，如果现有情况未能得到转变，或者中美贸易摩擦越演越烈，大豆价格无疑会出现走高态势，并最终反映到豆油加工、畜牧业等下游市场。

二 美国农产品价格低廉与中国农业产业安全面临的价格困境

自 2012 年以来，由于全球经济增长乏力，与农业生产成本有关的化石能源价格大幅下降，带动了农产品价格大幅下调。同时，油价下跌还导致国际海运价格暴跌，从而使农产品价格波动的重要变量——运输价格暴跌。由于油价过低，生物燃料替代化石燃料的热潮逐渐退去，诸如玉米、油菜籽等农产品回到国际市场中，其均衡价格进一步下降。此外，俄罗斯等国家的农产品出口强势上扬，拉低了国际市场上的农产品价格。更为严重的外部冲击来自人民币汇率的总体上升。中国在 2012 年以后加快了人民币汇率改革的步伐，2016 年的汇率与 2005 年相比上升了 25%，这意味着以美元计价的国际农产品价格直接下降了 25%。与国际农产品价格大幅下降相对应的，是国内在农产品价格支持政策等因素影响下农产品价格高企的问题。国际国内农产品特别是粮食作物的价格“倒挂”，形成了中国农业产业的价格困境。

美国是世界上最大的农产品出口国，其农产品价格对国际市场价格有举足轻重的作用。由于生产成本、农业补贴等因素，美国农产品价格长期都保持在较低水平，是国际农产品价格低廉的主要推手。图 10-2 呈现了 2009~2014 年中美主要粮食作物的生产成本与出售价格对比情况。从平均售价来看，中国除水稻这一劳动密集型作物以外，其他作物的平均售价都大幅高于美国平均售价。图 10-2 显示，2012 年以后，美

---

① 《大豆进口量反映两国摩擦进程，2018 年大豆市场或被重新洗牌！》，百家号，http://baijiahao.baidu.com/s?id=1599968929117537523&wfr=spider&for=pc。

国小麦、玉米、大豆三种粮食作物的出售价格都出现了较大幅度下降。其中，小麦、玉米的出售价格跌至生产成本以下，大豆的出售价格接近生产成本。美国粮食售价和成本的“倒挂”现象，无疑与该国高额的农业补贴政策有关。

与美国粮食价格下跌相对应的，是中国粮食生产成本的攀升。从图10-2来看，自2009年以来，中国四大主要粮食作物的生产成本整体上均出现了较大幅度的上扬，且绝大多数时候都高于美国。这是因为，随着中国经济的持续增长和农业朝着第一章所说的规模化、资本化、机械化、市场化方向转型，土地、劳动力、资本等各类农业生产要素的价格都发生了显著变化。

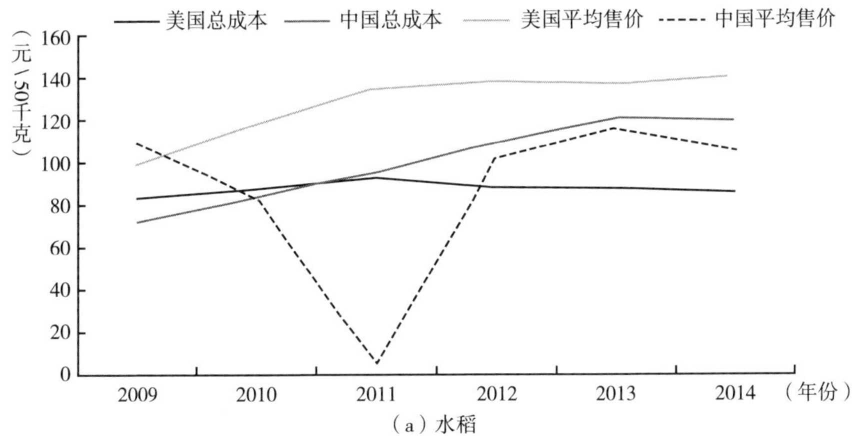

（a）水稻

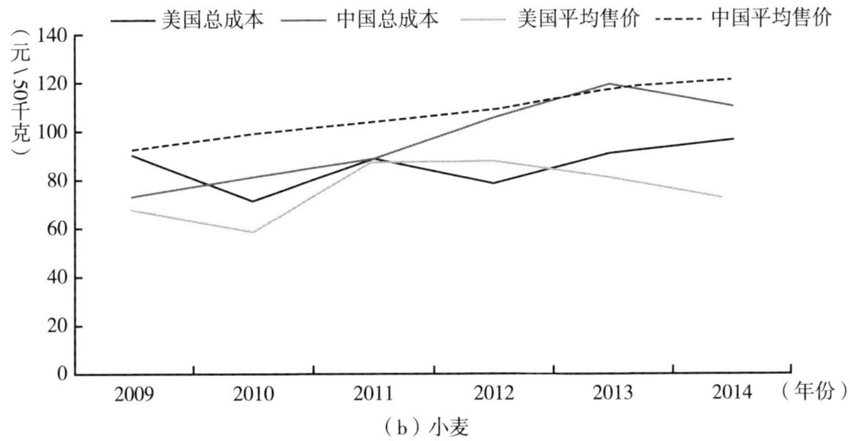

（b）小麦

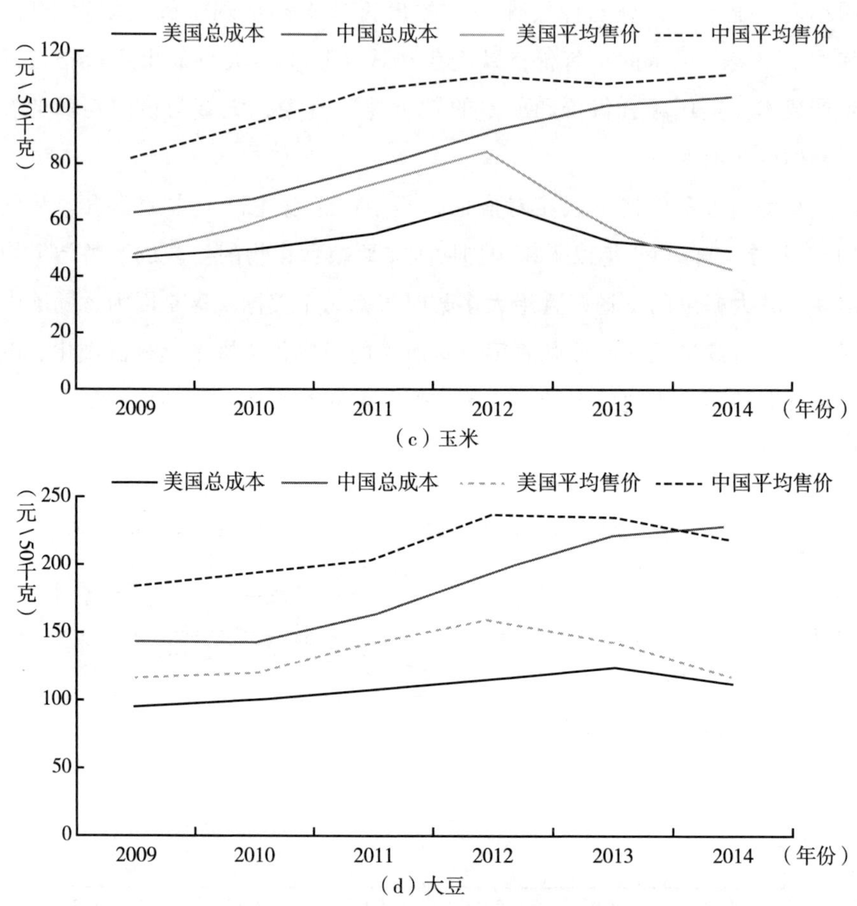

（c）玉米

（d）大豆

图 10-2　2009~2014 年中美主要粮食作物生产成本与出售价格对比

资料来源：中国农产品成本收益数据来自《全国农产品成本收益资料汇编 2016》；美国农产品成本收益数据来源于美国农业部，https：//www.usda.gov/topics/data。

一是随着工业化、城镇化的推进，土地要素在城乡之间出现快速的此消彼长，耕地资源日益稀缺。调研显示，2010~2016 年，土地成本上涨近一倍，江西、安徽、湖南等地土地的平均流转费用每亩在 800~1000 元左右。外来业主在农业规模化生产过程中，感到地租年年增加，种地收益被严重挤压。为了解决这一困难，他们往往竭泽而渔式地向土地投入化肥、农药以获得高产，这种行为严重破坏了当地的生产生活环境。

二是农村劳动力大量转移，许多地方出现了村庄“空心化”，随之带来的结果是劳动力成本的上涨。2013 年中国主要农产品的生产成本比 2007 年上涨了一倍左右，其中小麦上涨 1.08 倍、大豆 1.14 倍、稻米 1.07 倍。而在上涨的成本中，又以劳动力成本上涨得最快。数据显示，每亩家庭劳动力工价由 2007 年的 18.9 元/人上升到 2013 年的 68 元/人，涨幅超过了 2 倍。

三是农业资本存量持续增加，农业资本边际回报率显著下降。正如第五章测算的那样，农业资本深化对农业经济增长有明显促进作用。现阶段国家、社会和农户都在不断加大对农业的投资力度，但是，当前大规模农业投资已经遭遇了较为严重的资本报酬递减作用。

农业生产成本的大幅提高直接沿着农业产业链拉高了国内农产品价格，由此造成了粮食等国内部分农产品价格高于国际水平 30%以上的“倒挂”局面。美国作为世界上最大的农产品出口国有着国际主要农产品（特别是粮食作物）价格定价权。在此次中美贸易摩擦中，中国面临价格困境：如果放开农产品价格与国际市场接轨，国内农产品价格可能会暴跌，进而损害农民的利益；如果启动对美国出口农产品的加税，很可能会进一步推高国内农产品价格，从而引发通胀；如果采取补贴政策，引导农民种植大豆、玉米等，调整农业结构，则会使本就紧张的耕地资源供求关系进一步紧张，并带来一系列难以预料的后果。

三　美国农业部门高额补贴与中国农业产业安全面临的补贴困境

农业是具有弱质性的产业，粮食又是具有战略意义的重要物资。为了确保粮食安全，避免农业弱质性对国民经济的负面影响，无论发达国家还是发展中国家，都纷纷采用农产品价格保护、农业直接补贴、低息贷款等农业补贴政策。这些政策不仅能促进农业劳动者增收，还能提高农产品产量，并使农产品价格维持在较低水平。各国大规模的农业补贴政策在很大程度上压低了国际农产品价格，并传导到国内市场，给中国农业产业安全带来冲击。美国正是充分利用了 WTO 规则，对本国农业、农民采取了强有力的农业补贴政策，才使包括小麦、玉米和大豆等粮食作物在内的农产品价格保持在较低水平，甚至低于成本价。那么，为什么中国不能在加大农业补贴力度的基础上压低农产品价格，从而保障农业产业安全呢？这是因为，受制于当前中国整体发展阶段和农业生产条件，中国农业产业面临补贴困境。

一是受国家整体发展阶段所限，涉农财政资金紧张，相关配套措施不完善。美欧等发达国家和地区，农业人口比例小，财政实力雄厚，能够对农业进行大规模的补贴；由于市场机制完善，法律法规比较健全，实行的补贴政策效果较好。美欧的农业补贴政策既促进了农产品增产，又实现了农民增收。与美欧相对应的，是像印度这样人多地少、幅员辽阔、地形复杂的发展中国家，在现阶段很难实行强有力的补贴政策。得益于改革开放40多年来的经济发展成果，中国的农业补贴政策在积极向美欧等发达国家和地区靠拢，国家财政对农业投入的绝对规模不断扩大（见表10-1）。自2004年起，中国全面放开粮食购销市场和价格，并开始实行农民直接补贴政策，农业补贴总额和支持水平大幅度提高。① 但是，与印度相类似，中国的农业基础仍然十分薄弱，存在农业人口比例过大、土地碎片化程度高和国家财力有限等阶段性特征，农业补贴等支持政策的效果并不尽如人意，相应的配套措施往往无法发挥其预期效果，常常被称为“撒胡椒面儿”式的支持。②

表10-1 国家财政用于农林水各项支出

单位：亿元

年份	农业	林业	水利	南水北调	扶贫	农业综合开发	农村综合改革	总计
2008	2278.9	424	1122.7	—	320.4	251.6	—	4397.6
2009	3826.9	532.1	1519.6	—	374.8	286.8	—	6540.2
2010	3949.4	667.3	1856.5	78.4	423.5	337.8	607.9	7920.8
2011	4291.2	876.5	2602.8	68.9	545.3	386.5	887.6	9658.8
2012	5077.4	1019.2	3271.2	45.9	690.8	462.5	987.3	11554.3
2013	5561.6	1204.3	3338.9	95.6	841	521.1	1148	12710.5
2014	5816.6	1348.8	3478.7	69.6	949	60.7	1265.7	12989.1

① 程国强：《中国农业补贴：制度设计与政策选择》，中国发展出版社，2011。

② 根据OECD提供的数据，2000~2016年，OECD经济体的生产者补贴等值有所下降，但平均仍高达23.43%，其中日本平均为52.22%，韩国平均为54.10%，而中国只有14%左右。

续表

年份	农业	林业	水利	南水北调	扶贫	农业综合开发	农村综合改革	总计
2015	6436.2	1613.4	4807.9	81.8	1227.2	600.1	1418.8	16185.4
2016	6250.4	1676.9	4408.6	66	2284.4	610.8	1471.3	16768.4

资料来源：国家统计局农村社会经济调查司《中国农村统计年鉴（2017）》，中国统计出版社，2017。

二是中国农户土地规模过小，补贴无法形成规模效应。2015年，中国为了支持粮食适度规模经营，在全国范围从农资综合补贴中调整了20%资金，整合了种粮大户试点资金和农业“三项补贴”增量资金。同时选择了部分省份，将农作物良种补贴、种粮农民直接补贴和农资综合补贴合并为农业支持保护补贴。该政策的目标主要是支持耕地地力保护和粮食适度规模经营。农业“三项补贴”改革后，耕地地力保护补贴、粮食直补和贷款贴息纷纷上阵，农业补贴力度有了很大提升。

表10-2显示了2016年全国各地耕地地力保护补贴状况，这一补贴具有普惠性，但由于中国绝大多数农户的土地规模在10亩以下，且碎片化十分严重，效果比较有限。从粮食直补情况来看，2016年山东省种粮大户（经营土地面积50~200亩）每亩可获得60元补贴，与人少地多的美国（每亩61元人民币）相差不多，但只有法国的24%（247元人民币）。如按每个农户（农场主）获得的补贴总额计算，则无法与之相比较。美国平均每个家庭农场经营耕地193.4公顷，每公顷土地的补贴额为113美元，可获直接补贴收入为21854.2美元，按2016年人民币兑美元汇率中间价6.6元计，193.4公顷耕地可获直补14.42万元人民币，农场主最高可获得不超过4万美元的补贴。而山东省的粮食直补一般仅限于50亩以上的种粮大户，补贴范围有限。同时，即使按照现有水平进行直补，山东省最高补贴也不超过1.2万元，与发达国家有较大差距。

表10-2　2016年中国各地耕地地力保护补贴汇总

地点	耕地地力保护补贴(元/亩)
广西壮族自治区岑溪市	182.42
山东省济南市商河县	125

续表

地点	耕地地力保护补贴(元/亩)
广西壮族自治区南宁市兴宁区三塘镇	123.75
甘肃省甘州区乌江镇	122.5
江苏省兴化市大垛镇	120
湖北省黄冈市罗田县	115.78
江苏省南京市	115
江西省抚州市金溪县	112
江苏省连云港市东海县	105
湖北省保康县	94.67
安徽省阜阳市颍州区	85.96
辽宁省辽阳市文圣区	83.75
辽宁省鞍山市	83.53

资料来源：根据各地政府网站提供的数据收集整理。

三是现有的农业补贴政策遭遇 WTO 规则的限制。目前，中国东北三省和内蒙古等地开始实施目标价格政策试点，希望通过“市场化收购+补贴”的方式提振日渐萎缩的大豆生产，但是这一政策的补贴方式是按照实际种植面积进行的，属于 WTO 规定的“黄箱政策”。根据 WTO 的规则，中国仅能使用大豆总产值 8.5%的补贴减让。生产者补贴等值常常被用来衡量政府对农业生产者的保护水平，内容涵盖财政支出、税收和补贴等方面，是 WTO 仲裁的重要依据。为了避免国际官司，发达国家都采用直接向农民发放补贴的“蓝箱政策”。但从目前的情况来看，中国粮食直补的效果并不好，一些学者认为，粮食直补等补贴政策一没有增加农作物播种面积，二对农产品产量增幅的贡献很小，三未能解决农民撂荒问题，农业补贴政策效应有限，农民有“好感”但“不敏感”。① 所以许多地方更愿意采用有减让要求的、直接补贴产量和价格的“黄箱政策”，这就造成中国生产者补贴等值中的“黄箱政策”部分过高。

在中美贸易摩擦下，要确保中国农业产业安全，提高农业补贴水平是必经之路。但目前中国一方面由于财力有限、农户经营规模过小，农业补

① 刘滨、康小兰、刘小红：《农业补贴政策实施绩效与政策优化研究——基于不同资源禀赋农户视角》，江西人民出版社，2017。

贴无法形成规模效应，农业政策效果受到内部条件的约束；另一方面受制于 WTO 规则，对农业产量有促进作用的、按照实际种植面积进行补贴的政策已经遭遇“天花板”，而不违背 WTO 规则的粮食直补效果却并不尽如人意，农业补贴政策效果面临外部条件的制约。更为严重的是，补贴困境加剧了自 2016 年以来农产品高产量、高进口、高库存的“三量齐增”局面。

四 美国贸易保护主义举措与中国农业产业安全面临的全球化困境

自 2008 年以来，相继发生了美国次贷金融危机、欧洲债务危机，全球经济疲软，各国贸易保护主义抬头。特别是 2017 年美国总统特朗普上台以后，力推“美国优先”执政理念，大举实施贸易保护主义政策。历史已经证明，经济全球化是当今世界经济发展的必然趋势，现阶段美国贸易保护主义的“逆流”是根本无法阻挡这一趋势的。

2017 年，中国国家主席习近平出席世界经济论坛年会开幕式并发表演讲时指出：“我们认为，融入世界经济是历史大方向，中国经济要发展，就要敢于到世界市场的汪洋大海中去游泳，如果永远不敢到大海中去经风雨、见世面，总有一天会在大海中溺水而亡。”① 习近平纵论经济全球化，表明中国将成为经济全球化坚定的捍卫者。

经济全球化要求经济活动超越国界，而经济全球化的领导者客观上要带头开放商品、资本和服务市场，主动降低关税等贸易壁垒，促进生产要素在世界范围的配置。作为弱质性产业，农业天然需要保护，但也可以在遵守国际规则的前提下充分利用国际规则，尽量做到趋利避害，确保本国农业产业安全。就中国而言，要在开放条件下保障农业产业安全需要具备三方面的能力：一是要有强大的农业国际竞争力，二是要有应对市场变化和自然灾害的能力，三是要有促进农业可持续发展的能力。② 现阶段中国三个方面的能力都比较薄弱。从农业国际竞争力来看，有学者测算，除了

① 《习近平谈治国理政》（第 2 卷），外文出版社，2017，第 478 页。

② 肖文兴：《加入世贸组织对中国农业安全的影响分析》，博士学位论文，湖南农业大学，2012。

鱼及鱼制品外，中国农产品基本都缺乏竞争优势。[①] 从应对市场变化和自然灾害能力来看，中国农业经营者的投保意识不强，投保率低，农田水利等基础设施不够完善，再加之农村老龄化、空心化问题比较严重，农户对现代农业市场风险和自然灾害的相关防范知识和技术了解不多。从农业可持续发展能力来看，目前中国农业单产处于世界较高水平，但这是以高投入、高污染、高能耗为代价的，已经过度透支了本来就薄弱的土地肥力，农业要实现可持续发展必须转型，但这个过程并非一日之功。

中国在加入 WTO 时承诺要在规则范围内逐步放开农产品市场，随着开放程度的提升，中国出现了粮食自给率下滑、大豆等农产品全面沦陷、种子等农资依赖国外农业综合企业等问题。为了削弱国际市场的不利影响，确保国家粮食安全，中国坚持采取粮食进口配额制，甚至实施超过减让要求的价格支持政策和按照产量进行补贴的政策。这些做法在一定程度上缓和了国际农产品价格波动带来的冲击，却引发了“三量齐增”、重大粮食走私案频发以及美国等粮食出口大国频频运用 WTO 规则向中国发难[②]等问题。

上述情况表明，中国农业在缺乏三大能力的条件下持续开放，逐渐形成了全球化困境：一方面，中国需要遵守 WTO 规则；另一方面，要保护农业产业安全。换言之，如果与国际市场接轨，很可能丧失农业产业安全主动权，但不接轨又有悖于经济全球化的大趋势和中国的承诺，因而处于两难的全球化困境。

第二节　跨国农业企业对中国农业产业的多维渗透

农业产业链不断延伸是农业产业化水平持续提升的一个重要特点。从

---

① 何敏、张宁宁、黄泽群：《中国与“一带一路”国家农产品贸易竞争性和互补性分析》，《农业经济问题》2016 年第 11 期。

② 美国政府长期指控中国“通过设定最低收购价的形式非法补贴水稻、玉米和小麦种植户”，声称这些补贴行为违反了中国 2001 年加入 WTO 时的承诺，导致生产过剩，影响了美国农民在国际市场上与中国竞争的能力。参见 Brink, L., Orden, D., “The United States WTO Complaint on China's Agricultural Domestic Support: Preliminary Observations”, *International Agricultural Trade Research Consortium* (*IATRC*), Scottsdale, Arizona, December 11-13, 2016 and subsequently updated International Agricultural Trade Research Consortium, 2017。

收益方面来说，过去单一的农业生产环节被更加迂回的生产方式所取代，随之而来的是农产品附加值增加和农业规模报酬递增。农业产业链上的各个环节分工合作，都担负着创造价值的功能。从成本方面来说，农业是自然风险和市场风险交织的产业，产业链上的各个环节环环相扣，资产专用性很高，使得农业各经营主体在行业内部交易时会产生很高的交易成本。对农业产业链进行系统整合，有助于抵御自然风险和市场风险，最小化行业交易成本。因此，随着生产力的提升，农业产业链经营成为大势所趋。

一 跨国农业垄断企业控制农业产业链的方式

在 19 世纪，ABCD 四大粮商［即 ADM（Archer Daniels Midland）、邦吉（Bunge）、嘉吉（Cargill）和路易达孚（Louis Dreyfus）］仅仅是具有专业化地理知识的粮食贸易商，但在科技革命的背景下，它们不断进化为日益复杂的集团公司，从单纯的产品链、物流链走向了价值链和信息链。除此以外，美国的杜邦公司、荷兰的荷氏花卉公司、新加坡的丰益国际公司等跨国经营的农业龙头企业，也都通过整条产业链的高水平运作获取了高额利润。从表面上来看，美国、巴西、阿根廷是农产品输出大国，而欧盟、中国是农产品输入地区和大国，但实际上的农产品贸易乃至农业产业链，是由这些跨国农业垄断企业所把持的，这些企业通过对生产、加工、仓储、物流和销售等环节的垂直整合来掌握全球农业产业链。①

近年来，跨国农业垄断企业加速了对农业全产业链的垂直整合。在生产环节，通过专利保护制度、技术转移内部化等方式，将动植物遗传资源据为己有，抑制技术溢出效应。同时，加大对转基因技术的研发利用，从产业链最顶端控制整个产业。在加工环节，跨国农业垄断企业以其雄厚的资本和先进的加工技术，以入股、兼并等方式迅速扩大在东道国的产能，并充分利用规模经济以降低生产成本和市场价格，再辅之以自身具有优势的销售渠道，迅速占领市场。在仓储环节，ABCD 四大粮商的仓储能力非常强大，这主要是基于其自身仓储设施建设和布局的合

① Clapp, J., "ABCD and Beyond: From Grain Merchants to Agricultural Value Chain Managers", *Canadian Food Studies*, 2015, 2 (2): 8.

理性。同时，ABCD 与政府、企业合作，实行多元化的经营方式。在物流环节，ABCD 特别注重利用低成本的水运，并不断完善自己所拥有的仓储设施和船队。一些公司还控股、参股、自建物流公司，扩展物流网络。在销售环节，它们拥有遍布全球的分公司、子公司和关联公司，基本上掌控了国际农产品的进出口，同时能够筹集海量资金，轻易地将中小竞争对手打垮。除此之外，这些公司还通过合谋等方式共同垄断国际农产品贸易。①

二 中国农业产业链遭遇资本、技术和服务的多维渗透

1995 年，中国颁布了《外商投资产业指导目录》，并在实践中经过多次修订。该目录将产业分为鼓励、允许、限制以及禁止等几大类，其中农、林、牧、副、渔属于鼓励类。对此，控制全球农业产业链的各大跨国农业垄断企业纷纷将目光投向中国这个庞大的市场。中国加入 WTO 以后，跨国农业垄断企业加速了对中国农业产业链的布局。目前，中国农业产业链面临其在资本、技术和服务等方面的多维渗透。

1. 资本渗透

在资本方面，跨国农业垄断企业长期不懈地对中国农业产业链关键领域进行渗透。如图 10-3 所示，2000~2016 年，外商直接投资中国农林牧渔业的实际资金总额总体呈上升态势，从 2000 年的 6.7 亿美元上升至 2012 年的峰值 20.6 亿美元。此后由于《外商投资产业指导目录（2011 年修订）》对外资进入农业领域进行了限制，投资额度出现了一定程度的回落，但都在 15 亿美元以上。

早在 2002 年和 2006 年，美国著名的农业企业杜邦先锋先后入股山东海登种业股份有限公司和甘肃敦煌种业股份有限公司，并借此将自己研发的玉米等农作物种子向中国全面推广。② 2008 年，国际著名投行高盛联合德意志银行，斥资 2 亿~3 亿美元在中国生猪养殖重点地区湖南、福建全

① 孟岩、马俊乐、徐秀丽：《4 大粮商大豆全产业链布局及对中国的启示》，《世界农业》2016 年第 1 期。

② 竺三子：《基于因子分析法的安徽省种业企业竞争力研究》，《安庆师范学院学报》（自然科学版）2014 年第 5 期。

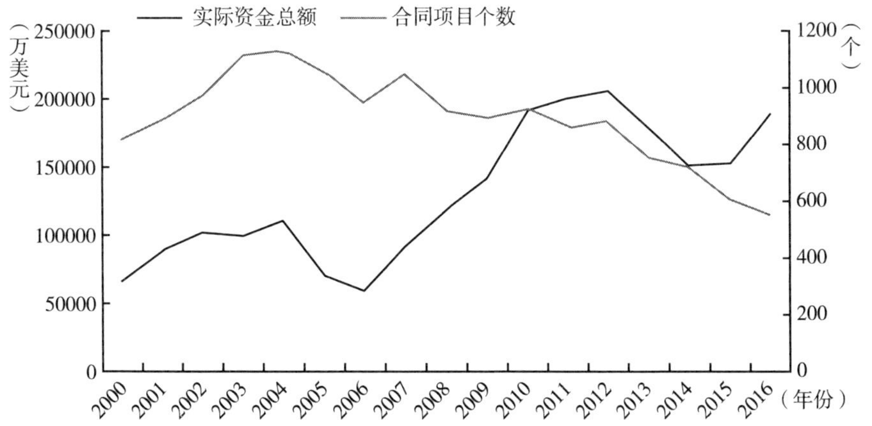

图 10-3　2000~2016 年农林牧渔业外商直接投资和合同项目个数

资料来源：2001~2017 年《中国统计年鉴》。

资收购十几家养猪场。① 2010 年，国际私募财团黑石联合多家银行注资山东寿光农产品物流园，力求控制农产品物流环节。同年，凯雷集团投资 1.75 亿美元收购卜蜂国际，该公司曾是中国最大的禽畜及水产饲料生产商，而水产饲料又是农业产业链中利润较高的部分。2013 年，长期布局中国种业的孟山都与中国种子集团合作，成立中种迪卡种子公司。目前，已经在中国深耕的新加坡丰益国际公司、泰国正大集团开始进入更多的细分市场，从油和饲料向米面和玉米深加工等方向延伸。在食品加工、啤酒酿造、包装食品与肉类等行业，法国达能、美国安海斯-布希、德国 DEG、意大利伊洛瓦等一系列知名公司已经入驻。

跨国农业垄断巨头的资本渗透，一方面，有利于中国农产品生产技术和管理水平的提升，加速农业资本深化，为中国农业现代化提供动力。有研究表明，农业外商直接投资对中国农业全要素生产率的提升和农业生产性服务业的发展都具有显著促进作用。②③ 另一方面，尽管国外资本尚未

① 屈丽丽：《高盛养猪外资“偷袭”我国农业》，《江苏科技报》，2008 年 8 月 7 日，第 A10 版。

② 王亚飞、张毅、廖甍：《外商直接投资对农业全要素生产率的影响：作用机理与经验数据》，《当代经济研究》2019 年第 6 期。

③ 梁银峰、陈雯婷、谭晶荣：《全球化对中国农业生产性服务业的影响》，《农业技术经济》2018 年第 7 期。

在中国农业产业链中占据垄断地位，但其布局已经对中国农业产业的某些领域和某些环节产生了威胁，使中国农业产业面临被外部控制的巨大风险。例如，四大粮商之一的ADM收购华农集团湛江油脂厂30%的股份，却取得了其70%的原料采购权，其目的就是通过参股来获得企业进口大豆的话语权。

2. 技术渗透

具有一定数量规模的农业技术专利，是农业企业技术竞争力的前提。跨国农业垄断企业往往掌握了大量农业技术专利。21世纪以来，许多跨国农业垄断企业纷纷通过在中国申请专利的方式，占据农业产业链的技术制高点，对中国进行技术渗透。

通过检索国家知识产权局专利数据库发现，2000~2007年中国涉农专利（IPC分类号为A01，涉及农林牧渔猎等行业）中来自国外及港澳台地区的专利申请量比重一直在25%以上的水平（见图10-4）。这意味着，在相当长一段时间内，在中国大陆应用的现代农业技术中有25%以上来自国外及港澳台地区，而在部分时期这一比重甚至在40%以上。

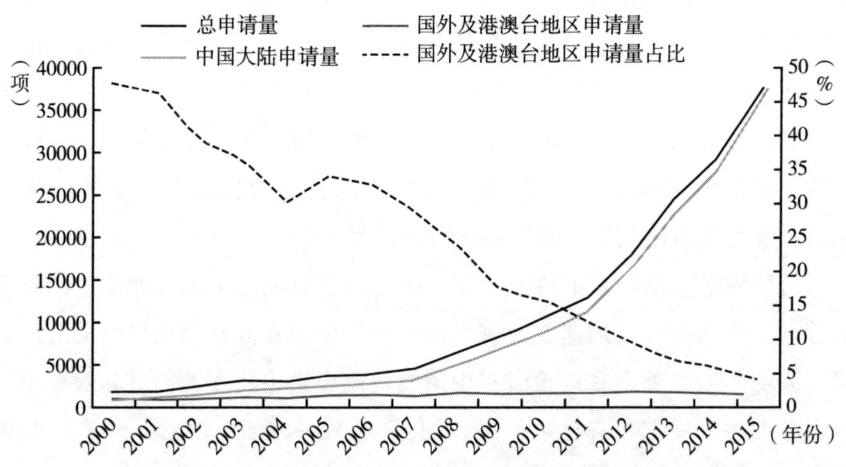

图10-4 2000~2015年中国涉农专利申请年度数量变化趋势

资料来源：国家知识产权局数据库，https：//pss-system.cponline.cnipa.gov.cn/Disclaimer。

2008年以后，国外及港澳台地区的涉农专利申请量比重下降到20%以下。2008年以后国外及港澳台地区申请中国涉农专利比例下降可能有三个方面的原因：一是受国际金融危机的冲击，跨国农业垄断企业的财务状况在一定程度上受到波及；二是中国大陆日益重视农业技术研发，本土力量逐渐崛起，降低了国外及港澳台地区申请所占的比重；三是自2011年以来，中国出台了一系列对产业结构进行调整的政策，特别是对外商投资农业产业进行了限制。不过，从总体来看，2000~2015年，中国涉农专利共计171120项，其中来自国外及港澳台地区的专利一共21028项，占比仍然达12.29%。

从有效专利数量和比重来看，2000~2007年，中国涉农有效专利总数为4091件，而国外及港澳台地区有效专利数为2625件，比重高达64.17%，说明国外及港澳台地区申请涉农专利的效率远高于中国大陆。2008年以后这一比重随着申请数量的比重下降而走低，但直到2011年才下降到20%以下。2000~2015年的16年间，中国涉农有效专利总数为47950件，国外及港澳台地区占8110件，占比仍然超过15%。

尽管近几年中国涉农专利申请数量和有效专利数量都在不断提升，拉高了相应占比，但激烈的技术竞争更取决于对知识产权的集中系统掌握度和转化效率。检索数据显示，40%的国外申请都集中在前20位申请人，这些申请人无一例外都是跨国农业垄断企业，这其中能看到拜耳、巴斯夫、先正达、孟山都等赫赫有名的公司名称。与之相比，中国前20位申请人几乎全是科研机构和高校。根据2018年国家知识产权局网站发布的《高校专利转化现状调查研究》的数据，由于高校技术转化权利不明晰、科研人员缺乏实际转化的积极性，高校专利转化实践情况表现不佳，真正实现产业化的科技成果不足5%。① 可以说，跨国农业垄断企业对技术体系的把控能力显著高于国内科研单位。

农作物育种和农业转基因技术专利是掌控农业技术体系的关键指标。国家知识产权局公布的数据显示，在2012年中国禁止外资在华从事转基因生物研发和转基因农作物种子、种畜禽、水产苗研发以前，2000~2011年，在中国申请成功的农作物育种和农业转基因技术有效专利为1493件，

① 俞风雷、刘文文：《高校专利转化现状调查研究》，国家知识产权局，http://www.sipo.gov.cn/gwyzscqzlssgzbjlxkybgs/zlyj_ zlbgs/1131773.htm，2018年9月4日。

其中国外及港澳台地区有效专利数量为522件，占比为34.96%。从申请人来看，孟山都拥有85件，拜耳39件，陶氏32件，杜邦18件，可见这些公司在农业转基因技术方面有非常明显的优势。①

跨国农业垄断企业涉农技术的研发和推广，在促进中国由粮油消费大国向粮油科技大国转变的同时加大了中国农户对技术的依赖。即使一些国际资本与中方合作进行产品研发，中方也没有多少话语权。美国杜邦先锋分别与山东登海种业和甘肃敦煌种业合作建立研发中心后，并未让中方企业过多涉足产品研发，而是让其更多地拓展销售渠道。2006~2014年，美国杜邦先锋的先玉335玉米种子种植面积从25.95万亩扩展到6000万亩，成为中国种植面积最大的玉米品种，这一结果与杜邦先锋的研发推广策略不无关系。

3. 服务渗透

如果说对中国农业产业链的资本渗透是为了获得控制权，技术渗透是为了占领制高点，那么对贸易、加工、仓储等环节的服务渗透就是实现利润的关键。从粮食贸易来看，2014年跨国农业垄断企业占中国粮食市场的份额为39.56%，高于国有企业和民营企业的26.83%和32.22%。② 法国的路易达孚公司控制了巴西、阿根廷的大豆种业，因而参与了中国20%的大豆进口。同时，该公司还控制了全球的大麦、高粱和酒糟市场，并从越南、泰国等地进口大米，出口中国。而美国的ADM和嘉吉是中国玉米、油籽、饲料等原料的主要供应商和加工商。日本的企业也不可小觑，丸红公司2013年向中国出口了1200万吨大豆。在加工方面，早在1994年ADM就与中粮集团、丰益国际在张家港建立了东海粮油工业公司，专门经营菜籽油压榨业务；嘉吉则从最早的大宗农产品采购业务，逐步拓展到加工、运输、销售业务，品种也开始涉及大豆、玉米、豆粕等多种产品。③ 丰益国际于2009年在黑龙江建立了大米加工厂，通过订

---

① 国家知识产权局数据库，https：//pss-system.cponline.cnipa.gov.cn/Disclaimer。

② 朱考金：《跨国农业公司在中国垄断以及对中国粮食安全的影响》，《世界农业》2016年第9期。

③ 周伟：《农业跨国公司垄断对我国粮食安全的影响》，《西北农林科技大学学报》（社会科学版）2016年第5期。

单农业等多种方式，从加工产业渗透到种植领域。①

跨国农业垄断企业具有先进的投资理念和管理理念，善于把握机遇和使用相应策略来对农业产业链进行有效控制。2004 年，中国出现了大豆危机，国内油脂压榨企业 70%面临停产，ABCD 四大粮商和丰益国际抓住机会，低价抄底收购了这 70%即将倒闭的油脂压榨企业，同时迅速利用先进技术扩大产能，对加工环节的操控，使其形成了对原料供给具有决定性影响的所谓“市场势力”。② 中国自 2008 年实施大豆临时收储制度以来，政府多次拍卖临储大豆的价格低于进口大豆港口分销价。然而，即使出现如 2012 年 4 月 24 日的拍卖价格低于进口转基因大豆 400 多元的情况，成交比例仍然很低。③ 究其原因，在于跨国农业垄断企业为了控制原料，采用了偏向使用进口大豆而不是国产大豆的策略。一些企业甚至别有用心地采取高价收购大豆、低价卖油脂的策略，其目的就是阻止国产油脂压榨企业提高市场占有率。

第三节 国内外农业企业竞争力比较分析

跨国农业垄断企业对中国农业产业链的渗透，在客观上弥补了中国农业产业在发展过程中的资金和技术短板。但是，它们进入中国农业产业链的目的，不在于简单追求利润最大化，而是要把中国农业产业纳入其全球产业链中，从而形成强大的垄断力量。应当警惕，跨国农业垄断企业进入中国农业产业链的意图可能不仅仅是商业性的，而且是附带政治性的。在经济全球化背景下，我们只能通过发展壮大本国农业企业，使其足以在国际国内市场上与跨国农业垄断企业相抗衡，才能阻止它们对中国农业产业链的全面渗透。那么，问题在于，中国农业企业是否有足够的竞争力与跨国农业垄断企业相匹敌呢？

---

① 王晓明：《我国种业市场现状调查分析》，《北京农业》2011 年第 4 期。

② 郎咸平：《郎咸平说：新帝国主义》，东方出版社，2010。

③ 王晓语：《国产大豆游离市场体系边缘探析——对黑龙江现状分析及找寻其优势的思考》，《黑龙江粮食》2012 年第 3 期。

一 国内外农业企业竞争力比较

国内外许多文献基于对企业竞争力的理解构建了相应的分析框架，这些分析框架基本涵盖了成长能力、赢利能力、偿债能力和运营能力四个维度的指标。由于企业研究属于微观层面，一般这些研究都使用上市公司的公开财务数据，同时运用诸如灰色关联度方法、熵值法、因子分析法等方法对企业竞争力进行分析。企业竞争力并非本书主要研究对象，而且现有关于农业企业竞争力的研究极其丰富，因此这一部分主要对李宁等关于中外农业企业竞争力比较的实证研究结果进行加工提炼。① 李宁等将农业企业竞争力分为市场竞争能力、经营管理能力、抗风险能力和发展能力四个维度，最后综合测算出企业竞争力。该研究选取了 ADM、邦吉、丰益国际和泰森食品 4 家跨国农业企业为国外样本，41 家 A 股或港股上市农业企业为国内样本，运用因子分析法提取了赢利成长能力因子、抗风险能力因子、规模实力因子、运营能力因子。为了更精准地比较国内外知名企业竞争力，本部分提取了规模实力因子排名前 10 的企业（4 家跨国农业企业与 6 家国内农业企业）分析数据，并进行了指数化处理（见表 10-3）。②

表 10-3 国外跨国农业企业与国内知名农业企业竞争力比较

单位：分

企业	赢利成长能力	抗风险能力	规模实力	运营能力	竞争力
ADM	90	77	72	47	100
泰森食品	89	30	24	100	91
邦吉	74	66	49	67	85
丰益国际	82	60	62	26	77
中国粮油控股	60	100	100	16	87
雨润食品	75	74	37	44	67
北大荒	100	88	26	2	55

① 李宁、汤国英、辛毅：《中外农业企业竞争力比较的实证研究——以农业上市公司为例》，《上海立信会计金融学院报》2018 年第 4 期。

② 具体处理方法如下：将 10 家企业不同维度的公因子和竞争力数据按照从上到下的顺序排列，数据最高的企业为 100 分，并按照相应的比重赋值，最后四舍五入得出表 10-3 中的数据。

续表

企业	赢利成长能力	抗风险能力	规模实力	运营能力	竞争力
中国食品	67	69	34	32	53
顺鑫农业	89	12	24	15	45
大成糖业	3	93	19	27	5

资料来源：李宁、汤国英、辛毅《中外农业企业竞争力比较的实证研究——以农业上市公司为例》，《上海立信会计金融学院报》2018年第4期。

从竞争力来分析，4家国外跨国农业企业都排进了前5，四大粮商之一的ADM居于榜首，在赢利成长能力、抗风险能力和规模实力上都有较佳的表现，即使运营能力只有47分，也在榜单中排名第3，高于表10-3中所有国内农业企业。国内农业企业中得分最高的是中国粮油控股，其在抗风险能力、规模实力上都位居榜首，但是运营能力居倒数第3，是重资产、轻运营的国有企业的典型代表。无独有偶，同属国企的北大荒的运营能力只得2分，在榜单中垫底，就是从李宁等文中的41家国内样本来看，该公司的运营能力也是最低的。从规模实力来看，中国粮油控股可谓一家独大，ADM、邦吉和丰益国际都高于其他国内农业企业。从抗风险能力来看，国内农业企业的抗风险能力普遍强于国外跨国农业企业，这可能与国内的农业巨头多为国有企业有关。在榜单中，除了雨润食品属于民营企业外，其他国内农业企业均为国有企业，其中：中国粮油控股是中粮集团成员企业，在2019年《财富》中国500强排行中位列第99；中国食品是中粮集团旗下的专业饮料平台；北大荒是黑龙江省农垦总局的直属企业；顺鑫农业的控股股东为北京顺鑫控股集团有限公司，实际控制人为顺义区国资委；大成糖业是吉林省农投集团控股企业。从赢利成长能力来看，国外农业企业相对比较均衡，而国内农业企业参差不齐，其中得分最高的为北大荒，而最低的大成糖业只有3分。表10-3中还有一些值得注意的现象，中国粮油控股、北大荒、顺鑫农业的赢利成长能力与运营能力呈现强烈反差。赢利成长能力体现了资产报酬率，而运营能力则体现了资产周转率，这些企业实现了低周转、高报酬，在一定程度上是国内农产品市场竞争不充分、不均衡的表现。

为了更好地比较国内外农业企业竞争力，我们对表 10-3 中国内外农业企业各维度能力的数据进行了分类处理，绘制了更为直观的比较雷达图。从图 10-5 可以看到，国外农业企业的雷达图面积显著大于国内农业企业。其中，国外农业企业竞争力和运营能力分别高于国内农业企业 36 分和 37 分，而规模实力、赢利成长能力则分别高了 12 分和 18 分。国内农业企业仅抗风险能力高于国外企业 15 分。这在一定程度上说明，与跨国农业垄断企业相比，中国代表性农业企业的竞争力较弱，可能会在波谲云诡的市场竞争中处于下风。

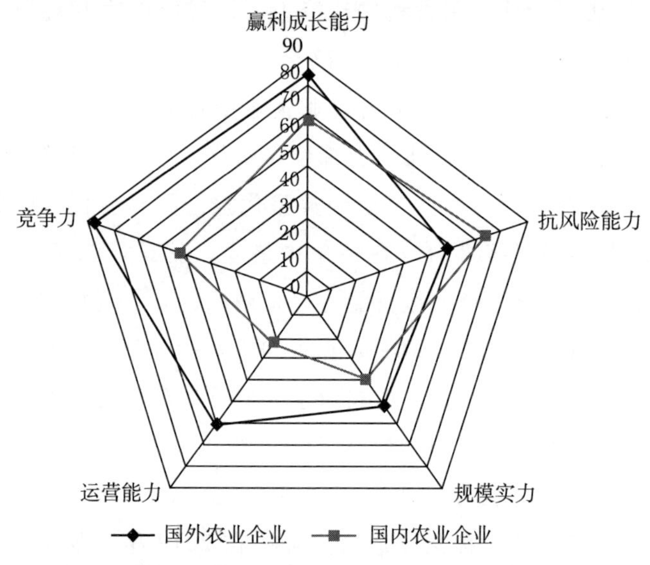

图 10-5 国内外农业企业各维度能力综合比较

二 中国农业企业竞争力弱的原因分析

上述 6 家具有代表性的国内农业企业尚且如此，其他企业就更难在国内国际市场上与跨国农业巨头相抗衡，甚至有可能会在国内市场上被外资步步蚕食。目前，造成中国农业企业竞争力弱的主要原因有以下三个方面。

第一，受制于国家整体发展水平和相应的体制机制，国内农业企业长期未能掌握能够提供核心竞争力的农业技术。在相当长的一段时期里，中国农业产业链中相当可观的一部分利润被国外资本拿走，国内农业企业只能与跨国农业垄断企业合作，从事农业产业链中下游附加值比较低的生产运营环节。近年来随着国家科技创新力度的加大，相应的专利数量得到提升，但目前申请人绝大多数是科研院所和高校。这些单位往往存在专利产权不明晰、专利转化机制不通畅等现象（如高校存在“重论文、轻成果”“重立项申请、轻成果转化”等现象），涉农技术专利转化率很低，无法支撑中国农业企业竞争力的提升。

第二，受多种因素的影响，中国农业投资回报率持续走低，以至于许多农业企业自身都不愿意深耕本业。企业是以利润最大化为目的的，投资回报率是企业发展方向的指挥棒。然而，自 2002 年以来中国农业部门投资回报率出现持续下降态势。这一状况迫使许多农业企业发展到一定程度后（特别是上市以后）便会走向多元化经营。多元化经营虽然能在一定程度上分散农业企业的风险，使其在短期内实现利润最大化，但多元化经营无疑会削弱农业企业在本领域的专业性和竞争力。更为严重的是，中国农业企业往往会选择无关多元化经营，资金主要流向金融、房地产、医药等能在短期内迅速变现的行业。有研究显示，进行多元化经营的农业企业占比达到 70%。① 在中国各产业深度专业化的今天，农业企业多元化后的效果往往不太理想。例如，中粮集团的控股公司中粮地产是国家核定的以房地产为主业的 16 家房地产央企之一，但从目前经营状况来看并不成功，“已被同是央企的保利地产、中海地产、华润置地等甩在后面，差距明显”②。

第三，农业市场机制扭曲程度比较高，农业企业无法培育出能与跨国农业垄断企业相抗衡的“自生能力”。由于农业自身的弱质性和担负着国家粮食安全的重要功能，政府对农业市场的干预较多，一些农业企业，特别是国有企业，长期依赖政府补贴和低息贷款。这些政策性补贴和贷款的实质等同于农业风险对价，尽管在一定程度上降低了农业企业的经营风险，但是扭曲了市场机制。一部分农业企业发生道德风险，只是想通过各种非常规手段套取政府补贴和贷款；一些农业企业在没有形成自身核心竞

① 范黎波、马聪聪、马晓婕：《多元化、政府补贴与农业企业绩效——基于 A 股农业上市企业的实证研究》，《农业经济问题》2012 年第 11 期。

② 《中粮地产的规模困局》，《中国建设报》，2018 年 4 月 24 日，第 7 版。

争力的情况下为了补贴盲目跟风，最终得不偿失；还有一些企业特别是国有企业，连年巨亏，只能依赖政府补贴和低息贷款辛苦维持。除此以外，政府定向补贴和贷款还对民营企业的发展产生了“挤出效应”。国有企业往往有政府兜底，银行有向国有企业低息贷款的倾向，而民营企业却拿不到这样的贷款。[①] 研究表明，目前中国针对农业企业的财税补贴政策是缺乏效率的。[②③] 在这样的市场环境下，中国农业企业很难培育出能与跨国农业垄断企业相抗衡的“自生能力”。

第四节　经济全球化趋势下中国农业转型的破局方略

2018 年中美贸易摩擦，凸显了中国农业产业安全在四个方面的深层次困境：一是贸易困境，即由于中国已经成为全球最大的农产品进口国，具有典型的“大国效应”，并对美国等农产品出口大国有严重的贸易依赖；二是价格困境，即由于中国农业生产成本居高不下，国内农产品特别是粮食的价格与国际价格“倒挂”；三是补贴困境，即中国农业补贴政策受内外条件制约，难以产生较好的效果；四是全球化困境，即在经济全球化趋势下，中国竞争力弱的农业产业面临是否与国际市场接轨的两难抉择。这些困境不仅严重威胁着中国的农业产业安全，还对中国的粮食安全产生了极为不利的影响。

习近平强调：“我国十三亿多张嘴要吃饭，不吃饭就不能生存，悠悠万事，吃饭为大。”[④] 他告诫：“要牢记历史，在吃饭问题上不能得健忘症，不能好了伤疤忘了疼。”[⑤] 农业产业安全特别是粮食安全，对于有着

① 例如，农业发展银行是中国唯一一家农业政策性银行，与其总行营业部建立业务联系的客户全是央企大客户。农发行总行营业部课题组的数据显示，2016 年农发行贷款平均利率为 4.59%，低于全国金融机构平均水平 109 个基点。相较之下，非国有农业企业面临的金融环境要恶劣得多：不仅利率比较高，而且贷款程序也比较复杂，要获得贷款比较困难。

② 彭熠、邵桂荣：《管理者报酬激励与农业上市公司经营绩效》，《农村经济》2009 年第 9 期。

③ 张莉琴、康小玮、林万龙：《高致病性禽流感疫情防制措施造成的养殖户损失及政府补偿分析》，《农业经济问题》2009 年第 12 期。

④ 《习近平关于社会主义经济建设论述摘编》，中央文献出版社，2017，第 170 页。

⑤ 《十八大以来重要文献选编》（上），中央文献出版社，2014，第 659 页。

痛苦而漫长饥荒记忆的中华民族来说具有十分重要的意义。确保农业产业安全，是党和国家义不容辞的责任。那么，中国应该如何来破解农业产业安全所面临的困境呢？

一 经济全球化趋势下中国农业转型的破局思路

古语云："不谋全局者，不足以谋一域。"应该意识到，经济全球化是大势所趋，农业拥抱国际市场既是践行"中国是经济全球化最重要的捍卫者"的庄严承诺，也是贯彻党的十八届三中全会关于"使市场在资源配置中起决定性作用"的国策。美国贸易保护主义的"逆流"不应动摇中国捍卫经济全球化的决心。未来中国只能更深度地参与农业资源的全球配置而不是关起门来保护弱质产业。为此，根据党的十八大以来确立的"以我为主、立足国内、确保产能、适度进口、科技支撑"① 的国家粮食安全战略思路，结合经济全球化趋势下当前中国农业产业面临的困境，我们提出了以口粮安全为底线、以粮食综合生产能力为保障、以满足居民农副产品消费需求为旨归、以提高全球农产品贸易控制力为方向的破局思路。

1. 以口粮安全为底线

我们常说的粮食安全往往包含"食物安全"、"粮食安全"和"口粮安全"三个概念。其中粮食安全概念中所说的粮食消费，通常又包括口粮、饲料用粮、工业用粮和种子用粮。随着居民饮食结构的转型，中国饲料用粮、工业用粮占粮食消费的比重显著上升。可以预见，未来经济发展将进一步提高这一比重。由于中国农业资源偏紧，面对日益扩大的需求，所有粮食需求全部实现自给有相当大的难度，但是确保口粮安全是完全可以做到的。同时，作为有着痛苦而漫长饥荒记忆的中华民族，口粮安全无疑应该是整个民族全力以赴守住的底线。只有守住了口粮安全，中国才能做到独立自主，不受其他大国的粮食供给威胁。

2. 以粮食综合生产能力为保障

所谓粮食综合生产能力，是指在一定时期的一定地区，在一定的经济技术条件下，由各生产要素综合投入所形成的，可以稳定地达到一定产量

---

① 《十八大以来重要文献选编》（上），中央文献出版社，2014，第703页。

的粮食产出能力。粮食综合生产能力是守住口粮安全底线的基础。有了这个基础，才可以随时面对可能遇到的各种粮食安全风险。具体而言，形成粮食综合生产能力的各类要素包括土地、水等农业资源，以及种子、化肥、农药乃至农机具等农用物资。其中，农业土地资源最为紧缺，且城镇化使优质耕地持续减少，质量等级较高的耕地仅占30%。①保护好农业土地资源，是保证粮食综合生产能力的“必修课”。

3. 以满足居民农副产品消费需求为旨归

农业发展的出发点和落脚点归根到底是要满足广大居民对农产品多种多样的需求，这也是农业部门践行“以人民为中心”理念的表现。也就是说，只是守住口粮安全这条底线是完全不够的，真正要实现的目标不仅是要满足人们对口粮、饲料用粮、工业用粮及种子用粮的粮食消费需求，还要满足人们对肉、蛋、奶、瓜、果、蔬及食用林产品等农副产品的需求。因此，面对贸易困境、价格困境、补贴困境和全球化困境，中国应具备全球视野，通过各种方式来主动寻求满足居民农副产品消费需求的途径。

4. 以提高全球农产品贸易控制力为方向

“悠悠万事，吃饭为大。”中国是世界上最大的发展中国家，14亿人口每天都有庞大的粮食消费量。而受到土地、水等农业生产资源偏紧的约束，中国不得不从外部进口粮食。但是，外部的战争、瘟疫等各类事件的冲击，使全球农产品市场大幅震荡。要真正使全国居民吃上粮食安全的“定心丸”，必须提高自身的全球农产品贸易控制力。这一控制力应该体现在强大的农业科技体系、完善的期货交易等金融杠杆体系，以及对农产品国际市场的贸易主导、价格控制及产品竞争优势上。同时，作为日益走向世界舞台中央的大国，中国也有责任提高自身的全球农产品贸易控制力，为稳定世界农产品市场做出应有的贡献。

二　经济全球化趋势下中国农业转型的破局方针

根据经济全球化趋势下中国农业转型的破局思路，我们对应提出了破

① 农业农村部农村经济研究中心：《走好农业农村现代化之路》，研究出版社，2021，第4页。

解现阶段农业产业安全困境的十六字方针，即“口粮自给，休养生息，因粮于敌，大权在握”。

1. 口粮自给，“始终把饭碗牢牢端在自己手上”

中国农业产业缺乏比较优势，像过去一样保持很高的粮食自给率无疑将带来生产效率损失，也不符合经济全球化的大势。事实上，近年来粮食进口量持续攀升，中国粮食自给率已经跌破90%。目前“确保谷物基本自给、口粮绝对安全”已经成为大家的共识，而且中国也应该能够实现这一目标。以日本为例，日本的自然禀赋与中国相类似，但其深度参与国际分工，市场化程度极高。在这样的内外条件约束下，日本农产品严重依赖进口，粮食自给率很低。根据日本农林水产省的资料，2011年日本居民膳食能量结构的国产供给部分不足39%。不过，日本却保证了较高的口粮自给率，其大米国产供给部分高达97%。① 未来随着经济社会的发展和人民生活水平的提高，中国粮食需求可能会持续增加，据估算，未来中国每年人均粮食消费将超过450千克，但即使考虑到耕地较少等因素，粮食生产也能够满足需求（见表10-4）。因此，现阶段我们应逐步将有限的农业资源集中于稻米、小麦等谷物生产；继续坚守18亿亩耕地的数量和质量红线；划定永久基本农田，探索建立粮食生产功能区、核心区，建立集中连片、旱涝保收、高产高效、环境友好的高标准农田；继续加大在主粮作物育种、重大病虫害防治以及以基因组学为核心的现代农业生物技术方面的研究，着力突破一批共性关键技术；提高农业支持政策的针对性和资金使用的有效性，保证农民的种粮积极性。

表10-4 2035年、2050年中国粮食产量预测

年份	粮食总产量（亿吨）	耕地（亿亩）	亩产量（千克）
2035	6.4	15.2	421.6
2050	6.8	15.0	452.9

① 吴海鹏：《粮食安全背后：美国“粮食战略”对我国农业产业发展的影响》，中国社会科学出版社，2016。

2. 休养生息，提高农业可持续发展能力

所谓“休养生息”是指在确保“口粮自给”的前提下，对符合条件的耕地采取季节性休耕、全年休耕和轮作休耕等方式，使耕地休养生息。这样既能保护生态环境，又能提高农业可持续发展能力，实现“藏粮于地”。目前，中国粮食高单产是以大剂量化肥和农药等化学制品投入为代价的。数据显示，2012 年中国稻谷、小麦每公顷产量分别为 6776.9 千克和 4986.9 千克，分别高于同期世界平均水平的 53.7% 和 60.2%。[①] 但 2011 年中国化肥施用量占世界化肥总施用量的 31.9%。这一状况带来了较为严重的环境破坏，水土流失、土壤沙化和盐碱化，严重威胁着农业可持续发展，因而休养生息非常必要。近期中国已经开展了轮作休耕试点，2018 年新增 584 万亩轮作休耕试点，全国轮作休耕面积达到 1200 万亩。[②] 不过，中国面临着劳动力老龄化、农村空心化等问题，许多地区已经出现了耕地抛荒现象。因此，在推行休耕政策的过程中，中国应该重视休耕带来的抛荒以及由此带来的水土流失等生态问题。建议增加休耕后的耕地管护补贴，要求被补贴农户对休耕地采取合理的保护措施，如种草或绿肥植物等。同时，可以通过土地流转，引入社会资本对休耕地进行集中管护，恢复地力和水资源，从而实现较好的环境效益。

3. 因粮于敌，实现农业生产经营全球布局

“因粮于敌”，出自《孙子兵法》第二篇《作战篇》，原意是指率领军队进入敌国境内作战时，要善于从敌国解决粮食补给，从而大大减少本国的经济实力消耗。这里是指通过海外屯田等方式从国外获得农产品供给来满足本国需求的战略方针。这里的“敌”并非指敌人，而是突出军事、外交等手段在这一方针实施过程中的重要作用，同时暗示进口农产品可以来自战略竞争对手。

由于中国农业缺乏比较优势，在经济全球化背景下，要依靠自身满足国内旺盛的农产品需求几乎不可能。而在不能掌握丰裕“粮源”的情况下，仅仅借助国际贸易获取农业资源很容易被他国在战略上“掐住脖

① 国家统计局农村社会经济调查司：《中国农村统计年鉴（2014）》，中国统计出版社，2014。

② 乔金亮：《轮作休耕有效推进农业结构调整》，《经济日报》，2017 年 9 月 9 日，第 3 版。

子”。要确保以粮食安全为核心的农业产业安全，中国必须放眼世界进行农业资源全球化配置，而海外屯田就是主要手段。“一带一路”建设为中国海外屯田指明了方向。中亚地区地广人稀，地势平坦，可耕地面积广大；东南亚地区物产丰富，能满足中国的多样化需求；南亚地区人口稠密，劳动力资源丰富，可降低农业发展成本；西亚地区农产品自给率低，可以成为中国农业广阔的市场；东非地区能够成为中国资本进入非洲的重要窗口。中国可与共建“一带一路”国家和地区通过多种方式进行合作，从而补齐中国农业短板。这些方式主要包括：中资企业在东道国进行土地购买和租赁；发掘东道国优质的农业企业，通过入股、并购等方式与当地农业企业合作；通过各种渠道，打入当地农资市场；有效介入当地农产品市场，加强对农产品销售渠道的控制；与各类国际合作组织、跨国农业企业合作，从事农业科技研发合作；等等。

4. 大权在握，掌控国际农产品定价权

确保农业产业安全，不仅自身要具有很强的农产品供给实力，更要掌握国际农产品的定价权。正如美国农史学家道格拉斯·赫特对美国东海岸农业之所以发达的原因所做的评价：“它的繁荣不仅仅依赖于肥沃的土壤，更在于熙熙攘攘的大西洋贸易网络。”① 毋庸置疑，国际农产品定价权是以本国农业生产能力为基础的，但还需要具备两个条件：一是本国要具有在国际农产品市场上有影响力的大型农业综合企业；二是要有能够直接影响世界农产品价格的农产品交易中心。以美国为例，美国之所以能够掌握国际农产品定价权，除了自身有很高的农业生产效率外，还在于有ADM、嘉吉、邦吉等农业综合企业在全球范围延伸产业链，以及芝加哥期货交易所等具有世界影响力的六大商品交易中心。中国未来应当在夯实自身农业生产能力的基础上建立有效率的市场机制，包括降低农业企业的生产性补贴，深化农业生产要素市场改革，着力提升中国农业综合企业的“自生能力”；鼓励具有实力的农业综合企业走出国门进行海外投资；逐步放开市场管制，完善市场监管和市场准入等相应交易配套设施，为涉农

---

① Hurt, R. D., *American Agriculture: A Brief History* (Revised ed.). Purdue University Press, 2002: 51.

资本提供交易平台，最终建立具有国际影响力的农产品现货和期货交易中心。

“口粮自给，休养生息，因粮于敌，大权在握”十六字方针相互联系、缺一不可，是破解中国农业产业安全困境的基本思路。“口粮自给”是实现农业产业安全的最低标准，要牢牢把握粮食安全这根红线，为其他十二字特别是“休养生息”方针提供重要基础；“休养生息”是提高农业可持续发展能力的重要方式，是改善农业生态环境和提升农业国际竞争力的保障；“因粮于敌”是实现农业资源全球化配置的主要手段，可以弥补“休养生息”后的农产品缺口，也是在中国国内不具备丰裕粮源的情况下实现“大权在握”的重要抓手；“大权在握”是彻底解决中国农业产业安全威胁的最高目标，中国要想在可能会持续很长一段时间的中美贸易摩擦中取得农业领域内的最终胜利，必须要“大权在握”。

第十一章　总结与评述

经济转型是一个国家在向现代化迈进过程中必然发生的客观事实。近代以来，人类历史经历了两次大的转型：第一次自18世纪英国工业革命开始，是人类社会从农业社会向工业社会的转变，即所谓“工业化”；第二次是中国等国家在20世纪80年代开始的从计划经济向市场经济的转变。改革开放以来，中国经济经历着“双重转型”，一方面在继续完成未完成的工业化进程，另一方面又不断从计划经济向市场经济转变。结合关于当代中国经济转型的界定，我们将当代中国农业转型描述为农业要素市场化转型、农业工业化转型、农业国际化转型和社会主义农业经济制度的自我完善和发展四个方面。

要理解和评价改革开放以来波澜壮阔的中国农业转型，首先，要对当代中国农业转型的方向进行探讨；其次，需要探究是什么力量推动了当代中国农业转型朝着这一方向前进；再次，要弄清朝向这一方向的转型已经显现出了怎样的基本特征；复次，结合国际经验，判断未来这一转型将有怎样的前景；最后，从全球化的角度来分析，当代中国农业转型有着怎样的外部挑战。基于上述思路，本书从当代中国农业转型的基本方向、理论逻辑、基本特征、未来前景等方面进行回答。

第一节　当代中国农业转型的基本方向

方向问题是根本问题。只有明确了当代中国农业转型的基本方向，才能进一步探讨这一转型的动力、前景和约束。当前学者们关于当代中国农业转型有着不同的叙事视角，并引发了广泛的争论，但总结起来争论的问题集中在以下四个方面。

一是农业经营是否一定要规模化。持否定观点的一派以中国的自然资源禀赋、文化传统、社会结构为理论依据，认为小农经济在中国的存在具有历史和现实双重合理性，因此现阶段应当支持小规模农业生产而非推动农业规模化生产，甚至有学者强调“中国的农业现代化道路必然是小农经济的现代化之路”。而持支持观点的一派则强调小农经营具有局限性，固守传统的小农经营必将阻碍农民脱贫致富和整体经济的发展，同时小农经营与现代农业要求背道而驰，不足以维持不断提高的劳动力报酬，并且中国目前已具有发展规模农业的条件。

二是对资本下乡究竟应该采取怎样的态度。无论学者们是否认同农业规模化，基本不会否认农业资本化在农业发展中的重要作用，但对资本来源即资本下乡的合理性，学者们有明显分歧。不赞同的学者往往担忧，资本下乡会造成“非粮化”和“非农化”，可能会使农村稳定的社会结构遭到破坏，同时强势资本会侵害农民利益；赞同的学者则强调资本下乡的合理性和趋势性，认为资本下乡有助于推动农业现代化，而资本下乡的消极影响可以从制度层面加以解决。

三是农业生产技术应该如何选择。这一争论与前面两个争论有密切联系，同时也显得更为复杂，主要有三个环环相扣的焦点问题。第一，未来中国的农业技术选择一定是土地节约型的机械技术吗？这一问题实际上可以说是农业规模化之争的延续，对农业规模化持否定论者，会强调土地节约型技术是中国农业的必然选择，而持肯定论者，则会认为劳动节约型技术是中国农业技术的方向。第二，使用土地节约型技术是否要摒弃农业化学化？如果采取土地节约型技术，意味着要向有限的土地要产出，主要是通过生物化学技术来确保土地生产率的提高。但是目前中国以高强度化学品投入换来的高产量代价巨大，已经不可持续了。第三，是否应该选择生物转基因技术？这一焦点问题更为专业化，可以细分为转基因的安全性、转基因的食品商标化和标识管理三个方面的问题，目前也尚无定论。

四是农地制度应该朝着怎样的方向发展。由于农地制度的特殊性，其制度安排必然要考量社会主义经济制度的本质属性。在不触动土地公有制的前提下，这一争论的核心是，在以家庭承包经营制为基础的“统分结合”的双层经营体制框架下，应该强调“统”还是“分”。持“分”论者多从产权经济学角度出发，认为应将土地产权完整地赋予农民，从而让农民有进行交易的能力，一方面能够扼制“恶”的土地财政，阻止地方政府继续剥夺农民利益，另一方面又能通过激活土地的资产功能，缩小城乡差距，解决城乡二元对立问题。而持“统”论者则以经验事实为依据强调，土地财政并不是“恶”甚至是“善”，土地确权会使农村陷入“集体行动的逻辑”，对市场机制应该持保留态度。

不过，农业转型不是学者们的纸上谈兵，而是正在进行中的、轰轰烈烈的伟大实践。从目前的政策来看，政府对农业转型方向的意图比较明确，主要是朝着以家庭农场为核心的农业规模化经营、以资本下乡为主力的农业资本深化、以劳动节约型技术和作物杂交技术应用为内容的农业技术选择，以及以“还权赋能”为基础的农地市场化改革方向前进。总结起来，中国农业转型是规模化、资本化、机械化和市场化的“四化”转型。

第二节 当代中国农业转型的理论逻辑

当代中国农业转型被学者以不同方式表述着，但学者们基本不会否认农业正在从延续千年的通过反复投入劳动力以提高土地生产率的传统生产模式向通过增加资本和机械化投入以提高劳动生产率的现代生产模式转型这一特征事实。那么，是什么力量促成了这一特征事实呢？答案是工业化和市场化。

张培刚在博士论文《农业与工业化》中指出，工业化实质上是生产要素组合方式连续发生由低级到高级的突破性变化，不仅包括工业部门的发展，也包括“工业化了的农业”的发展。根据张培刚的论述，农业工业化的过程也是农业“基要函数连续发生变化的过程”，即生产要素组合方式从低级到高级的突破性变化过程。借鉴日本、美国等国家农业发展的典型事实，综合经典的罗斯托五阶段增长模型、刘易斯二元经济结构论、拉尼斯-费景汉模型以及速水-拉坦的诱致性创新理论，大致可将农业工业化分为劳动密集型、土地密集型、资本密集型和技术密集型四个阶段：第一阶段发生在工业化起始阶段，农业具有劳动密集型特征；第二阶段发生在工业化起飞阶段，农业呈现向土地密集型发展的趋势；第三阶段发生在工业化成熟阶段，农业资本密集型生产方式凸显；第四阶段发生在后工业化时期，随着经济部门由制造业转向服务业，农业社会化服务体系逐渐完善。

总体来说，农业工业化进程的四个阶段是以农业要素禀赋结构升级为基础的。除新大陆国家外，绝大多数国家或地区在进入工业化初期时都有人口密集、土地资源稀缺等特点，因此这一时期的劳动要素最为丰裕，农业生产方式主要是劳动密集型；过了刘易斯第一拐点后，城乡二元结构被逐渐打破，大量劳动力开始从农村向城市转移，土地出现集聚趋势，农业剩余开始增加，土地、资本要素逐渐变得丰裕，农业生产方式主要转变为土地密集型；工业化成熟以后，经过刘易斯第二拐点，劳动力稀缺，非农部门与农业部门出现争抢劳动力的现象，工商资本开始下乡，农业资本要素更为丰裕，这一时期农业生产方式又转变为资本密集型；最后，粮食安全、农业贫困问题都逐一得到解决后，消费者需求发生变化，农业技术要素供给增加，农业功能日趋多样化，农业社会化服务体系日臻成熟，农业生产方式最终向技术密集型转变。

不过，当有了相应的技术条件和农业要素禀赋结构的基础时，要顺利实现农业工业化还需要政府部门通过合理的农业制度设计或改革来加以引导。梳理和总结高收入国家的农业工业化进程可知，不同时期农业制度安排的重点将从破除城乡二元身份制度，朝利于农业规模经营的土地产权制度、引导资本下乡的农业反哺制度以及满足农业多样化需求的多功能农业制度的方向依次演化。在工业化起始阶段，部门间劳动报酬率的巨大差异将推动破除城乡二元身份制度；在工业化起飞阶段，农业土地要素价格相对下降诱致有利于农业规模经营的土地产权制度改革；在工业化成熟阶段，非农资本品价格下降为资本下乡的农业反哺制度建立提供了条件；进入后工业化时期，社会的技术要素和人力资本日渐充裕为多功能农业制度建设奠定了基础。这些农业制度安排的演化基本都是围绕如何构建和完善农业要素市场机制这一主线来进行的。

农业要素禀赋结构升级和农业制度安排演化统一于农业工业化，体现了中国农业部门工业化和市场化的“双重转型”特征。

第三节　当代中国农业转型的基本特征

改革开放以来，中国农业转型的基本特征十分明显，总体来说主要是四点：一是家庭承包经营制的实施及户籍制度的放开，解放了积压在农业农村的大量劳动力，数以亿计的劳动力开始向城镇和非农部门转移；二是农业“内卷化”的生产方式开始转型，农业机械化水平提升，土地出现规模利用的趋势；三是统筹城乡发展战略实施后，部门资本和工商资本大规模下乡，促进了农业资本深化；四是资本报酬率边际递减，促使农业增长向依靠全要素生产率提升转型。

1. 农业劳动力从“内卷化”向“空心化”发展

农业劳动力“内卷化”是人口暴涨而可耕地无法进一步扩大时传统农业社会“自我战胜”和“自我锁定”的一种方式，这一矛盾常常以“马尔萨斯陷阱”的方式激烈解决。尽管新中国成立以来大规模使用机械、化肥等，但农业劳动力“内卷化”还是使中国农业发展在改革开放前陷入了困境。

改革开放以后，农业劳动力的“内卷化”问题得到解决。随着家庭承包经营制度的改革，束缚农业劳动力流动的政策相继松动，农业劳动力已经开始转移，主要可以分为四个时期。第一个时期从 1978 年一直持续到 1991 年，主要特点是依靠乡镇企业的异军突起，农业劳动力实现就地转移；第二个时期从 1992 年到 2002 年，主要特点是异地转移代替就地转移；第三个时期从 2003 年至 2008 年，出现了农民工返乡创业、中西部地区农民工务工本地化、东部沿海对农民工的质量要求日益提高的趋势；第四个时期从 2009 年至今，主要特点是转移数量和方向趋于稳定，外出务工农民和本地农民占农民总量的比例基本分别保持在 60%和 40%的水平。农业劳动力“内卷化”问题的解决主要体现在产业结构高度化和农业劳动生产率不断提升两个特征上。1999~2016 年，农业产值比重从 16.1%下降到 8.6%，而非农产值比重从 84.0%上升到 91.5%，其中第三产业比重持续上升，为农业劳动力转移提供了广阔的空间。同时，中国农业劳动生产率持续上升，1999 年为 0.45 万元/人，到 2013 年突破万元大关，2016 年达到 1.19 万元/人，观察期内年均增幅为 5.89%。

然而，农村又出现“空心化”的趋势。根据李玉红、王皓提供的数据，在 2016 年抽样的行政村中，村庄人口净流出 1268.18 万人，整体空心化率为 11.02%。广义空心村占抽样总数的 79.01%，体现了中国农村“空心化”的普遍状况。如果除去人口净流入的“实心村”，广义空心村的空心化率达到 18.16%，进一步细分后，空心化率超过 5%的中度、深度空心村占整个抽样行政村的 57.50%。笔者及团队的微观调查结果与李玉红等的研究结论相一致：一是农业劳动力数量大量减少，中部地区的调研村落务农人数最少；二是农业劳动力的务农意愿普遍降低，东部地区调研村落农业劳动力的务农意愿相对较高；三是农业生产条件对农业劳动力是否务农的影响不大。

2. 农业土地制度变迁逻辑清晰但仍然有很长的路要走

从历史脉络来看，新中国成立以来中国农业土地制度变迁经历了两次转变。第一次转变是新中国成立后从农民土地个人所有制向农民集体所有制的转变；第二次转变是改革开放后从集体经营制度向以家庭承包经营制为基础的、统分结合的双层经营体制的转变，而党的十七届三中全会以后从土地确权到“三权分置”制度改革是对第二次转变的完善和发展。

从理论逻辑来看，改革开放以来中国农业土地制度变迁是朝着完整土地产权“权利束”方向发展的。新中国成立后的农业集体化运动使农民丧失了剩余索取权、删除了“权利束”中的处置权、限制了收益权和使用权，造成土地“产权残缺”。改革开放以后家庭承包经营制的改革重新赋予了农民土地占有权、完整的使用权、比较完整的收益权，但处置权仍然受到严格限制。2002 年通过的《农村土地承包法》，补充和明确了农民的处置权，而土地确权及“三权分置”制度改革则进一步对土地产权“权利束”的具体内容和权能做了完善，理顺了集体、农民和经营业主的关系。

农业土地流转规模不断扩大、农业土地产出率日益提高从侧面印证了农业土地制度变迁的绩效。因制度变迁而引致的配置效率变化在农业全要素生产率增长中发挥支柱作用，更有力地证明了农业土地制度变迁的绩效。

不过，从农业转型这个宏大视角来看，当前农业土地规模化经营水平仍然比较低、农业土地规模报酬递增趋势还没有显现、农民进城后不愿放弃土地权益和“三权分置”后农业土地抵押担保融资权能的具体实现方式仍然需要探索等一系列问题依然需要通过进一步的农业土地制度改革来解决。如何在确保农民利益的基础上更好地推动农业土地流转和农业土地产权“权利束”进一步完整，进而实现农业高质量发展，是未来完善农业土地制度的主旋律。

3. 农业资本深化加剧但边际报酬率持续下降

改革开放前，中国实行重工业优先发展战略，国家通过工农业“剪刀差”从农业部门汲取了大量剩余用于工业发展。改革开放后的一段时间里，这一状况并未得到实质性的改观。2002 年，党的十六大部署了统筹城乡发展战略，并逐步采取了“四免四补”、农村土地制度改革等政策，大量部门资本和工商资本开始下乡，加上持续转移的农业劳动力，农业资本深化趋势日益明显。

1999~2016 年，全国农业资本存量呈现加快增长态势。1999~2008 年，农业资本存量的平均增长率为 14.21%，而在 2008 年以后的 9 年里，这一增长率提高到 16.96%。农业资本存量增加的过程中，农业劳动力却在减少。1999 年全国农业劳动力数量为 34476 万人，并于 2002 年达到峰值 34662 万人，但随后十几年间，农业劳动力数量持续下降。农业劳动力向其他产业转移和农业投资增长的结果是农业部门的资本-劳动比率不断提升。1999 年，全国农业资本-劳动比率仅为 0.15 万元/人，但到 2011 年，已经达到 1.05 万元/人。随后又在短短 4 年内突破 2 万元/人的水平，而到 2016 年已经达到 2.64 万元/人。农业资本深化加强了农业基础设施建设，促进了农业生产工具的进步；同时，农产品的产量不断提升，粮食安全问题得到解决；农村居民家庭经营性收入上涨迅速，从 1980 年的 62.6 元上涨到 2000 年的 1427.27 元，再到 2016 年的 12363.4 元，年均增长 15.36%。

不过，农业资本深化带来了农业资本边际报酬率的快速下降。1999

年 0.21 元的农业资本存量能带来 1 元的回报，而 2016 年则需要 1.27 元才能带来 1 元的回报。同时资本深化速率与农业增加值增长呈负相关关系，说明仅靠投资促进农业增长已经比较困难了。

4. 农业增长类型从“马克思增长类型”向“库兹涅茨增长类型”转变

以劳动力无限供给、资本加速积累和资本产出比率上升为特征的马克思增长类型，对于处于工业化早期的发展中国家具有较强的解释力。但随着工业化进程由早期向中后期迈进，以依赖资本积累为主要特征的经济增长将随着资本边际报酬递减、劳动收入份额下降以及创新能力不足而陷入停滞，即所谓“马克思增长类型陷阱”。

发展经济学研究发现，落入马克思增长类型陷阱的关键原因之一，在于工业化早期国家对工业化的片面理解以及由此带来的技术进步路径选择失误。库兹涅茨总结了经济发展程式化的特征事实，即在工业化过程中经济发展会从以依赖高储蓄、高投资和劳动要素收入份额下降为特征的类型逐步转向资本产出比率下降、资本报酬率和工资率上升、劳动要素收入份额提高的类型，即库兹涅茨增长类型。后发国家常常会在工业化中后期着力对农业、农村和农民进行补偿。然而，部门资本直接投资、政府指令性贷款、废除农业税以及直接补贴等农业投资行为又不可避免地会扭曲市场调节机制，使农业部门在资本深化过程中很容易落入马克思增长类型陷阱。此时，农业部门的经济增长类型必须由马克思增长类型向库兹涅茨增长类型转变。

改革开放以来，中国农业资本存量的持续上升带动了农业资本有机构成提高，从 1999 年的 0.34 猛增到 2016 年的 3.28。这一方面体现了农业资本深化这个农业现代化的必然趋势，另一方面也说明农业劳动力务农的收入份额下降，说明农村居民未能在农业现代化进程中获得更多的收入增长。中国农业部门资本有机构成持续上升伴随着利润率的持续下降，并带动了农业资本要素收入份额提高，挤占了劳动要素收入份额。中国农业增长类型似乎陷入了依赖高资本投入的马克思增长类型陷阱。但目前东部、中部和东北农业资本要素收入份额均在 60%左右水平收敛，农业劳动要素收入份额没有进一步降低，中国农业增长类型已经出现转型信号。

1999~2016 年，全国平均全要素生产率与最高全要素生产率之间的差距并没有缩小，这意味着农业技术收敛并没有发生。但目前来看，各区域全要素生产率平均水平整体处于稳步上升状态，观察期内各区域农业全要素生产率增长率与农业产值增长率的相关性都很强，其中东部、中部和东北地区属于高度相关，相关系数分别为0.75、0.83和0.89。结合农业资本深化速率与农业增加值增长呈负相关关系、资本要素收入份额收敛以及农业全要素生产率稳步上升的特点可以推断，中国大部分地区已经开始从马克思增长类型向库兹涅茨增长类型转型。

第四节 当代中国农业转型的县域实践

对农业转型的宏观图景研究可以阐释农业转型的一般性，而对构成这一图景更为微观的农业转型“拼图”的探讨，则不仅可以论证寓于特殊性中的一般性，还可以提炼出更具有操作性的经验启示。X县农业转型进程为我们提供了当代中国农业转型的县域样本，特别是2018年以来，四川省委省政府决定在X县打造农业博览园，加速了X县的农业转型，使其能在较短时间内呈现一幅生动的当代中国农业转型画卷。

1. 2018年成都市X县农业转型基础状况

2018年以前，X县农业转型有着当代中国农业转型的普遍问题，包括农业劳动力老龄化、农业兼业化严重，农地经营规模小和土地细碎化，以及农业投资增长乏力等。但X县的特点在于，在发展过程中形成了适合自身发展的农业产业化模式，为未来农业转型提供了基础。一是农业劳动力老龄化严重，农业兼业化比较普遍。调研结果显示，外出务工的劳动力占劳动力总数的75.3%，以至于许多老年人不得不进入田间地头务农。农业自营的人数仅占21.12%，大部分人的务农属于兼业。二是户均农地规模不大，存在一定程度的细碎化。有近70%散居农户的承包地不足3亩，绝大部分受访农户的人均耕地不足1亩。三是农业小部门化趋势明显，农业投资增长乏力。农业的地位在X县不断下降，表现为城镇化带来的城区面积快速扩张大幅挤占了农业作业空间，同时农业固定资产投资在波动中缓慢增长，且已经遭遇严重的边际递减效应。四是农业民营企业发展缓慢，但农业产业化模式逐渐成形。在观察期内，农业民营企业增加值占全县民营企业累计完成增加值的比重从7.10%下降到2.75%，但有一个好消息是，经过10年发展，X县形成了“大园区，小业主”的农业产业化模式。

2. 2018年成都市X县农业转型的主要制约

X县农业要成功地向更高阶段转型，面临乡村规划、农户意愿、农村集体产权改革、城镇化等诸多因素的制约。一是乡村缺少规划加剧了农业劳动力“空心化”现象。因缺少规划导致的宅基地空置，以及农村教育、医疗等配套基础设施不足等问题，加剧了2018年以前X县农业劳动力“空心化”现象。二是农户存在对农业转型后生产生活适应问题的担忧。许多农户在调研过程中表示，自己非常担心土地流转出去后的收入保障问题、集中居住后的生活适应问题，以及集中居住后的居住成本问题等。三是农村集体产权改革配套不足影响转型进程。这一情况突出表现为农户对农村集体产权改革的认知不足，农村集体产权改革的内容、配套制度等还需要进一步细化和落地。四是农业产业发展空间日益狭小使农业有被边缘化的危险。城镇快速扩张，挤占了农业产业发展空间。在这一背景下，如果农业劳动力“空心化”和农地细碎化等问题迟迟得不到解决，农村集体产权改革将难以推进，该县农业将被边缘化。

3. 2018年后成都市X县农业转型趋势及政策经验

农业博览园项目建设对X县的农业转型是一次千载难逢的机遇。X县通过管理机制建设、全域农业发展规划、大规模撤乡并镇改街道、农村集体产权改革和人力资源引进等一系列举措，一改本地农业发展颓势，加快了农业转型，并取得了可喜的成绩和值得推广借鉴的政策经验。一是积极引导没有务农意愿的劳动力进入非农部门就业，着力强化对家庭农场的引育培养和政策扶持，推进家庭农场发展壮大。二是配套推进农村集体经济股份化改革，并在此基础上实施农村土地整治和推动高标准农田建设升级，为农地向新型农业经营主体集中提供了条件。三是以政府为主导，把握资本准入机制和进入方向。X县重点在生态农业产业链设计、投资强度标准制定、高标准的基础设施和公共服务配套设施建设等方面进行了把控。四是积极引导数字化、智能化技术与农业融合，大力发展数字农业、智慧农业，带动传统农业转型升级。

第五节　当代中国农业转型的经验借鉴

农业转型是由经济现代化引致的，要更好地描述农业转型特征，首先需要划分经济发展阶段。国际上通常采用世界银行定期发布的收入划分标准来衡量一个经济体的发展水平。本书综合世界银行、黄群慧、胡鞍钢等的相关研究成果，利用世界银行数据库计算各经济体人均 GDP 与美国人均 GDP 的相对比例（按 2011 年国际美元购买力平价计算），将经济体的发展阶段分为低收入、中等收入和高收入三个阶段，同时将高收入阶段划分为初等发达、中等发达、发达和高度发达四个子阶段。世界银行数据显示，中国人均 GDP 相对于同期美国人均 GDP 的比例于 2011 年超过了 20%，迈入中等收入阶段，并以每年 1 个百分点的速度快速增长，2017 年已经达到 28.23%，分别与日本 1958 年、韩国 1988 年和中国台湾地区 1981 年的水平相当。

1. 美国农业转型的典型性及东亚三个经济体农业转型的共同特征

经济结构变化是一个经济体经济发展的重要标志。在经济体的不同发展阶段，经济结构也呈现明显的阶段性特征。美国农业转型的典型性，表现为工业化进程伴随着明显的产业结构高度化，使农业产业迅速小部门化；农业工业化依次经历了规模化带来的农业产业化阶段、装备农业普及应用阶段以及现代科技及智能运用向农业渗透阶段。美国在工业化完成后，农业小部门化程度还在加深，并进一步导致农场规模扩大。农业劳动力在产业结构高度化后仍然向非农部门转移，生产力的进步（包括机械技术的成熟、管理水平的提升、金融服务的完善）推动农场进一步扩大。

日本、韩国和中国台湾地区基本沿着这一路径转型，但作为拥有“人多地少”资源禀赋的东亚三个经济体，又有着自身鲜明的特征。综观日本、韩国和中国台湾地区的农业转型进程，可以清楚地看到它们在发展进程中表现出来的共同特征：一是在土地制度上，三个经济体在二战后都无一例外地进行了以“自耕农体制”为建设目标的土地改革，但随着各自农业工业化进程的推进，又纷纷出台鼓励土地规模经营的政策，不过囿于制度惯性和文化传统，这些政策的效果并不令人满意；二是农业工业化进程开启后，大量劳动力向城镇转移，农业劳动生产率快速提升，但由于向土地密集型生产方式转型的种种阻碍，三个经济体都出现了绕过这一阶段向资本密集型和技术密集型转型的“赶超现象”；三是“赶超”后，三个经济体的农业部门只能选择提高土地产出率的技术来提高农业劳动生产率，但由于其缩小城乡差距的效果甚微，农业日益缺乏吸引力，农业劳动力老龄化、农业兼业化问题严重；四是三个经济体的农业部门在国内和国际市场上缺乏竞争力，农产品自给率严重下降，粮食安全也面临一定威胁。

2. 东亚三个经济体农业转型的经验启示

二战后，日本、韩国和中国台湾地区都采取了改革农村土地制度、提高农业生产率、破解城乡二元结构等举措，实现了农业转型，取得的许多经验都值得借鉴。一是充分利用市场机制，完善农村土地产权制度。二战后，三个经济体基本上都通过政府干预土地市场，强制收购地主超过规定面积的土地，并以农户贷款等形式出售给农户，通过不完全的市场机制完成了土地改革。这一“中间道路”的改革，使农户在拥有较大生产经营自主权的同时，又要接受政府对其生产剩余的汲取和对产权的限制，在一定程度上仍然阻碍了农业土地规模经营和劳动力转移。结合三个经济体农村土地制度转型的经验教训，未来中国还需要进一步理顺农村集体经济与农户土地产权的关系，减少政府对土地市场的干预，主动提高农户的谈判能力。

二是把握劳动力转移时机，推动农业规模经营。随着经济的发展，农业小规模经营的局限性以及带来的问题日益凸显，三个经济体都意识到农业有必要向规模经营转型。然而，三个经济体无一例外地都未能抓住“最佳时期”。这一时期，应当是农业劳动力大量转移的时期，也是城市化率最快的时期。当前中国的农业产值结构和就业结构大致处于日本、韩国和中国台湾地区 1963 年、1986 年和 1978 年的水平，应该抓住这一“最佳时期”，在进一步转移劳动力的同时推进农业规模经营。目前的政策应从城镇和乡村两个方面发力：一方面，应从城镇角度，进一步改革户籍制度，特别是补齐户籍背后城乡人口福利欠账，以精准补贴、土地置换等方式推动农民工市民化；另一方面，应从乡村角度，完善土地产权制度，放开获得经营权和使用权的身份限制，鼓励土地流转，推动农业规模经营。

三是优化农业支持政策，兼顾缩小城乡差距和确保粮食安全的双重目标。日本、韩国和中国台湾地区在经济发展阶段初期通过农业发展解决了粮食问题后，都在经济起飞阶段采取了汲取农业剩余的方式为工业化积累资金，使得城乡之间出现了较为严重的收入差距。为了解决这一问题，三个经济体都采取了高额农业补贴政策。与此同时，尽管乌拉圭回合谈判达成的《农业协定》使三个经济体的农产品市场自由化程度都有很大幅度的提高，并对国内农业生产产生了不同程度的冲击，不过，都没有放弃对主粮生产的支持：一方面，将“黄箱政策”的减让部分优先用于大米等主粮；另一方面，采用不与产量和价格挂钩的直接支付体制，确保口粮安全。相比于日本、韩国和中国台湾地区，中国的农业支持政策对缩小城乡差距的作用十分有限。因此，中国应优化农业补贴结构，由价格支持转向直接补贴；加大农业补贴力度，提高补贴精准度；补贴要重点确保粮食安全，特别是口粮安全。

四是根据经济发展阶段加强顶层设计和组织建设，渐进式完善乡村振兴政策体系。日本、韩国和中国台湾地区在二战后的经济发展过程中都出现了乡村衰落的现象，并于不同的时间节点采取了振兴乡村的措施。无论是日本的“农村振兴运动”、韩国的“新村运动”，还是中国台湾地区的“富丽农村”建设，都取得了良好的效果。首先，中国应该根据经济发展阶段渐进式完善乡村振兴政策体系。可以说社会主义新农村建设在一定程度上完成了日本“农村振兴运动”20 世纪 60 年代的目标和韩国“新村运动”第一阶段的目标，但并未实质性地解决城乡收入差距问题。乡村振兴战略应进一步完善农村社会保障制度，特别是要解决农村养老、医疗等突出问题，同时致力于乡村环境改善，解决前期乡村生态环境遭到破坏的问题。其次，应通过强化顶层的制度设计和组织建设，确保乡村振兴政策的系统性和实施的可行性。最后，应强调农民参与乡村振兴建设的主动性和积极性，让农民成为乡村振兴的自觉参与者和真正受益人，为乡村振兴的可持续发展提供动力。

第六节 当代中国农业转型的前景展望

中国农业转型过程基本符合一个经济体发展的典型特征，即伴随着工业化进程的推进，产业结构持续高度化，而农业产业则小部门化。同时又有东亚三个经济体的特征，即由于受到人多地少的要素禀赋约束，以及“耕者有其田”传统观念的影响，土地制度倾向于均田化，在快速工业化进程中出现农业就业比重下降速度滞后于农业增加值比重下降速度的特点。

1. 2020~2050 年中国农业转型趋势

通过预测发现，未来中国经济增速放缓，但与美国的发展差距在不断“收敛”。30 年时间内，中国与美国的人均 GDP 相对比例将从 2020 年的 33.55%上升到 2050 年的 71.81%。根据前述的经济发展阶段界定，2025 年中国将达到初等发达国家水平（40.66%），2032 年迈入中等发达国家行列（50.34%），2049 年有望成为发达国家（70.84%）。这就意味着，党的十九大部署的新“两步走”战略安排——2035 年基本实现社会主义现代化以及 2050 年建成社会主义现代化强国的目标是可以顺利实现的。

2020 年中国人均 GDP 相对于美国的比例达到 33.55%，农业增加值比重下降至 7%以下。到 2025 年迈入初等发达国家行列时，农业增加值比重和就业比重将分别为 5.44%和 12.79%，大约是日本 1975 年、韩国 1994 年和中国台湾地区 1986 年的水平。到 2035 年基本实现社会主义现代化时，农业增加值比重和就业比重将分别为 3.01%和 8.67%，与日本 1985 年、韩国 2004 年和中国台湾地区 1996 年的水平相当。

进一步预测表明，未来农村常住人口和农业劳动力数量将大幅减少，2020 年农村常住人口为 5.21 亿人，到 2035 年将为 4.02 亿人，而到 2050 年将仅为 3.12 亿人。农业劳动力（15~64 岁）转移是农村常住人口减少的主要原因。2020 年农业劳动力为 1.50 亿人，2028 年这一数值将下降到 1 亿人以下，到 2035 年将为 7495 万人，而到 2050 年将只有 3630 万名劳动力在从事农业。农村人口老龄化程度更深，2020 年、2035 年、2050 年的老龄人口分别为 1.78 亿人、1.96 亿人和 1.86 亿人，老龄化率分别为 34.15%、48.77%和 59.67%。农业生产经营规模扩大，2020 年劳均耕地面积为 13.42 亩，而到 2035 年将达到 26.68 亩，2050 年则会超过 50 亩，将达到 54.78 亩。农业劳动生产率在一定程度上提高。2020 年农业产业劳均增加值为 11878 元，到 2025 年中国进入初等发达阶段后将上升到

14820 元，到 2035 年则将迈入 20000 元大关，2050 年将为 23734 元。

2. 2020~2050 年中国农业转型前景

农业劳动力数量大幅下降将倒逼户籍制度、农村土地制度等相关制度改革，使农业补贴政策更加有力。农民退休养老金制度建立，年老体迈的农业劳动力退出农业生产领域；户籍制度和农村土地制度改革完成，让农民真正成为一种职业而非身份；农民工市民化机制完成历史使命，农民工周期性迁徙的问题得到彻底解决。如果中国农业生产者补贴等值在 2035 年能达到 30%、在 2050 年能达到 50%的水平，那么农民收入可以达到全国人均收入水平的 66%以上。

随着农业劳动力和农村人口的持续转移，小农生产方式可能在 20 年左右逐渐被现代化的中小型家庭农场所取代。到 2050 年，全国 3630 万名农业劳动力可能被编制在 600 万个中小型家庭农场中。当前有“自生能力”的小农户将在未来 20 年左右逐步成长为与现代农业发展有机衔接的中小型家庭农场，并作为农业转型中坚力量存在。

农业产业将随着经济发展拥有更为广阔的发展空间，并将至少经过农村一、二、三产业深度融合以及农业特色产业集群发展两种形式实现。农村一、二、三产业将通过“一产往后延、二产两头连、三产走高端”的方式发展出全产业链模式，实现深度融合。随着农业经营规模显著扩大和具有更高人力资本存量的农业劳动力的涌现，农业特色产业集群发展将具备更好的条件。未来农业特色产业集群将日益增多，并成为工商资本下乡的重要领域。

方兴未艾的中国农业转型必将在第四次工业革命进程中实现。智慧农业是第四次工业革命创新成果与农业产业融合的重要方向。随着农业经营规模的扩大，会有更多家庭农场和其他农业经营业主系统采用智慧农业生产体系。智慧农业生产体系的广泛发展，将重塑中国农业产业链、供应链和价值链。

除此以外，结合乡村振兴战略的相关政策，还可以预见农业转型对农村的影响。一是生态康养功能将成为农村最重要的功能之一。未来农村将承载全国 45%~60%的老年人口，这在客观上要求生态康养功能成为农村最重要的功能之一。农村将被打造成能容纳 2 亿名以上老年人的生态康养基地。二是弘扬“孝老爱亲”传统孝道美德应该是乡风文明建设的基本内容。2035年以后，农村人口将下降到4亿人以下，65岁及以上老年人占50%以上。未来的农村文化，既应当反映经济社会发展水平显著提升和人口结构变化的农村现状，又该是为占农村人口大多数的老年人服务的。因此，弘扬“孝老爱亲”传统孝道美德应该是乡风文明建设的基本内容。三是未来农村将建立起结构精简的乡村治理体系。由于人口转移和乡村居住点重构，大量行政村和基层乡镇数量将减少。2035年4亿农村人口可能集中居住在4.5万~5万个村庄中，2050年村庄数量将进一步下降到3.5万~3.9万个。

第七节 当代中国农业转型的国际化困境与破局

随着中国深度融入世界经济体系，农业部门与国际市场的联系日趋紧密，各类外部冲击对中国农业产业安全产生了很大影响。现有研究表明，中国农业产业安全的外部环境是很不理想的，在面对各类外部冲击时常常很被动。

1. 国际化视域中中国农业转型的四大困境

中美贸易摩擦进一步暴露了中国农业在农产品进口、农产品价格、农业补贴和国际市场开放等方面的结构化困境。

一是最大农产品进口国地位与中国农业产业安全面临的贸易困境。中国人口众多、经济体量巨大，农产品市场需求旺盛。“大国效应”突出表现为，一个大经济体对某类产品的进出口量变化和关税等贸易政策变动会对国际市场上该产品及其相关产品的价格产生影响，这种影响又将通过商品的价格和生产成本波动传导到该经济体自身。近年来，不断攀升的农产品进口量使中国的“大国效应”日趋明显：当中国对某一农产品的需求量增加时，国际市场上该农产品的价格就会大幅上涨；反之，当中国向国际市场上出口某一农产品时，该农产品的国际市场价格则会大幅下降。

二是美国农产品价格低廉与中国农业产业安全面临的价格困境。美国是世界上最大的农产品出口国，其农产品价格对国际市场价格有举足轻重的影响。由于生产成本、农业补贴等因素，美国农产品价格长期保持在较低水平，是国际农产品价格低廉的主要推手。与美国粮食价格下跌相对应的，是中国粮食生产成本的攀升。农业生产成本的大幅提高直接沿着农业产业链拉高了国内农产品价格，由此造成了粮食等国内部分农产品的价格高于国际水平30%以上的“倒挂”局面。

三是美国农业部门高额补贴与中国农业产业安全面临的补贴困境。为了确保粮食安全，避免农业弱质性对国民经济的负面影响，无论是发达国家还是发展中国家，都纷纷采用农产品价格保护、农业直接补贴、低息贷款等农业补贴政策。但受国家整体发展阶段所限，涉农财政资金紧张，相关配套措施不完善，农户土地规模过小，补贴无法形成规模效应，加上现有的农业补贴政策遭遇 WTO 规则的限制，中国农业出现补贴困境，并加剧了自 2016 年以来农产品高产量、高进口、高库存的“三量齐增”局面。

四是美国贸易保护主义举措与中国农业产业安全面临的全球化困境。中国农业产业在缺乏三大能力的条件下持续开放，逐渐形成了全球化困境：一方面，中国需要遵守 WTO 规则；另一方面，要保护农业产业安全。换言之，如果中国与国际市场接轨，很可能丧失农业产业安全主动权，但不接轨又有悖于经济全球化的大趋势和中国的承诺，因而处于两难的全球化困境。

2. 跨国农业企业对中国农业产业的多维渗透

跨国农业垄断企业通过对生产、加工、仓储、物流和销售等环节的垂直整合来掌握全球农业产业链。2001 年，中国加入 WTO 以后，跨国农业垄断企业加速了对中国农业产业链的布局，目前，跨国农业垄断企业已在资本、技术和服务等方面进行多维渗透。

在资本方面，跨国农业垄断企业长期不懈地对中国农业产业链关键领域进行渗透。这一渗透一方面有利于中国农产品生产技术和管理水平的提升，加速农业资本化，为中国农业现代化提供动力；另一方面，国外资本已经对中国农业产业的某些领域和某些环节构成了威胁，使中国农业产业面临被外部控制的巨大风险。

在技术方面，进入 21 世纪以来，许多跨国农业垄断企业纷纷通过在中国申请专利的方式占据农业产业链的技术制高点，对中国进行技术渗透。在相当长一段时间内，在中国应用的现代农业技术有 1/4 以上来自国外及港澳台地区，而在部分时期这一比重甚至高达40%以上。

在服务方面，跨国农业垄断企业对中国农业的贸易、加工、仓储等实现利润的关键服务环节进行渗透。从粮食贸易情况来看，2014年跨国农业垄断企业占中国粮食市场的39.56%，高于国有企业和民营企业的26.83%和32.22%。

3. 国内外农业企业竞争力比较分析

跨国农业垄断企业对中国农业产业链的渗透，在客观上弥补了中国农业产业在发展过程中的资金和技术短板。但是，跨国农业垄断企业进入中国农业产业链的目的，不是简单追求利润最大化，而是要把中国农业产业纳入其全球产业链中，从而形成强大的垄断力量。对比中国具有代表性的国内农业企业与国际农业巨头发现，中国农业企业竞争力较弱。

一是国内农业企业长期未能掌握能够提供核心竞争力的农业技术。在相当长的一段时期里，中国农业产业链中相当可观的一部分利润被国外资本拿走，国内农业企业只能与跨国农业垄断企业合作，从事农业产业链中下游附加值比较低的生产运营环节。

二是农业投资回报率持续走低，以至于许多农业企业自身都不愿意深耕本业。中国农业企业往往会选择无关多元化，资金主要流向金融、房地产、医药等能在短期内迅速变现的行业。有研究显示，进行多元化经营的农业企业占比达到70%。

三是农业市场机制扭曲程度比较高，农业企业无法培育出能与跨国农业垄断企业相抗衡的“自生能力”。政府对农业市场机制的干预较多，一些农业企业，特别是国有企业，长期依赖政府补贴和低息贷款。这些政策性补贴和贷款的实质等同于农业风险对价，尽管在一定程度上降低了农业企业的经营风险，但是扭曲了市场机制。

4. 经济全球化趋势下中国农业转型的破局方略

农业产业安全特别是粮食安全，对于有着痛苦而漫长饥荒记忆的中华民族来说具有十分重要的意义。确保农业产业安全，是党和国家义不容辞的责任。应该意识到，经济全球化是大势所趋，农业拥抱国际市场既是践行“中国是经济全球化最重要的捍卫者”的庄严承诺，也是贯彻党的十八届三中全会关于“使市场在资源配置中起决定性作用”的国策。美国贸易保护主义的“逆流”不应动摇中国捍卫经济全球化的决心。未来中国只能更深度地参与农业资源全球配置而不是关起门来保护弱质产业。为此，我们提出了以口粮安全为底线、以粮食综合生产能力为保障、以满足居民农副产品消费需求为旨归、以提高全球农产品贸易控制力为方向的破局思路。

根据这一破局思路，我们对应提出了破解现阶段农业产业安全困境的十六字方针，即“口粮自给，休养生息，因粮于敌，大权在握”。

“口粮自给”，就是“始终把饭碗牢牢端在自己手上”，守住口粮安全的底线。现阶段应逐步将有限的农业资源集中于稻米、小麦等谷物生产；继续坚守18亿亩耕地的数量和质量红线；划定永久基本农田，探索建立粮食生产功能区、核心区，建立集中连片、旱涝保收、高产高效、环境友好的高标准农田；继续加大在主粮作物育种、重大病虫害防治以及以基因组学为核心的现代农业生物技术方面的研究，着力突破一批共性关键技术；提高农业支持政策的针对性和资金使用的有效性，保证农民的种粮积极性。

“休养生息”，就是要提高农业可持续发展能力，最终目的是确保随时能够应对各类粮食安全风险的粮食综合生产能力。在大力推行休耕政策的同时，要重视休耕带来的抛荒以及由此带来的水土流失等生态问题。建议增加休耕后的耕地管护补贴，要求被补贴农户对休耕地采取合理的保护措施，如种草或绿肥植物等。同时，可以通过土地流转，引入社会资本对休耕地进行集中管护，恢复地力和水资源，从而实现较好的环境效益。

“因粮于敌”，实质上是以满足居民农副产品消费需求为旨归，实现农业生产经营的全球布局。这里的“敌”并非指敌人，而是突出军事、外交等手段在这一方针实施过程中的重要作用，同时暗示进口农产品可以来自战略竞争对手。中国要确保以粮食安全为核心的农业产业安全，必须放眼世界进行农业资源全球化配置，而“海外屯田”是主要手段，“一带一路”建设为中国的海外屯田指明了方向。此外，需要采取多种措施，确保“粮道畅通”，保证屯田后的农产品能顺利进入中国以满足居民需求。

“大权在握”，是提高全球农产品贸易控制力的展现，核心是掌控国际农产品定价权。中国应当在夯实自身农业生产能力的基础上建立有效率的市场机制，包括降低农业企业生产性补贴，完善农业生产要素市场改革，着力提升中国农业综合企业的“自生能力”；鼓励具有实力的农业综合企业走出国门进行海外投资；逐步放开市场管制，完善市场监管和市场准入等相应的交易配套设施，为涉农资本提供交易平台，最终建立具有国际影响力的农产品现货和期货交易中心。

参考文献

[1]〔比〕热若尔·罗兰：《转型与经济学》，张帆等译，北京大学出版社，2002。

[2]《党的十九大报告》（辅导读本），人民出版社，2017。

[3]《马克思恩格斯文集》（第1卷），人民出版社，2009。

[4]《马克思恩格斯文集》（第3卷），人民出版社，2009。

[5]《马克思恩格斯文集》（第5卷），人民出版社，2009。

[6]《习近平谈治国理政》（第2卷），外文出版社，2017。

[7]《中粮地产的规模困局》，《中国建设报》，2018年4月24日，第7版。

[8] 北京大学国家发展研究院综合课题组：《还权赋能：奠定长期发展的可靠基础（成都市统筹城乡综合改革实践的调查研究）》，北京大学出版社，2010。

[9]〔法〕布罗代尔：《资本主义论丛》，顾良、张慧君译，中央编译出版社，1997。

[10] 蔡昉：《经济增长方式转变与可持续性源泉》，《宏观经济研究》2005年第12期。

[11] 常静雄、王丹枫、孙磊：《我国劳动份额变化趋势研究——基于劳动份额、资本回报、投资及就业增长的互动关系分析》，《马克思主义研究》2013年第2期。

[12] 陈建鹏：《转基因作物商业化的现状、对粮食安全的影响及启示》，《农业经济问题》2010年第2期。

[13] 陈彤：《美国农业工业化发展与生态化转型研究》，《亚太经济》

2018 年第 5 期。

[14] 陈锡文：《实现小农户和现代农业发展有机衔接》，《中国农村科技》2018 年第 2 期。

[15] 陈晓华、高才云、冯华：《限制长时间大面积租赁农地》，《人民日报》，2015 年 4 月 26 日，第 2 版。

[16] 陈有川、李鹏、马璇、杨婉婷：《基于乡镇地域单元的村庄人口空心化研究——以山东省六个乡镇为例》，《现代城市研究》2018 年第 3 期。

[17] 陈章良：《转基因走向大众　考量科学家和媒体》，《中国食品报》，2015 年 4 月 16 日，第 A4 版。

[18] 程国强：《全球农业战略：基于全球视野的中国粮食安全框架》，中国发展出版社，2013。

[19] 程国强：《中国农业补贴：制度设计与政策选择》，中国发展出版社，2011。

[20] 崔卫杰：《开放形势下的中国农业产业安全》，《国际经济合作》2015 年第 1 期。

[21] 党国英：《农村土地流转是大势所趋》，《国土资源》2014 年第 8 期。

[22] 党国英：《乡村振兴的规划须防止几种倾向》，《农村经营管理》2018 年第 10 期。

[23] 党国英：《中国乡村社会治理现状与展望》，《华中师范大学学报》（人文社会科学版）2017 年第 3 期。

[24] 丁长发：《台湾土地制度变迁及其启示》，《台海研究》2014 年第 4 期。

[25] 杜志雄、金书秦：《中国农业政策新目标的实现路径》，《中国经济时报》，2016 年 5 月 13 日，第 A10 版。

[26] 樊胜根、张晓波、Sherman Robinson：《中国经济增长和结构调整》，《经济学季刊》2002 年第 4 期。

[27] 范黎波、马聪聪、马晓婕：《多元化、政府补贴与农业企业绩效——基于 A 股农业上市企业的实证研究》，《农业经济问题》

2012 年第 11 期。

[28] 方晨靓、顾国达：《农产品价格波动国际传导机制研究——一个非对称性视角的文献综述》，《华中农业大学学报》（社会科学版）2012 年第 6 期。

[29] 冯谚晨：《我国劳动收入份额的变动趋势——基于劳资分配失衡的分析》，《经济问题探索》2017 年第 4 期。

[30] 傅晨、毛益勇、兼业化：《日本农业的困境与启示》，《世界农业》1998 年第 8 期。

[31] 高春亮、魏后凯：《中国城镇化趋势预测研究》，《当代经济科学》2013 年第 4 期。

[32] 高帆：《结构转化、资本深化与农业劳动生产率提高——以上海为例的研究》，《经济理论与经济管理》2010 年第 2 期。

[33] 高峰、王学真：《诱发性创新理论与中国农业现代化的技术选择》，《农业经济问题》2003 年第 12 期。

[34] 葛传红：《经济转型中的国家行为研究——巴西、俄罗斯、印度与中国之比较》，博士学位论文，复旦大学，2010。

[35] 公安部：《到 2020 年形成新型户籍制度》，《吉林农业》2014 年第 9 期。

[36] 郭继强：《“内卷化”概念新理解》，《社会学研究》2007 年第 3 期。

[37] 郭熙保：《农业规模化经营：实现“四化”同步的根本出路》，《光明日报》，2013 年 2 月 8 日，第 11 版。

[38] 郭晓鸣：《要培育为市场而生产的新型职业农民》，《社会科学报》，2015 年 3 月 19 日，第 1 版。

[39] 国家统计局农村社会经济调查司：《中国农村统计年鉴（2014）》，中国统计出版社，2014。

[40] 韩国农场经济研究院：《韩国三农》，中国农业出版社，2014。

[41] 韩昭华：《个体农户和农业规模化经营：家庭农场理论评述》，《经济研究》2017 年第 7 期。

[42] 何芳、周璐：《基于推拉模型的村庄空心化形成机理》，《经济论坛》2010 年第 8 期。

[43] 何敏、张宁宁、黄泽群：《中国与“一带一路”国家农产品贸易竞争性和互补性分析》，《农业经济问题》2016年第11期。
[44] 何秀荣主编《比较农业经济学》，中国农业大学出版社，2010。
[45] 贺雪峰、印子：《“小农经济”与农业现代化的路径选择——兼评农业现代化激进主义》，《政治经济学评论》2015年第2期。
[46] 贺雪峰：《当下中国亟待培育新中农》，《人民论坛》2012年第13期。
[47] 贺雪峰：《地权的逻辑：中国农村土地制度向何处去》，中国政法大学出版社，2010。
[48] 贺雪峰：《简论中国式小农经济》，《人民论坛》2011年第8期。
[49] 贺雪峰：《论农地经营的规模——以安徽繁昌调研为基础的讨论》，《南京农业大学学报》（社会科学版）2011年第2期。
[50] 贺雪峰：《为什么要维持小农生产结构》，《贵州社会科学》2009年第9期。
[51] 胡鞍钢：《中国特色农业现代化道路》，载胡鞍钢主编《国情报告》（第十六卷·2013年），党建读物出版社，2015。
[52] 胡瑞法、黄季焜：《农业生产投入要素结构变化与农业技术发展方向》，《中国农村观察》2001年第11期。
[53] 胡元坤：《论农业发展新阶段的粮食安全问题》，《中国农村经济》2001年第3期。
[54] 黄大昉、嘉星一族：《转基因解决粮食问题》，《北京科技报》，2009年8月3日，第8版。
[55] 黄季焜、陈丘：《农村发展的国际经验及其对我国乡村振兴的启示》，《农林经济管理学报》2019年第18期。
[56] 黄群慧、黄阳华、贺俊、江飞涛：《面向中上等收入阶段的中国工业化战略研究》，《中国社会科学》2017年第12期。
[57] 黄卫平、王洪斌：《转基因食品的不确定思考》，《经济界》2010年第1期。
[58] 黄振华：《技术进步、人力资本与中国农业发展——1985~2005年中国农业技术进步率的实证与比较》，《财经问题研究》2008年第

3 期。

[59] 黄宗智：《华北的小农经济与社会变迁》，中华书局，2000。

[60] 黄宗智：《中国的新时代小农场及其纵向一体化：龙头企业还是合作组织》，《中国乡村研究》2010 年第 2 期。

[61] 黄宗智：《中国新时代小农经济的实际与理论》，《开放时代》2018 年第 3 期。

[62] 黄祖辉：《农业农村优先发展的制度体系建构》，《中国农村经济》2020 年第 6 期。

[63] 贾生华：《论我国农村集体土地产权制度的整体配套改革》，《经济研究》1996 年第 12 期。

[64] 简新华、黄锟：《中国城镇化水平和速度的实证分析与前景预测》，《经济研究》2010 年第 3 期。

[65] 焦长权、周飞舟：《被资本裹挟的“新村再造”》，《中国老区建设》2016 年第 9 期。

[66] 解保华、陈光辉、孙嘉琳：《基于 Leslie 矩阵模型的中国人口总量与年龄结构预测》，《广东商学院学报》2010 年第 3 期。

[67] 景维民、孙景宇等：《转型经济学》，经济管理出版社，2008。

[68] 兰海强、孟彦菊、张炯：《2030 年城镇化率的预测：基于四种方法的比较》，《统计与决策》2014 年第 16 期。

[69] 郎咸平：《郎咸平说：新帝国主义》，东方出版社，2010。

[70] 李秉龙、薛兴利：《农业经济学》（第 2 版），中国农业大学出版社，2009。

[71] 李嘉图：《政治经济学和赋税原理》，光明日报出版社，2009。

[72] 李宁、汤国英、辛毅：《中外农业企业竞争力比较的实证研究——以农业上市公司为例》，《上海立信会计金融学院报》2018 年第 4 期。

[73] 李平、娄峰、王宏伟：《2016~2035 年中国经济总量及其结构分析预测》，《中国工程科学》2017 年第 1 期。

[74] 李永民、李世灵：《农村改革的深层障碍与土地产权构建——兼述我们同流行的理论观点的分歧》，《中国农村经济》1989 年第 6 期。

[75] 李玉红、王皓：《中国人口空心村与实心村空间分布——来自第三次农业普查行政村抽样的证据》，《中国农村经济》2020年第4期。
[76] 厉以宁：《双向城乡一体化显露生机》，《决策探索》（下半月）2012年第11期。
[77] 厉以宁：《中国经济双重转型之路》，中国人民大学出版社，2013。
[78] 梁银峰、陈雯婷、谭晶荣：《全球化对中国农业生产性服务业的影响》，《农业技术经济》2018年第7期。
[79] 林毅夫、蔡昉、李周：《中国的奇迹：发展战略与经济改革》（增订版），格致出版社、上海三联书店、上海人民出版社，2014。
[80] 林毅夫、沈高明：《我国农业技术变迁的一般经验和政策含义》，《经济社会体制比较》1990年第5期。
[81] 林毅夫：《新结构经济学：反思经济发展与政策的理论框架》（增订版），北京大学出版社，2014。
[82] 林今淑、金淑子：《中国与韩国经济增长战略比较》，《东疆学刊》2000年第3期。
[83] 刘滨、康小兰、刘小红：《农业补贴政策实施绩效与政策优化研究——基于不同资源禀赋农户视角》，江西人民出版社，2017。
[84] 刘超、蒋玉洁、马玉洁、周文文、刘宸奇：《新常态条件下中国经济增长预测研究——基于货币政策调控视角》，《管理评论》2018年第6期。
[85] 刘建平：《农业比较利益》，华中科技大学出版社，2001。
[86] 刘萍、柯杨敏：《国际农产品价格对中国通货膨胀的传递效应》，《华南农业大学学报》（社会科学版）2016年第2期。
[87] 刘守英、王瑞民：《农业工业化与服务规模化：理论与经验》，《国际经济评论》2019年第6期。
[88] 刘守英、王一鸽：《从乡土中国到城乡中国——中国转型的乡村变迁视角》，《管理世界》2018年第10期。
[89] 刘守英：《中国的农业转型与政策选择》，《行政管理改革》2013年第12期。
[90] 刘彦随、刘玉：《中国农村空心化问题研究的进展与展望》，《地理

研究》2010 年第 1 期。
[91] 龙花楼、屠爽爽:《乡村重构的理论认知》,《地理科学进展》2018 年第 5 期。
[92] 陆铭:《大国大城——当代中国的统一、发展与平衡》,上海人民出版社,2016。
[93] 陆旸、蔡昉:《从人口红利到改革红利:基于中国潜在增长率的模拟》,《世界经济》2016 年第 1 期。
[94] 罗必良:《小农经营、功能转换与策略选择——兼论小农户与现代农业融合发展的"第三条道路"》,《农业经济问题》2020 年第 1 期。
[95] 罗伯特·贝茨:《超越市场奇迹》,吉林出版集团,2009。
[96] 罗浩轩:《当代中国农业转型"四大争论"的梳理与评述》,《农业经济问题》2018 年第 5 期。
[97] 罗浩轩:《新常态下中国农业经济增长的三重冲击及其治理路径——基于 1981~2013 年中国农业全要素生产率的测算》,《上海经济研究》2017 年第 2 期。
[98] 罗浩轩:《要素禀赋结构变迁中的农业适度规模经营研究》,《西部论坛》2016 年第 5 期。
[99] 罗浩轩:《中国农业资本深化对农业经济影响的实证研究》,《农业经济问题》2013 年第 9 期。
[100] 罗浩轩:《中国区域农业要素禀赋结构变迁的逻辑和趋势分析》,《中国农村经济》2017 年第 3 期。
[101] 罗浩轩:《通往"权利束完整"之路:中国农地制度变迁的理论逻辑》,《北京师范大学学报》(社会科学版) 2022 年第 6 期。
[102] 罗明忠、万俊毅:《中国农业转型发展:经验、启示与展望——首届农业经济理论前沿论坛综述》,《经济研究》2017 年第 6 期。
[103] 罗云波:《关于转基因食品安全性》,《食品工业科技》2000 年第 5 期。
[104] 吕亚荣、王春超:《工商业资本进入农业与农村的土地流转问题研究》,《华中师范大学学报》(人文社会科学版) 2012 年第 4 期。

[105] 毛铖：《菲律宾土地私有制与农业规模化变迁启示》，《亚太经济》2015年第5期。
[106] 孟令国、李超令、胡广：《基于PDE模型的中国人口结构预测研究》，《中国人口·资源与环境》2014年第2期。
[107] 孟岩、马俊乐、徐秀丽：《4大粮商大豆全产业链布局及对中国的启示》，《世界农业》2016年第1期。
[108] 倪红福、李善同、何建武：《人口政策调整的一般均衡分析》，《人口与发展》2013年第3期。
[109] 聂辉华：《政企合谋与经济增长：反思“中国模式”》，中国人民大学出版社，2013。
[110] 农业部：《2016年家庭农场发展情况》，《农村经营管理》2017年第8期。
[111] 农业软科学委员会办公室编著《农村劳动力转移与农民收入》，中国财政经济出版社，2010。
[112] 潘志强、孙中栋：《非农化进程中农户农业投资研究》，《中央财经大学学报》2007年第1期。
[113] 彭白桦：《国际市场影响对国内农产品市场价格的波动影响研究——兼评〈中国农产品价格波动与调控机制研究〉》，《农业经济问题》2016年第11期。
[114] 彭熠、邵桂荣：《管理者报酬激励与农业上市公司经营绩效》，《农村经济》2009年第9期。
[115] 齐明珠：《我国2010~2050年劳动力供给与需求预测》，《人口研究》2010年第5期。
[116] 〔苏〕恰亚诺夫：《农民经济组织》，萧正洪译，中央编译出版社，1996。
[117] 强百发：《韩国农业现代化进程研究》，博士学位论文，西北农林科技大学，2010。
[118] 秦富、徐卫军等：《“十一五”期间我国农业投资需求研究》，《农业技术经济》2006年第1期。
[119] 秦华：《对我国农业投资现状及政府的反哺对策的分析》，《南开经

济研究》2004 年第 3 期。

[120] 屈丽丽：《高盛养猪外资“偷袭”我国农业》，《江苏科技报》，2008 年 8 月 7 日，第 A10 版。

[121] 全炯振：《中国农业的增长路径：1952~2008 年》，《农业经济问题》2010 年第 9 期。

[122] 任强、侯大道：《人口预测的随机方法：基于 Leslie 矩阵和 ARMA 模型》，《人口研究》2011 年第 2 期。

[123] 任中平、王菲：《经验与启示：城市化进程中的乡村治理——以日本、韩国与中国台湾地区为例》，《黑龙江社会科学》2016 年第 1 期。

[124] 〔美〕舒尔茨：《改造传统农业》，梁小民译，商务印书馆，2010。

[125] 山田盛太郎：《農地改革の歴史的意義》，载《山田盛太郎著作集》(第 4 卷)，岩波書店，1984。

[126] 宋林飞：《中国社会转型的趋势、代价及其度量》，《江苏社会科学》2002 年第 6 期。

[127] 宋伟良、方梦佳：《中国农业产业安全防范体系建立的政策研究》，《宏观经济研究》2013 年第 11 期。

[128] 〔日〕速水佑次郎、〔美〕弗农·拉坦：《农业发展：国际前景》，吴伟东等译，商务印书馆，2014。

[129] 〔日〕速水佑次郎、神门善久：《发展经济学——从贫困到富裕》(第三版)，李周译，社会科学文献出版社，2009。

[130] 〔日〕速水佑次郎、神门善久：《农业经济论》，沈金虎等译，中国农业出版社，2003。

[131] 孙新华：《农业规模经营的去社区化及其动力——以皖南河镇为例》，《农业经济问题》2016 年第 9 期。

[132] 孙新华：《再造农业：皖南河镇的政府干预与农业转型（2007~2014)》，社会科学文献出版社，2017。

[133] 孙自铎：《城市化的误区分析与实践思考》，《中国农村经济》1996 年第 9 期。

[134] 谭晓鹏、钞小静：《中国要素收入分配再测算》，《当代经济科学》

2016 年第 6 期。

[135] 田青、王章华：《农业国际化背景下对发展中国家农业产业安全的思考》，《世界农业》2015 年第 2 期。

[136] 仝志辉、温铁军：《资本和部门下乡与小农经济的组织化道路——兼对专业合作社道路提出质疑》，《开放时代》2009 年第 4 期。

[137] 涂圣伟：《工商资本下乡的适宜领域及其困境摆脱》，《改革》2014 年第 9 期。

[138] 万宝瑞：《确保我国农业三大安全的建议》，《农业经济问题》2015 年第 3 期。

[139] 王积业、王建：《我国二元经济结构矛盾与工业化战略》，中国计划出版社，1996。

[140] 王金田、王学真、高峰：《全国及分省份农业资本存量 K 的估算》，《农业技术经济》2007 年第 4 期。

[141] 王小映：《土地制度变迁与土地承包权物权化》，《中国农村经济》2000 年第 1 期。

[142] 王晓明：《我国种业市场现状调查分析》，《北京农业》2011 年第 4 期。

[143] 王晓语：《国产大豆游离市场体系边缘探析——对黑龙江现状分析及找寻其优势的思考》，《黑龙江粮食》2012 年第 3 期。

[144] 王亚飞、张毅、廖甍：《外商直接投资对农业全要素生产率的影响：作用机理与经验数据》，《当代经济研究》2019 年第 6 期。

[145] 王振中：《关于转型经济理论研究的若干问题》，《重庆工商大学学报》（西部论坛）2007 年第 1 期。

[146] 魏后凯：《中国农业发展的结构性矛盾及其政策转型》，《中国农村经济》2017 年第 5 期。

[147] 魏后凯：《乡村振兴需从根本上转变传统小农生产方式》，《中国乡村发现》2018 年第 4 期。

[148] 魏后凯、崔凯：《面向 2035 年的中国农业现代化战略》，《*China Economist*》2021 年第 1 期。

[149] 魏金义、祁春节：《中国农业要素禀赋结构的时空异质性分析》，

《中国人口·资源与环境》2015年第7期。
[150] 魏正果：《我国农业土地国管私用论》，《中国农村经济》1989年第5期。
[151] 温铁军：《八次危机：中国的真实经验1949～2009》，东方出版社，2012。
[152] 温铁军：《中国农业如何从困境中突围》，《中国经济时报》，2016年2月19日，第9版。
[153] 温铁军：《注重小农经济的发展确保大农业的安全》，《农村工作通讯》2011年第22期。
[154] 吴方卫：《我国农业资本存量的估计》，《农业技术经济》1999年第6期。
[155] 吴光炳主编《转型经济学》，北京大学出版社，2008。
[156] 吴海鹏：《粮食安全背后：美国"粮食战略"对我国农业产业发展的影响》，中国社会科学出版社，2016。
[157] 吴敬琏：《中国经济改革进程》，中国大百科全书出版社，2018。
[158] 夏永祥：《农业效率与土地经营规模》，《农业经济问题》2002年第7期。
[159] 肖文兴：《加入世贸组织对中国农业安全的影响分析》，博士学位论文，湖南农业大学，2012。
[160] 谢立中：《中国城镇化率发展水平测算——以非农劳动力需求为基础的模拟》，《社会发展研究》2017年第2期。
[161] 颜鹏飞：《中国社会经济形态大变革：基于马克思和恩格斯的新发展观》，经济科学出版社，2009。
[162] 杨静、赵军华：《国际农业垄断资本对发展中国家粮食安全影响的分析——兼对保障中国粮食安全的思考》，《中国农村经济》2017年第4期。
[163] 杨通进：《转基因技术的伦理争论：困境与出路》，《中国人民大学学报》2006年第5期。
[164] 叶敬忠、李华：《基于转基因技术的综述与思考》，《农业技术经济》2014年第1期。

[165] 叶敬忠、张明皓：《小农户为主体的现代农业发展：理论转向、实践探索与路径构建》，《农业经济问题》2020 年第 1 期。

[166] 易承志、李涵钰：《健全“三治合一”的乡村治理体系》，《中国社会科学报》，2018 年 2 月 14 日，第 7 版。

[167] 易信、郭春丽：《未来 30 年我国潜在增长率变化趋势及 2049 年发展水平预测》，《经济学家》2018 年第 2 期。

[168] 余志刚、樊志方：《粮食生产、生态保护与宏观调控政策》，《中国农业资源区划》2017 年第 5 期。

[169] 俞风雷、刘文文：《高校专利转化现状调查研究》，国家知识产权局，http：//www.sipo.gov.cn/gwyzscqzlssgzbjlxkybgs/zlyj_zlbgs/1131773.htm，2018 年 9 月 4 日。

[170]〔美〕约瑟夫·E. 斯蒂格利茨：《社会主义向何处去——经济体制转型的理论与证据》，译序，吉林人民出版社，1998。

[171] 张红宇、寇广增、李琳、李巧巧：《我国普通农户的未来方向——美国家庭农场考察情况与启示》，《农村经济管理杂志》2017 年第 9 期。

[172] 张红宇、李伟毅：《新型农业经营主体：现状与发展》，《中国农民合作社》2014 年第 10 期。

[173] 张红宇：《中国农村改革的未来方向》，《农业经济问题》2020 年第 2 期。

[174] 张军、徐力恒、刘芳：《鉴往知来：推测中国经济增长潜力与结构演变》，《世界经济》2016 年第 1 期。

[175] 张军、章元：《对中国资本存量 K 的再估计》，《经济研究》2003 年第 7 期。

[176] 张军：《改革以来中国的资本形成与经济增长：一些发现及其解释》，《世界经济文汇》2002 年第 1 期。

[177] 张乐勤、陈发奎：《基于 Logistic 模型的中国城镇化演进对耕地影响前景预测及分析》，《农业工程学报》2014 年第 4 期。

[178] 张莉琴、康小玮、林万龙：《高致病性禽流感疫情防制措施造成的养殖户损失及政府补偿分析》，《农业经济问题》2009 年第 12 期。

[179] 张连增、段白鸽:《广义线性模型在声明表死亡率修匀中的应用》,《人口研究》2012 年第 3 期。

[180] 张林:《中国是全球化最大受益者,也需成为人口流动最大受惠国》,中国网,http://www.china.com.cn/opinion/think/2015-04/21/content_35381375.htm,2015 年 4 月 21 日。

[181] 张启发:《大力发展转基因作物》,《华中农业大学学报》(社会科学版)2010 年第 1 期。

[182] 张宇主编《中国模式:改革开放 30 年以来的中国经济》,中国经济出版社,2008。

[183] 张振斌:《产权制度改革的理论分析》,《学习与探索》1989 年第 Z1 期。

[184] 章上峰、陆雪琴:《中国劳动收入份额变动:技术偏向抑或市场扭曲》,《经济学家》2016 年第 9 期。

[185] 赵洪斌:《改革开放以来中国农业技术进步率演进的研究》,《财经研究》2004 年第 12 期。

[186] 赵文、程杰:《中国农业全要素生产率的重新考察——对基础数据的修正和两种方法的比较》,《中国农村经济》2011 年第 10 期。

[187] 赵玉榕:《台湾农业兼业化分析》,《台湾农业情况》1992 年第 4 期。

[188] 郑风田:《我国现行土地制度的产权残缺与新型农地制度构想》,《管理世界》1995 年第 7 期。

[189] 郑伟、林山君、陈凯:《中国人口老龄化的特征趋势及对经济增长的潜在影响》,《数量经济技术经济研究》2014 年第 8 期。

[190] 周飞舟、王绍琛:《农民上楼与资本下乡:城镇化的社会学研究》,《中国社会科学》2015 年第 1 期。

[191] 周其仁:《产权与制度变迁:中国改革的经验研究》(增订本),北京大学出版社,2004。

[192] 周其仁:《土地确权需要一场奠基性的战役》,《中国房地产业》2015 年第 3 期。

[193] 周天勇:《迁移受阻对国民经济影响的定量分析》,《中国人口科

学》2018 年第 1 期。

[194] 周伟:《农业跨国公司垄断对我国粮食安全的影响》,《西北农林科技大学学报》(社会科学版)2016 年第 5 期。

[195] 周祝平:《中国农村人口空心化及其挑战》,《人口研究》2008 年第 2 期。

[196] 朱考金:《跨国农业公司在中国垄断以及对中国粮食安全的影响》,《世界农业》2016 年第 9 期。

[197] 竺三子:《基于因子分析法的安徽省种业企业竞争力研究》,《安庆师范学院学报》(自然科学版)2014 年第 5 期。

[198] Ahmad, S., "On the Theory of Induced Invention", *The Economic Journal*, 1966, 76 (302): 304-357.

[199] Battese, G. E., Coelli, T. J., "Frontier Production Functions, Technical Efficiency and Panel Data: With Application to Paddy Farmers in India", *Journal of Productivity Analysis*, 1992, 3 (1): 153-169.

[200] Binswanger, H. P., "The Measurement of Technical Change Biases with Many Factors of Production", *American Economic Review*, 1974, 64 (6): 964-976.

[201] Blyth, C. A., Kuznets, S., "Economic Growth of Nations: Total Output and Production Structure," *Economica*, 1973, 40 (160): 457-458.

[202] Fegan, B., "The Philippines: Agrarian Stagnation under Decaying Regime", in G. Hart, A. Turton and B. White (eds.), *Agrarian Transformations: Local Processes and the State in Southeast Asia*. University of California Press, 1989.

[203] Burawoy, M., "The Sociology for the Second Great Transformation", *Annual Review of Sociology*, 2000, 26: 693-695.

[204] Chow, G. C., "Capital Formation and Economic Growth in China", *The Quarterly Journal of Economics*, August, 1993, 108 (3): 809-842.

[205] Geertz, C. , *Agricultural Involution: The Process of Ecological Change in Indonesia*. University of California Press, 1963.

[206] Demsetz, H. , "The Theory of the Firm Revisited", *Journal of Law Economics & Organization*, 1988, 4 (1): 141-161.

[207] Dixit, A. K. , "Growth Patterns in a Dual Economy," *Oxford Economic Papers*, 1970, 22 (2): 229-234.

[208] Choe, E. , "Understanding Healthy Ageing in The Korean Rural and Urban Elderly: An Application of Rowe and Kahn's Model of Successful Ageing", Griffith University, 2014.

[209] Hall, R. , Jones, C. , "Why Do Some Countries Produce so Much More Output Per Worker than Others", *Quarterly Journal of Economics*, 1999, 114 (1): 83-116.

[210] Hayami, Y. , Kikuchi, M. , "New Rice Technology, Intradural Migration, and Institutional Innovation in the Philippines", *Population and Development Review*, 1983, 9 (2).

[211] Clapp, J. , "ABCD and beyond: From Grain Merchants to Agricultural Value Chain Managers", *Canadian Food Studies*, 2015, 2 (2): 8.

[212] Johnson, K. M. , "Rural Demographic Change in the New Century Slower Growth, Increased Diversity", Issue Brief. No. 44. Carsey Institute, 2012.

[213] Kennedy, C. , "Induced Bias in Innovation and the Theory of Distribution", *Economic Journal*, 1964, 74 (295): 541-547.

[214] Kuznets, S. , *Economic Growth of Nations: Total Output and Production Structure*. Harvard University Press, 1971.

[215] Kuznets, S. , *Modern Economic Growth: Rate, Structure and Spread*. Yale University Press, 1966.

[216] Lin, Justin Yifu, "Public Research Resource Allocation in Chinese Agriculture: A Test of Induced Technological Innovation Hypothesis", *Economic Development and Cultural Change*, 1991, 40 (1): 55-73.

[217] Lin, Justin Yifu, "The Household Responsibility System Reform and the

Adoption of Hybrid Rice in China", *Journal of Development Economics*, 1991, 36 (2): 353-372.

[218] Mckinnon, R. I., *Money and Capital in Economic Development*. Brookings Institution, 1973.

[219] North, D. C., Thomas R. P., "An Economic Theory of the Growth of the Western World", *Economic History Review*, 1970, 23 (1): 1-17.

[220] North, D. C., *Institutions, Institutional Change and Economic Performance*. Cambridge University Press, 1990.

[221] Douglas, H. R., *American Agriculture: A Brief History*. Purdue University Press, 2002.

[222] Romer, P. M., "Endogenous Technological Change", *Journal of Political Economy*, 1990, 98 (5): 32-36.

[223] Liu, S., Wang R. and Shi, G., "Historical Transformation of China's Agriculture: Productivity Changes and Other Key Features", *China & World Economy*, 2018, 26 (1): 42-65.

[224] Samuelson, P. A., "A Theory of Induced Innovation Along Kennedy-Weizsäcker Lines", *Review of Economics and Statistics*, 1965, 47 (4): 343-356.

[225] Schmidt, P., Sickles, R. C., "Production Frontiers and Panel Data", *Journal of Business and Economic Statistics*, 1984, 2: 367-374.

[226] Schultz, T. W., *The Economic Organization of Agriculture*. McGraw-Hill, 1953.

[227] Schultz, T. W., *Transforming Traditional Agriculture*. Yale University Press, 1964.

[228] Solow, R. M., "Investment and Technical Progress", In Kenneth J. Arrow, Samuel Korbin and Patrick Suppes (eds.), *Mathematical Methods in the Social Sciences, 1959*. Standford University Press, 1960.

[229] Subramanian, A., "Eclipse: Living in the Shadow of China's Economic Dominance", Peterson Institute for International Economics, 2011.

[230] Thapa, G.:《亚洲和拉美地区经济转型过程中小规模农业面临的挑战和机遇》,《中国农村经济》2010 年第 12 期。

[231] Wider, B., "Declining and Aging Populations in Rural Japan: A Changing Environment", PhD diss., University of Colorado, 2018.

[232] Hayami, Y., Ruttan, V. W., *Agricultural Development: An International Perspective* (2nd Edition). Johns Hopkins University Press, 1985.

后　记

十几年前，我刚读硕士研究生就有幸参与了导师王国敏教授的国家社会科学基金重点项目“中国特色农业现代化道路的实现模式研究”。这一看似偶然的参与基本确定了我个人学术之路的研究方向。后来在王老师的带领下，我相继参与了国家社会科学基金重点项目“加强农业基础地位和确保国家粮食安全战略研究”、国家社会科学基金一般项目“中国特色社会主义‘新三农’协同发展研究”等国家级课题，涉猎了粮食安全、农业现代化、农村“空心化”、农村土地制度等问题，这逐渐让我对中国农业发展问题有了比较系统的思考。

马克思主义认为，在生产力和生产关系的矛盾运动中，人类社会是不断进步的。在读硕士研究生期间，我在导师引导下阅读了大量文献，深深感到：以往的学者已经对中国农业发展特征的方方面面进行了研究，但从总体性上把握的研究不多见；而发达经济体的农业发展历程特别是与中国要素禀赋相近的发达经济体的发展历程完全可以作为中国农业发展趋势的镜鉴。基于此，一个想法逐渐产生：可否在总体把握的基础上对中国农业的未来发展趋势进行展望？在读博士研究生期间，我了解到了布洛维“第二次大转型”的论断，并追根溯源学习了波兰尼的“大转型”思想。

“转型”这一范畴对当时的我产生了极大的震撼——当代中国农业发展，不正是发生在波兰尼第一次“大转型”和布洛维“第二次大转型”交汇点上的中国经济社会转型背景下的吗？可以推断，中国农业发展也必然在事实上呈现转型的鲜明特征。于是，在工作以后，我逐步将自己过去林林总总的关于农业劳动力（第三章）、农业土地制度（第四章）、农业资本（第五章）等方面的研究整理起来，并将这些研究归结到“中国农业转型”这一宏大命题上。

为了更好地形成系统性的成果，我又进一步研究了政府过度干预要素市场对农业适度规模经营的影响模型（第二章），对当代中国农业转型方向和特征的相关研究进行了梳理和评述（第一章），提出了农业工业化发展阶段模型（第二章），运用“马克思增长类型陷阱”概念分析中国农业转型（第六章）。为了验证对中国农业转型的判断，我结合 2018 年受 X 县委托参与该县农业博览园项目规划时收集的资料，对 X 县的农业转型进行了实证研究（第七章）。

发达经济体的农业转型发展历程可以为中国提供有益帮助。对此，我选取了美国及日本、韩国和中国台湾地区等经济体，基于相关历史数据考察其农业转型历程（第八章）。在此基础上，通过模型对中国农业发展趋势进行预测，并对未来图景进行了展望（第九章）。

在研究过程中，我越发感到中国农业发展面临着来自国际的巨大压力，相关政策的制定不得不考虑国际市场环境甚至国际政治环境。因此，中国农业发展不仅要“跳出‘三农’看‘三农’”，还要有国际视野。于是，我开始从宏观的全球化到微观的企业竞争来分析中国农业产业安全问题（第十章）。

经过多年努力，一幅中国农业转型的图景终于描绘完成。虽然可能有许多瑕疵和不足，但我希望本书的许多观点能得到学术界越来越多的认同，并对当下改革有推动作用。

成书之际，首先要感谢我的导师王国敏教授，本书部分研究和观点离不开她的指导。其次还要感谢四川大学郑晔教授，以及我的同门周庆元、罗静、赵波、卢婷婷、翟坤周、陈加飞、王元聪、刘碧、张宁等，他们都曾在我的研究过程中给予过帮助，对部分内容提出过修改意见并提供了许多重要文献资料。

在本书写作过程中，我有幸到中国社会科学院农村发展研究所做访问学者。感谢我访学期间的指导老师魏后凯所长热情为本书作序并对我的研究方向提出了宝贵意见。在访学期间，我还参与了地方政府和各类学会委托的决策咨询、规划编制、培训授课，极大地拓宽了研究视域，对本书部分内容和观点的写作具有重要启发作用。在此，还要感谢苑鹏副所长的指导及中国社会科学院农村发展研究所其他同人的帮助。

本书是2020年国家社会科学基金后期资助项目（20FJYB034）的最终成果。在课题申报过程中，感谢成都理工大学社科处的帮助，感谢黄寰教授、郭士礼教授、李新教授以及哈尔滨工业大学解保军教授在课题申报时提出的宝贵意见。本书的撰写离不开良好的科研环境，感谢成都理工大学马克思主义学院李奋生院长一直以来的关怀和支持，感谢赵如副院长以及李俊高、白晔、邹琨等同事的关心。感谢社会科学文献出版社经管分社高雁副社长在本书的出版和编校过程中的细致工作。最后，感谢父母和妻子，是你们在家庭中的付出让我有充裕的时间完成写作。

法兰克福学派代表人物尤尔根·哈贝马斯说，现代性是一项未完成的事业。中国农业转型的车轮仍然在中国现代化的马达轰鸣中前行，我也将继续观察和分析这项“未完成的事业”。

罗浩轩

2022年1月22日于成都

图书在版编目（CIP）数据

当代中国农业转型的理论与实践 / 罗浩轩著. -- 北京：社会科学文献出版社，2023.9
国家社科基金后期资助项目
ISBN 978-7-5228-2302-7

Ⅰ.①当… Ⅱ.①罗… Ⅲ.①农业经济-转型经济-研究-中国 Ⅳ.①F323

中国国家版本馆 CIP 数据核字（2023）第 152468 号

国家社科基金后期资助项目
当代中国农业转型的理论与实践

著　　者 / 罗浩轩

出 版 人 / 冀祥德
组稿编辑 / 高　雁
责任编辑 / 颜林柯
责任印制 / 王京美

出　　版 / 社会科学文献出版社·经济与管理分社（010）59367226
地址：北京市北三环中路甲 29 号院华龙大厦　邮编：100029
网址：www.ssap.com.cn
发　　行 / 社会科学文献出版社（010）59367028
印　　装 / 三河市龙林印务有限公司

规　　格 / 开 本：787mm×1092mm 1/16
印 张：21　字 数：332 千字
版　　次 / 2023 年 9 月第 1 版　2023 年 9 月第 1 次印刷
书　　号 / ISBN 978-7-5228-2302-7
定　　价 / 148.00 元

读者服务电话：4008918866